Handbuch des Schlagzeugs

Karl Peinkofer - Fritz Tannigel

Handbuch des Schlagzeugs

Praxis und Technik

SCHOTT

Bibliografische Information der Deutschen Nationalbibliothek
Die Deutsche Nationalbibliothek verzeichnet diese Publikation in der Deutschen Nationalbibliografie; detaillierte bibliografische Daten sind im Internet über http://dnb.d-nb.de abrufbar.

978-3-95983-509-1 (Paperback)
978-3-95983-510-7 (Hardcover)

Originalausgabe

2. revidierte und ergänzte Auflage

www.schott-buch.com

Coverabbildung: Meyhome / pixelio.de

Printed in Germany

INHALTSVERZEICHNIS

Vorwort 9

Die Benennung der Instrumente des Schlagzeugs in Deutsch — Italienisch — Französisch — Englisch 10

Gebräuchliche Abkürzungen und Symbole der Schlaginstrumente 17

Die Anschlagmittel in tabellarisch-bildlicher Übersicht 19
Maße, Beschaffenheit und bildliche Darstellung der Anschlagmittel und ihre übliche und außergewöhnliche Verwendung

Einleitung 29

INSTRUMENTE MIT BESTIMMTER TONHÖHE

Die Pauken 34

Die Holzstabspiele 41
Xylophon 45
Klaviaturxylophon 47
Marimbaphon (Xylomarimba) 48
Baßxylophon 49
Trogxylophon 50

Die Metallstabspiele 52
Glockenspiel 55
Das Klaviaturglockenspiel; Die Celesta 57
Das Vibraphon 58
Metallophon; Campanelli giapponese; Loo-Jon 60

Das Lithophon oder Steinspiel 61

Die Zimbeln 62

Gongs 64
Der Gong 64
Steel-drums (Gongtrommeln) 66

Glocken 69
Große Bronzeglocken; Calotten; Klaviersaiten-Glocken (Gralsglocken); elektroakustische Glocken; Tonband-Glocken 69
Plattenglocken 73
Röhrenglocken 75

Das Tubuscampanophon (Tubaphon) 77

Instrumente aus abgestimmten Glasschalen 78

Gläserspiel (Glasglockenspiel); Glasharfe; Glasharmonika 78

Das Bouteillophon oder Flaschenspiel 79

Flexaton und Singende Säge 80

Zanza 82

Marimbula 83

Die Lotosflöte (Ziehpfeife) 84

Klaviersaiten geschlagen 85

Die Stabspiele des Orff-Schulwerks 86

INSTRUMENTE MIT UNBESTIMMTER TONHÖHE

Vorbemerkung 90

Fellmembranophone 91

Die Trommeln 91

Allgemeines 91

Provenzalische Trommel (Tambourin) 91

Rührtrommel (Rühr-, Parade- oder Basler Trommel) 92

Militärtrommel 95

Wirbel-, Rollier- oder Tenortrommel 95

Kleine Trommel 96

Große Trommel 102

Rahmentrommel 106

Indianische Trommel 107

Boo-Bam (Bambustrommel) 108

Schellentrommel oder Tamburin 110

Die Reibtrommeln 113

Waldteufel; Brummtopf 113

Die Handtrommeln 115

Darabukka 115

Bongo-Trommeln 117

Conga-Trommeln (Tumba) 119

Die Tablas 120

Die Tom-Toms 122

Übersicht 122

Chinesische Tom-Toms 122

O-Daiko 124
Taiko 124
Moderne Tom-Toms 125
Tom-Tom-Spiel 126
Die lateinamerikanischen Timbales 127

Die Schlagidiophone 129
Der Triangel 129
Die Becken 131
Becken, paarweise; Becken, mit Schlägel geschlagen; Nietenbecken (Sizzle-cymbal); Becken mit Schlagmaschine (Hi-hat); Chinesische Becken 131
Tamtams 138
Tamtam; Watergong; Sarténes; Tchanchiki 138
Tierschellen 143
Herdenglocken; Almglocken (Cencerros); Cow-bell (Metal-block) 143
Kleine Glocken und Glöckchen 145
Schalenglöckchen; Handglocken (Hand-bells); Klingeln; Schellenbaum; Meßklingeln; Bell-Tree, Elefantenglocke; Alarm- und Sturmglocke; Japanische Tempelglocke (Dobaci oder Kin) 145
Amboß; Metallblock; Stahlplatten; Auto-brake-drums 149
Rute 151
Die Klappern 151
Hände; Klapper (Klappholz, Peitsche); Bones (Brettchenklapper); Bak (Koreanische Bündelklapper); Bin-Sasara (Reihenklapper); Hyoshigi (Gegenschlagblöcke); Claves (Gegenschlagstäbe) 151
Kastagnetten 155
Crotalen (Fingerzimbeln); Gabelbecken (Castagnettes de fer); Klackers oder Spoon (Metallklapper) 158

Holztrommeln 159
Röhrenholztrommel 159
Holzblocktrommel 160
Tempelblock 161
Mokubio 162
Schlitztrommel 162
Log-drum 163
Holzplattentrommel; Holzfaß (Sakefaß); Schlagbrett (Semanterion) 164
Hammer 165

Schrapinstrumente 166
Ratsche; Guiro (Kürbisraspel); Sapo cubana, Bambú brasileño (Bambusraspel); Reco-Reco (Holzraspel); Metallraspel (Raspador-metal, Washboard, Waschbrett) 166

Rasselinstrumente 169
Anschlagrasseln 170
Sistrum; Sporen; Stabpandereta; Wasamba-Rassel; Quijada (Schlagrassel); Cabaza (Kürbisrassel); Angklung (Gitterrassel); Rasseltrommel 170

Gefäßrasseln 176
Rollschellen; Schellenbündel; Schellenband (Ghungru): Maracas; Mexican bean; Metallrassel; Schüttelrohr (Chocalho); Ganza; Sandbüchse — Sandrassel; Marbles (rollende Kugeln) 176
Reihenrasseln 180
Rasselgehänge; Kettenrassel; hängende Bambusrohre; hängende Glasstäbe oder Plättchen 180
Folienrassel 183
Der Bumbaß 183

Instrumente zur Laut- und Geräuscherzeugung oder -nachahmung 184
Kuckucksruf; Nachtigallenschlag (Vogelpfeife); Wachtellockruf; Hufgetrappel; Kindertrompete; Rufhorn; Sandblöcke; Autohupen; Signalpfeifen; Trillerpfeifen; Sirenenpfeifen; Sirene; Nebelhorn; Windmaschine; Donnerblech; Regenprisma; Kanone (Geschützdetonation); Revolver (Pistolenschüsse); Knallkorken; Büromaschinen

Südamerikas Schlag- und Geräuschinstrumente (brasilianisch-indianisch) und ihre möglichen Ersatzinstrumente (Tabelle) 192

ANHANG

Verzeichnis der Notenbeispiele 196

Notenbeispiele 203

Literatur 265

Namen- und Sachregister 268

Tonumfangtabelle

VORWORT

Die ursprüngliche Entstehung der Musik unseres Kulturkreises wird zurückgeführt auf die Mischung orientalischer Elemente mit der, die wir Musik der griechischen Antike nennen. In der jahrhundertelangen Entwicklung zu der als abendländisch-europäisch angesprochenen Musikform flossen und fließen noch heute Elemente fremder Musikkulturen herein. Eine Folge davon sind der Wandel und die Zunahme des Instrumentariums, dessen sich unsere Musikausübung bedient.
Das Schlagwerk im besonderen – mit seiner im Laufe der jüngsten musikalischen Entwicklung so gesteigerten instrumentalen und spieltechnischen Vielfalt – ist heute zu einem bedeutenden Faktor der modernen Musik geworden. In der Vergangenheit lag das Hauptgewicht auf Melodik und Harmonik, während andere Musikfaktoren zu den denkbar einfachsten oder sekundären Erscheinungen gehörten. Nicht zuletzt bewirkte dies ein Stagnieren der Anwendung von Schlaginstrumenten über eine lange Zeit hinaus. Erst das gegenwärtige Jahrhundert brachte eine starke Belebung in der neuen Musik mit ihren diffizilen Rhythmen und Farben, mitbestimmend getragen durch die enorm stark angewachsene Gruppe der Perkussionsinstrumente. In gewissem Maße ist das dem Einfluß des Jazz und den nachverwandten Musikformen zu verdanken, in denen sich als Grundlage die vielgliedrige Rhythmik afrikanischen Ursprungs manifestiert. Sie hat sich in Amerika zur afro-amerikanischen Musik entwickelt und später in mancher Hinsicht mit den abendländischen Elementen verbunden. Dadurch wurden spezielle Arten von Schlaginstrumenten in die Kunstmusik eingeführt, während zahlreiche weitere aus anderen Erdräumen – insbesondere aus dem asiatischen Osten – eine Bereicherung des Instrumentariums erbrachten.

Damit fand die Instrumentation neue, nahezu unerschöpfliche Klang- und Ausdrucksmöglichkeiten, die, nach den mit sparsamen Mitteln wirkenden Klassikern, über die Spätromantiker mit ihrem zunehmenden Klangfarbenreichtum zur selbständigen Klangeinheit, ja sogar zum Schlagtonorchester führte.
Entstehung und Werdegang der Schlaginstrumente, die uns heute begegnen, sind mit der Entwicklungsgeschichte von Völkern und Rassen aller Erdteile verbunden. Die Ergebnisse der wissenschaftlichen Forschungen sind ebenso interessant wie aufschlußreich und in der einschlägigen Literatur erschöpfend niedergelegt.
Mit dem vorliegenden Buch wird versucht, der musikalischen Arbeitspraxis das notwendige Material und die erforderlichen Kenntnisse über den gesamten Schlagzeugkomplex zu übermitteln, wie er sich dem Musiker heute bietet und soweit es sich in diesem Rahmen in Schrift und Bild darlegen läßt.

Nach Abschluß der in langjähriger Zusammenarbeit auf den neuesten Stand gebrachten zweiten Auflage verstarb überraschend mein Mitautor Fritz Tannigel. Ihm, der maßgeblichen Anteil am Zustandekommen dieses Buches hat, gilt mein ganzer Dank.

München, im November 1980 *Karl Peinkofer*

DIE BENENNUNG DER INSTRUMENTE DES SCHLAGZEUGS IN DEUTSCH-ITALIENISCH-FRANZÖSISCH-ENGLISCH

Die Tabelle enthält in der systematischen Ordnung des Haupttextes die in der Praxis gebräuchlichen Benennungen. Die Übersetzung von häufig anzutreffenden Spielanweisungen wie „gedämpft", „gestrichen", „ohne Saiten", „mit weichem Schlägel", „mit den Händen" etc. kann mit Hilfe einschlägiger Sprachwörterbücher erfolgen.

Deutsch	*Italienisch*	*Französisch*	*Englisch*
die Pauken	*i timpani*	*les timbales*	*timpani* *kettle-drums*
das Xylophon	*lo xilofono* *il silofono*	*le xylophone*	*xylophone*
das Klaviaturxylophon	*lo xilofono a tastiera* *il silofono a tastiera*	*le xylophone à clavier*	*keyboard-xylophone* *piano-xylophone* *keyed xylophone*
die Xylomarimba	*la xilomarimba* *la silomarimba*	*la xylomarimba* *la xylorimba*	*xylomarimba* *xylorimba*
das Marimbaphon	*il marimbafono* *la marimba*	*le marimbaphone*	*marimbaphone* *marimba* *resonaphone*
das Baßxylophon	*lo xilofono basso* *il silofono basso*	*le xylophone basse*	*xylophone bass*
das Trogxylophon das Resonanzkasten-xylophon	*lo xilofono in cassetta di risonanza*	*le xylophone à cassette-résonance*	*xylophone with resonance-box*
das Glöckchenspiel - Vorläufer der Lyra -	*il sistro* *il carillon*	*le jeu de timbres*	*little bells*
das Glockenspiel - Stabglockenspiel -	*i campanelli*	*le glockenspiel* *le (jeu de) timbres*	*bells* *glockenspiel*
das Turmglockenspiel	*il gariglione* *il cariglione* *la soneria di campane*	*le carillon*	*(bell) chimes*
das Klaviaturglockenspiel	*i campanelli a tastiera*	*les (jeux de) timbres à clavier* *le glockenspiel à clavier*	*keyboard glockenspiel*
die Celesta	*la celesta*	*la célesta*	*celesta*
das Vibraphon	*il vibrafonó*	*le vibraphone*	*vibraphone* *vibraharp*
das Metallophon	*il metallofono*	*le métallophone*	*metallophone*
das Loo-Jon (amerik.)	*il loo-jon*	*le loo-jon*	*loo-jon*
das Lithophon das Steinspiel	*il litofono* *la lastra di sasso*	*le lithophone*	*lithophone* *stone disc*
die Zimbeln	*i cimbali antichi* *i crotali*	*les cymbales antiques* *les crotales*	*antique cymbals* *crotales* *Greek cymbals*

Deutsch	Italienisch	Französisch	Englisch
der (Buckel)gong	*il gong*	*le gong*	*gong*
die Trinidad-Gongtrommel die Stahltrommel die Blechtrommel die Calypsotrommel	*il tamburo d'acciaio*	*le tambour d'acier*	*Trinidad steel-drum*
die (tiefe) Glocke	*la campana (grave)*	*la (grande) cloche*	*(steeple) bell*
die Plattenglocke	*la campana in lastra di metallo*	*la cloche en lame de métal*	*plate bell*
die Röhrenglocke (das Röhrenglockenspiel)	*la campana tubolare* *(pl. le campane tubolari)*	*le(s) tube(s) de cloche(s)*	*tubular bell(s)* *tube bell(s)* *tubular chime(s)*
das Tubaphon das Tubuscampanophon	*il tubofono*	*le tubaphone*	*tubaphone*
das Gläserspiel die Glasharmonika die Glasharfe	*i bicchieri di vetro* *l'armonica di vetro*	*les coupes de verre* *l'harmonica de verre* *les verres choqués*	*musical glasses* *harmonica of glasses* *musical tumblers*
das Bouteillophon das Flaschenspiel	*il suono di bottiglia*	*le bouteillophone*	*pop-bottles*
das Flexaton	*il flessatono*	*le flexatone*	*flexatone*
die (Singende) Säge die Spielsäge die Zanza die Marimbula	*la sega (cantante)*	*la scie musicale*	*musical saw*
die Lotosflöte die Stempelflöte die Ziehpfeife	*il flauto a culisse*	*la jazzo-flûte* *le sifflet à coulisse*	*swanee flute (big)* *swanee piccolo* *swanee whistle* *song whistle*
die Klaviersaiten (geschlagen)	*le corde di pianoforte (percosse oder battute)*	*les cordes du piano (frappées)*	*strings of the piano (stroken)*
die Rührtrommel (tief) (die Landsknechts-trommel)	*il tamburo basso* *il gran tamburo vecchio* *la cassa rullante*	*le grand tambour*	*long drum (with snares)*
die provenzalische Trommel	*il tamburo provenzale*	*le tambourin (provençal)*	*tabor (drum of Provence)*
die Wirbeltrommel die Rolltrommel die Tenortrommel die Rührtrommel ohne Saiten	*il tamburo rullante senza corde*	*la caisse roulante* *le tambour roulant*	*tenor drum*
die Rührtrommel (hoch) die Basler Trommel die Paradetrommel	*il tamburo rullante con corde* *il tamburo di Basilea*	*la caisse roulante (avec cordes)* *le tambour d'empire*	*field drum* *parade drum*
die Militärtrommel	*il tamburo militare*	*le tambour (militaire)*	*military drum* *side drum*
die Kleine Trommel	*il tamburo piccolo* *il tamburo alto* *il tamburo chiaro* *il tamburino*	*la caisse claire*	*snare drum* *small drum*

Deutsch	*Italienisch*	Französisch	Englisch
die Tarole-Trommel die Tarole	*il tamburo tarole*	*la tarole*	*tarole drum*
die Große Trommel	*la grancassa* *catuba*	*la grosse caisse*	*bass drum* *big drum* *baisse drum*
die einfellige Große Trommel	*la grancassa a una pelle*	*la grosse caisse à une seule peau*	*gong drum*
die Rahmentrommel das Tamburin ohne Schellen	*il tamburino senza cimbali*	*le tambour sur cadre*	*frame drum* *tambourine without jingles*
die indianische Trommel	*il tamburo indiano (d'America)*	*le tambour indien (américain)*	*Indian drum*
das Boo-Bam (amerik.) die Bambustrommel	*il boo-bam*	*le boo-bam*	*boo-bam*
die Schellentrommel das Tamburin	*il tamburello (basco)* *il tamburino* *il tamburo basco*	*le tambour de basque*	*tambourine*
der Waldteufel	*(il diavolo di bosco)* * *(il tamburo di frizione)*	*le bourdon* ** *le tambour à friction* *le diable des bois* *	*pasteboard rattle*
der Brummtopf die Reibtrommel	***il buttibu*** ***la caccapella*** ***ruggito***	*le tambour à friction* *le tambor à corde*	*friction drum* *string drum* *lions roar*
die arabische Trommel die Darabukka die Derbuka	*il tamburo arabo*	*le tambour arabe* *la derbouka*	*Arabian drum*
die Bongo-Trommeln die Bongos (spanisch)	*i bongos* *i bonghi*	*les bongos*	*bongos* *bongo drums* *Cuban tom-toms*
die Conga(-Trommel) (afro-kubanisch) die Tumba	*la conga* *la tumba*	*la conga* *la tumba*	*conga (drum)* *tumbadora* *African drum*
die Tabla-Trommeln die Tablas (indisch)	*le tablas*	*les tablas*	*tablas*
das (chinesische) Tom-Tom das (Jazz-)Tom-Tom	*il tom tom (cinese)* *il tom tom*	*le tom-tom (chinois)* *le tom-tom*	*(Chinese) tom-tom* *(jazz) tom-tom*
das O-Daiko	*l'o-daiko*	*l' o-daiko*	*o-daiko*
das Taiko	*il taiko*	*le taiko*	*taiko*
die (lateinamerikanischen) Timbales	*i timbales latino-americani* *i timpanetti*	*les timbales cubaines*	*timbales*
der Triangel	*il triangolo*	*le triangle*	*triangle*
die (türkischen) Becken (paarweise)	*i piatti (a due)* *i cinelli*	*les cymbales (à 2)*	*cymbals (pair)*
das Becken (hängend oder auf Ständer)	*il piatto (sospeso)*	*la cymbale (suspendue)*	*(suspended) cymbal*

* *Übersetzung der Verfasser*
** s. *„Reallexikon" v. C. Sachs*

Deutsch	Italienisch	Französisch	Englisch
das chinesische Becken	il piatto cinese	la cymbale chinoise	Chinese cymbal
die Becken mit Fußmaschine	i piatti a pedale	les cymbales à pédale	foot-cymbal
die Charleston-Beckenmaschine	il hi-hat		hi-hat
die Fußbecken die Hi-hat (engl.)			high-hat
das Tamtam (malayisch)	il tam tam	le tam-tam	tam-tam
die Sarténes (spanisch)	i sartenes	les sartènes	sarténes
die Tchanchiki die Herdenglocken das Geläute	lo scampanellio da gregge le campane da pastore	le bruit de sonnailles des troupeaux	cow-bells
die Almglocke	il campanaccio (di metallo)	le bloc (de) métal	cow-bell
die Kuhglocke (ohne Klöppel)	il cencerro	le cencerro	cencerro agogo
das Schalenglöckchen die Tischglocke	il sonaglio	la clochette la sonnette de table	small bell dinner bell
das Handglockenspiel	i sonagli a mano	les clochettes à mains	hand-bells
der Schellenbaum	l'albero di sonagli la barra di sospensione con i sonagli	le chapeau chinois	bell-tree (Turkish) crescent jingling Johnnie
die Meßklingeln	le campanelle da messa	les clochettes pour la messe	sanctus bells
der Bell-Tree			bell tree
die Elefantenglocke			sarna bell
die Alarmglocke die Sturmglocke die Schiffsglocke	la campana d'allarme il campanello d'allarme	le tocsin	alarm-bell ship's bell
die Tempelglocke (jap.) Dobači Kin	dobači	dobači	temple bell dobači Kin
der Amboß der Metallblock	l'incudine	l'enclume	anvil
die Metallplatte	la lastra di metallo	la plaque de métal	metal disc
die Auto-brake-drums	gli auto-brake-drums	les auto-brake-drums	auto-brake-drums
der Hammer(schlag)	il martello	le marteau le coup de marteau	hammer
die Rute	la verga	la verge	twig brush switch rod
die Klapper das Klappholz die Peitsche der Peitschenknall	la frusta	le fouet	whip slap stick
die Claves (spanisch) die Gegenschlagstäbe	i claves i legnetti	les claves	claves Cuban sticks
die Bones (die amerikanische Brettchenklapper)	la taletta la tabella il suono di osso	la tablette la cliquette	bones

Deutsch	Italienisch	Französisch	Englisch
die Beinklapper die Bak (die koreanische Plattenbündel-Klapper)			
die Reihenklapper die Bin-Sasara	*la bin-sasara*	*la bin-sasara*	*bin-sasara*
die Gegenschlagblöcke die Hyoshigi	*gli hyoshigi*	*les hyoshigi*	*hyoshigi*
die Kastagnetten	*le castagnette* *le nacchere*	*les castagnettes*	*castanets*
die Fingerzimbeln die Krotalen	*i crotali* *i cimbalini*	*les crotales*	*finger-cymbals*
die Metallkastagnetten die Gabelbecken die Klackers	*le castagnette di ferro*	*les castagnettes de fer*	*metal castanets* *spoon*
die (hängenden) Bambusrohre die (hängenden) Glasstäbe oder Plättchen die (hängenden) Muschelplättchen die (hängenden) Metallstäbchen	*il bambù sospeso* *i tubi di bambù* *le bacchette di vetro sospese*	*le bambou suspendu* *les baguettes de verre suspendues*	*wood wind chimes* *wood chimes* *glass wind chimes* *glass chimes* *shell wind chimes* *shell chimes* *mark tree* *chime tree*
die Holztrommel der Holzblock das Holz-Tom-Tom	*il (blocco di) legno* *la cassettina (di legno)*	*le bloc de bois* *le bloc en bois*	*wood drum* *wood block* *Chinese block*
die Röhrenholztrommel	*la nacchera cilindrica* *la cassa di legno*	*le bloc de bois (cylindrique)*	*cylindread wood block*
die Log-drum	*il log-drum*	*le log-drum*	*log-drum*
die Holzplattentrommel	*il tamburo di legno pelle*	*le tambour en peau de bois*	*wood headed drum*
das Schlagbrett	*la tavola di legno*	*la table de bois*	*beat-board*
das Holzfaß das Sakefaß der Tempelblock	*il barile di legno* *il barile di sake* *la campana di legno* *il tescino cinese* *il blocco di legno coreano*	*le baril de bois* *le baril de sake* *le bloc chinois* *le temple-bloc*	*wood-barrel* *sake-barrel* *temple block* *Corean block*
die Mokubio			
die Schlitztrommel	*il tamburo di legno africano*	*le tambour de bois (africain)*	*slit drum* *jungle wood drum* *log drum*
die Ratsche die Knarre die Schnarre	*la raganella*	*la crécelle*	*ratchet* *rattle*
der Guiro (spanisch) die Kürbisraspel	*il guiro*	*le guiro* *le guitcharo*	*guiro (scraper)* *gourd* *guaracha*
das Sapo cubana (spanisch) die Bambusraspel	*il sapo cubana*	*le sapo cubana*	*sapo cubana*

Deutsch	Italienisch	Französisch	Englisch
das Reco-Reco (spanisch) die Holzraspel	*il reco reco* *il reso reso* *il lero lero*	*le reco reco* *la râpe de bois*	*reco reco* *scratcher*
die Metallraspel das Waschbrett	*la raspa di metallo* *la tavola da lavare*	*la râpe de métal*	*raspador metal* *washboard*
das Sistrum	*la sistra*	*le sistre*	*sistrum*
die Sporen	*gli sproni* *gli speroni*	*les éperons*	*spurs*
die (Roll)schellen die Schellenbündel	*la sonagliera* *i sonagli*	*les grelots*	*sleigh bells* *harness bells*
die Stabpandereta die Wasamba-Rassel die Quijada (spanisch) die Schlagrassel	*il pandereta brasiliano* *la wasamba* *la quijada* *la mascella d'asino*	*la pandéréta brésilienne* *la wasamba* *la quijada*	*pandereta brasilena* *wasamba* *quijada* *jawbone (of an ass)*
die Cabaza (spanisch) die Kürbisrassel	*la cabaza*	*la cabaza*	*cabaza* *gourd rattle*
das Angklung (javanisch) die Gitterrassel	*l'angklung*	*l'angklung*	*angklung*
die Maracas (spanisch) die Rumbakugeln	*i maracas*	*les maracas*	*maracas*
die Mexican bean die Schotenrassel			*pood rattle*
die Metallgefäßrassel	*il maraca di metallo*	*le maraca de métal*	*metal rattle* *tin rattle* *tin horn*
das Schüttelrohr das Tubo (spanisch)	*il tubo* *il bambù brasiliano*	*le chocalho* *le tubo* *le bambou brésilien*	*shocallo* *tubo* *Brazilian bambu* *shaker*
die Ganza die Sandrassel	*l'arenaiuolo*	*le sablier*	*sandbox*
die Kettenrassel	*la catena*	*la chaîne*	*chain*
die Metallfolie	*il foglio di metallo*	*le bruit de tôle*	*metal foil*
der Bumbaß	*il bumbass*	*basse de flandres*	*bladder and strings*
der Kuckucksruf	*il cuculo*	*le coucou*	*cuckoo-call*
der Nachtigallenschlag	*l'usignuolo*	*le sifflet imité du rossignol*	*nightingale*
die Vogelpfeife	*gli uccelli*	*le sifflet d'oiseau*	*bird-whistle* *bird-pipe*
die Kokosnußschalen das Hufgetrappel	*le noce di cocco* *il passo di cavallo*	*les coquilles noix de coco* *les pas de cheval*	*coconut shells* *horse hooves*
das Rufhorn	*il grido di corno*	*le corne d'appel*	*toy trumpet*
die Sandblöcke das Sandpapier	*la carta sabbiata* *la carta vetrata*	*le papier de verre*	*sandblocks* *sandpaper*
die Autohupe	*il clacson*	*le klaxon* *la trompe d'auto*	*auto-horn* *taxi-horn* *motor-horn*
die Signalpfeife	*il fischio*	*le sifflet signal*	*signal whistle*

Deutsch	*Italienisch*	*Französisch*	Englisch
die Trillerpfeife	*il fischietto a pallina*	*le sifflet à roulette*	*pea-whistle*
die Sirenenpfeife	*il fischio sirena*	*le sifflet sirène*	*(mouth) siren (whistle)*
die Sirene	*la sirena*	*la sirène*	*(police) siren*
das Nebelhorn	*la sirena bassa* *la sirena da battello*	*la trompe de brume*	*fog-horn*
die Windmaschine die Windschleuder das Aeolophon	*la macchina dal vento*	*la machine à vent* *l'éoliphone* *l'aéoline*	*wind-machine*
das Donnerblech	*la lastra dal tuono* *i tuoni*	*la tôle pour imiter le tonnerre*	*thunder sheet*
das Regenprisma die Regenmaschine	*l'effetto di pioggia*	*le prisme de pluie*	*rain imitation* *surf imitation*
die Kanone	*il cannone*	*le canon*	*cannon*
der Pistolenschuß	*la pistolettata*	*le coup de pistolet*	*pistol shot*
der Revolver	*la rivoltella*	*le revolver*	*revolver*
der Flaschenkorkenknall	*stappare la bottiglia*	*le coup de bouchon*	*pop gun*
die Schreibmaschine	*la macchina da scrivere*	*la machine à écrire*	*typewriter*

Gebräuchliche Abkürzungen und Symbole der Schlaginstrumente

Name des Instruments	*Abkürzung*	*Symbol*
Pauken	Pk.	
Xylophon	Xyl.	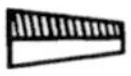
Klaviaturxylophon	Klav.Xyl.	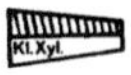 Kl.Xyl.
Marimbaphon	Mar.	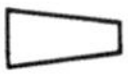
Baßxylophon	Baß.Xyl.	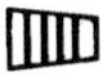
Tenorxylophon	Ten.Xyl.	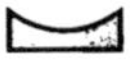
Glockenspiel	Glsp.	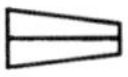
Klaviaturglockenspiel	Klav.Glsp.	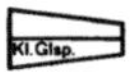 Kl.Glsp.
Celesta	Cel.	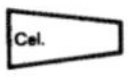 Cel.
Vibraphon	Vib.	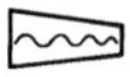
Metallophon (Vibraphon ohne Motor)	Met.	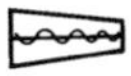
Steinspiel	Stsp.	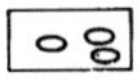
Zimbeln, einzelne, Paar	Zimb.	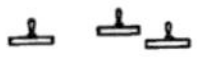
Gong	Gg.	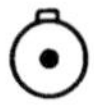
Große Glocken	Gr.Gl.	
Plattenglocken	Pl.Gl.	
Röhrenglocken	Rh.Gl.	
Tubuscampanophon	Tubaph.	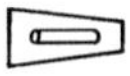
Gläserspiel	Gläs.Sp.	
Flexaton	Flex.	
Singende Säge	S.Säge	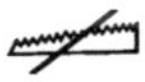
Lotosflöte	Lotosfl.	
Rührtrommel	R.Tr.	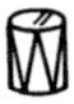
Provenzalische Trommel	Prov. Tr.	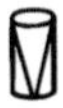
Militärtrommel	Mil.Tr.	
Tenortrommel	Ten.Tr.	
Kleine Trommel	Kl.Tr.	
Große Trommel	Gr.Tr.	
Schellentrommel (Tamburin)	Sch.Tr. (Tamb.)	

Name des Instruments	*Abkürzung*	*Symbol*
Bongo-Trommeln	Bongo	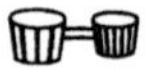
Conga-Trommeln	Conga	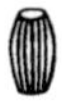
Chinesische Tom-Toms	Chin.Tom.	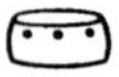
Moderne Tom-Toms	Tom.	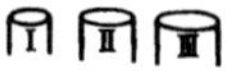
Lateinamerikanische Timbales	Lat.am. Timb.	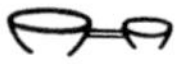
Triangel	Trgl.	
Beckenpaar	Bck.	
Becken am Ständer	St.Bck.	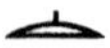
Becken mit Maschine	Charl.Bck.	
Chinesische Becken	Chin.Bck.	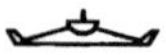
Tamtam	Tamt.	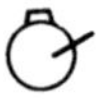
Almglocken	Almgl.	
Metallblock	Met.Bl.	
Klappholz	Klapph.	
Claves	Clav.	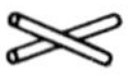
Kastagnetten, Tanz- und Stielkastagnetten	Kast.	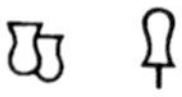
Crotalen (Fingerzimbeln)	Crot. (Fg. Zimb.)	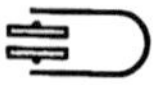
Holzblocktrommel	H.Bl.	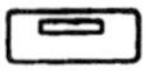
Tempelblock	T.Bl.	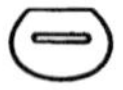
Ratsche	Ra.	
Kürbisraspel (Guiro)	Guiro	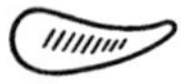
Schellen	Schell.	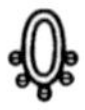
Maracas	Mar.	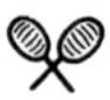

Anmerkung: Das im Verlag N. Simrock (Hamburg) erschienene Heft „Tabulatur 72" von S. Fink enthält ausschließlich Symbolzeichen für Schlaginstrumente und Schlägel sowie spezielle Notationsarten, die eine bessere Lesbarkeit der Schlagzeugpartitur ermöglichen sollen.

DIE ANSCHLAGMITTEL IN TABELLARISCH-BILDLICHER ÜBERSICHT

Maße, Beschaffenheit und bildliche Darstellung der Anschlagmittel und ihre übliche und außergewöhnliche Verwendung.

Neben den tönenden Teilen des Instruments sind die klangerzeugenden Anschlagmittel ein wesentlicher Faktor eines Großteils des Schlaginstrumentariums.
Die autonome Entwicklung und Bereicherung der Anschlagmittel zeigt sich besonders anschaulich dadurch, daß heute eine erhebliche Anzahl nicht nur einen integralen Teil der einzelnen Instrumente darstellt, sondern auch beim Spiel verschiedener Instrumente Verwendung findet; hier fungiert also das Anschlagmittel als solches, nicht als Teil eines bestimmten Schlagzeugs.
Mit der Klassifizierung der verschiedenen Typen nach Bau und Benennung ergeben sich fünf Gruppen:

1. *Die Schlägel,* deren grundlegende Merkmale folgende sind: entsprechend lange Griffstiele aus Holz oder Rohrholz mit kugel-, ellipsen- oder scheibenförmigen Köpfen, aus unterschiedlichem Material hergestellt. Dabei werden verschiedene Weichheits- und Härtegrade sowie umwickelte, überzogene oder gepolsterte Schlägelköpfe verwendet.

2. *Die Hämmer,* sie unterscheiden sich von den Schlägeln durch den hammerartigen Anschlagteil, der aus Holz, Horn, Kunststoff oder Metall verfertigt und gegebenenfalls überzogen oder gepolstert ist.

3. a) *Die Stöcke,* charakterisiert dadurch, daß sie nach der Spitze konisch zulaufen und in der Regel ein Anschlagköpfchen besitzen.

   b) *Die Stäbe,* es sind Rundstöcke aus Metall oder Holz in unterschiedlichen Längen und Stärken im Gebrauch, darunter auch solche, in denen ein Gewinde geschnitten ist.

4. *Die Metallklöppel,* wie sie den Gußglocken eigen sind.

5. *Die Ruten und Besen,* mit dem biegsamen, elastischen Anschlagteil als deren charakteristischem Merkmal.

Aus anderen instrumentalen Bereichen hat sich neuerdings auch der Streicherbogen zur Klangerzeugung angeboten, er findet für alle jene Schlaginstrumente der Gruppe der Idiophone Verwendung, die sich durch Streichen zum Klingen bringen lassen.

Abbildung	Bezeichnung Herstellungsmaterial (Maße)	Instrumente, für deren Benützung dieses Anschlagmittel in Gebrauch ist. – Üblich –	Instrumente, die ebenfalls – nach Vorschrift – damit geschlagen werden können. – Außergewöhnlich –
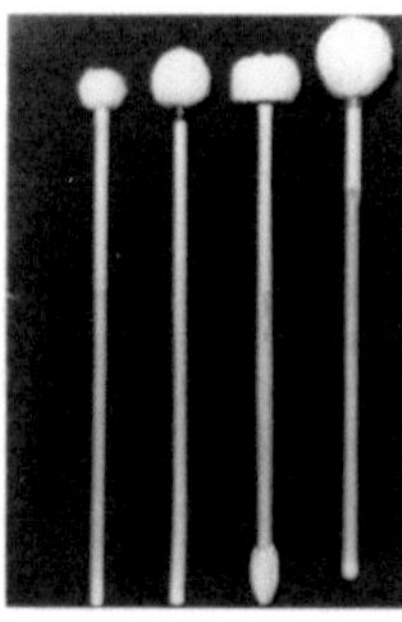	Paukenschlägel. Weichfilzschlägel. Schlägelpaare mit mehr oder weniger harten und großen Kernen, überzogen mit Weichfilz in unterschiedlicher Stärke und Dichte. Kopf-Ø ca. 2,5–4,5 cm Stiel-Lg. ca. 30–35 cm	Pauken Gr. Trommel (Wirbel) Rahmentrommel Chines. Tom-Tom Loo-Jon	Vibraphon Metallophon Marimbaphon Baßxylophon Klaviersaiten Rührtrommel ohne Saiten Tenortrommel ohne Saiten Kleine Trommel ohne Saiten Große Trommel Boo-Bam Bongo-Trommel Conga-Trommel Moderne Tom-Toms Lat.-amerik. Timbales Becken Kleines Tamtam Tierschellen auf Ständer
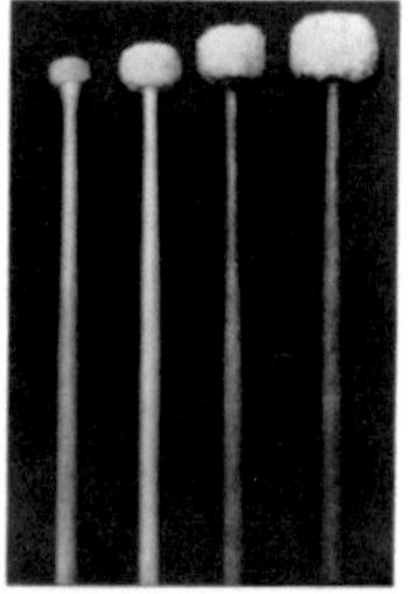	Flanellscheibenschlägel. Kopf-Ø ca. 2,5–5 cm Stiel-Lg. ca. 30–32 cm Schwammschlägel (heute durch Weichfilzschlägel ersetzt).	Pauken	wie oben
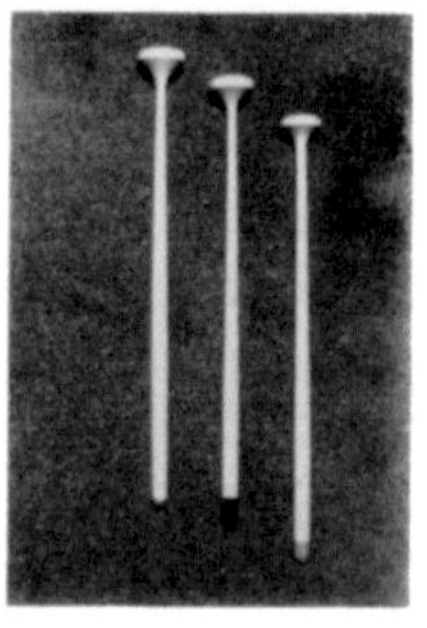	Paukenholzschlägel. Hartholzköpfe, die in der Regel mit aufgerauhtem Leder überzogen sind. Kopf-Ø ca. 2,5–3,3 cm Stiel-Lg. ca. 30–32 cm	Pauken (in Musik der Barockzeit)	Pauken (wenn Holzschlägel vorgeschrieben) Metallophon, hart Vibraphon, hart

Abbildung	Bezeichnung Herstellungsmaterial (Maße)	Instrumente, für deren Benützung dieses Anschlagmittel in Gebrauch ist. – Üblich –	Instrumente, die ebenfalls – nach Vorschrift – damit geschlagen werden können. – Außergewöhnlich –
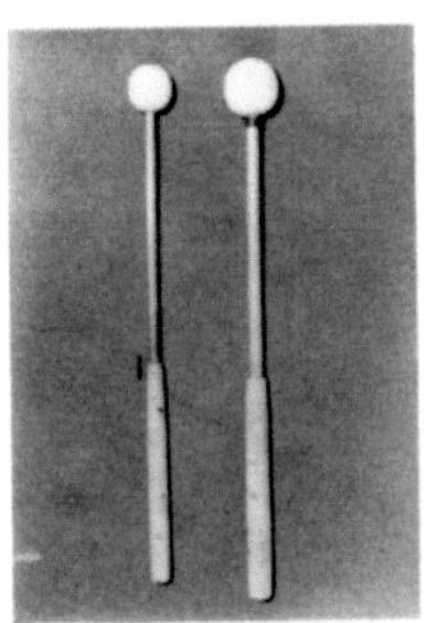	Hartfilzschlägel. Köpfe aus Hartfilz. Kopf-Ø ca. 2–5 cm Stiel-Lg. ca. 30–35 cm	Kleine Tamtams Tamtam (Wirbel) Standbecken (Wirbel) Schlitztrommel	Pauken Xylomarimba Marimbaphon Trogxylophone Vibraphon Metallophon Klaviersaiten Große Trommel Trommeln ohne Saiten Schellentrommel am Ständer Handtrommeln Tom-Toms Lateinamerikanische Timbales Standbecken (Schläge) Tierschellen am Ständer Holztrommeln
	con la (oder colla) mano (mit der Hand)	Handtrommeln Darabukka Bongo-Trommeln Conga-Trommeln Tablas Tamburin Glasharfe	Pauken Trommeln Tom-Toms Tamtam (ppp) Becken (ppp)
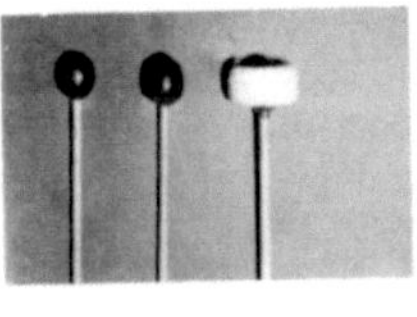 1 2 3	Xylophonschlägel. 1 Längliche Köpfe aus Holz oder Kunststoff. 2 Wie vorher, mit dünnem Leder überzogen. Kopf-Ø ca. 2,2–2,6 cm Kopf-Lg. ca. 3–3,2 cm Stiel-Lg. ca. 27,5–29 cm	Xylophon	Stabspiele (hohe Lagen) Steinspiel (p) Gläserspiel Tubaphon Bouteillophon Klaviersaiten Fellinstrumente Becken Holztrommeln Tierschellen a. Ständ.
	Baßxylophonschlägel. 3 Köpfe aus Vollgummi, mit Weichfilz überzogen. Kopf-Ø ca. 5 cm Stiel-Lg. ca. 30–34 cm	Baßxylophon	Marimbaphon Vibraphon Metallophon

Abbildung	Bezeichnung Herstellungsmaterial (Maße)	Instrumente, für deren Benützung dieses Anschlagmittel in Gebrauch ist. – Üblich –	Instrumente, die ebenfalls – nach Vorschrift – damit geschlagen werden können. – Außergewöhnlich –
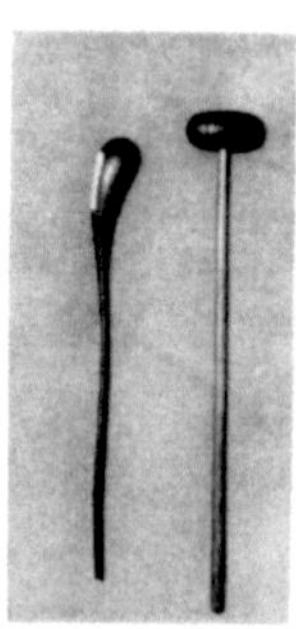 1 2	1 Löffelschlägel. (auch leder- gepolstert). Gesamtlänge ca. 23–24 cm	Xylophon (vierreihig) Tubaphon (vierreihig)	
	2 Holzhämmerchen. Kopf.-Lg. ca. 4 cm Kopf-Ø ca. 2 cm Stiel-Lg. ca. 26 cm	Tubaphon (zweireihig)	Leichtmetall-Glocken- spiel
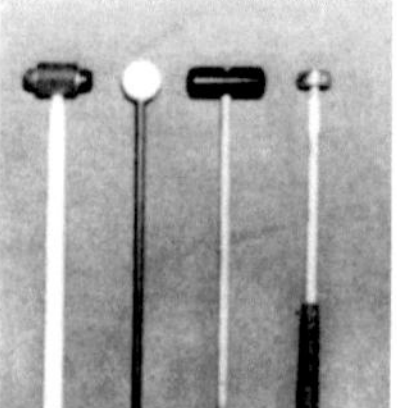 1 2 3 4	Glockenspielschlägel. 1 Messinghämmerchen m. Anschlageinsätzen aus Büffelhorn oder Kunststoff. Kopf-Lg. ca. 4 cm Kopf-Ø ca. 1,5–1,7 cm Stiel-Lg. ca. 24–28 cm	Glockenspiel Steinspiel (forte) Holzblock Tempelblock	
	2 a) Runde Kunststoff- köpfe Kopf-Ø ca. 2,4 cm Stiel-Lg. ca. 26 cm b) Runde Kunststoff- köpfe mit dünnem Gummiüberzug		Glockenspiel
	3 Holzhämmerchen Kopf-Lg. ca. 4 cm Kopf-Ø ca. 1,6 cm Stiel-Lg. ca. 25 cm	Leichtmetall-Glocken- spiel	
	4 Metallkopfschlägel Kopf-Ø ca. 1,3–1,8 cm Stiel-Lg. ca. 26 cm	Glockenspiel, anstelle von Klaviaturglocken- spiel	Vibraphon Steinspiel Röhrenglocken Kleine Gußglocken Standbecken Zimbeln

Abbildung	Bezeichnung Herstellungsmaterial (Maße)	Instrumente, für deren Benützung dieses Anschlagmittel in Gebrauch ist. – Üblich –	Instrumente, die ebenfalls – nach Vorschrift – damit geschlagen werden können. – Außergewöhnlich –
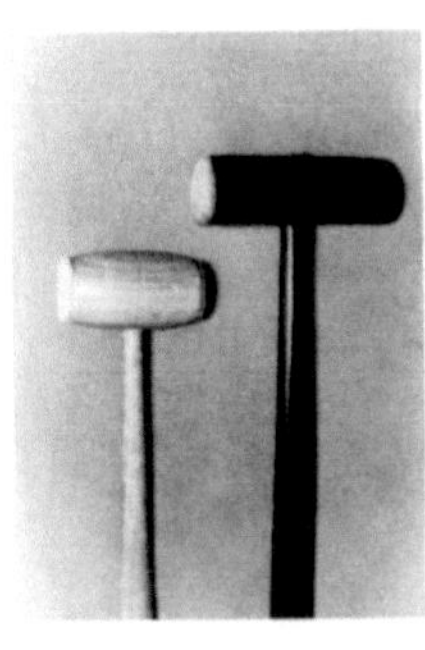 1 2	Röhrenglocken- hämmer. Holz- oder Kunst- stoffhammer 1 teils mit Hartleder gepolstert 2 teils mit Filz gepolstert Kopf-Lg. ca 8–10 cm Kopf-Ø ca. 3–4,5 cm Stiel-Lg. ca. 25–30 cm	Röhrenglocken	Röhrenglocken
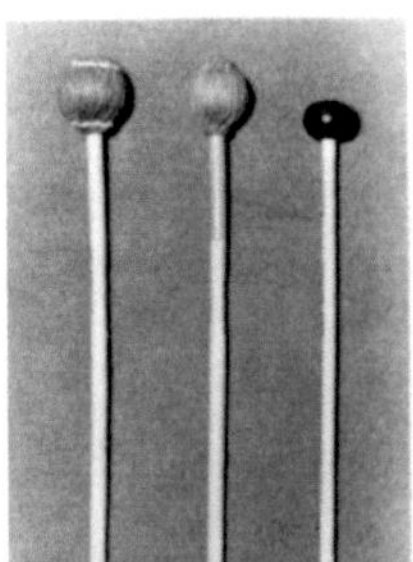 1 2 3	Vibraphonschlägel. 1 Köpfe aus Gummi, 2 welche mehr oder weniger stark mit Wollfaden umwickelt sind; etwa 3–4 verschiedene Grade. Kopf-Lg. ca. 3,5-4,3 cm Kopf-Ø ca. 2,8-3,3 cm Stiel-Lg. ca. 31–35 cm	Vibraphon Metallophon Loo-Jon	Marimbaphon Xylomarimba Baßxylophon Metallophon Becken (weich) Kl. Tamtam Tierschellen am Ständer (weich) Log-drum (weich)
	3 Köpfe aus Hart- gummi od. Kunststoff Kopf-Ø ca. 2,5 cm Kopf-Stärke ca. 2 cm Stiel-Lg. ca. 31–35 cm	Vibraphon (hart)	
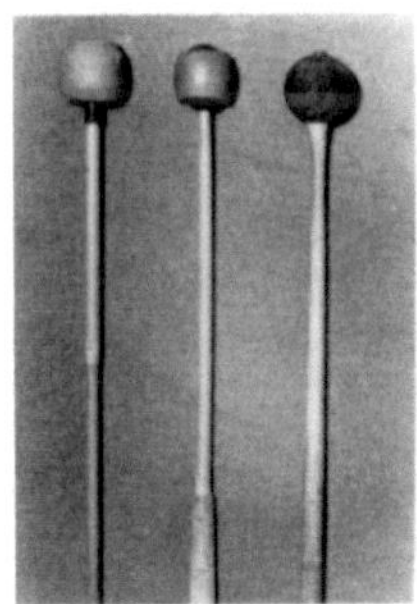 1 2 3	Gummischlägel. 1 Köpfe aus Holz 2 oder Kunststoff, mit Schlauchgummi in verschiedenen Stärken überzogen Kopf-Ø ca. 2,5–3,3 cm Stiel-Lg. ca. 28–35 cm	Marimbaphon Xylomarimba Trogxylophone Metallophon Vibraphon (im Orchester) Tierschellen am Ständer	Xylophon Klaviersaiten Antike Zimbeln Standbecken Holztrommeln Schellentrommel am Ständer
	Vollgummischlägel. 3 (auch mit dünnem Weichfilz überzogen) Kopf-Ø ca. 3,4–4 cm Stiel-Lg. ca. 30–33 cm	Baßxylophon (forte) Baßmetallophon Log-drum	

Abbildung	Bezeichnung Herstellungsmaterial (Maße)	Instrumente, für deren Benützung dieses Anschlagmittel in Gebrauch ist. – Üblich –	Instrumente, die ebenfalls – nach Vorschrift – damit geschlagen werden können. – Außergewöhnlich –
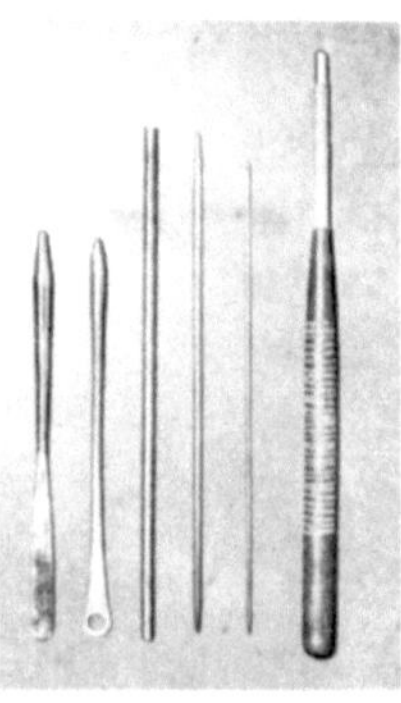 1a b c d e 2	Metallstäbe. 1 a) bis e) in unterschiedlichen Stärken. Stab-Ø ca. 2–8 mm Stab-Lg. ca. 16–21 cm	Triangel	Glockenspiel Vibraphon Loo-Jon Klaviersaiten Einzelne Zimbeln Becken Tamtam Tierschellen am Ständer Metallblock Raspeln
	2 Metallstab mit Umwicklung aus Stoff oder Leder. Gesamtlg. 25 cm	Triangel (weich)	
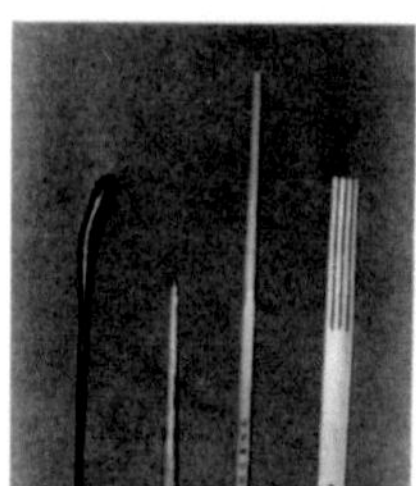 1 2 3 4	1, 2, 3 Anschlag- und Schrapstäbchen aus Holz oder Kunststoff	2, 3 Guiro 2, 3, 4 Reco-Reco 2, 3, 4 Sapo cubana	1 Triangel
	4 Schraper aus Rohrholz. Länge ca. 16–23 cm		
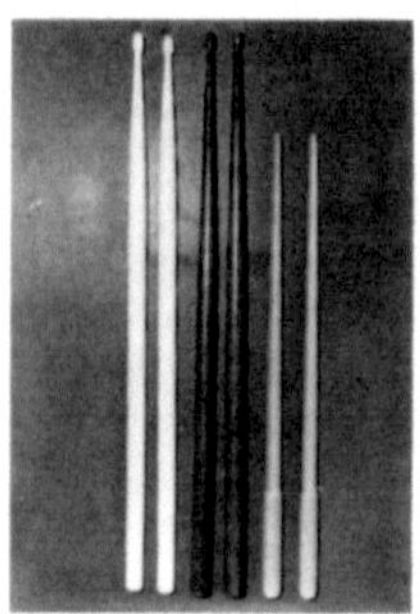 2 1 3	Trommelstöcke. 1 Stöcke aus Holz 2 oder Kunststoff. Kopf-Ø ca. 6–20 mm Gesamtlänge ca. 32–39 cm	Rührtrommel Provenzalische Trommel Tenortrommel Basler-Trommel Militärtrommel Kleine Trommel Moderne Tom-Toms	Pauken Große Trommel Schellentrommel am Ständer Boo-Bam Standbecken Metallblock Holztrommeln Röhrenglocken
	3 Timbalesstöcke. leichte Holzstöckchen. Länge ca. 30–36 cm	Lateinamerikanische Timbales	Fellinstrumente ohne Saiten

Abbildung	Bezeichnung Herstellungsmaterial (Maße)	Instrumente, für deren Benützung dieses Anschlagmittel in Gebrauch ist. – Üblich –	Instrumente, die ebenfalls – nach Vorschrift – damit geschlagen werden können. – Außergewöhnlich –
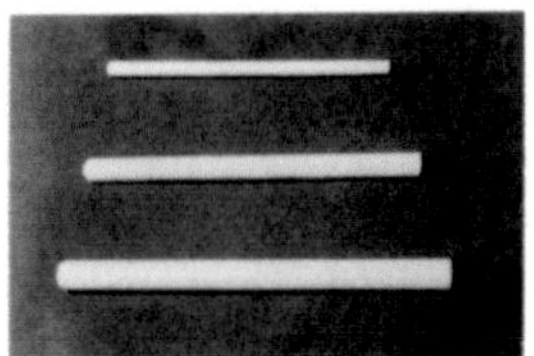	Rundstäbe a) Rundholzstäbe. Stab-Ø ca. 1–3 cm Länge ca. 30–43 cm	Taikotrommel Sakefaß-Trommel Schlitztrommel (hart) Schlagbrett	Fellinstrumente ohne Saiten
	b) Rundstäbe aus Metall, mit Gewinde.		Becken Tamtam Gong
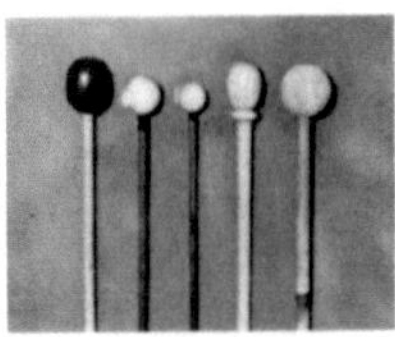 1 2a b 3 4	Holzschlägel. 1 Holz- oder Kunststoffkopf, mit dünnem Leder überzogen. Kopf-Ø ca. 2,8–3 cm Stiel-Lg. ca. 31 cm	Standbecken	
	2a) b) Holzkopfschlägel. Kopf-Ø ca. 2,3 cm und kleiner Stiel-Lg. ca. 26 cm	Abgestimmte Glasschalen	Röhrenglocken Klaviersaiten Fellinstrumente ohne Saiten Becken Cow-bell Holztrommeln
	3 Länglicher Holzkopfschlägel. Kopf-Ø ca. 2 cm Stiel-Lg. ca 30 cm	Provenzalische Trommel	
	4 Korkschlägel Kopf-Ø ca. 2,5–3,5 cm Stiel-Lg. ca. 30–35 cm		Klaviersaiten Fellinstrumente ohne Saiten
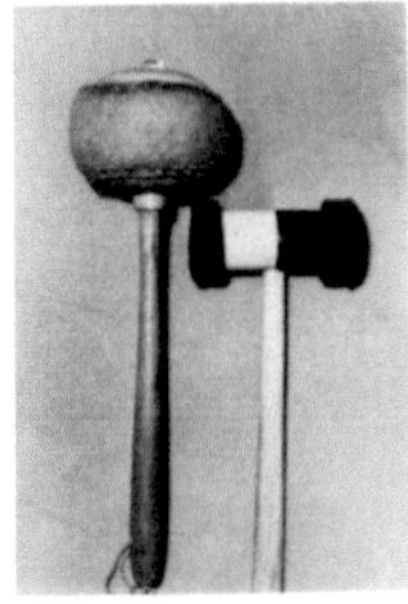 1 2	Gongschlägel. (für Buckelgong). 1 Rundköpfiger oder 2 hammerartiger schwerer Holz-, Kunststoff- oder Metallkernschlägel, stark mit Filz gepolstert. Rundkopf-Ø ca. 13 cm Hammerkopf-Länge 12–15 cm Hammerkopf-Ø ca. 5–7 cm Stiel-Lg. ca. 28–34 cm	Gong	Große Plattenglocken Großes Tamtam

Abbildung	Bezeichnung Herstellungsmaterial (Maße)	Instrumente, für deren Benützung dieses Anschlagmittel in Gebrauch ist. – Üblich –	Instrumente, die ebenfalls – nach Vorschrift – damit geschlagen werden können. – Außergewöhnlich –
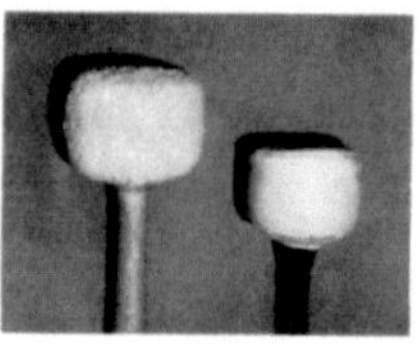 1 2	Große-Trommel-Schlägel. 1 Großköpfiger Holzschlägel, überzogen mit Lammfell oder Weichfilz. Kopf-Ø ca. 8–9 cm Stiel-Lg. ca. 30 cm 2 Ältere Ausführung (von Militärmusik stammend), lederüberzogener Holzkopf (Mailloche). Kopf-Ø ca. 5–7 cm Stiel-Lg. ca. 24–28 cm	Große Trommel	Tamtam Großes Standbecken Großes Tom-Tom Flügel-Resonanzkorp. Harfenkorpus
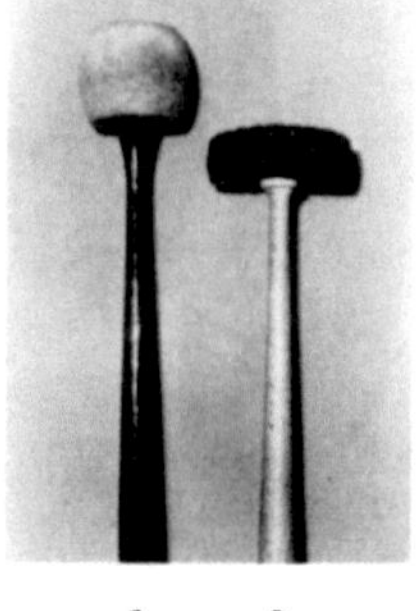 1 2	Tamtamschlägel. 1 Großköpfiger Hartfilzschlägel. Kopf-Ø ca. 6–10 cm Stiel-Lg. 30–34 cm 2 Scheibenförmiger, schwerer Holz- oder Metallkernschlägel, mit Leder oder Filz überzogen. Kopf-Ø ca. 12–15 cm Stiel-Lg. ca. 31 cm	Tamtam	Gong Plattenglocken
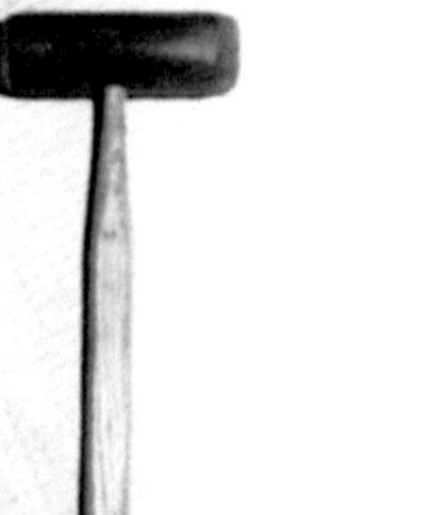	Plattenglockenschlägel. Großer, gewichtiger Holzhammer oder Metallkernschlägel.mit starker Filzpolsterung. Kopf-Lg. ca. 19–27 cm Stiel-Lg. ca. 31–34 cm Gewicht ca. 400-1400 g	Plattenglocken	Gong

Abbildung	Bezeichnung Herstellungsmaterial (Maße)	Instrumente, für deren Benützung dieses Anschlagmittel in Gebrauch ist. – Üblich –	Instrumente, die ebenfalls – nach Vorschrift – damit geschlagen werden können. – Außergewöhnlich –
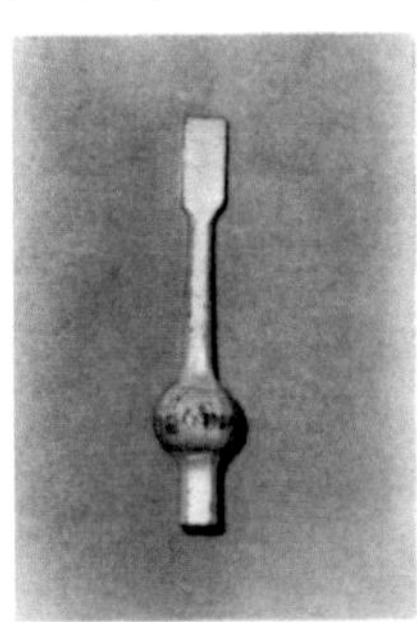	Metallklöppel. Länge ca. 20–25 cm Gewicht (je nach Größe der Glocke) bis ca. 1,5 kg	Gußglocken	
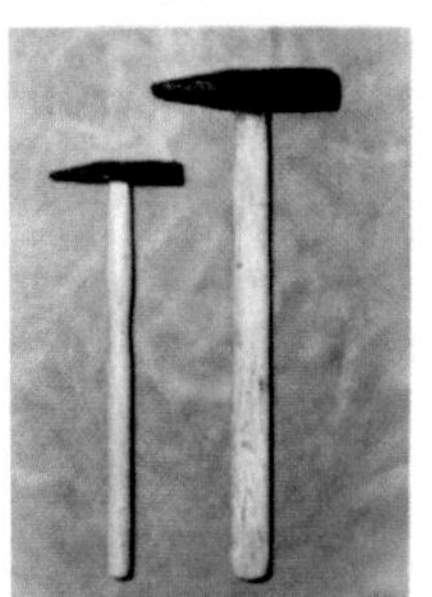	Hammer. Metallhammer, leicht bis mittelschwer. Kopf-Lg. ca. 8–12 cm Kopf-Ø ca. 1,3–2,8 cm Stiel-Lg. ca. 24–27 cm	Amboß Metallplatten	Röhrenglocken Bronzeglocken
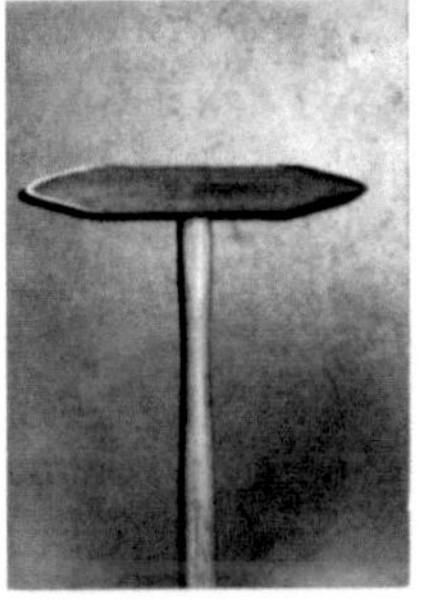	Kleiner Hartholz-hammer, auch leder-gepolstert. Kopf-Lg. ca. 13 cm Stiel-Lg. ca. 28 cm		Klaviersaiten
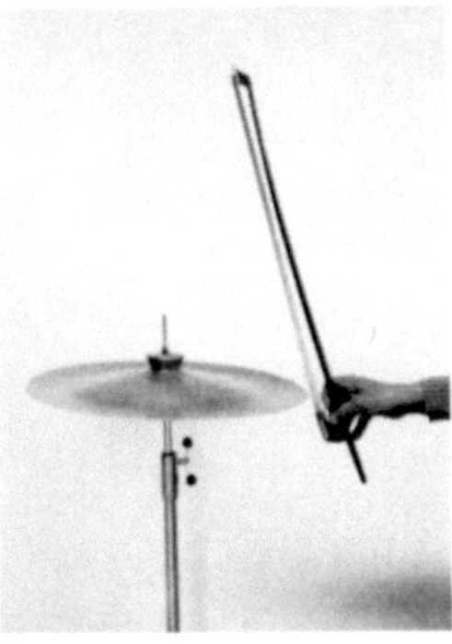	Streicherbogen.	Singende Säge	Glocken-Spiel Vibraphon Metallophon Zimbeln Gongs Plattengl. Röhrengl. Becken türkisch chinesisch Tamtam Tierschellen Metallfolie

Abbildung	Bezeichnung Herstellungsmaterial (Maße)	Instrumente, für deren Benützung dieses Anschlagmittel in Gebrauch ist. – Üblich –	Instrumente, die ebenfalls – nach Vorschrift – damit geschlagen werden können. – Außergewöhnlich –
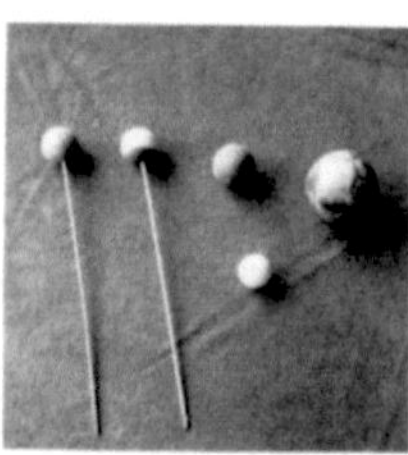	Superball. 1 Gummiball-Paar, Ø 2,7 cm an feinem, bieg- samem Stiel, Länge 20 cm 2 Gummiball, Ø 2,5–5 cm		Felltrommeln (springen, reiben) Tamtam (reiben)
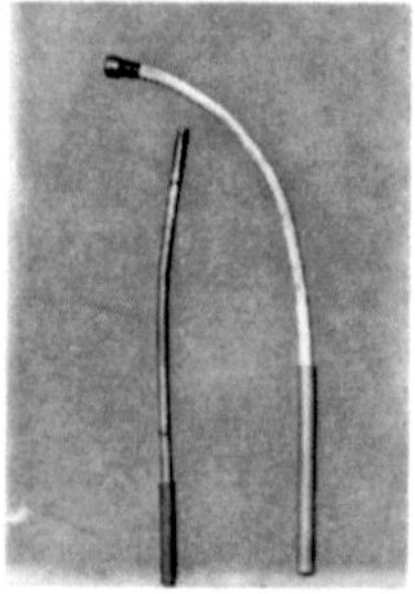 1 2	Ruten. 1 Schlagrute aus Peddigrohr. Stock-Ø ca. 9 mm Länge ca. 38 cm 2 Janitscharenrute. Stock-Ø ca. 9 mm Länge ca. 50 cm		Gr.-Trommel-Fell Gr.-Trommel-Fell
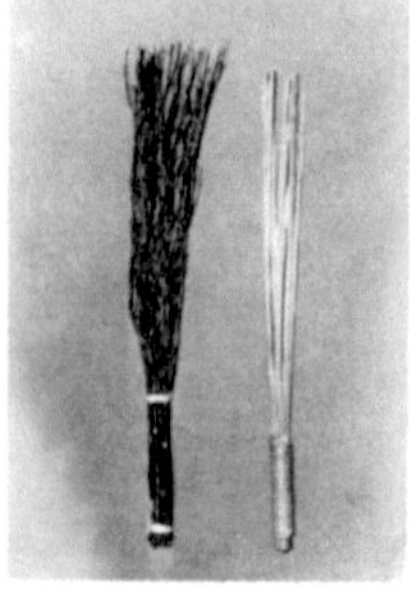 3 4	3 Zweigrute. Länge ca. 50 cm	Gr.-Trommel-Korpus	Gr.-Trommel-Fell
	4 Gesplissene Bambus- rute. Länge ca. 50 cm	Gr.-Trommel-Korpus	Gr.-Trommel-Fell
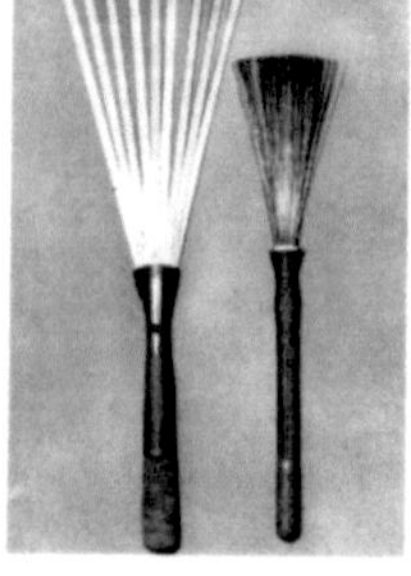 1 2	Besen. 1 Metallamellen, in einem Griff gefaßt. Gesamtlg. ca. 40 cm 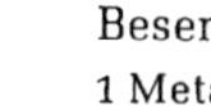 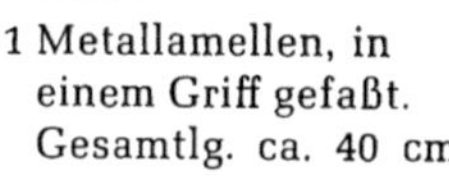 2 Gebündelte dünne, flexible Stahldrähte, in einem Griff gehal- ten. Gesamtlg. ca. 32 cm		Tamtam Becken Pauken Gr. Trommel Tom-Toms Pauken Klaviersaiten Trommeln Standbecken Tamtam

EINLEITUNG

Die Systematik der Musikinstrumente klassifiziert die Tonwerkzeuge in fünf Hauptgruppen:

Gruppe I Die Idiophone

Sie sind „Selbstklinger", das heißt, ihr Klang entsteht aus ihrem eigenen Bestandmaterial ohne weitere klangerzeugende und eigenschwingende Beigaben, wie etwa Felle oder Saiten.
Berücksichtigen wir die Art der Klangerzeugung, wird diese Hauptgruppe, der ein großer Teil der Schlaginstrumente zugehört, auf folgende Weise unterteilt:

A) Unmittelbar geschlagene Idiophone:
   1) Gegenschlagidiophone (Klappern, Beckenpaare)
   2) Aufschlagidiophone (Holzstabinstrumente, Metallstabspiele, Glocken, Gongs, Triangel, Einzelbecken, Holztrommeln)

B) Mittelbar geschlagene Idiophone:
   1) Schüttelidiophone (Rasseln)
   2) Schrapidiophone (Ratsche, Raspeln)

C) Streichidiophone (Glasharfe, Singende Säge)

D) Zupfidiophone (Zanza, Marimbula, Maultrommel)

Gruppe II Die Membranophone

Ihr Klang wird erzeugt mittels angespannter, transversal schwingender Membrane (Felle). Sie werden bewegt durch Anschlagen (Pauken, Trommeln), Reiben (Reibtrommeln) oder Ansingen (Mirlitons).

Gruppe III Die Chordophone

Sie umfassen alle Instrumente, deren wesentliche Klangerreger gespannte Saiten sind (besaitete Zupf-, Streich- und Tasteninstrumente).

Gruppe IV Die Aerophone

Die Tonerzeugung erfolgt durch schwingende Luftsäulen (Blasinstrumente).

Gruppe V Die Elektrophone

Darunter fallen die Instrumente mit Anwendung der Elektromechanik (Elektrogitarre, -baß, -glocken) sowie die elektronischen Instrumente (Trautonium, Ondes Martenot, Synthesizers).

In der Praxis wird das Schlaginstrumentarium traditionell in zwei Hauptgruppen eingeteilt. Die erste umfaßt diejenigen Instrumente, deren Notierung immer auf eine festzulegende Tonhöhe ausgerichtet war und ist; die zweite dagegen umfaßt die Instrumente, deren Notierung entweder

– auf unbestimmte Tonhöhe zeigt
oder
– nach Maßgabe des Komponisten beide Schreibweisen (bestimmte und unbestimmte Tonhöhe) zuläßt.

Die erste Gruppe wird kurz als „Instrumente mit bestimmter Tonhöhe", die zweite als „Instrumente mit unbestimmter Tonhöhe" bezeichnet, obwohl diese Benennung nicht immer der Wirklichkeit entspricht.

Die Bezeichnung „Schlagzeug" trifft in ihrem wörtlichen Sinne nicht auf alle Instrumente zu, die der Gruppe angehören. Einige sind darunter, die man ihr aus spieltechnischen Gründen zuteilt, auch sie sind in diesem Rahmen behandelt.

So gehört es zum Aufgabenbereich eines Schlagzeugers, auch die Lotosflöte zu blasen, die Glasharfe zu streichen und die Laut- und Geräuschinstrumente zu übernehmen, soweit sie in die musikalische Konzeption eines Werkes eingefügt sind.

Eine klare Definition erfordert die Benennung solcher Schlaginstrumente, deren ursprüngliche Bedeutung im Lauf der Zeit in andere Begriffe gemünzt wurde.

Vielfach herrscht auch deswegen Verwirrung, weil Komponisten für gewisse Instrumente eigene Namen erfanden oder falsche Bezeichnungen wählten.

Eine Richtigstellung im musikwissenschaftlichen Sinne ist in manchen Fällen nicht mehr möglich, da sich solche Benennungen regional seit langem eingebürgert haben.

Hierzu rechnet zum Beispiel das „Tamtam" (malaiisch-afrikanisch „Tammittam": Trommel), unter dem man sich in unserer Musikwelt einen Gong mit unbestimmtem Ton vorstellt, während „Gong" in der Regel als Instrument mit bestimmter Tonhöhe gilt (Buckelgong). Verwirrend kommt hinzu, daß auch das kleine hohe Tamtam mitunter als Gong zum Unterschied vom großen Tamtam bezeichnet wird.

Ein besonders gravierendes Beispiel ist der Gebrauch des Namens „Tambourin", der sich unerklärbarerweise weitestgehend als Bezeichnung für die Schellentrommel durchgesetzt hat. Nur im französischen Sprachbereich benennt er die röhrenartige Felltrommel der Provenzalen, während dort die Schellentrommel „tambour de basque" genannt wird.

In der italienischen Sprache ist „Tamburino" die Verkleinerungsform von „Tamburo", weshalb diese Benennung in bestimmten italienischen Werken älterer Drucklegung die Besetzung eines „Tamburo piccolo" erfordert. Derartige Definitionen ergeben sich oft nur aus dem Notenbild (Respighi).

In älterem Notenmaterial tauchen verschiedentlich Bezeichnungen auf, die später durch neue ersetzt worden sind, oft bedingt durch eine veränderte Bauweise des Instruments. So wurde zum Beispiel „Sistro" (ital.) zu Campanelli und „Jeux de timbres" (franz.) zu Glockenspiel, „Resonaphone" (engl.) zu Marimbaphon.

In einigen Fällen läßt sich keine präzise Feststellung über die Wahl des richtigen Instruments treffen, manches bleibt umstritten und ist dem musikalischen Einfühlungsvermögen überlassen.

Die Schlaginstrumentengruppe mit Notenschlüsselnotierung enthält ein geradezu klassisches Fellmembranophon: die *Pauke*. Ihr helfen die günstigen Resonanzverhältnisse, die genaue Einstimmung und die richtige Wahl des Felles und der Schlagstelle zum rein wahrnehmbaren Ton, während im allgemeinen die sehr eng gelagerten und durchweg unharmonischen Klangkomponenten der kreisrunden Membrane (Felle) den Klang geräuschartig wirken und tonlich mehr oder weniger stark verschwimmen lassen. Es besteht aber sehr wohl die Möglichkeit und manchmal auch die Notwendigkeit, die meisten der spannbaren Fellinstrumente auf eine bestimmte Tonhöhe zu fixieren. So wurden z. B. auch chromatische Tomtom- und Bambusspiele gebaut; darüber in den einschlägigen Abschnitten.

Bronze- und Schalenglöckchen, Amboß, Metallblock und Herdenglocke rangieren in der Regel unter Schlagidiophonen mit unbestimmtem Ton, ihrer meist geräuschstarken Tonsubstanz und wohl auch ihres dem Hörer gewohnten, außermusikalischen Gebrauchs wegen. Sehr bestimmte Töne geben einzelne, mit weichem Schlägel geschlagene Herdenglocken von sich, auch sie werden als Schlagzeug mit unbestimmter Tonhöhe verwendet. Trotzdem wird man in vielen Fällen die passenden Töne für das einschlägige Werk auszuwählen haben, um nicht klanglich unliebsam zu stören. Auch hier verlangen Ausnahmen eine genaue Abstimmung.

Die zu den *Rasselinstrumenten* zählenden *Schellen* können ebenfalls im Klang ziemlich klar abgegrenzt werden, wenn man die sonst wahllos zusammengefaßten Rollschellen nach Tonhöhe sortiert.

Unter den *Holztrommeln* sind es die *Tempelblöcke,* die bei der Herstellung zwar auf einen bestimmten Ton gebracht, ihrer verschwommenen Klangbegrenzung wegen aber nicht im Schlüssel notiert werden.

Die Klassik kannte in der Regel keine besonderen Vorschriften für den *Schlägelgebrauch,* es wurde eben das Anschlagmittel benützt, das für das Instrument typisch war. Erst Berlioz begann den Spielern vorzuschreiben, spezielle Schlägel zu gebrauchen, wenn er es für notwendig hielt, so z. B. für Pauken und Becken Holz- oder Schwammschlägel oder für die Große Trommel etwa Paukenschlägel. Diese Beispiele machten Schule, und es bürgerte sich ein, daß außergewöhnliche Schlägel besonders benannt wurden. Mit der wachsenden Zahl der Instrumente wurde auch eine Vielzahl von Schlägeln entwickelt, die auf jedes Schlaginstrument spezifisch ausgerichtet sind.

Die Auswahl des Herstellungsmaterials, Form, Größe und Gewichtigkeit von Anschlagmitteln richtet sich nach den Erfordernissen, welche die Beschaffenheit der Instrumente, notwendiges Klangvolumen, beabsichtigte Klangwirkung und Spieltechnik mit sich bringen. Grundsätzlich muß aber angestrebt werden, den Anschlagklang weitestgehend zu entmaterialisieren, das heißt klangfremde Geräusche möglichst auszuschalten. Dies trifft besonders zu für Holz- und Metallstabspiele (mallet instruments), Glocken, Gongs, Becken, Triangel, also für alle harten Schwingungsmassen.

In Werken mit einem anzahlmäßig stark besetzten Schlagzeug hat der Wechsel von Schlägeln oft so schnell zu erfolgen, daß ausgeschriebene Schlägelvorschriften unübersichtlich wirken. Stattdessen bewähren sich bestimmte Zeichen, die eingangs des jeweiligen Werkes in einer Tabelle anzugeben sind.

Siehe Notenbeispiel Nr. 1: H. W. Henze: „Elegie für junge Liebende" und Notenbeispiel Nr. 3: H. W. Henze: „Antifone".

Wo ein Schlägelwechsel wegen rascher Aufeinanderfolge der zu spielenden Instrumente nicht mehr möglich ist, erhebt sich stets die Frage, welche Arten von Anschlagmitteln zu wählen sind, um jedem Instrument gerecht werden zu können. Dies trifft besonders für schlagzeugsolistische Werke zu, und es bleibt oft der ingeniösen Erkenntnis des Spielers überlassen, dafür geeignete Schlägel zu finden und gegebenenfalls zu präparieren.

Siehe Notenbeispiel Nr. 4: Th. Antoniou: „Epilog".

Aus der Schlägeltabelle Seite 19 ist ersichtlich, welche Anschlagmittel den einzelnen Schlaginstrumenten zugedacht werden können.
Neben dem Gebrauch von ungewöhnlichen Anschlagmitteln auf ebenso ungewöhnlichen Anschlagstellen mehren sich auch die Vorschriften bestimmter *Schlagarten*, z. B. besonders bei handgeschlagenen Trommeln. Auch hier ist die Anwendung von Symbolzeichen zweckmäßig.
Ein großer Teil des Schlagzeugs ist als „Kurzklinger" zu bezeichnen. Zur Vereinfachung des Notenbildes wird in der Schreibweise oft keine Rücksicht auf die in Wirklichkeit meist noch kürzere Klangdauer genommen (z. B. Xylophon, hohe Trommeln usw.). Andererseits vermeidet der Spieler das Abdämpfen der Instrumente mit aushallendem Klang trotz kurzer Notation, etwa wenn es im Verhältnis zum Orchestertutti angebracht erscheint (z. B. Becken, Triangel, Tamtam).
Die *Notenschrift* für Instrumente mit unbestimmtem Ton ist weder an Schlüssel noch an ein bestimmtes Liniensystem gebunden.
Um eine übersichtliche Lesbarkeit zu gewinnen, sollte die Notation nach Möglichkeit in der Reihenfolge der annähernden Klanghöhe der vorgeschriebenen Instrumente erfolgen.

Siehe Notenbeispiel Nr. 2: L. Berio: „Circles".

Im Fünfliniensystem werden die Notenköpfe für traditionelle Schlaginstrumente in der Regel nach diesem Gesichtspunkt placiert: Triangel, Tamburin, Kastagnetten etc. stehen auf oder über bzw. zwischen den beiden oberen Linien, Schnarrsaitentrommeln auf der dritten Linie, Trommeln ohne Saiten auf der zweiten Linie, Becken zwischen zweiter und dritter Linie, die Große Trommel auf der ersten und das Tamtam unter der ersten Linie.
Für Werke, deren Schlagzeugbesetzung mehrere Spieler erfordert, sollte die Schlagzeugstimme in Form einer kleinen Partitur *(Particell)* geschrieben sein. Dabei können in der Praxis die Instrumente im Wechsel auf die einzelnen Spieler bestmöglichst aufgeteilt werden, wogegen Einzelstimmen oft umständliche Arrangements notwendig machen. Hierbei rangieren die Liniensysteme für schlüsselnotierte Instrumente tunlichst über denjenigen für die Schlaginstrumente mit unbestimmter Tonhöhe.

Siehe Notenbeispiel Nr. 3: H. W. Henze: „Antifone".

Kompositionen, zu deren Ausführung einem Spieler eine größere Anzahl von Instrumenten (set up) zugedacht ist, sollten — der Übersichtlichkeit halber — kein zu umfangreiches oder weit auseinander gezogenes Liniensystem enthalten.

Siehe Notenbeispiel Nr. 2: L. Berio: „Circles".

Eine Notenschrift, die sich vom gewohnten Bild weit entfernt, sich zahlreich erfundener synonymer Zeichen bedient und vorwiegend um eine interessante graphische Darstellung bemüht ist, zwingt den Ausführenden, eine selbstgeschriebene, lesbare Version zu fertigen, wenn er sich nicht eine unverhältnismäßig lange Zeit mit der Einstudierung eines solchermaßen notierten Werkes befassen will.
Mit den Angaben über *Klangvolumen, Maße und Ausführung der Instrumente,* deren Spielart und ihre Anschlagmittel, wurde versucht, gehobenen Ansprüchen gerecht zu werden. Im allgemeinen läßt sich schwerlich eine bindende Norm aufstellen, da sehr viele Komponenten zu berücksichtigen sind. So sind es die Größe des Klangkörpers, die Akustik des Raumes, der Zweck des musikalischen Geschehens, die klanglichen Vorstellungen der Komponisten und

die der Dirigenten, die zahlenmäßig mögliche Besetzung der Spieler und deren Technik, welche dem Schlagwerkapparat in vieler Hinsicht Probleme auferlegen.
Es sei noch bemerkt, daß sich aus der Beschreibung des Klanges keine genauen Vorstellungen bilden lassen, vielmehr wird es nötig sein, sich darüber am Instrument selbst zu informieren. Die führenden Institute der Musikausübung haben heute fast überall ihr Instrumentarium ergänzt und auf einen hohen Stand gebracht. Dort wird es keinem Interessenten verwehrt werden, entsprechende Studien zu machen.

INSTRUMENTE MIT BESTIMMTER TONHÖHE

Die Pauken

D-Pauke (Baßpauke)	G-Pauke (Große Pauke)	C-Pauke (Kleine Pauke)	A-Pauke (Hohe Pauke)

Umfang und Notation:

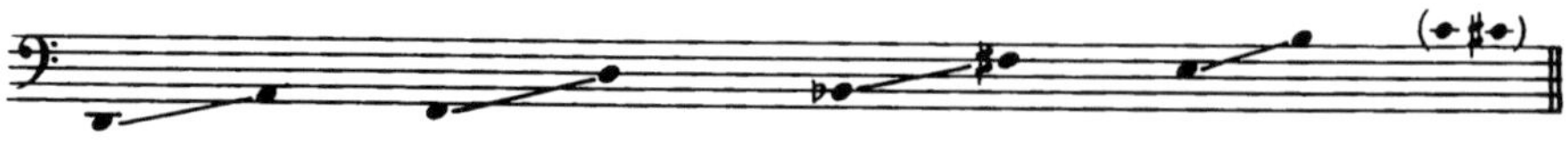

Tiefe Pauken — Hohe Pauken

Klang: wie notiert

Anschlagmittel üblich: Paukenschlägel (Weichfilz- oder Flanellkopfschlägel in verschiedenen Größen)

außergewöhnlich: Holzschlägel (lederüberzogener Holzkopf)
Kleine-Trommel-Stöcke
Stahlbesen
Con la (oder colla) mano

Geschichtliches. Das als Pauke benannte Membranophon ist uralter, asiatischer Herkunft. Ursprünglich wird der Kessel aus Ton und später aus Holz gewesen sein, überzogen mit einem durch Verschnürung gespannten Fell. Im ganzen Morgenland, bis Indien, war sie Begleiterin der geraden Metalltuben und Businen, meist paarweise geschlagen und im Abstand von einer Quarte oder Quinte gestimmt.

In den europäischen Bereich – zuerst in Spanien und Süditalien – fanden während der Kreuzzüge bis zum 13. Jahrhundert sehr kleine Pauken arabischer Herkunft Eingang. Der Spieler trug sie an Griffen oder paarweise am Gürtel befestigt. Als trommelartig klingende Instrumente sind sie in dieser Art noch heute im islamitischen Kulturkreis in Gebrauch.

Die ersten Großen Pauken vom heutigen abendländischen Typus gelangten um die Mitte des 15. Jahrhunderts über Ungarn und Polen nach dem europäischen Westen. Mit den Trompeten in enger Verbindung festigte sich ihr Platz bei den Hofhaltungen im Musikleben der Renaissance. Sie behaupteten sich seither in steigendem Maße als das dominierende Fellmembran-Instrument und erreichten im großen Orchester der klassischen und romantischen Periode einen Höhepunkt der Auswertung ihrer spieltechnischen Verwendungsmöglichkeiten.

Bau, Tonumfang und Schreibweise. Der stumpfkegelförmige, nach oben geöffnete Kessel der Pauke wird heute vorwiegend aus Kupferblech hergestellt. Die Öffnung ist mit einem auf einen Reifen „gewickelten" Fell überzogen, dessen Spannung – und damit Stimmung – mittels einer Mechanik regulierbar ist. Am Boden des Kessels befindet sich eine kleine runde Öffnung, die zum Luftdruckausgleich während des Schlagens dient.

Das Paukenfell aus der gegerbten, spezialpräparierten Haut des Kalbes wird gewöhnlich allen anderen Tierfellen vorgezogen. Ein etwa handbreiter Streifen, „Rücken" genannt, zieht sich mitten durch das Fell und stellt eine natürliche Verdickung dar.

Seit einigen Jahren finden Membranen aus Kunststoff Verwendung, die sogenannten Plastikfelle, die den Vorteil haben, weit weniger witterungsempfindlich zu sein. Auch die Rücksichtnahme auf den Fellrücken erübrigt sich, weil die auf Reifen geschweißten Plastikfolien keinen solchen aufweisen. Instrumente, die bisher Kalbfelle trugen, können in der Regel nicht ohne weiteres mit Plastikfellen bezogen werden, weil diese einen besonders gearbeiteten Kesselrand erfordern.

Die Pauken werden seit jeher im Orchester mindestens paarweise (tief und hoch) verwendet. Heute verfügt der Pauker in der Regel über zwei tiefe und zwei hohe Instrumente, denen er im Ausnahmefall noch weitere hinzustellt. Der Tonumfang eines normalen Paukenpaares (genannt G-Pauke und C-Pauke) umfaßt etwa das F bis fis. Für Stimmungen darüber hinaus, etwa bis h, ist eine besonders dafür gebaute Pauke gebräuchlich, die sogenannte hohe A-Pauke, deren kleinerer Kesseldurchmesser und Spezialmechanik diese starke Spannungsbelastung des Felles ermöglichen.

Anwendungsbeispiele der A-Pauke: I. Strawinsky: „Les Noces", „Le Sacre du Printemps"; W. Piston: „Violinkonzert"; C. Orff: „Die Bernauerin", „Antigonae", „Trionfi", „Oedipus der Tyrann"; K. A. Hartmann: „7. Symphonie" (Notenbeispiele Nr. 11 und 15).

Töne über das h hinaus dürften selbst auf einer solchen Spezialpauke kaum mehr zu erreichen sein. Hierfür dienen am besten kleinere einfellige Trommeln, z. B. Bongos. Anwendungsbeispiele für Pauken über h: B. Brittens Ballett „The Prince of the Pagodes" (cis^1—d^1); D. Milhaud: „La création du monde" (d^1—fis^1) (Notenbeispiel Nr. 12).

Die sogenannte D- oder Baßpauke ist das Instrument, von dem man tiefe Töne — bis etwa zum D — verlangt. Bedingung ist ein großer Kessel mit einem „ausgeruhten" Fell, denn dieses läßt sich nach vielfacher, großer Dehnungsbeanspruchung nicht mehr in reine Stimmung bei tiefen Lagen bringen. Ebenso soll man Pauken, die in hohen Stimmungen

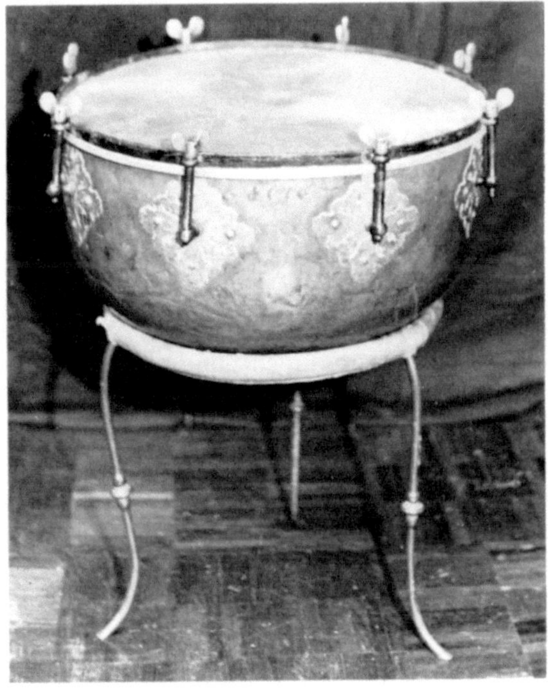

Schraubenpauke

gebraucht werden, nicht unter d gestimmt schlagen, wenn auf sauberen Klang Wert gelegt wird.

Die Bezeichnung C- und G-Pauke resultiert noch aus der Zeit vor Beethoven, als die Notation im Baßschlüssel mit C und G erfolgte, während die wirkliche Stimmung (z. B. D und A) wie bei den transponierenden Instrumenten zu Anfang des Werkes vorgeschrieben wurde.

Paukentypen. Die Typisierung der Pauken wird nach dem System der Stimmvorrichtung vorgenommen. Man unterscheidet vier Grundtypen, zuerst die im 16. Jahrhundert konstruierte *Schraubenpauke,* bei der das Stimmen oder Umstimmen durch Drehen von jeweils 6 bis 8 oder – je nach Bauart – noch mehr Schrauben mittels Schlüssel oder Flügelschrauben erfolgt. Die Komponisten waren gezwungen, dieser zeitraubenden Handhabung Rechnung zu tragen. So findet man z. B. in Verdis Werken bis zum Jahre 1874 Stimmungen im Paukenpart vorgeschieben, die der Tonart nicht entsprechen, nur weil ein zeitgerechtes Umstimmen nicht verlangt werden konnte.

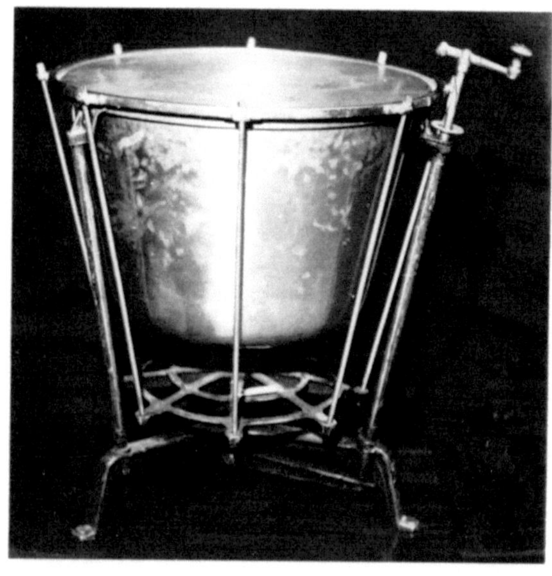

Hebelmaschinenpauke

Die Entwicklung der Kompositionstechnik mit ihrer fortschreitenden tonalen Ausweitung erzwang geradezu die Konstruktion der Pauke mit zentraler Umstimmungsmöglichkeit. Der Kgl. Hofpauker G. Kramer in München hat als erster einen Mechanismus erfunden, um alle Stimmschrauben gleichzeitig zu spannen (1812). Seitdem sind zahlreiche Typen von Maschinenpauken entstanden, von denen sich die *Hebelmaschinenpauke,* die noch heute in kleineren Orchestern und als Zusatzpauke im Gebrauch ist, am meisten verbreitet hat. Bei ihr werden alle Stimmschrauben zu einem zentralen Gewinde zusammengefaßt, das durch eine Hauptschraube mittels Hebel oder Kurbel zu handhaben ist. Damit kann jede gewünschte Stimmungsänderung im Rahmen des möglichen Tonumfangs mit einem Hebelgriff erreicht werden.

Ein weiteres System stellt die *Drehkesselpauke* dar, 1821 von J. C. N. Stumpff in Amsterdam gebaut. Bei ihr ist der Paukenkessel auf einen Fuß mit Zentralspindel montiert, die bei Drehung des ganzen Kessels die Funktion der Stimmschrauben zentral übernimmt.

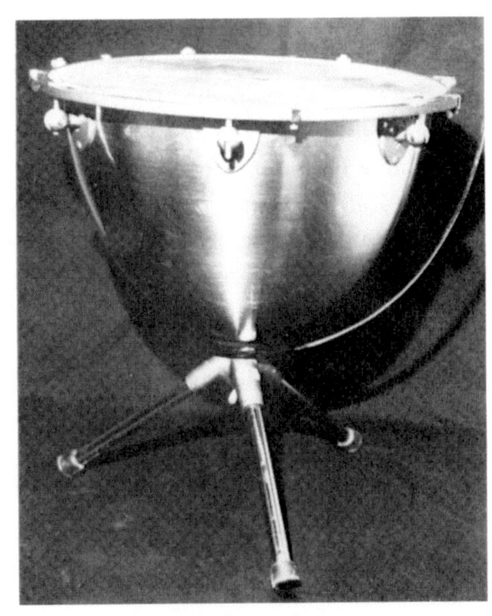

Drehkessel-
pauke

Das Modell ist leicht und variabel stimmbar, hat aber den Nachteil, daß sich die Schlagstelle auf dem Fell durch das Drehen des Kessels ständig verändert. So läßt es sich nicht vermeiden, auch auf weniger klangvollen Stellen, wie z. B. auf dem schwingungsarmen „Rücken“ des Kalbfelles, zu schlagen.

Als bisher beste Konstruktionslösung kann wohl die 1872 von Pittrich erfundene und in der folgenden Zeit in steter Verbesserung gebaute *Pedalmaschinenpauke* gelten. Ihr System erlaubt ein verhältnismäßig rasches Umstimmen mit einem Pedal, das durch den Fußdruck des Paukers geführt wird. Damit ergab sich die Möglichkeit, in kurzen Spielpausen sowie gelegentlich auch während des Schlagens umzustimmen. Mittels eines mit dem Pedal koordinierten Tonanzeigers läßt sich der eingestellte Ton ablesen. Das Instrumentarium der Orchester ist heute bereits weitestgehend mit modernen Pauken dieses Typus ergänzt worden.

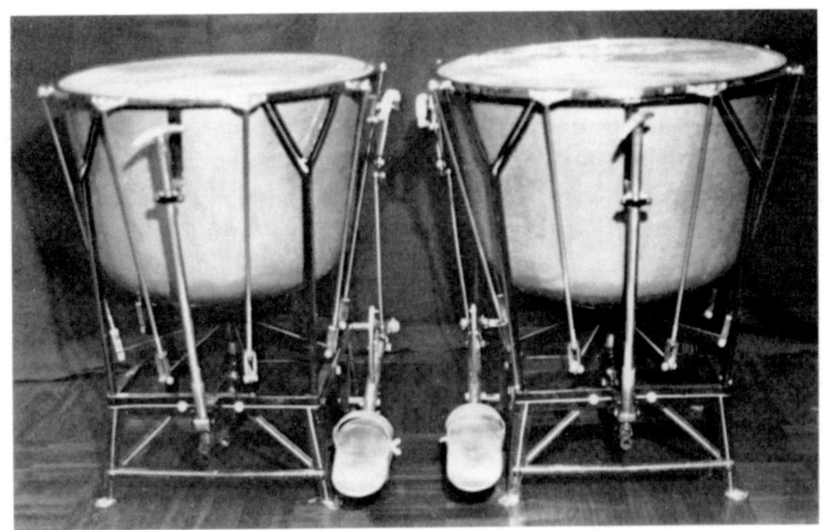

Pedal-
maschinen-
pauken

Allerdings ist damit die Erlangung einer präzisen Stimmung oft in Frage gestellt infolge der unterschiedlichen Flexibilität und der klimatischen Beeinflussung der Felle; dies um so mehr, je größer die Umstimmungsintervalle vorgeschrieben sind. Dieser Umstand zwingt den Pauker, immer wieder die Stimmung nachzukontrollieren durch leises Antippen des Felles mit dem Finger, soweit ihm Zählpausen dazu die Möglichkeit geben.

Bei der Zeitberechnung des Umstimmens einer Paukengruppe von mehr als zwei Instrumenten muß zwangsläufig der Wechsel auf das Pedal des jeweils benachbarten Instruments sowie zumindest das Ablesen der Tonzeigerskala berücksichtigt werden.

Sofortiges Umstimmen nach dem Anschlag bewirkt eine Veränderung des Nachklangtones, was einem „glissando" gleichkommt. Hierbei wird — in einer Version — der notierte Ton einmal angeschlagen und sofort mittels Pedal hochgezogen bis zum notierten Endton. Dieser Effekt kommt nur solistisch zur Geltung, im Orchestertutti etwa ist er nicht mehr hörbar. Ein Glissando dieser Art nach abwärts ist nur schwach wahrzunehmen und daher zur Anwendung weniger geeignet. Eine zweite Version ist das Glissando während des Wirbelns, es kommt auf- oder abwärts bei jeder dynamischen Stufe zur Wirkung.

Beispiele für Paukenglissando: B. Bartók: „Musik für Saiteninstrumente, Schlagzeug und Celesta", „Violinkonzert", „Sonate für zwei Klaviere und Schlagzeug"; W. Egk: „Die chinesische Nachtigall"; M. Gould: „Lateinamerikanische Symphoniette"; H. W. Henze: „Elegie", „Il re cervo" (siehe Notenbeispiele Nr. 8, 9 und 77).

Klangfaktoren. Die Fülle und Reinheit des Paukenklanges beruht in erster Linie auf der Einstimmung des ausgesucht gleichmäßigen Kalbfelles mittels der 6 — oder mehr — Stimmschrauben, die jede Pauke besitzt. Dabei müssen kleinste Tonunterschiede innerhalb des Felles in mühevoller und langwieriger Hörarbeit bereinigt werden. Dieser Vorgang wiederholt sich immer in gewissen Zeitabständen, je nach Beanspruchung der Instrumente. Die klimatischen Verhältnisse spielen in klanglicher Hinsicht keine geringe Rolle: trockene Hitze oder Kälte ziehen die Felle stark zusammen und beeinträchtigen Klang und Stimmung, starke Luftfeuchtigkeit (etwa in einem vollen Konzertsaal) lassen die Felle wiederum übermäßig erschlaffen. In den USA wurden seit 1958 Felle aus Kunststoffmaterial entwickelt, die gegen Klimaunterschiede weitgehendst unempfindlich sind.

Ein weiterer wichtiger Klangfaktor ist die Wahl des sogenannten Schlagflecks. Grundsätzlich befindet er sich eine Handbreit vom Rande gemessen und bei Naturfellen von den Endpunkten des Fellrückens gleich weit entfernt. Die durch unharmonische Klangkomponenten gerade bei tiefen Stimmungen nicht mehr so klare Tonbestimmbarkeit wird durch genaue Einhaltung des Schlagflecks begrenzt. Je mehr dem Fellzentrum zu geschlagen wird, um so unbestimmter klingt der Ton. In der Mitte geschlagen, wird die Pauke zur dumpfen Trommel.

Die Eigenart des klaren, schwingenden Paukenklanges — wie ihn kein anderes Fellinstrument aufweist — resultiert aus dem Anschlagton und dem Nachklang. Die Schwingungsdauer des letzteren ist um so kürzer, je stärker die Spannung des Felles zur Erreichung hoher Tonlagen ist.

Die Vorschrift „Timpani coperti" bedeutete ursprünglich das Schlagen auf mit Tuch bedeckten Fellen. In der heutigen Praxis wird eine handtellergroße Filzscheibe auf die der Schlagstelle gegenüberliegende Fellseite gelegt. Dadurch wird dem Schlagton der Ausschwingungsvorgang genommen und ein glanzloser trockener Klang erreicht (siehe Notenbeispiel Nr. 97).

Anschlagmittel und Spieltechnik. Die Paukerzunft hatte bis Anfang des 18. Jahrhunderts als Schlägel gewöhnlich solche mit lederüberzogenen Holzköpfen in Gebrauch. Die weitere Entwicklung führte zum Schlägelkopf aus zusammengepreßten Flanellscheiben, die es in verschiedenen Größen gibt.

Seit Berlioz findet man oft die Anweisung „mit Schwammschlägel". Um eine besonders weiche Tongebung zu ermöglichen, waren bei ihnen die Köpfe aus rund zugeschnittenen Schwämmen des Mittelmeeres gefertigt und mit Tuchlappen überzogen.

Die beste Tonqualität und das geringste Anschlaggeräusch produzieren die heute am meisten verwendeten Schlägel aus weichen Merino-Wollfilzköpfen mit Tonkingrohrstielen. Diese von hervorragenden Paukern entwickelten Schlägel werden in verschiedenen Kopfgrößen und Härtegraden gefertigt. Die klanglichen Unterschiede ergeben sich aus der Materialanwendung für die Köpfe und die Beschaffenheit und Stärke der Stiele. Man spricht von Piano- und Forteschlägeln, von Bruckner- oder Wagnerschlägeln für voluminösen, weichen Klang, von Mikrophonschlägeln für leichten akzentuierten Ton. Außerdem sind für die zu treffende Wahl neben den jeweiligen akustischen Verhältnissen auch die Beschaffenheit der Pauken und Felle maßgebend.

In der Praxis verfügt der qualifizierte Pauker etwa über ein halbes Dutzend verschiedener Arten, nach individuellen Gesichtspunkten ausgewählt. Dazu kommen noch die sogenannten Holzschlägel, die ausdrücklich vorgeschrieben werden für stark hervortretende und mit knallendem Ton zu produzierende Stellen.

Beispiele für die Anwendung von Holzschlägeln: H. Berlioz: „Symphonie fantastique"; I. Strawinsky: „Der Feuervogel"; R. Strauss: „Salome", „Elektra", „Der Rosenkavalier"; G. Mahler: „7. Symphonie" (siehe Notenbeispiele Nr. 13, 30 und 37) u. a.

In der Musik des Barock-Zeitalters (ca. 1580 bis 1760) findet man oft die aus höfischer Gepflogenheit übernommene Verbindung von Trompeten und Pauken manifestiert. Die typische Rhythmisierung in der Art des Trommelns verlangt den Gebrauch der damals üblichen Holzschlägel mit scheibenähnlichen Köpfen, überzogen mit einem dünnen Lederband (siehe Abbildung Seite 20). Beispiel: Monteverdi-Orff: „Lamenti" (Notenbeispiel Nr. 14).

Abbildungen in musiktheoretischen Schriften des Frühbarocks lassen erkennen, daß auch rundköpfige Schlägel mit einem Überzug aus weichem Stoff oder Leder in Verwendung waren.

Besondere Effekte, wie das Schlagen mit den Fingerspitzen (C. Orff: „Die Bernauerin", siehe Notenbeispiel Nr. 54; G. Gordon: „The Rake's Progress") oder mit Trommelstöcken oder Schlägelstielen (B. Bartók: „Violinkonzert"; C. Orff: „Trionfi", siehe Notenbeispiel Nr. 15; W. Thärichen: „Paukenkonzert") gehören zu den Seltenheiten.

Die Technik des Paukenschlagens beruht grundlegend auf der richtigen Ausbildung der Gelenke und Muskulatur, insbesondere der von Händen, Armen und Schultern. Das jahrelange Studium führt von den Grundbegriffen des einfachen Schlagens auf einem Paar Pauken zum Wirbel und bis zur Beherrschung technisch schwerster Etüden und solistischer Stücke über vier Pauken. Daneben lernt der Schüler die klassischen und modernen Orchesterstudien — die sich nicht nur auf vier Pauken beschränken — nach Schwierigkeitsgrad kennen. Er wurde anfangs auf Rhythmik und Gehör geprüft und muß imstande sein, die Instrumente in jede mögliche Stimmung zu bringen, wobei ihn weder das Zählen der Pausentakte noch fremde Harmonien im Orchester daran hindern dürfen.

Der Ablauf von Schlagfolgen über mehrere Pauken erfordert eingeübte Treffsicherheit und das sichere Gefühl, den Schlägel mit dem für den Tonstärkegrad richtig dosierten

Nachdruck zu führen (siehe Notenbeispiel Nr. 17: K. A. Hartmann: „6. Symphonie" und Notenbeispiel Nr. 10: H. W. Henze: „Elegie für junge Liebende").

Die Verlängerung eines Tones geschieht durch das Wirbeln, einer schnellen Schlagfolge, die in jeder Lautstärke durch abwechselndes Schlagen mit zwei Paukenschlägeln hervorgebracht wird. Bei Anschlägen oder Wirbelabschlägen, die einen möglichst kurzen Nachklang haben sollen, ist das Fell nach dem Schlag mit den Fingern der gespreizten Hand abzudämpfen. Wo ganze Schlagfolgen staccato zu spielen sind, hilft man sich mit kleinköpfigen, harten Schlägeln, die den Anschlagton stark präzisieren.

Beispiel: B. Bartók: „Musik für Saiteninstrumente, Schlagzeug und Celesta".

Anwendung. Die Reihenfolge der Pauken-Aufstellung in den Orchestern beschränkt sich auf zwei Möglichkeiten: entweder stehen die hohen Pauken rechts vom Spieler und die tiefen links, wie es der Anlage aller Tasteninstrumente und klaviaturmäßig gebauten Schlaginstrumente (Xylophon, Glockenspiel usw.) entspricht, oder in umgekehrter Reihenfolge: die hohen links und die tiefen rechts. Die letztere Aufstellung wird von ebensovielen Paukern aus schlagtechnischen, klanglichen und nicht zuletzt traditionsbedingten Gründen der erstgenannten vorgezogen.

Einige Beispiele der Orchesterliteratur sollen einen Überblick über die Vielfalt der technischen Möglichkeiten des Paukenschlagens geben.

Die Klassik kannte in der Regel nur die paarweise Verwendung von Pauken. Sehr vereinzelt wurden drei und mehr besetzt, wie in W. A. Mozarts „Serenade" KV 187/188 mit vier Pauken, J. W. Hertel (1726–1789), „Symphonie" mit acht Pauken. In späterer Zeit war es G. Meyerbeer (1791–1864), der dem Pauker mit der Besetzung von vier Pauken in den Opern „Der Prophet", „Die Afrikanerin", „Robert der Teufel" einige technische Fertigkeit abverlangte. Richard Wagner hat in mehreren seiner Werke zwei Pauker mit je zwei bis drei Pauken besetzt, womit es ihm möglich war, eine variablere Stimmung zu verlangen (Lohengrin, Ring, Parsifal).

Die Massierung von zahlreichen Paukenpaaren, wie sie H. Berlioz in der „Symphonie fantastique" mit drei bis vier Paukern und im „Requiem" mit acht Paukern (16 Pauken in verschiedenen Stimmungen) forderte, blieb eine Ausnahmeerscheinung (Notenbeispiel Nr. 5). Auch die Literatur unseres Jahrhunderts zeigt einige Beispiele der Verwendung von zwei und drei Paukern, z. B. I. Strawinsky: „Le Sacre du Printemps"; A. Berg: „Wozzeck", „Drei Orchesterstücke"; C. Orff: „Trionfi", „Antigonae"; K. A. Hartmann: „8. Symphonie" (siehe Notenbeispiele Nr. 6, 7 und 37).

Die Literatur der solistischen Werke enthält Konzerte für Pauken mit Klavier- bzw. Orchesterbegleitung von O. Gerster, K. Striegler, F. Büttner, W. Thärichen, R. Parris, H. Cowell, H. Farbermann, J. Weinberger, J. Sarmientos, G. Gutsche, A. Jolivet, A. Tscherepnin, K. H. Köper, das Concertino für Solopauken, Streicher und Bläser von F. Donatoni, das Concertino für Solopauken und Streichorchester von H. Konietzky. Solostücke für Pauken und Schlagzeug mit Klavier- oder Orchesterbegleitung schrieben: Bozza, Delerue, Dervaux, Desportes, Passerone, Petit, Tomasi, V. Firth. Beispiele für Sololiteratur: D. Jones: „Sonata for Three Kettledrums solo"; E. Carter: „Recitative and Improvisation", „Eight Pieces for 4 Timpani solo"; G. D. Peters: „Air and Dance"; J. Williams: „Variations for Solo-Kettledrums". Auch die moderne Kammermusik bediente sich der Pauken in virtuoser Manier (siehe dazu Notenbeispiel Nr. 16: B. Britten: „Nocturne"), das bekannteste Werk dürfte wohl B. Bartóks „Sonate für zwei Klaviere und Schlagzeug" sein.

DIE HOLZSTABSPIELE

Umfang des Gesamtkomplexes und der einzelnen Typen
Einteilung in Abschnitte für weiche und harte Schlägelarten

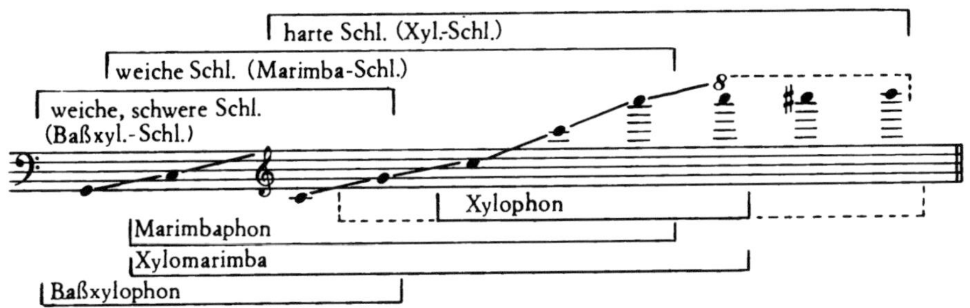

Xylophon

Umfang und Notation:

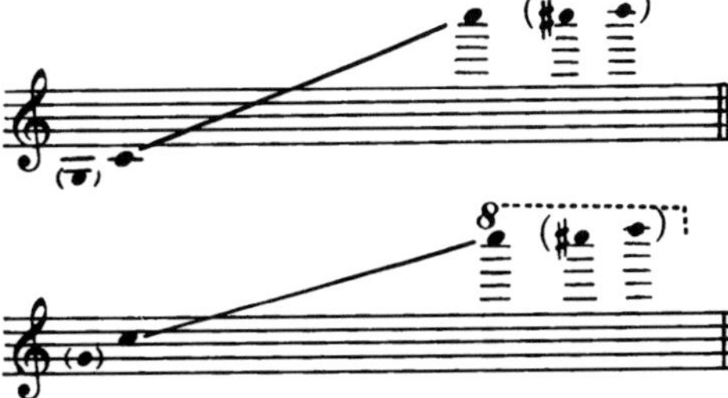

Klang: eine Oktave höher

Anschlagmittel üblich: Xylophonschlägel: Holzkopf (runde oder Vogelei-Form), mit dünnem Leder überzogen
Für harte und scharfe Tongebung Schlägel mit schwerem Holzkopf
Für harte und scharfe Tongebung: Schlägel mit schwerem Holzkopf
außergewöhnlich: Gummiüberzogene Holzkopfschlägel
Wollfadenumwickelte Schlägel

Klaviaturxylophon

Umfang und Notation: wie Xylophon

Klang: wie Xylophon

Marimbaphon

Umfang und Notation:

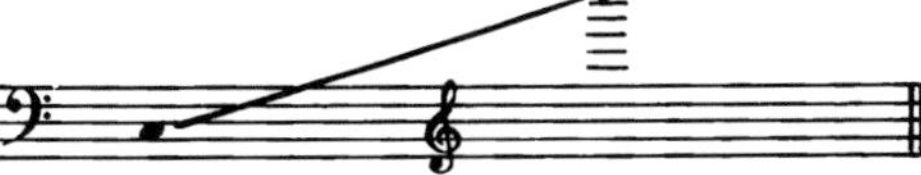

Klang: wie notiert

Anschlagmittel üblich: Gummiüberzogene Schlägel
Wollfadenumwickelte Schlägel
Weichfilzgepolsterte Schlägel

außergewöhnlich: Xylophonschlägel

Xylomarimba

Umfang und Notation:

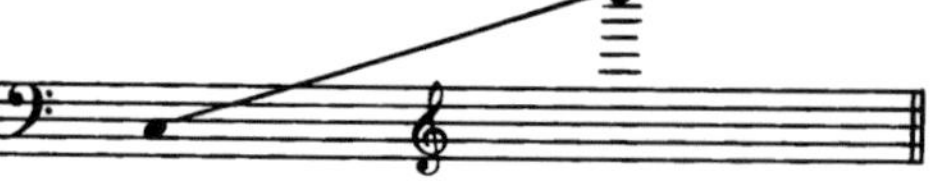

Klang: a) wie notiert

b) eine Oktave höher

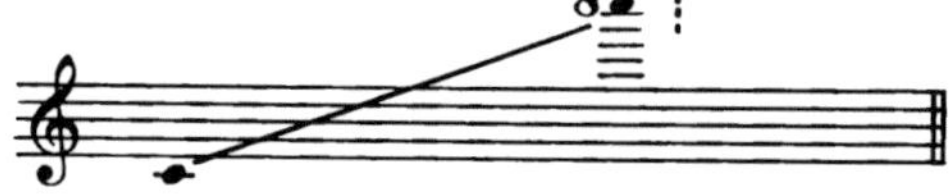

Anschlagmittel üblich: Für hohe Lagen: Xylophonschlägel
für tiefe Lagen: Marimbaschlägel

außergewöhnlich: wie Xylophon und Marimbaphon im ansprechenden Tonbereich

Baßxylophon

Umfang und Notation:

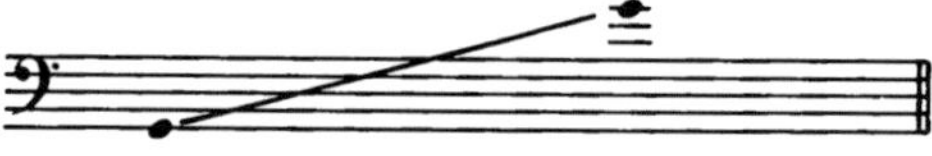

Klang: wie notiert

Anschlagmittel üblich: Schlägel mit schweren, weichen Vollgummiköpfen
Große Holzkopfschlägel mit Weichfilzstreifen

außergewöhnlich: Wollfadenumwickelte Schlägel
Weichfilz-Paukenschlägel

Trogxylophone (Orff)

Sopranxylophon

Umfang und Notation:

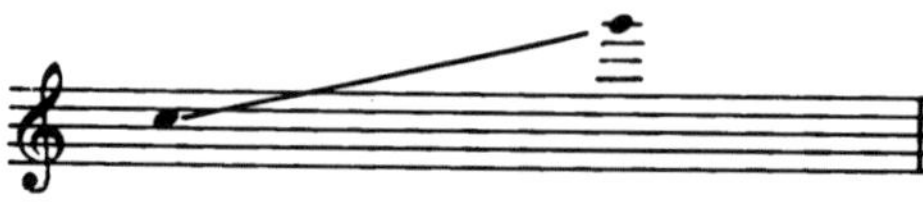

Klang: wie notiert

Anschlagmittel üblich: Xylophonschlägel

außergewöhnlich: wie Xylophon

Tenorxylophon

Umfang und Notation:

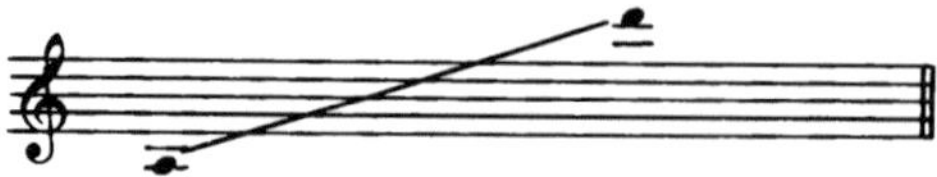

Klang: wie notiert

Anschlagmittel üblich:	Gummiüberzogene Holzkopfschlägel Hartfilzschlägel
außergewöhnlich:	Xylophonschlägel

Geschichtliches. Der primitive Ursprung der Holzstabinstrumente (Xylophone) ist in Südostasien nachgewiesen, und ihre weitere, formenreiche Entwicklung fand dort und in Afrika statt.

Man kann annehmen, daß im 15. Jahrhundert von Südosten her nach Deutschland eine einfache Form als tragbares Wandermusikanteninstrument gekommen ist. Der überlieferte Name „hulze glechter" (glechel = Klöppel) ist ostoberdeutsch; seit dem 16. Jahrhundert waren als deutsche Bezeichnungen bekannt: Hülzern Glächter, Holzharmonika, Holzfiedel, Strohfiedel.

Die moderne Bezeichnung „Xylophon" (aus dem Griechischen: Holzklinger) erschien erstmalig Anfang des 19. Jahrhunderts in Verbindung mit einem Holzreibstabspiel.

Den frühesten Bildnachweis des „Hülzern Glächters" findet man auf einem Holzschnitt der Sammlung „Totentanz" (1511) von Holbein d. J., der Tod trägt es am Schulterband.

Die Weiterentwicklung dieses Typus blieb gering im Gegensatz zu den außereuropäischen Xylophonen mit ihren Resonanzkästen, Kalebassen oder Bambusröhren. Nach 1830 wurde das europäische Holzstabspiel durch volkstümliche Wandervirtuosen den breiteren Schichten des Westens bekannt. Man hörte es bei öffentlichen Darbietungen und populären Konzerten. Mit der Verwendung in der Kunstmusik seit Mitte des 19. Jahrhunderts begann die Entwicklung des Xylophons zu einem arrivierten Orchesterinstrument.

Frühe Anwendungsbeispiele findet man bei: H. C. Lumbye (1810—1874) in „Traumbilder"; C. Saint-Saëns: „Danse macabre" (1874); E. Humperdinck: „Hänsel und Gretel" (1892), „Die Königskinder" (1898); G. Puccini: „La Bohème" (1896); H. Pfitzner: „Die Rose vom Liebesgarten" (1900); R. Strauss: „Salome" (1905).

Allerdings blieb das Xylophon auf dem europäischen Festland noch Jahre nach dem ersten Weltkrieg bei der mittelalterlichen Stabspielform und ohne Resonatoren.

Bau. Die ersten Xylophone dieser Art bestanden aus drei oder nur zwei primitiven Stabreihen. Der entwickelte Typus besteht aus 30 bis 37 tonleitermäßig abgestimmten

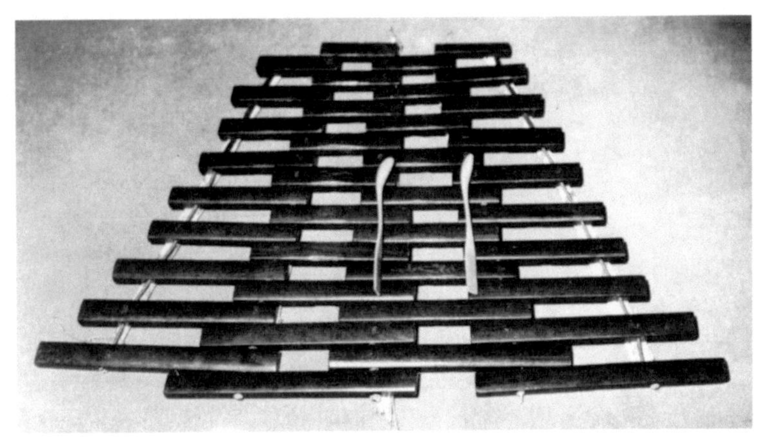

Vierreihiges Xylophon

Holzstäben, die in vier Reihen zusammenhängend auf Holme von gebündeltem Stroh gelagert sind. Die zwei mittleren Reihen ergeben, von unten aufsteigend, die G-Dur-Tonleiter, während die beiden äußeren Stabreihen die auffüllenden Halbtöne nach aufwärts führen. Der mögliche Umfang erstreckt sich von c^2 bis e^5; vielfach ist er geringer, etwa e^2 bis c^5.

Die in der Urform zylindrisch und seit dem 17. Jahrhundert kantig und leicht gewölbt geschnittenen Stäbe sind vorwiegend aus Palisander-Holzarten gefertigt. Geschlagen wird das „Holz-und-Stroh-Instrument", wie es noch von Humperdinck und R. Strauss bezeichnet wurde, mit einem Paar leichter, löffelartig geformter Hartholz- oder Hornschlägel.

Verwendung: In seiner eigentlichen Bestimmung als volkstümliches Solisteninstrument gebaut und auf das Spiel von Bravourstücken der Unterhaltungsmusik angelegt, waren die Komponisten genötigt, der möglichen Spielgeläufigkeit Rechnung zu tragen und vor allem zu große Sprünge und solche Tonfolgen, die zu Doppelschlägen mit einer Hand zwangen, tunlichst zu vermeiden. Das sogenannte vierreihige Xylophon dient auch heute noch als Solisten- und Artisteninstrument auf Varieté- und ähnlichen Bühnen.

Im Orchester hat sich fast überall das aus Amerika eingeführte Xylophon zweireihiger Bauart mit Resonatoren durchgesetzt. Sein Entwicklungsweg ist nach den Anfängen auf asiatischem Boden über Afrika und Amerika zu verfolgen. Die in Asien entstandene Urform aller Xylophone – rohe, ausgetrocknete Holzbohlen, auf die Oberschenkel gespreizter Beine gelegt und mit zwei Keulen geschlagen – führte über die darauffolgende Stufe, das Holmxylophon, zu den Formen mit Resonanzkörpern. Nach C. Sachs ist das Holmxylophon die Stabspielform, mit der die Übertragung von Asien nach dem Osten Afrikas stattgefunden hat. Hier wurden bis zu 19 Stäbe auf Holme, meist Bananenstämme, gelegt und zwei-,

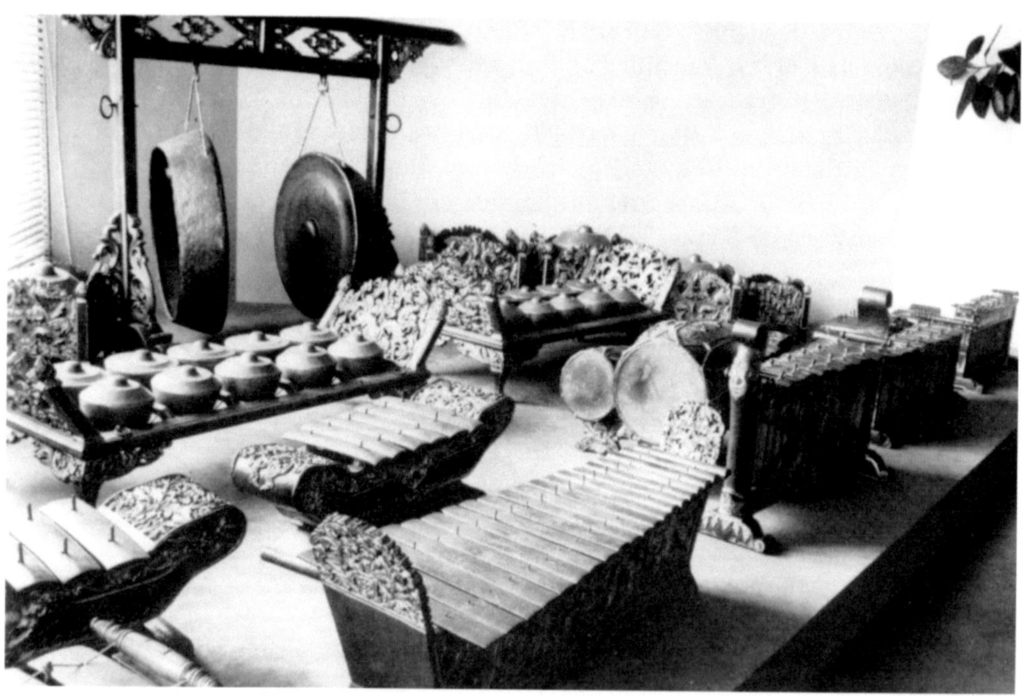

Gamelan-Instrumente aus Indonesien (Java): Trogxylophone, Gongs, Gongspiele

vier- und sogar achthändig geschlagen. Vorstufe der Resonanzkörper waren Erdmulden, über denen die Stabspiele gelagert oder gepflockt waren. Es folgten die Xylophone mit einem Schallkürbis unter jedem Stab. Diese Kalebassen waren der Größe nach ausgewählt, den Stabton zu verstärken.

In Asien trifft man vorwiegend auf Holzstabspiele mit Schalltrögen (Trogxylophone), Bali kennt aber auch Xylophone mit entsprechend bemessenen Bambusröhren als Tonfänger und Verstärker. Im allgemeinen blieben die Einzelresonatoren im asiatischen Raum auf bestimmte Metallophon-Typen beschränkt.

Die Zeit des Sklavenhandels brachte die Marimba — wie die südostafrikanischen Neger das Kalebassenxylophon nennen — nach Amerika. Hier fand es in der lateinamerikanischen Volkstanzmusik einen neuen Wirkungskreis.

Die weitere Entwicklung zum modernen Resonatoreninstrument begann in jüngster Zeit, als die westliche Jazz- und Tanzmusik die Marimba für sich entdeckte.

Bau. Während die Stäbe der Exoten-Xylophone in einer Reihe nebeneinander liegen, sind sie bei den modernen Instrumenten entsprechend der Klaviertasten-Anordnung chromatisch formiert.

Als Material für die Tonstäbe eignet sich hartes, gut abgelagertes Holz, am besten die Palisanderarten. Die Stäbe sind an den Schwingungsknotenpunkten im ersten und dritten Stabviertel in der Breite durchbohrt und reihen sich an weichen Schnüren auf. Sie lagern nicht mehr auf Stroh- oder Filzholmen, sondern hängen frei über den Resonatoren, gegenseitig durch gummiüberzogene Stützen isoliert. Die Resonatorenverstärkung geschieht jetzt durch Metall- oder Kunststoffröhren, deren günstigster Tonschwingungsraum für jeden Stab genau bemessen ist.

Die Praxis hat die Teilung des etwa fünfeinhalboktavigen Holzstabspielkomplexes in mehrere Instrumente von verschiedenem, sich gegenseitig überschneidendem Tonumfang ergeben.

Der Umfang des Instruments, das man schlechthin als

Xylophon

bezeichnet, ist identisch mit dem des vierreihigen Holz-und-Strohinstruments; es sind die drei höchsten Oktaven von c^2 bis c^5, gelegentlich erweitert um einige Töne nach oben und unten. Dabei ist man sich selten im klaren, daß das Xylophon ein transponierendes Instrument ist; es klingt eine Oktave höher als notiert. Komponisten der Moderne erweiterten den üblichen Xylophonumfang um eine Oktave nach abwärts zum f^1 und weiterhin sogar zum c^1. Damit ist die Grenze erreicht, bis zu welcher mit hartköpfigen Schlägeln geschlagen werden kann.

Beispiele findet man bei: A. Roussell: „Suite in F“ (Xylomarimba-Umfang f^1—f^3); A. Berg: „Wozzeck“ (c^1—e^4), „Drei Orchesterstücke“; P. Boulez: „Le marteau sans maîtrc“ (f^1—f^4); u. a. Irrtümer über Klanghöhe können ausgeschlossen werden, wenn man nach dem Vorbild A. Bergs dem Xylophonpart die Bemerkung zufügt: „Klingt wie notiert“ (siehe „Wozzeck“) oder „Klingt eine Oktave höher“ (siehe „Drei Orchesterstücke“).

Der scharfe Seccoklang des Xylophons ist mühelos durchdringend, auch in großer Orchesterbesetzung. Seine traditionelle Verwendung beschränkte sich daher meist auf wenige Staccatoeinwürfe und kurze Solostellen.

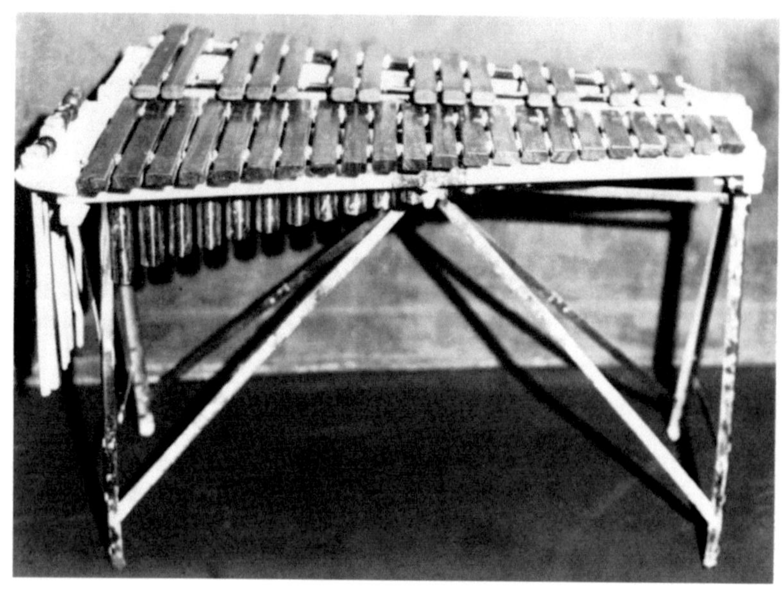

Orchester-
xylophon

Die akustischen Eigenschaften der Klangfarbe des Xylophons sind die Ursache, daß das ungeübte Ohr nicht sofort erkennen kann, in welcher Oktave die hohlen, trockenen Töne schwingen.

Die Spieltechnik gestattet die Ausführung aller Arten von Tonreihen, Passagen, gebrochenen Akkorden, Sequenzen, Trillern, etwa wie sie für eine Hand am Klavier im Staccato möglich sind. Glissandi sind bei rascher Ausführung auf der C-Dur-Stabreihe gut zu hören. Das Tremolo (Wirbeln auf einem Ton) hat nicht nur die Bedeutung eines Klangphänomens; es kann auch – da der angeschlagene Stab nicht nachklingt – als die Verlängerung des Klanges verwendet werden.

Doppeltöne, Drei- und Vierklänge verlangsamen den spieltechnischen Ablauf für einen einzelnen Spieler erheblich. Vierklänge z. B. erfordern zwei Schlägel in jeder Hand und die entsprechende Führung zu jedem Intervallwechsel. Diese Technik kommt beim Marimbaphon und Vibraphon zu häufiger Anwendung (siehe „Modern School for Xylophone" von Morris Goldenberg).

Mehrstimmige Stellen können auf einem oder mehreren Xylophonen durch mehrere Spieler ausgeführt werden. Beispiele: W. Egk: „Joan von Zarissa" (2 Spieler); K. A. Hartmann: „3. Symphonie" (2 Xylophone), „6., 7., 8. Symphonie" (2–3 Xylophone, vier Spieler).

Anschlagmittel. Als Schlägel werden denen mit runden Köpfen heute solche in lateinamerikanischer Art mit der Kopfform eines kleinen Vogeleies vorgezogen. Sie haben durch den Vorteil eines besser verlagerten Gewichtes äußerste Klangkraft. Ihre Herstellung erfolgt aus spezifisch schwerem, exotischem Holz (Pockholz, Ebenholz) oder einem in Gewicht und Zähigkeit entsprechenden Kunststoff. Um den harten, klapprigen Anschlag zu vermeiden, werden die Köpfe mit dünnem Leder überzogen. Besonders hart und scharf verlangte Stellen benötigen Schlägel mit schweren Holzköpfen. Für die tiefen Lagen der Xylomarimba empfiehlt sich der Überzug mit stärkerem, weichen Leder. Um einen marimbaartigen Klang in diesen Lagen zu erzielen, überzieht man normale Schlägelköpfe mit einem Ring aus weichem Gummi (Schlauchgummi). Als Schlägelstiele eignen sich am besten 6—7 mm starke, ca. 28 cm lange Tonkingrohre, womöglich mit schlanken Korkgriffen versehen.

Immer mehr Komponisten dieses Jahrhunderts fanden Gefallen an der Verwendung des Xylophons, dessen Klangfarbe die große Orchesterpalette kräftig bereichert. Die Modernen haben ihm auch in der Kammermusik Aufgaben bis zu technisch schwierigsten Spielgraden zugedacht.

Beispiele interessanter Literatur in Orchester- und Kammermusikwerken:

I. Strawinsky: „Der Feuervogel“ (1910), „Petruschka“ (1911), „Les Noces“ (1917); R. Strauss: „Schlagobers“ (1924), „Die schweigsame Frau“ (1935); P. Hindemith: „Kammermusik Nr. 1“ (1922); B. Bartók: „Der holzgeschnitzte Prinz“ (1916), „Der wunderbare Mandarin“ (1919), „Musik für Saiteninstrumente, Schlagzeug und Celesta“ (1938), „Sonate für zwei Klaviere und Schlagzeug“ (1938); Z. Kodály: „Háry János“ (1931); G. Gershwin: „Klavierkonzert in F“ (1925), „Porgy and Bess“ (1935); W. Egk: „Peer Gynt“ (1938); C. Orff: „Antigonae“ (1949), „Oedipus der Tyrann“ (1959); K. A. Hartmann: „Simplicius Simplicissimus“ (1949), „2. Symphonie“ (1946), „6. Symphonie“ (1953), „7. Symphonie“ (1958), „8. Symphonie“ (1963), „Konzert für Klavier, Bläser und Schlagzeug“ (1953); W. Fortner: „Symphonie“ (1947); D. Schostakowitsch: „5., 6., 7. Symphonie“ (1937—1942); S. Prokofieff: „Alexander Nevskij“ (1936), „7. Symphonie“ (1953); A. J. Chatschaturjan: „Gajaneh“ (1936); H. Sutermeister: „Raskolnikow“ (1948); B. Britten: „The Prince of the Pagodes“ (1957); Th. Berger: „Concerto manuale“ (1951); A. Schibler: „Konzert für Schlagzeug und Orchester“ (1961) (siehe Notenbeispiele Nr. 19, 20, 23, 27, 28, 29).

Solistische Literatur: Th. Pitfield: „Sonate for Xylophon“; T. Mayuzumi: „Concertino for Xylophone and Orchestra (or Piano)“; O. Lacerda: „Suite für Xylophon und Klavier“; W. Hiller: „Katalog I (Xylophon-Solo: Hultze Glechter)“; J. Lang: „Concertino pu silofone e orchestra (o. piano)“; u. a.

Das Klaviaturxylophon

weist etwa den gleichen Umfang wie das Xylophon auf. Hier vermittelt eine Tastatur den Hammeranschlag auf die untere Holzstabseite. Bauart und Mechanik des Anschlages erlauben kaum ein sehr differenziertes, klangvolles Spiel. Der Vorteil liegt in der Ausführung beidhändiger klavieristischer Passagen, Tremolandi, Vielklänge und Clusters.

Die Entstehungszeit des Klaviaturxylophons geht auf das 17. Jahrhundert zurück. Damals standen die Turmglockenspiele in Holland, Flandern und Nordfrankreich schon auf hoher

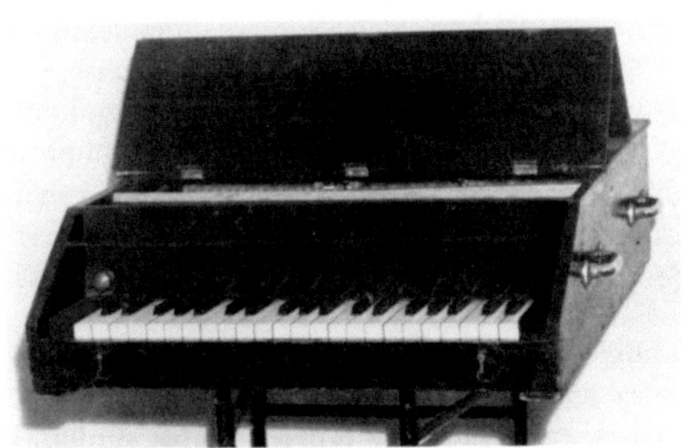

Klaviaturxylophon

Stufe, sie konnten nach dem Vorbild der Orgel mittels Tastatur gespielt werden. Seit Klaviaturglockenspiel und Celesta ihren Platz im Orchester erlangt hatten, ist auch das Klaviaturxylophon in ähnlicher Bauart vereinzelt in Anwendung gekommen, allerdings findet man selten ein brauchbares Instrument. Beispiel: B. Bartók: „Herzog Blaubarts Burg" (siehe Notenbeispiel Nr. 21).

Der Umfang c—c⁴ des Instruments, welches heute unter der Bezeichnung

Marimbaphon

gebaut wird, überschneidet sich mit dem des Xylophons, es enthält dessen zwei untere Oktaven (c²—c⁴).
Eine Erweiterung auf fünf Oktaven (bis c⁵) kombiniert es mit dem ganzen Xylophonumfang. Eine solche *Xylomarimba* besetzt P. Boulez in „pli selon pli" unter der Bezeichnung „Grande Xylophone", eine Oktave tiefer notiert und von zwei Spielern geschlagen.

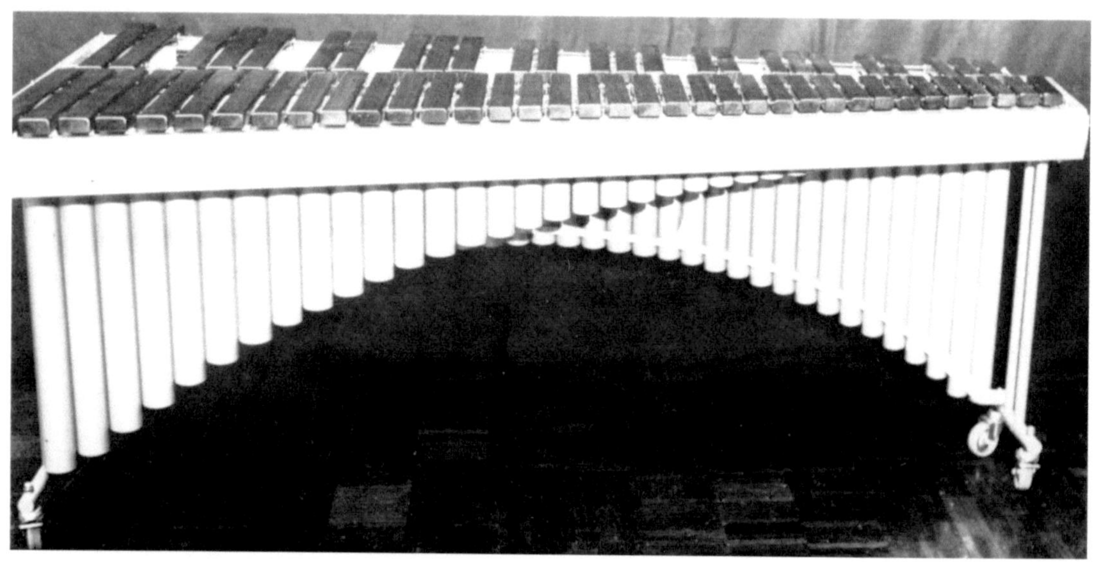

Xylo-Marimbaphon (fünfoktaviger Typus)

Wegen seiner weichen Tongebung ist das Marimbaphon kein Instrument, das an Lautstärke und Durchschlagskraft dem Xylophon gleichgestellt werden kann. Wirbel oder Tremoli in tiefen Lagen klingen nahtlos ineinander, ähnlich dem Paukenwirbel im Piano. Weniger weiche Schlägel können ein akzentuiertes Spiel erreichen, besonders in den Lagen des Xylophonbereiches, die eine erheblich größere klangliche Tragfähigkeit bieten.
Die Spieltechnik entspricht der des Xylophons, die größeren Stabmensuren erlauben zwar nicht ganz dieselbe Beweglichkeit, kommen aber dem Spiel mit vier Schlägeln sehr entgegen, eine Art, die durch die lateinamerikanische und Jazzmusik stark entwickelt wurde.
Anschlagmittel. Das Marimbaphon gehört zu dem Instrumentenabschnitt der Holzstabspielfamilie, die nur mit weichen Schlägeln zu schlagen sind. Je größer und breiter die Stäbe nach abwärts liegen, um so weicher und auch gewichtiger muß der Anschlag sein, um das Material in allen Fasern zum Schwingen zu bringen. Ein harter Schlägelkopf (Xylophon) wäre nicht in der Lage, das Holz — besonders im tiefen Klangbereich — voll erklingen zu lassen, er würde nur ein klapperndes, undefinierbares Geräusch erzeugen.

Der Marimba-Schlägelkopf ist aus Hartholz, Hartgummi oder ähnlichem Kunststoff in runder Form gedreht (Durchmesser 24—28 mm) und überzogen mit einem 2 bis 3 mm starken Gummiring (Schlauchgummi). Für tiefe Lagen und besonders weiche Tongebung eignen sich Hartfilz- oder wollfadenumwickelte Gummiköpfe am besten. Mikrophonaufnahmen erfordern manchmal Paukenschlägel.

Die Verwendungsmöglichkeit des Marimbaphons liegt — ähnlich wie bei weichgespieltem Vibraphon — mehr bei durchsichtiger Orchestrierung und im kammermusikartigen, solistischen Spiel.

Durch die Besetzung mehrerer Instrumente dieser Art, etwa mit Trogxylophonen, wie sie C. Orff in „Antigonae" und „Oedipus" verwendet, ergeben sich Klanggruppen, deren Volumen auch ein tragendes Forte erreichen können.

Beispiele: L. Janáček: „Jenufa", „Katja Kabanova"; C. Orff: „Antigonae", „Oedipus", „Trionfi"; K. A. Hartmann: „Konzert für Klavier, Bläser und Schlagzeug", „Konzert für Bratsche", „6., 7., 8. Symphonie", „Gesangsszene"; H. W. Henze: „Ode an den Westwind", „Elegie"; M. Gould: „Lateinamerikanische Symphoniette"; P. Boulez: „Le marteau sans maître", „pli selon pli"; W. Killmayer: „Kammermusik für Jazzinstrumente"; B. A. Zimmermann: „Dialoge" (siehe Notenbeispiele Nr. 3, 23, 27, 30).

Solistische Literatur: A. Fissinger: „Suite for Marimbasolo"; P. Creston: „Concerto for Marimba and Orchestra (or Piano)"; Y. Irino: „Mouvements for Marimba solo"; Y. Sueyoshi: „Mirage pour Marimba solo"; M. Miki: „Konzert für Marimba und Orchester"; „Time for Marimba solo"; A. Miyoshi: „Konzert für Marimba und Streicher"; „Torse II, Conversation for Marimba solo"; P. Tanner: „Sonata for Marimba and Piano"; H. Genzmer: „Capriccio für Marimba solo"; T. Medek: „Zur Unzeit erblühtes" für Marimba solo; T. de Leeuw: „Midare for Marimba solo"; S. Smith: „Suite moderne for Marimba" u. a.

Mit dem

Baßxylophon

erweitert sich der Tonumfang der Xylophone nach abwärts bis zum großen G.

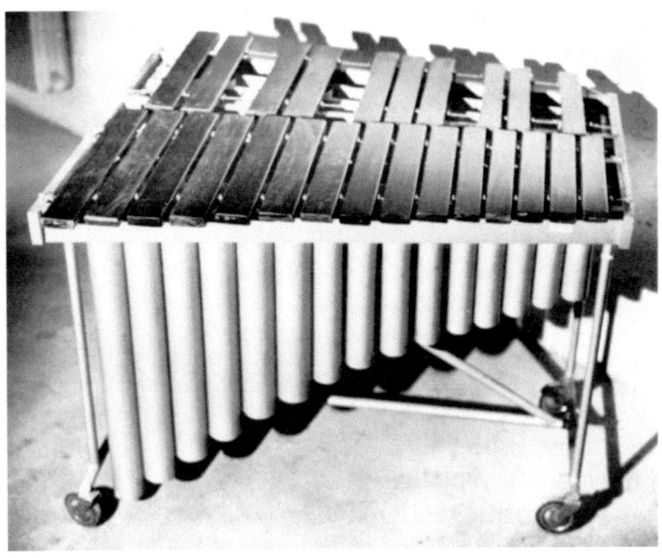

Baßxylophon

Im Bereich nach oben überschneidet er sich mit dem der Marimba und reicht bis g^1. Im gleichen Prinzip wie das Marimbaphon gebaut, ist es aber infolge vergrößerter Dimensionen von Klangstäben und Resonatoren zu einem etwas unförmigen Instrument geworden. Beispielsweise hat der größte Stab, das G, eine Länge und Breite von $53 \times 6{,}5$ cm, die dazugehörige Resonanzröhre eine Länge von 80 cm bei einem Durchmesser von 8 cm.
Beim Einzelanschlag klingt der Ton wenig akzentuiert, er ist weich und hohl schwingend. Obwohl in der Nähe voluminös, ist er von geringer Tragfähigkeit; was bei den tiefen Lagen des Marimbaphons zutrifft, gilt hier in verstärktem Maße. Mit großen weichen Paukenschlägeln können Tremolo-Effekte erzielt werden.
Auf den großen Platten klingen Piano-Wirbel nahtlos ineinander, etwa wie auf den tiefen Pauken. Das Baßxylophon erfordert den Gebrauch von Schlägeln mit schweren, weichen Vollgummiköpfen, die einen Durchmesser von etwa 3,5 cm haben sollen. Schlägel mit weniger Volumen, aber ohne Anschlaggeräusch, sind solche, bei denen ein Holz- oder Kunststoffkopf mit Weichfilzstreifen gepolstert ist.
Für die Verwendung im großen Orchester wäre eine Klangverstärkung auf elektromechanischem Wege sehr von Vorteil.
Den Anstoß zum Bau eines Baßxylophons gab wohl G. Puccinis Oper „Turandot", in deren Partitur das ungewöhnliche Instrument eine Rolle im Schlagzeugpart spielt. C. Orff verwendet es in den Bühnenwerken: „Die Bernauerin", „Antigonae", „Oedipus der Tyrann", „Prometheus"; W. Egk in „Columbus" (siehe Notenbeispiele Nr. 24. 56).

Die Form der

Trogxylophone

wie sie im Mittelalter im Bereich von Birma, Siam, Kambodscha bis Alt-Java und Bali entstanden, wurde durch C. Orffs Initiative in einem neugeschaffenen Instrumentenkomplex dem modernen Instrumentarium erschlossen.

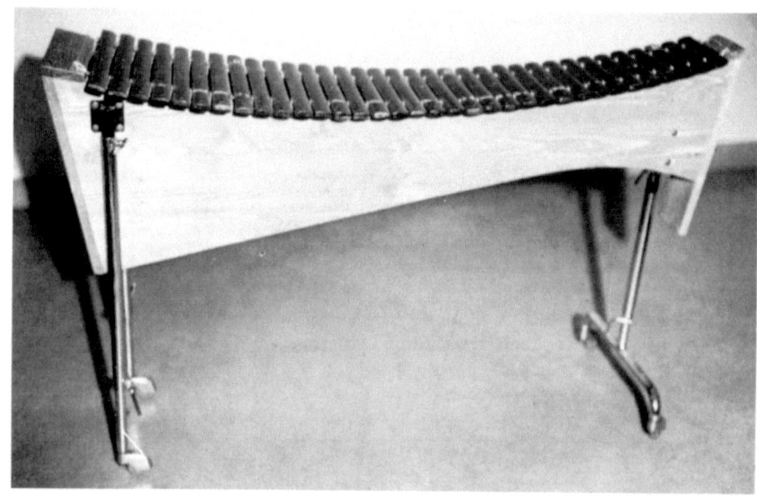

Trog-Tenor-xylophon

Bau. Über einem offenen Holzkasten in länglicher, angepaßter Form sind Klangstäbe einreihig in chromatischer oder diatonischer Anordnung nebeneinander gelegt. Sie ruhen mit den Schwingungsknotenstellen auf den filz- oder besser schaumgummigepolsterten Längskanten des Schalltroges, wobei Metallstifte auf der einen Kante die Stäbe voneinander trennen. Auf der anderen Längskante durchbohrt ein Stift jeweils einen Stab, der leicht abgehoben und etwa mit einem anderen in Halbtonentfernung ausgewechselt werden kann.

Die Art des wiegenförmig geschweiften Resonanzkastens, über dem die chromatisch aneinandergereihten Stäbe an Schnüren hängen oder gummiisoliert lagern, hat sich als Orchesterinstrument am besten bewährt.

Die Bezeichnung der Töne durch Buchstaben ist den einzelnen Stäben aufgeprägt, der C-Dur-Dreiklang zusätzlich durch Farbmarkierung augenfällig gemacht.

Die Trogxylophon-Gruppe, wie sie die Orchesterbesetzung Orffscher Werke aufweist, teilt sich in mehrfach besetzte Sopran- und Tenorxylophone. Während die Funktion der Sopranxylophone in der Praxis von Xylophon oder Marimbaphon übernommen werden kann, bleibt die Besetzung der Tenorxylophone unumgänglich, da nur die einreihige Stabanordnung das Spiel der vorgeschriebenen Glissandi ermöglicht (siehe Notenbeispiele Nr. 25, 37, 110 und Abbildung S. 50).

Das Baßxylophon in Trogform hat sich im Orchestergebrauch als zu schwachklingend gezeigt; die Resonanzverstärkung läßt sich in diesem Tonbereich durch entsprechend bemessene Tonfängerröhren weit voluminöser erzielen (siehe auch: Baßxylophon Seite 49).

Das Klangvolumen eines gut gebauten Tenorxylophons übertrifft sogar in vielen Lagen das des Marimbaphons, weil seine Resonanzverhältnisse durch die Kastenform sehr günstig sein können.

Die Spielgeläufigkeit erschwert sich durch die einreihige Anordnung erheblich, es liegt auf der Hand, daß Passagen und Sprünge schwieriger Art vom Spieler nicht verlangt werden können, diese müssen sich auf die Instrumente mit Klaviatur-Anordnung beschränken.

Die Schlägelvorschrift für Trogxylophone nennt Filz-, Gummi- und Holzschlägel. Am besten eignen sich Marimbaphon- und Xylophonschlägel.

DIE METALLSTABSPIELE

Umfang des Gesamtkomplexes und der einzelnen Typen
Einteilung in Abschnitte für weiche und harte Schlägelarten

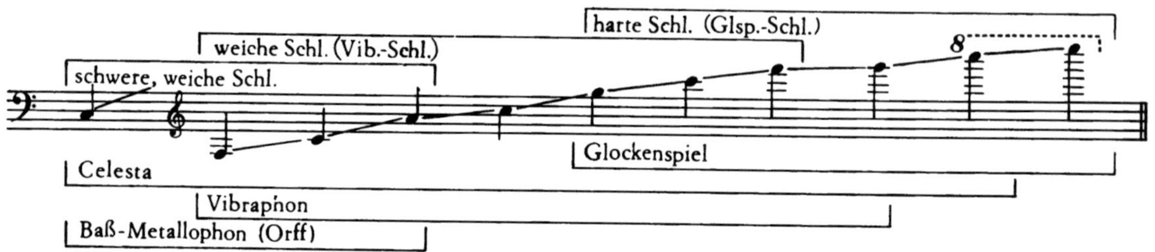

Glockenspiel

(Orchester-Stabglockenspiel)

Umfang und Notation:

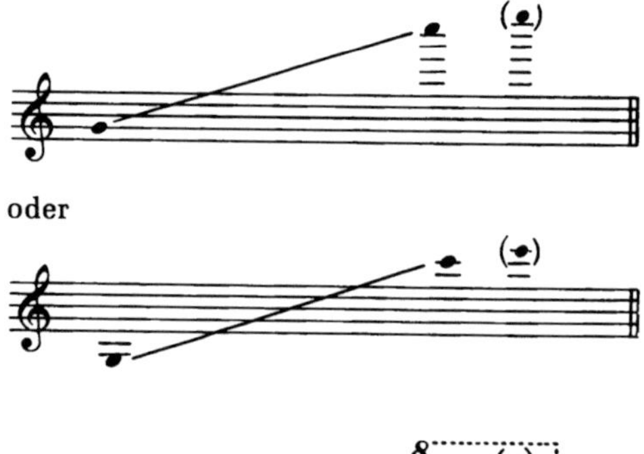

Klang: eine (zwei) Oktave(n) höher

Anschlagmittel üblich: Glockenspielschlägel (Messingkopfschlägel mit einschraubbaren Anschlageinsätzen aus Büffelhorn oder Kunststoff)
Metallkopfschlägel

außergewöhnlich: Holzschlägel
Glockenspielstäbe
Kl. Kunststoffkopfschlägel mit dünnem Gummi überzogen

Klaviaturglockenspiel

Umfang und Notation:

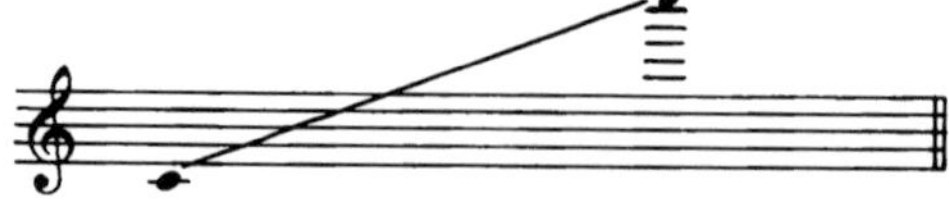

Klang: eine Oktave höher

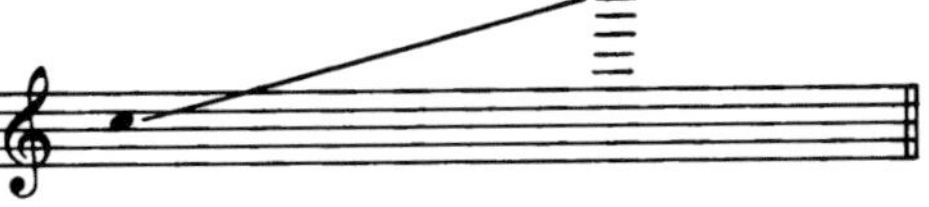

Celesta

Umfang und Notation:

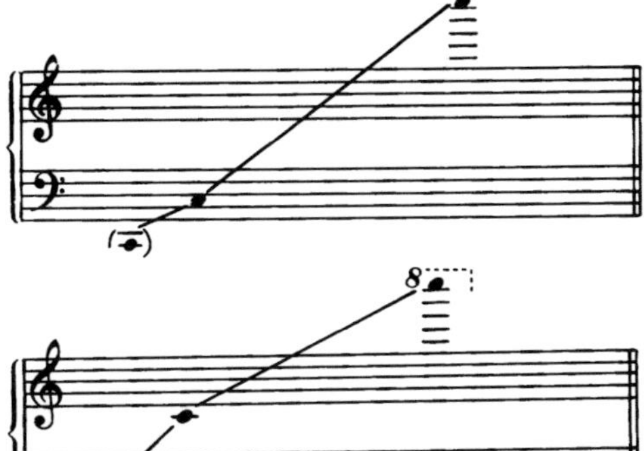

Klang: eine Oktave höher

Vibraphon

Umfang und Notation:

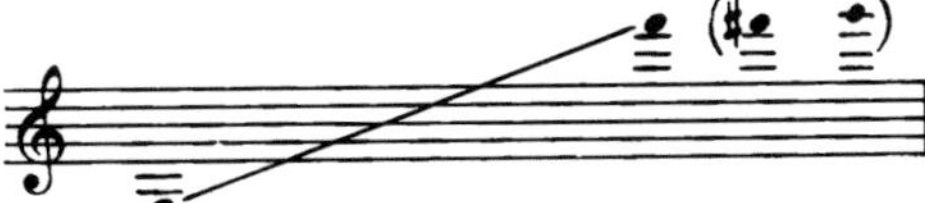

Klang: wie notiert

Anschlagmittel üblich: Wollfadenumwickelte Gummikopfschlägel in etwa 3 bis 4 verschiedenen Härtegraden zur Erzielung von sehr weichem bis mäßig hartem Anschlag (soft, medium, hard)
Schlägel mit Köpfen aus Hartholz oder Kunststoff, die mit 2 bis 3 mm starkem Schlauchgummi überzogen sind.

außergewöhnlich: Glockenspielschlägel
Metallschlägel
Stahlnadeln
Xylophonschlägel (für extrem harten Klang)
Paukenschlägel (ergeben sehr weichen, leisen und verschwimmenden Ton)
Großer Metallbesen

Metallophon

Umfang und Notation:

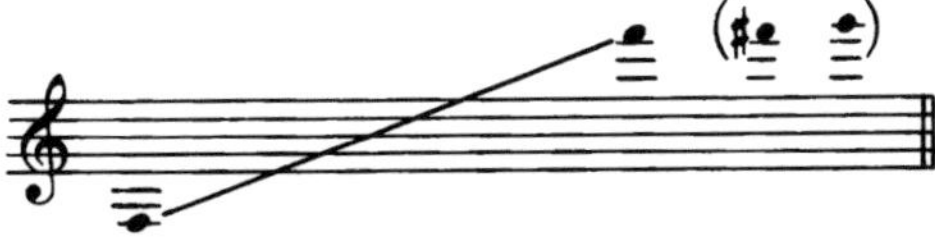

Klang: wie notiert

(ist identisch mit Vibraphon ohne Motoreinschaltung)

Anschlagmittel üblich:
außergewöhnlich: } wie Vibraphon

Die heutzutage im Orchester verwendeten Metallstabspiele bilden eine Gruppe des Schlagzeugs, bei der europäische und überseeische Elemente einen ganz eigenständigen Instrumententypus geschaffen haben.
Die Bezeichnung „Glockenspiel“ wird heute für ein Instrument verwandt, das dem mittelalterlichen nur wenig ähnlich ist; seine Klangeigenschaften jedoch und der mit ihm verbundene Name haben sich wenig geändert. Dies ist der Grund, weshalb wir mit Recht zu den Vorfahren moderner Metallstabspiele die alten europäischen Glöckchen zählen, wobei nicht zu übersehen ist, daß die Form der exotischen Metallophone einen starken Einfluß auf das Aussehen und die Spielweise ausgeübt hat.
Geschichtliches. Kleine und kleinste Glöckchen gab es zu allen Zeiten bei allen Völkern, die Metall zu bearbeiten verstanden.
Als ursprüngliche Typen gelten die holzgeschnitzten Glocken und die aus Fruchtschalen, sie waren vermutlich die Vorläufer der zusammengebogenen Eisenblechschellen in Asien und Afrika. In der Folge entstanden die geschmiedete und genietete Eisenglocke (siehe Herdenglocken) und auf höherer Stufe die gegossenen Glöckchen und Glocken.
Nach C. Sachs' Definition sind Glockenspiele die Vereinigungen skalenmäßig abgestimmter Glocken zu melodiefähigen Instrumenten. Seit dem 8. Jahrhundert bauten abendländische Mönche primitive Glockenspiele, „Cymbala“ genannt. Bis zu 13 Glöckchen waren auf eine Eisenstange gereiht und wurden mit Metallhämmerchen angeschlagen.
Im 13. Jahrhundert begann die Entwicklung des mechanisch angeschlagenen Glockenspiels, dessen großer Typus im 14. Jahrhundert als Turmglockenspiel (Carillon) in Holland und Flandern entstand und schließlich eine große Verbreitung erfuhr. Heute verfügen zahlreiche Baudenkmäler und Kirchen über ein solches Spiel abgestimmter Glocken, die durch einen wohldurchdachten Mechanismus in melodischer Anordnung angeschlagen werden können. Weder das große Turmglockenspiel noch das kleine, mechanische Glöckchenspiel mit seinem feinen, schwachen Klang – wie er den Spieluhren zu eigen ist – konnte in der Kunstmusik eine Rolle spielen. Vielmehr ging nun der Name „Glockenspiel“ auf die Metallstabspiele über, die in Holland entstanden und deren Ursprung man auf die Instrumente der javanischen Eingeborenenorchester zurückführt. Denn Anfang des 17. Jahrhunderts mußten die Holländer bei der Eroberung des größten Teiles des Malaiischen Archipels den Gamelan kennengelernt haben, dessen trogförmige, glockenspielähnlich klingende Metallophone (Gambang gangsa, Saron) zum Bau von Bronzestabspielen anregten.
Die ursprüngliche Aufgabe der ähnlichen europäischen Instrumente war es, den holländischen Meistern als Hilfsmittel zum Stimmen der Turmglockenspiele und als Studierwerkzeuge zu dienen. In der Folge entwickelte sich das tastengespielte Instrument. Glockenspiele, welche seit dem Ende des 17. Jahrhunderts als selbständige Register in Orgeln eingebaut wurden, sind meist schon Bronze- oder Stahlstabspiele gewesen.
In J. S. Bachs Altkantate Nr. 53: „Schlage doch, gewünschte Stunde“ finden sich Glöckchen in h und e, allerdings ist die Urheberschaft Bachs bisher nicht eindeutig klar bewiesen.
Zum Orchesterinstrument wurde das Glockenspiel mit einem Tonumfang von etwa zweieinhalb Oktaven; als frühes Beispiel kann die Carillon-Stimme in G. F. Händels Oratorium „Saul“ (1738) genannt werden (c^2–g^4).

Das gebräuchlichste Orchesterinstrument seiner Art ist heute das Stabglockenspiel, das auf dem Prinzip des Metallophons beruht und in der Schlagzeug-Sektion als bezeichnet ist.

Herkunft. Möglicherweise war die Militär-Lyra das Vorbild dazu, die in den Jahren nach 1870 bei den Infanteriemusiken eingeführt wurde. Im Salonorchester der Jahrhundertwende kannte man bereits ein kleines, etwa dem Lyra-Umfang entsprechendes, in einen Kasten gebautes Glockenspiel. Dieses erfuhr im großen Orchester des 20. Jahrhunderts eine Ausweitung des Umfanges auf fast drei Oktaven: g^2—e^5.

Bau. Die Klangstäbe sind aus Spezialstahl hergestellt, in billigerer und weniger befriedigender Ausführung aus Leichtmetall. Ideales Tonvolumen ergeben nur Stäbe, die genügend Schwingungsmasse besitzen, dazu ist eine Mindeststärke von 8 mm erforderlich.

Zur Erreichung eines klaren, schwebenden Tones hängen die Stäbe an weichen Schnüren im Resonanzkasten oder über genau bemessenen Resonanzröhren, in der Anordnung der Klaviatur.

Um sich die unpraktische Handabdämpfung nachklingender Töne zu ersparen, ist der Einbau einer Pedaldämpfung – ähnlich der des Vibraphons – von großem Vorteil. Damit ergibt sich auch die Möglichkeit, mit weniger Nachklang leicht gedämpft zu spielen.

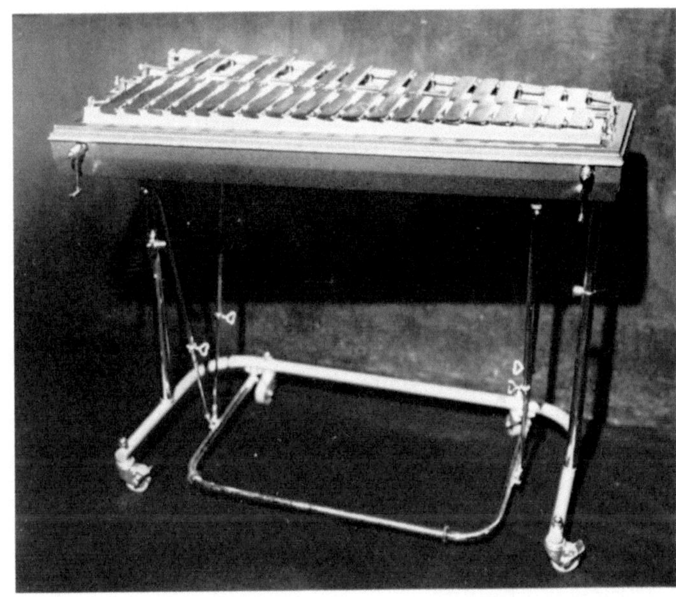

Modernes Orchesterglockenspiel mit Pedaldämpfung

Anschlagmittel und Spielweise. Das Glockenspiel wird mit Hämmerchen geschlagen, deren Köpfe aus starken Messinghülsen mit eingeschraubten Anschlagköpfen aus Büffelhorn bestehen. Das Kopfgewicht eines normalen Schlägels soll mindestens 30 Gramm betragen, wenn es ein richtig dimensioniertes Orchesterglockenspiel klanglich voll ausnützen soll. Für zarte, gleichzeitig schnelle und schwierige Passagen benützt man leichtere Paare des gleichen Materials.

Um die Schlägel schnell und lautlos ablegen zu können, überzieht man die Messingteile der Köpfe mit dünnem Filz oder Leder.

Glockenspielschlägel mit runden Kunststoffköpfen müssen eine Metalleinlage haben, damit das erforderliche Kopfgewicht erreicht wird.

Weiche Tongebung kann durch Nuancierung des Anschlags erreicht werden, keinesfalls aber durch Verwendung von klappernden Holzschlägeln, wie manchmal vorgeschrieben.

In seiner meisterhaften Art, wirkungsvolle Klangverbindungen des Schlagzeugs zu erspüren, erfand C. Orff den Anschlag des Glockenspiels mit einzelnen Glockenspielstäben, so daß die Längskanten in elastisch geführtem Anschlag eine ganze Reihe nebeneinanderliegender Stäbe zum Klingen bringen. Das Ergebnis ist ein grelles Gemisch von Tönen und Teiltönen, die bestimmten Tuttistellen in „Trionfi", „Antigonae" und „Oedipus" eine strahlende Wirkung geben (siehe Notenbeispiel Nr. 28).

In „Antigonae" werden ff-Glissandi über mehr als eine Oktave durch Schlägel mit kleinen, runden Metallköpfen ausgeführt.

P. Hindemith läßt in der „Kammermusik Nr. 1" einen freihängenden Glockenspielstab in fis^{2} anschlagen, auch hier ist es zweckmäßig, einen metallköpfigen Schlägel zu benützen. Übrigens werden, um die Klangfarbe des Klaviaturglockenspiels zu wahren, wo es angebracht ist, Schlägel mit kleinen Metallköpfen verwendet.

Schlagtechnik und Verwendung. Die Schlagtechnik des Glockenspiels erfordert vom Spieler – wie auf allen klaviaturmäßig angeordneten Schlaginstrumenten – ziemliche Beweglichkeit und gewährt eine große dynamische Variierungsskala. Dies führte weitgehend dazu, auch die ursprünglich für Klaviaturglockenspiel geschriebenen Stellen in Werken der Romantik auf dem Orchesterglockenspiel zu schlagen, so daß das erstere für die mehrgriffigen Akkordstellen und klavieristischen Passagen zu besetzen ist.

Beispiele: P. Dukas: „Der Zauberlehrling"; A. Jolivet: „Klavierkonzert"; O. Messiaen: „Oiseaux exotiques"; A. Glasunow: „Violinkonzert" usw.

Die klanglich ergiebigste Lage des Orchesterglockenspiels mit der klarsten und tragfähigsten Tongebung ist die der 3- und 4gestrichenen Oktave. Sie wird besonders bei Werken der Romantik, in denen ursprünglich Klaviaturglockenspiel gemeint war, vom Spieler, ohne Rücksicht auf die originale Notierung, bevorzugt. Daraus hat es sich ergeben, das Glockenspiel zwei Oktaven höher als geschrieben zu spielen, wenn nicht ausdrücklich anders angegeben, während das Klaviaturglockenspiel nur eine Oktave höher transponiert.* Orchestertutti-Stellen (wie z. B. bei R. Strauss) werden vielfach in Oktaven gespielt, um einen möglichst glockenmäßig-großen Teiltonreichtum zu gewinnen.

Hin und wieder wurden zwei und mehr Glockenspiele vom Komponisten vorgeschrieben. Beispiele: C. Orff: „Trionfi", „Der Mond", „Die Bernauerin", „Antigonae"; W. Egk: „Joan von Zarissa", „Peer Gynt"; K. A. Hartmann: „7. und 8. Symphonie" usw.

Über die Verwendung von Glockenspielstäben als Ersatz für antike Cymbeln siehe im einschlägigen Kapitel.

Sprachliches. Die Bezeichnungen für Glockenspiel in anderen Sprachen sind oft irreführend. Respighi nennt es in „Fontane di Roma" – Carillon – und meint Glockenspiel, während er für dasselbe Instrument in „Pini di Roma" die Bezeichnung – Campanelli – wählte. Die alte italienische Bezeichnung – sistro – meint ebenfalls das Glockenspiel, darf aber nicht mit – sistra –, dem Sistrum, verwechselt werden.

* A. Berg, der stets genaue Angaben über wirkliche Klanghöhen gemacht hat, verlangt in der Konzertarie „Der Wein" tiefe Töne am Glockenspiel von klingend $c^{1} - c^{4}$. Selbst ein Übergang auf Metallophon kann hier die Problematik nicht völlig lösen.

Das Klaviaturglockenspiel

Neben dem oben beschriebenen Glockenspiel entwickelte sich schon früher das Klaviaturglockenspiel. Für W. A. Mozarts „Zauberflöte“ (1791) wurde bereits ein dreioktaviges, tastengespieltes Glockenspiel gebaut (c^2—c^5). Im weiteren bietet die klassische Musik wenig Anwendungsbeispiele für das Glockenspiel, erst im späteren Verlauf des 19. Jahrhunderts hat es zunehmend im Orchester Anwendung gefunden. Es wurde in der Regel von einem klavierspielkundigen Musiker übernommen.

Der Anschlag auf die Metallstäbe des Klaviaturglockenspiels geschieht durch kleine Metallköpfchen mittels Hammermechanik, die mit einer Klaviertastatur verbunden ist. Der moderne Instrumentenbau hat die Mechanik der des Klaviers angeglichen, so daß bei Loslassen der angeschlagenen Tasten der Ton wieder angedämpft wird. Durch Handzug oder Pedaldruck kann diese Wirkung generell aufgehoben werden, entsprechend dem Klavierpedal. Der Tonumfang ist in der Regel drei Oktaven c^2—c^5 und wird eine Oktave tiefer notiert. Der metallisch-spitze Glöckchenklang ist von eigenartigem Reiz und von durchdringender, aufhellender Farbe, die Dynamik aber kaum zu variieren.

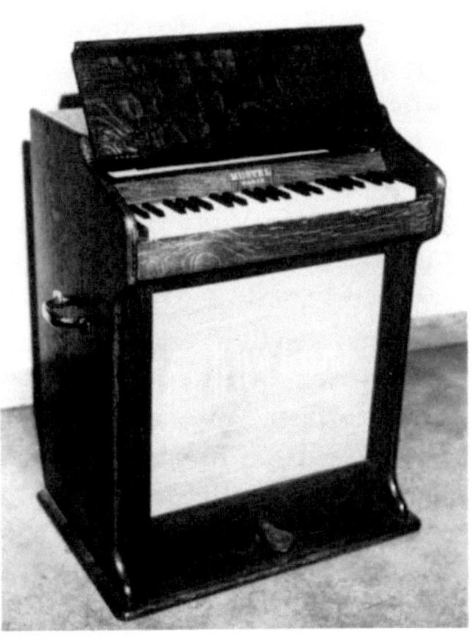

Klaviaturglockenspiel

In einigen Kompositionen der Moderne wird das Klaviaturglockenspiel wieder mehr in den Vordergrund gerückt.

Beispiele bei H. W. Henze, P. Boulez u. a. (siehe Notenbeispiele Nr. 28, 29, 30).

Manchmal findet man auch die Besetzung von Klaviaturglockenspiel und Orchesterglockenspiel nebeneinander.

Beispiele: H. Tomasi: „Don Juan de Mañara“; C. Orff: „Oedipus“ (Notenbeispiel Nr. 28); B. A. Zimmermann: „Kontraste“ usw.

Die Celesta

Der Versuch einer dezenteren, weicheren Tongebung dürfte zum Bau der *Celesta* geführt haben, einem Stahlstabklavier, mit dem der Pariser Instrumentenbauer A. Mustel 1886

das Orchester-Instrumentarium bereicherte. Der äußeren Form nach etwa dem Harmonium ähnelnd, hat die Celesta einen Umfang von fünf Oktaven von c bis c^5, die Notierung erfolgt eine Oktave tiefer, klaviermäßig auf zwei Systeme geschrieben. Kleinere, transportablere Instrumente werden mit vier Oktaven c^1—c^5 oder auch mit drei Oktaven c^2—c^5 gebaut. Jeder der Stahlstäbe liegt über einem entsprechend großen Resonanzkästchen aus Holz und wird von filzgepolsterten Hämmern mittels Klaviatur angeschlagen.
Der feine transparente Klang gab dem Orchester neue, silbrige Farbtöne und errang der Celesta binnen kurzem die Aufnahme in die zeitgenössischen Partituren. Beispielgebend waren besonders P. Tschaikowskys „Nußknacker-Suite" (1892) (siehe Notenbeispiel Nr. 26), G. Charpentiers Oper „Louise" (1900) und R. Strauss' „Salome" (1905).
Bald hatte sich die Celesta als eigenständiges Instrument durchgesetzt, sie gehört in besetzungsmäßiger Hinsicht nicht mehr zur Schlagzeuggruppe. Ihre ausgefeilte Mechanik und der verhältnismäßig große Umfang erlauben es, klavieristische Technik anzuwenden; sie wird daher meist von einem Pianisten übernommen (Notenbeispiele Nr. 20, 27, 30, 88).

Das Vibraphon

Seit 1916 wurde in den Vereinigten Staaten von Amerika erstmals ein Metallstabinstrument entwickelt, dessen Tonschwingungen durch Luftbewegung im Resonanzraum zum Vibrieren gebracht wurden.
Nach dem ersten Weltkrieg verbreitete sich das Instrument überall da, wo amerikanisch beeinflußte Jazz-, Sweet- und Gebrauchsmusik Eingang fanden. Wegen seiner weichen, verschwimmenden Vibrato-Tongebung galt es als ein melodieführendes oder für ausschwingende Akkordfolgen benütztes Instrument, das meist nur in „Piecen" langsameren Zeitmaßes vorkam. In Partituren der Kunstmusik fand es nur zögernd Aufnahme.
Nach dem zweiten Weltkrieg hat man allmählich die Möglichkeiten der Anwendbarkeit erkannt, was dem Vibraphon weitverbreitet — besonders in der Gebrauchsmusik und bei den Modernen — eine hervorragende Position in der schlüsselnotierten Schlagzeuggruppe verschaffte. Dazu führte — durch bedeutende amerikanische Vibraphonisten entwickelt — eine virtuose Spieltechnik mit Hilfe einer besonderen Pedalbehandlung und speziell gefertigter Schlägelarten verschiedener Härtegrade, die auch eine Spielbarkeit im Sinne der Secco-Tongebung des Xylophons ermöglichten.

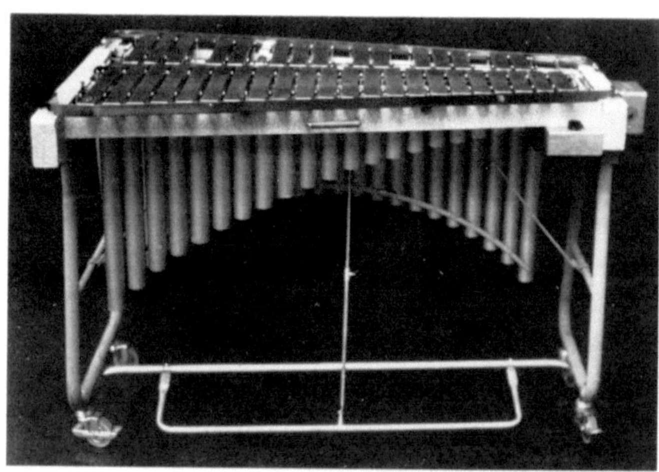

Vibraphon

Bau. Die Anschlagplatten des Vibraphons waren ursprünglich aus Bronze oder Stahl, heute werden sie aus einer bestimmten, sehr harten Leichtmetall-Legierung hergestellt. Sie hängen in der Anordung der Klaviatur, wie beim Marimbaphon, über den Resonanzröhren aus Metall.

Ein Pedal ermöglicht die Abdämpfung durch Andrücken einer filzgepolsterten Schiene an die Enden der Plattenreihen. Durch einen kleinen Elektromotor wird über jeder Röhre eine Metallscheibe zur Rotation gebracht. Die dadurch schnell bewegte Luft bewirkt das Vibrieren der Tonsäulen nach dem Anschlagen der Platten; es können durch Regulierung der Motor-Drehgeschwindigkeit langsamere und schnellere „Vibrationen" erreicht werden. Der Umfang von 3 Oktaven (f—f^3) ist weitgehendst bindend, er wird aber trotzdem in einigen Fällen überschritten, z. B. A. Berg: „Lulu" (cis—h^3); H. W. Henze: „Elegie" (siehe Notenbeispiel Nr. 30). Im Angebot bekannter Hersteller erschien das Instrument bereits mit einem Umfang von vier Oktaven (c^0—c^4).

Anschlagmittel. Im großen Orchester werden im allgemeinen die für die Marimba üblichen Gummischlägel zu verwenden sein. Im weiteren ist ein Satz Vibraphonschlägel von etwa 3 bis 4 verschiedenen Weichheitsgraden notwendig, deren Gummiköpfe verschieden stark mit Wollfaden umwickelt sind.

Im übrigen ist die Anwendung mehr oder weniger weicher und gewichtiger Schlägel abhängig von der Beschaffenheit der Platten, von der Größe des Instrumentenkörpers, des Raumes und eventuell auch von der mikrophontechnischen Übertragung. Sehr harte Schlägel bringen ein starkes Anschlaggeräusch und grelle Obertöne hervor.

Lang ausschwingende Töne und Akkorde erfordern besonders weiche und entsprechend gewichtige Schlägel, während für schnelle Passagen und virtuose Stellen härtere und leichtere Schlägel angebracht sind.

A. Jolivet schreibt im „Concerto pour piano et orchestre" vor, das Vibraphon mit „balais de metal" zu spielen. Eine gut hörbare Wiedergabe wird hier durch die Verwendung des großen Metallbesen erreicht (Abbildung Seite 28).

Spielweise und Anwendung. Das Spiel erfordert dieselbe bewegliche Technik mit 2 und 4 Schlägeln wie beim Xylophon und Marimbaphon. Dazu kommt noch die Bedienung des Dämpfungspedals. Diese verlangt eine äußerst feinfühlige Beherrschung; denn ihre Aufgabe ist es, schnelle Passagen und Harmoniewechsel unmerklich durch möglichst leichtes Andämpfen klar zu profilieren und Bindungen zu erhalten. Keinesfalls dürfen durch zu starke Dämpfung hörbare Einschnitte entstehen oder die Tongebung merklich behindert werden. Melodische Bögen werden erreicht, indem man sofort nach oder mit Anschlag des anzubindenden Tones den vorhergehenden mit der freien Hand abdämpft, eine Technik von meist nicht geringer Kompliziertheit, nur ausführbar, wenn der Tonwechsel es zeitlich zuläßt.

Klangeigenschaften. Fast ebenso wie das Marimbaphon dürfte das Vibraphon einem Orchestertutti klanglich nicht gewachsen sein. Seine tiefen Lagen leiden meist unter dem Mangel an ausreichender Tragfähigkeit, während es in der Mitte und besonders im oberen Drittel weit größere Durchschlagskraft aufweist.

Anwendungsbeispiele in Orchester- und Kammermusikwerken: A. Berg: „Lulu"; O. Messiaen: „Turangalîla-Symphonie"; W. Egk: „Die chinesische Nachtigall", „Die Zaubergeige", „Irische Legende", „Variationen über ein karibisches Thema", „Die Verlobung in San Domingo"; W. Fortner: „Der Wald"; K. A. Hartmann: „2., 6., 7., 8. Symphonie", „Konzert für Klavier, Bläser und Schlagzeug", „Bratschenkonzert"; L. Dallapiccola: „Der Gefangene"; H. W. Henze: „Symphonische Etüden"; „Elegie"; P. Boulez: „Le marteau sans maître", „pli selon pli"; Richard Strauss: „Die Frau ohne Schatten" (ersatzweise für Glasharmonika); W. Kotoński: „Musique en relief" (Vibraphon mit Halbpedal), (siehe Notenbeispiele Nr. 3, 23, 27, 30, 31, 50, 88).

Beispiele solistischer Literatur: D. Milhaud: „Concerto pour Marimba et Vibraphon et Orchestra"; B. Schäffer: „Constructions" für Vibraphon solo; K. Takeuchi: „Fünf Impressionen" für Vibraphon und Klavier; W. Heider: „Katalog für einen Vibraphonspieler"; B. Hummel: „Ikonen" für Vibraphon solo; S. Fink: „Concertino" für Vibraphon und Klavier; „Improvisation und Umkehrung" für Vibraphon solo; J. Beck: „Vibraphonie I" für ein Vibraphon und zwei Spieler; O. Blarr: „Trinité" für drei Vibraphone; u. a.

Metallophon

Im Orchester läßt sich das Vibraphon ohne Einschaltung des Motors, bei Offenhaltung der Resonatoren auch als Metallophon benützen. Spielbarkeit und Schlägelverwendung sind dieselben wie üblich, vielfach wird in den modernen Werken einfach die Bezeichnung „(Vibraphon) senza vibrato" oder „ohne Motor" gewählt.

Beispiele: C. Orff: „Die Bernauerin", „Catulli carmina" (siehe Notenbeispiel Nr. 25); W. Egk: „Joan von Zarissa"; Th. Berger: „Concerto manuale"; W. Killmayer: „Orfeo"; B. Britten: „The Prince of the Pagodes" usw.

Campanelli giapponese nannte G. Puccini ein japanisches Metallstabspiel, das er in „Madame Butterfly" vorschrieb und für dessen 4 Töne ein eigenes Instrument exotischer Machart gebaut wurde, um es auf der Bühne verwenden zu können. Auch P. Mascagni verlangte ein solches in seiner Oper „Iris" (1898). In den Orchesterpart wird dafür ein Vibraphon ohne Motor übernommen.

1957 wurde in den USA von John Lewis – dem Leiter des Modern Jazz Quartett – ein Baßmetallophon mit dem Namen LOO-JOON (LU-JON) gebaut. Ein länglich-hoher, oben offener Schallkasten aus Teak- oder Palisanderholz ist in ebensoviele bemessene Reso-

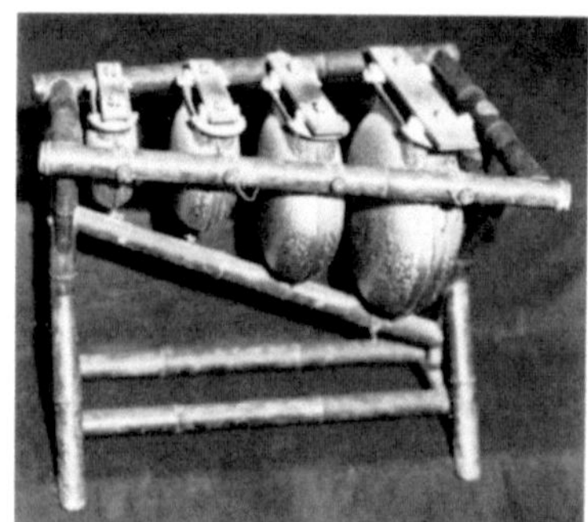

Campanelli giapponese

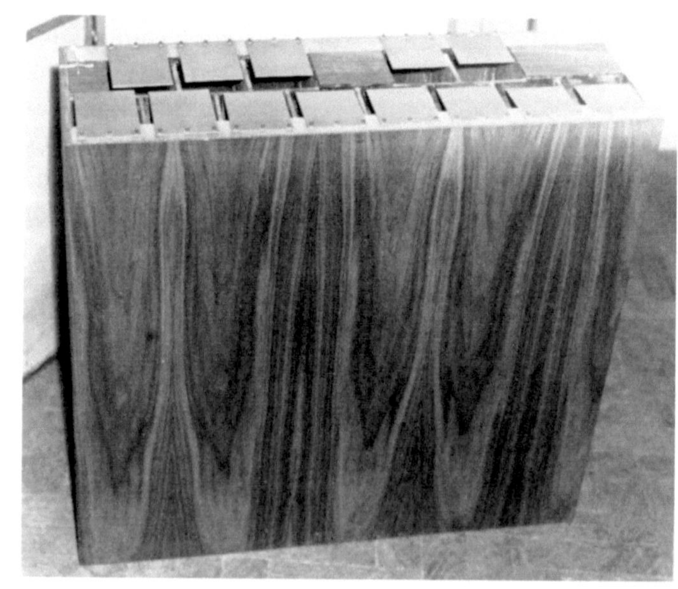

Loo-Jon

nanzräume eingeteilt, als Klangplatten aus Aluminiumblech verwendet sind; zum Beispiel dreizehn für den Tonumfang F bis f (siehe Abbildung Seite 60). Jede der Platten, deren größte ein Oberflächenmaß von 9×13 cm hat, ist auf einer der gepolsterten Randleisten mittels Schrauben befestigt. Durch Regulierung der Verschraubung kann eine minimale Tonhöhen-Nachstimmung erreicht werden.

Der eigentümliche Metallophonklang wird mit weichen Pauken- oder Vibraphonschlägeln erzeugt. Da seine Tragkraft jedoch gering ist, findet das Instrument vorzugsweise bei elektroakustischer Klangwiedergabe und bei Tonbandbespielung (z. B. Filmmusik) Verwendung. L. Berio besetzte ein Loo-Jon in „Circles“ (Notenbeispiel Nr. 32).

DAS LITHOPHON ODER STEINSPIEL

Umfang und Notation:

oder

Klang: eine (zwei) Oktave(n) höher

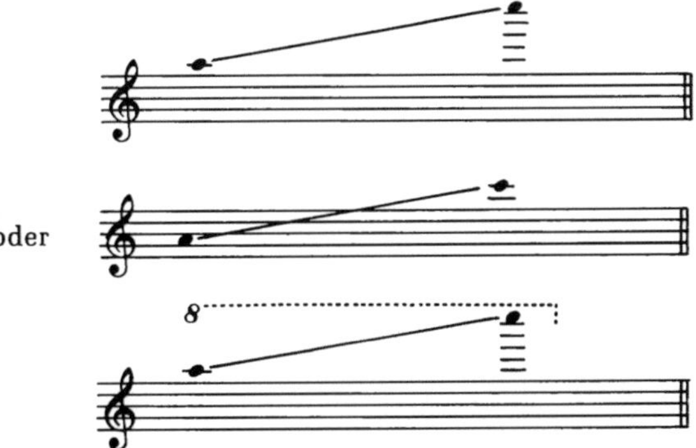

Anschlagmittel üblich: Glockenspielschlägel (ff)
Kunststoffschlägel
Xylophonschlägel (pp)
außergewöhnlich: Metallschlägel

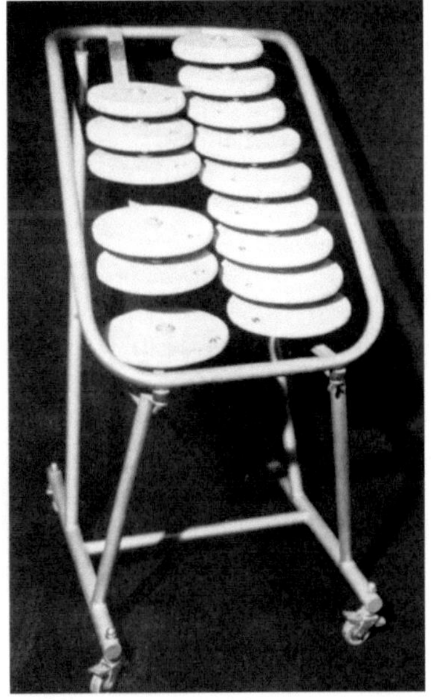

Lithophon

Geschichtliches. Ein auf uralten chinesisch-indonesischen Ursprung zurückgehendes Schlagspiel abgestimmter Steinplatten ist mit der kompositorischen Tätigkeit C. Orffs wieder in Erscheinung getreten.
Die alten chinesischen Klingsteine aus Nephrit in Form eines stumpfen Winkels mit ungleich langen Schenkeln waren — abgestimmt — bis zu 24 Stück an einem Gestell aufgehängt. Man sagt ihnen einen klaren, hellen und langschwingenden Klang von beträchtlicher Tragfähigkeit nach.
Bau. Das Lithophon unserer Zeit besteht aus rundbehauenen Solnhofener Platten, in der Mitte durchbohrt, auf gummiüberzogene Metallzapfen gesteckt und auf einem Gestell in chromatischer Reihenfolge montiert. Je kleiner und stärker die Platte, um so höher ist der Ton. Bei einem Durchmesser von 21 cm und einer Dicke von 2 cm erklingt das c^4, die a^3-Platte mißt 21,5×1,8 cm.
Der Tonumfang kann nach unten nicht erweitert werden, diese Möglichkeit scheidet wegen der Gefahr des Zerspringens der Platten beim Anschlag aus.
Klang, Anschlagmittel, Spielweise. Der Secco-Klang des Instruments ist weithin durchdringend und an der eigentümlich steinklingenden Färbung erkennbar. Seine glasklare Härte übertrifft sogar die der oberen Lagen des Xylophons.
Gespielt wird mit harten, entsprechend der notwendigen Lautstärke gewichtigen Schlägeln. Am besten eignen sich schwere Glockenspielschlägel und, für schwächere Tongebung, Kunststoff- oder Xylophonschlägel. Metallköpfe können bei unvorsichtigem Schlagen die Platten zerstören. Der Anschlagspunkt mit der besten Klangfülle befindet sich in den Randbezirken der Platte.
Da der Weg zwischen den einzelnen Anschlagstellen des Steinspiels — durch die Diskusform bedingt — entsprechend weit ist, kann keine sehr große spieltechnische Beweglichkeit verlangt werden.
Bei Berücksichtigung dieses Gesichtspunktes kann man im übrigen die Spielweise mit der der Stabspiele gleichstellen.
Beispiele: C. Orff: „Die Kluge“, „Die Bernauerin“, „Astutuli“, „Trionfi“, „Antigonae“, „Oedipus“; W. Hiller: „Niobe“; M. Kelemen: „Equilibres“ (3 Steinplatten, 3 Metallplatten) (siehe auch Notenbeispiele Nr. 28, 33, 34).

DIE ZIMBELN

Umfang und Notation:

Klang: 2 Oktaven höher

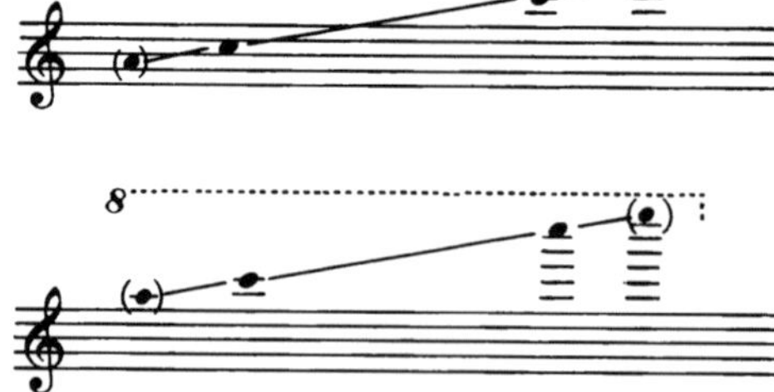

Schlagweise:	üblich:	Paarweise Rand gegen Rand Einzelne Zimbeln mit Metallstäben
	außergewöhnlich:	Einzelne Zimbeln mit Gummischlägeln Einzelne Zimbeln mit Glockenspielschlägeln Einzelne Zimbeln mit Holzschlägeln

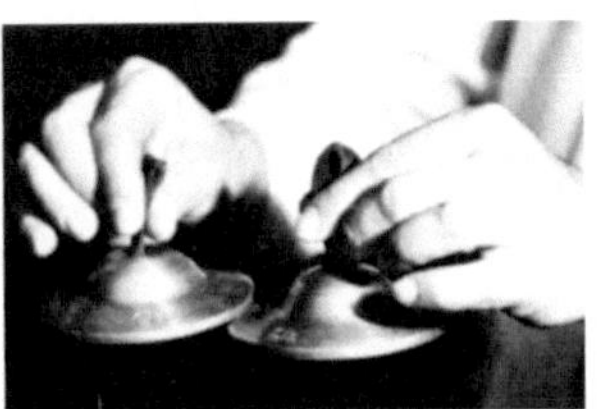
Zimbeln

Geschichtliches. Der Gebrauch paarweise geschlagener Zimbeln – auch Crotalen genannt – ist schon in den ältesten Bronzezeiten der Kulturnationen nachweisbar. Sie spielten im Kulturleben der Vorder- und Ostasiaten, Inder, Ägypter, Assyrer, Hebräer, Griechen und Römer eine beachtliche Rolle.

Es gab die Form der abgeflachten Bronzeteller, deren Rand schwingt, während durch das klanglich stilliegende, stark verdickte und erhöhte Zentrum ein Kettchen oder Riemen als Handhabe geführt wurde. Andere Formen, mit kelch- und napfförmigen Rändern, also schon fast glockenähnliche Arten, wie sie heute noch im Instrumentarium orientalischer Völker zu finden sind, gehören ihrer paarweisen Handhabung nach ebenfalls zu den Zimbeln.

Zwar von Dichtern besungen und auf manchen alten Bildern festgehalten, scheinen sie aber ins europäische Instrumentarium wenig eingedrungen zu sein, obwohl Kriege und Handelsbeziehungen mit dem Orient im Mittelalter zur Bekanntschaft mit dem morgenländischen Klangwerkzeug geführt haben mußten.

H. Berlioz entdeckte die Zimbeln in der flachen beckenähnlichen Form im Pompejanischen Museum und führte sie unter der Bezeichnung „Cymbales antiques" in die Kunstmusik ein. Im weiteren war ihre Anwendung noch sehr gering, da die handwerkliche Herstellung im Gußverfahren auf sich warten ließ.

Auf Ersatz angewiesen, wurden kleine Becken aus Messingblech gefertigt, die dem Klang der Zimbeln nicht im entferntesten entsprachen. Einzelne Glockenspielstäbe, an Saitenschlaufen frei aufgehängt und mit ebensolchen Stäben geschlagen, kamen dem Zimbelklang schon sehr nahe.

Bau. Heute kann der Instrumentenbau einen Satz paarweiser Zimbeln bieten mit einem Umfang von c^3 bis e^5, aus bester Glockenbronze gegossen. Der Durchmesser des größten Zimbelpaares (c^3) beträgt ca. 12 cm bei einer Randstärke von 4 mm, die Maße des kleinsten (e^5) sind 6 cm und 3 mm.

Spielanweisung und Verwendung. Zum Spiel werden die beiden Zimbeln an Lederschlaufen gehalten. Während die von der einen Hand geführte Zimbel schnell und kräftig abwärts schlägt, berührt sie mit dem unteren äußeren Rand den oberen der von der anderen Hand entgegengeführten Scheibe. Sie kollidieren also im Vorbeistreifen mit den Rändern, ohne aber aneinander zu reiben, und erzeugen so einen klaren, sehr hellen, glöckchenhaften Ton von metallischer Schärfe, der sich auch im großen Orchester durchzusetzen vermag. Eine

Handhabung im Sinne des Beckenschlagens wäre nur am Platz, wenn es als ein Effekt vorgeschrieben sein sollte.

Beispiele: H. Berlioz: „Symphonie Roméo et Juliette"; J. N. David: „Violinkonzert"; C. Debussy: „L'Après-midi d'un faune"; M. Ravel: „Alborada del gracioso"; O. Messiaen: „Turangalîla-Symphonie"; I. Strawinsky: „Les Noces", „Le Sacre du Printemps"; C. Orff: „Antigonae"; A. Jolivet: „Klavierkonzert" u. a. (siehe Notenbeispiele Nr. 35, 36, 37).

Einige Komponisten haben die Zimbeln in unbestimmter Tonhöhe notiert, etwa in Anlehnung an den hellen Zimbelklang orientalischer Prägung. Hierfür genügte ein Paar möglichst hoher Zimbeln.

Beispiele: L. Delibes: „Coppelia"; R. Strauss: „Josephs Legende"; C. Orff: „Der Mond", „Die Kluge", „Trionfi", „Oedipus der Tyrann", „Nänie und Dithyrambe"; H. Pfitzner: „Palestrina"; B. Britten: „The Prince of the Pagodes" usw.

P. Boulez läßt in „pli selon pli" die Zimbeln – wechselnd mit Normalschlägen – einen leichten, klirrenden Preßschlag spielen, der zugleich das Ausklingen verhindert, ebenso in „Le Visage nuptial". In H. W. Henzes „Elegie für junge Liebende" und „Antifone" sind einzelne Zimbeln mit Metallstäben verschiedener Stärke und mit Gummischlägeln zu schlagen (siehe Notenbeispiele Nr. 38, 39, 67). Letztere Anschlagsart ist nur auf den größeren Zimbeln möglich, die Schwingungsmasse der kleineren würde nicht mehr ansprechen. Bei Verwendung mehrerer einzelner Zimbeln, mit Schlägeln geschlagen, werden sie in Klaviatur-Anordnung an einem Ständer aufgesteckt.

Bei einer Zusammenstellung nach dem möglichen Tonumfang entsteht hierbei ein Zimbelspiel, das an die Glöckchenspiele des Mittelalters anklingt.

Beispiele: O. Messiaen: „Sept Haïkaï", „Couleurs de la cité céleste"; E. Křenek: „Der Zauberspiegel"; W. Haupt: „Moira"; u. a.

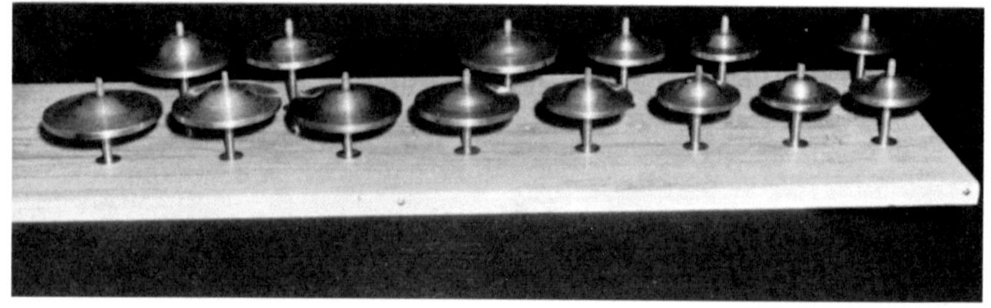

Zimbelspiel

DER GONG

Umfang und Notation:

Klang: wie notiert

Anschlagmittel: Schwerer filz- oder stoffgepolsterter Schlägel

Die Bezeichnung „Gong" umfaßt für die musikwissenschaftliche Systematik alle Instrumente aus gehämmerter Bronze in Form einer kreisrunden Platte, die mehr oder weniger schalenartig gekrümmt ist, im Zentrum angeschlagen und an ihrem Rand durchbohrt und aufgehängt wird.

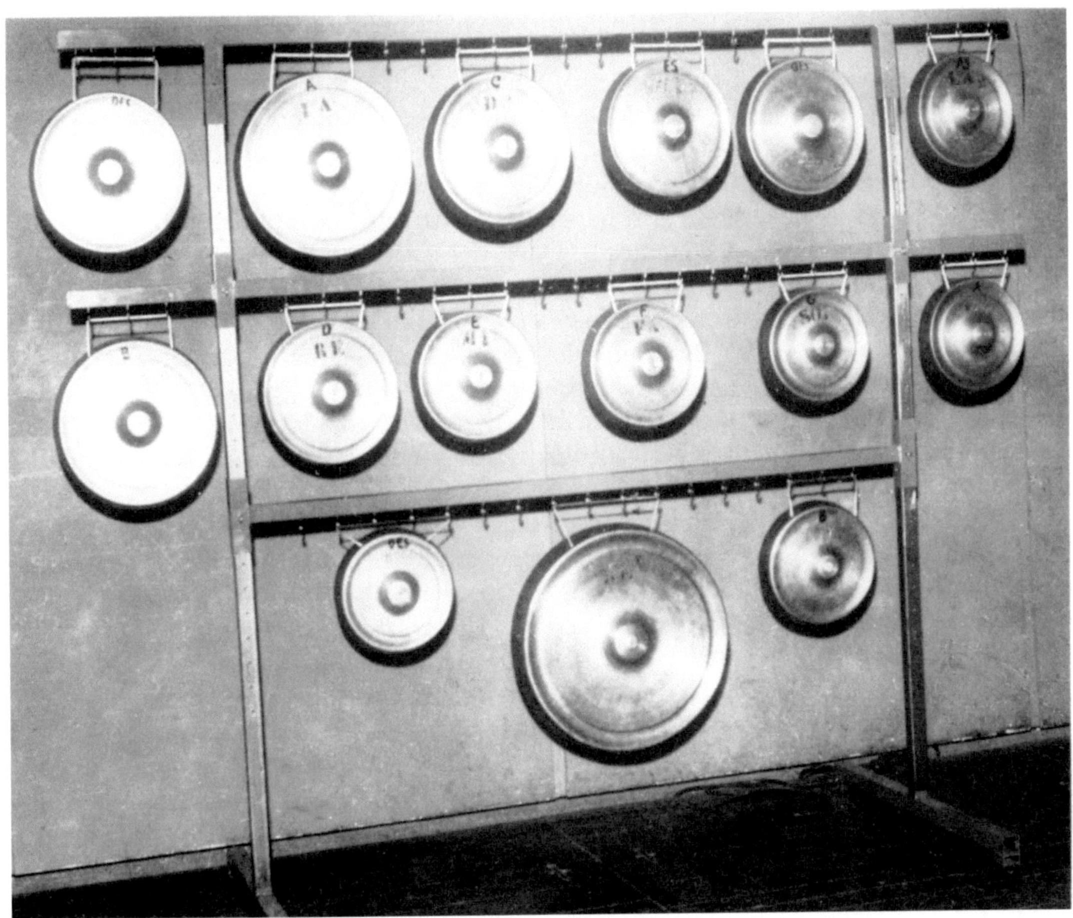

Gongs

In der Praxis versteht man heute unter „Gong“ nur jene Instrumentengattung, die durch ihre starkwandige Gußform und ihren tiefen Rand einen präzisen, klaren Ton hervorbringt, im Gegensatz zum „Tamtam“, dessen Klang in zahlreiche Partialtöne zerfällt, bewirkt durch dünnwandiges Material und Fehlen des Buckels im Zentrum.

Herkunft. Von den Ursprungsländern der Buckelgongs war es Java, das die besten Instrumente für seine berühmten Gamelan-Orchester hervorbrachte. Ihr Klang ist dunkel gefärbt, von großer Fülle und Reinheit. Besonders die metergroßen Riesengongs tönen in einer unvergleichlich majestätischen Art.

Bau. Ein javanischer Gong in G hat einen Durchmesser von etwa 68 cm, der Buckel mißt 15 cm an der breitesten Stelle, die Gußstärke ist 1 cm und die Randstärke beträgt 15 cm.

Die westliche Musik beschränkt sich auf die gelegentliche Anwendung einzelner Gongs des tiefen und mittleren Tonbereichs, während die javanischen Gongspiele ihren Umfang bis etwa c^3 ausdehnten.

Anschlagweise und Verwendung. Der Anschlag erfolgt auf dem sich in der Mitte herauswölbenden, halbkugelförmigen Buckel. Der Schlägel, stark mit Filz oder Stoff gepolstert, muß der Größe des Gongs entsprechend schwer sein, um die Materie voll in Schwingung bringen zu können.

Eine Abdämpfung wird erreicht durch Berührung des Buckels mit der Hand.
Obwohl Gongs ebenso wie die anderen Instrumente des Gamelan in Europa bereits seit dem 16. Jahrhundert bekannt gewesen sein mußten, kamen sie – wohl ihrer Seltenheit wegen – erst im 19. Jahrhundert im Orchester auf. Die erste Komposition mit Gong dürfte die Oper „La princesse jaune“ (1872) von C. Saint-Saëns gewesen sein (2 Gongs in e und g). Puccini verlangt 12 Gongs in „Madame Butterfly“ mit der Bezeichnung „Gong giapponese“ im Umfang A, B, H, c, des, d, es, e, f, fis, g, gis. 12 Gongs, benannt als „Gong chinese“, schrieb er in „Turandot“ in den Tönen A, B, c, des, d, es, e, f, ges, g, as, a. In beiden Werken klingen die Gongs eine Oktave höher als notiert (Notenbeispiel Nr. 40).
R. Strauss bereicherte die Partitur von „Die Frau ohne Schatten“ mit dem exotischen Kolorit des Gongklanges in den Tönen Des, des, des^{1}, ges, b. Als neue Instrumentalfarbe wurden Gongs im Orchester besetzt von W. Egk: „Columbus“, „Joan von Zarissa“, „Französische Suite“, „Die chinesische Nachtigall“; C. Orff: „Antigonae“, „Oedipus der Tyrann“, „Prometheus“. Ein Gongspiel aus kleineren, abgedämpften Gongs findet sich bei J. Cage und L. Harrison: „Double Music“ (Notenbeispiel Nr. 91).
In den drei letztgenannten Orff-Werken sind tiefe Gongs von großer Bedeutung. Aus eigenen oder musealen Beständen werden selten alle erforderlichen Töne zu erhalten sein. Um nun dem gewünschten Tonbereich nahe zu kommen, können vorhandene Gongs gemischt werden, eventuell unter Zuziehung großer Tamtams, tiefer, resonatorenverstärkter Plattenglocken und mit Schlägeln angeschlagener Klavier-Baßsaiten.
Die Bezeichnung „Gong“ bei einer Schreibweise ohne Schlüssel bedeutet in der Regel die Verwendung des Tamtam. Oft ist auch ein kleines Tamtam damit gemeint, das etwa dem Begriff „Tischgong“ entspricht, so, wie es früher zum Schlagzeug des Salonorchesters gehörte. Aber auch die Wahl verschieden abgestimmter Gongs nach freiem Ermessen und vorhandenen Beständen kann gemeint sein.

Steel-drums (Gongtrommeln)

Als ein Gongspiel von eigenartiger Prägung müssen die von den Eingeborenen der westindischen Insel Trinidad hergestellten „Steel-drums“ betrachtet werden. In der Zeit um den 2. Weltkrieg entstanden, bilden sie seither im mehrstimmigen Verband die Melodie- und Harmoniegrundlage der Musik des Carnevals, der dort mit ähnlicher Vehemenz wie

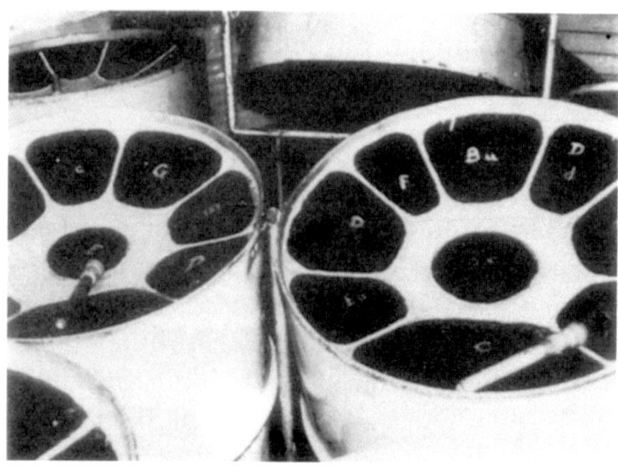

Steel-drums
hinten rechts:
Melodie-drum (ein Sechstel einer Öltonne)
hinten links:
Alt-drum (ein Drittel einer Öltonne)

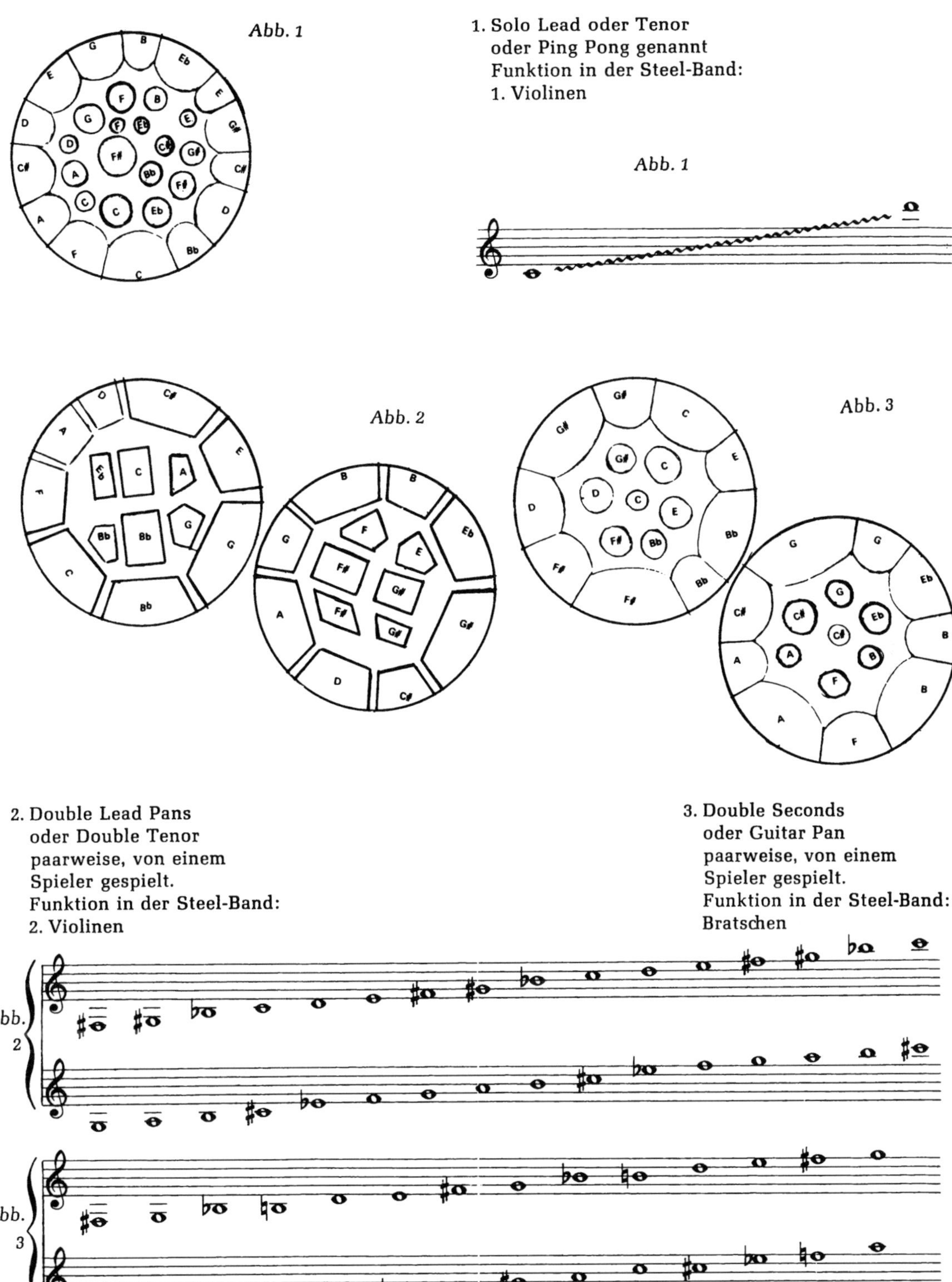

1. Solo Lead oder Tenor
oder Ping Pong genannt
Funktion in der Steel-Band:
1. Violinen

2. Double Lead Pans
oder Double Tenor
paarweise, von einem
Spieler gespielt.
Funktion in der Steel-Band:
2. Violinen

3. Double Seconds
oder Guitar Pan
paarweise, von einem
Spieler gespielt.
Funktion in der Steel-Band:
Bratschen

Steel-drums (Trinidad Steel Drum Band) Umfang und Notation der fünf Instrumententypen
Klang wie notiert

Abb. 4

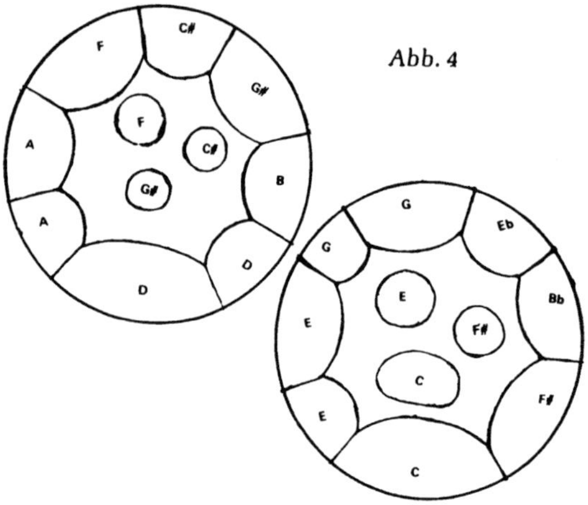

Abb. 5

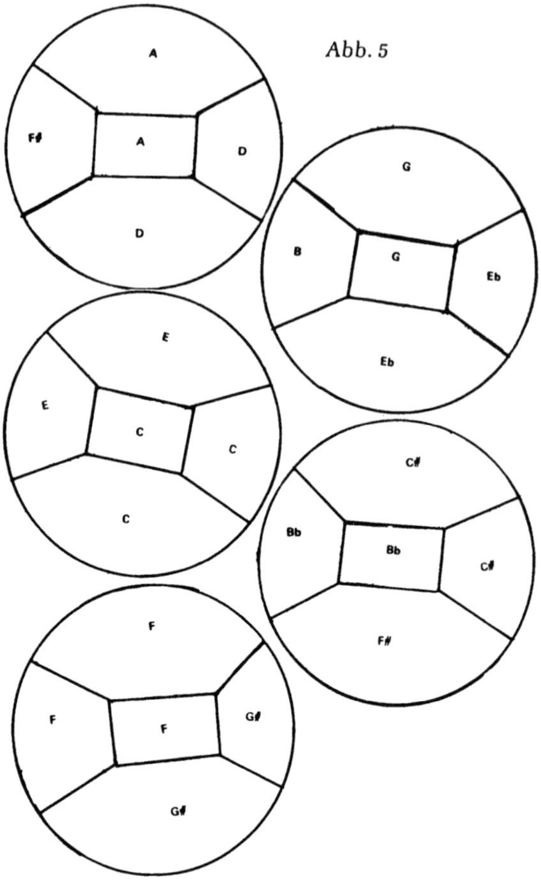

4. Double Baritons
oder Cello Pan
paarweise, von einem
Spieler gespielt.
Funktion in der Steel-Band:
Celli

Abb. 4

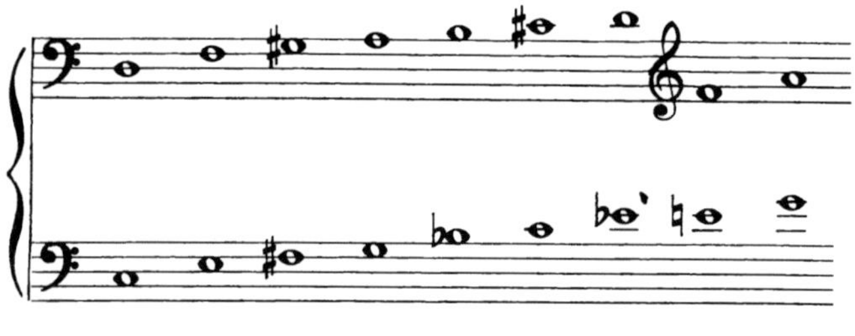

5. Bass Steel Drums oder Boom
vier oder fünf Instrumente,
von einem oder zwei Spielern
gespielt.
Funktion in der Steel-Band:
Bässe

Abb. 5

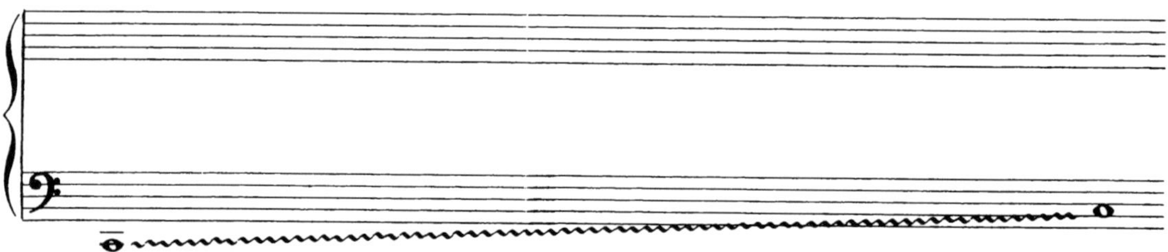

Steel-drums (Trinidad Steel Drum Band) Umfang und Notation der fünf Instrumententypen
Klang wie notiert

in Brasilien gefeiert wird. Gruppen von 3 bis 30 Spielern intonieren Volks- und Populärmusik in virtuos geschlagener Manier, begleitet von Congas, Maracas, Cowbells, Claves und anderen Rhythmusträgern.
Die Herstellung der Steel-drums geschieht aus leeren, stählernen „Oil Barrels" – den Fässern für den Öl- und Petroleumexport –, in deren nach innen gewölbte Oberflächen Buckel in verschiedener Zahl, Form und Größe ausgehämmert werden. Den derartig, nach genauer handwerklicher Überlegung bearbeiteten Faßoberteilen ist ein Stück des Faßkorpus belassen, wobei dessen Länge im Verhältnis zur Größe der Wölbungskreise steht. Jeder dieser Kreise ergibt – mit gummigepolsterten Schlägeln geschlagen – einen bestimmten Ton, dessen klangliche Eigenart einem Gemisch von Gong und Marimba nahekommt. Instrumente mit drei bis vier großen Anschlagwölbungen bringen die tiefen Töne der Baßlage hervor und haben Resonanzkörper von nahezu einer Faßlänge. Je kleiner – und damit zahlreicher – die Kreise, um so höher die Töne und um so kürzer der Resonanzkorpus. Allerdings gelingt es kaum, die Instrumente in einer in sich reinen Stimmung herzustellen, doch ist diese Art der indifferenten Tongebung ein Bestandteil des eigenartigen Sounds der Steel-Bands. Die Steel-drums werden an Riemen flach vor dem Körper getragen oder auf eigene Ständer montiert. Gruppen von etwa 3 bis 30 Spielern intonieren mehrstimmig populäre Musik in virtuos geschlagener Manier. Bands und Show-Orchester in Amerika haben verschiedentlich Steel-drums in Verwendung genommen, sie werden dort in Sätzen (mit einigen Größenordnungen) fabrikationsmäßig hergestellt. Einige Komponisten der Moderne bezogen sie ebenfalls in ihr Instrumentarium ein. Beispiele: R. Haubenstock-Ramati: „Vermutungen über ein dunkles Haus" (Notenbeispiel Nr. 41); H. W. Henze: „Heliogabalus", „El Cimarron"; W. Haupt: Ballett „Rilke".

GLOCKEN

Große Bronzeglocken, Calotten, Klaviersaiten-Glocken (Gralsglocken), elektroakustische Glocken, Tonband-Glocken.

Verlangter Umfang und Notation:

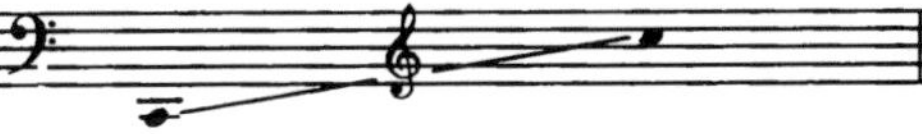

Klang: wie notiert

Anschlagmittel: Klöppel, Hammer

Wesen, Herkunft, Geschichte. Nach C. Sachs ist die Glocke ein Aufschlaggefäß mit klingendem Rand und stummem Scheitel. Ihre Geschichte führt auf uralten, asiatischen Ursprung zurück.
Kirchenglocken in Form und Ausmaß, wie wir sie heute kennen, verbreiteten sich in Europa etwa mit dem 13. Jahrhundert, sie entwickelten sich aus bienenkorb- oder zuckerhutähnlichen Formen.

Die Kunst des Glockengießens kam etwa im 15. Jahrhundert zu hoher Blüte. Die größte Glocke der Welt wurde 1733 gegossen und befindet sich in Moskau im Kreml. Beim großen Brand von Moskau (1812) wurde sie stark beschädigt und erklingt seitdem nicht mehr. Sie ist ungefähr 6 m hoch, bei einem Durchmesser von ca. 7 m, wiegt fast 200 000 kg und soll das große D als Grundton gehabt haben.
Seit Ende des 18. Jahrhunderts sind Glocken auf der Bühne und im Orchester verlangt worden. Die Undurchführbarkeit, große Gußglocken mit ihrem enormen Gewicht und der auf Fernwirkung berechneten Klangkraft zu installieren, ließ das Problem der Beschaffung geeigneter Ersatzmittel entstehen (eine c-Gußglocke z. B. wiegt mindestens 8000 kg).

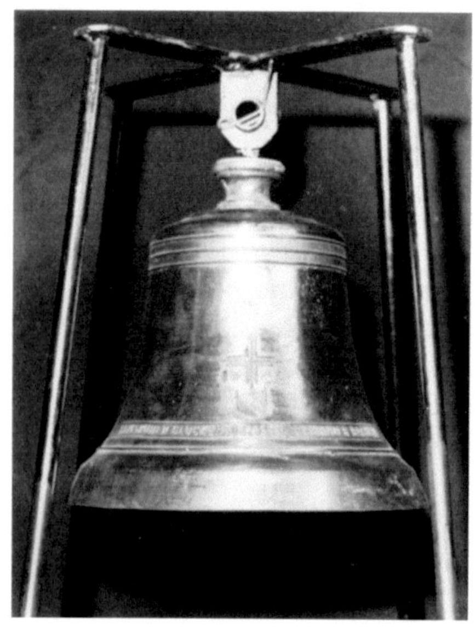

Bronzeguß-glocke

Bau. Die Glocken werden vorwiegend aus Bronze (78 % Kupfer und 22 % Zinn) ohne Schmieden gegossen; man verwendet jedoch in manchen Fällen als Rohstoffe auch andere Metalle, wie Stahl, Aluminium und Nickel. Die jahrhundertealte Tradition der Glockengießer hat die speziellen Benennungen der einzelnen Glockenteile geprägt: die Glocke wird vermittels der *Scheibenkrone* angehängt; diese ist an der *Platte* befestigt, die mittels des *Halses* in die *Flanke* übergeht. Die Flanke ihrerseits geht durch den *Wolm* in den *äußeren Schlagring* über. Der *Rand* stellt den untersten Teil der Glocke dar. Gegenüber dem äußeren Schlagring liegt der *innere Schlagring* an der Innenseite. Das spezifische Anschlagmittel für die Glocke heißt *Klöppel.*
Klangeigenschaften. Im Glockenklang unterscheidet man als wichtigste Erscheinungen den Grundton, den tiefsten wahrnehmbaren Ton und den Schlagton, der eine Oktave über dem Grundton liegt und am deutlichsten wahrnehmbar ist. Der Schlagton – er muß als tonhöhebestimmend gelten – bildet im Moment der Vollerregung durch den Klöppel ein Klanggemisch von heller, klarer Farbe; ihm folgen, mehr oder weniger vordringlich, die anderen Klangkomponenten im Ausschwingungsvorgang. Sie liegen jedoch keineswegs in der üblichen Reihe der Teiltöne, eine Eigenart, die das Charakteristikum der Glocke in hohem Maße bestimmt und es sehr erschwert, für Orchester und Bühne geeignete Surrogate zu finden. Eine andere Eigenschaft des Glockenklanges besteht darin, daß die Komponenten

nicht nur als Tongemisch, sondern auch als Einzeltöne des Konsonanzakkords wirken; man sagt deshalb, daß die Glocke in Dur bzw. in Moll gestimmt ist.

Ersatzvarianten und Verwendung. Während für die Wiedergabe von Glockenklängen etwa ab c aufwärts mit Plattenglocken, Vierkantstahlstäben, Röhrenglocken und kleinen Bronzeglocken annehmbare Lösungen gefunden wurden, blieben die Versuche, ein tiefes Geläute zu konstruieren, stets problematisch. Getäuscht durch die stark vorklingenden tiefen Nachhallschwingungen, gehen die Komponisten in ihren Vorstellungen oft weit unter die praktisch mögliche Klangtiefe.

Im Operntheater des vorigen Jahrhunderts dürfte der erste Schritt gemacht worden sein mit der Herstellung von sogenannten Calotten, einer halbkugelförmigen Glockenart aus dem Mittelalter, deren Form heute in den Signalglocken an elektrischen Apparaten fortlebt. A. Boito (1842–1918) gebrauchte 5 *Calotten,* aus Bronze gegossen, in jeweils gleicher Stärke und verschiedenen Ausmaßen, zur Nachahmung von Glockengeläute in seiner Oper „Mefistofele“ (1868). Die Notierung erfolgte in der großen Oktave: C, D, E, F, G, der wirkliche Klang war aber eine Oktave höher. Die tiefste Glocke, C, wog ca. 100 kg, die höchste, G, ca. 30 kg. Eine weitere Verbreitung hat diese Art Glockenersatz nicht gefunden, sei es aus klanglichen Gründen oder aus herstellungstechnischen Schwierigkeiten.

M. Mussorgsky ließ im „Boris Godunow“ (1874) anstelle von tiefen Glocken ein großes Tamtam schlagen, in „Chowanschtschina“ (von Rimsky-Korsakow bearbeitet) findet man bereits ein Klavier zugezogen, das in tiefster Lage verminderte Quinten dazuspielt und damit dem tiefen Glockenklang näherkommt.

Die Vorschrift R. Wagners, im „Parsifal“ (1879) vier *Gralsglocken* in den Tönen C, G, A, E erklingen zu lassen, führte zum Bau von einer Art Riesenhackbrett mit jeweils achtfachen Saitenchören, geschlagen mit großen abgefilzten Holzhämmern. Später wurde für Bayreuth ein ähnliches Instrument mit Tastatur gebaut, die mit der Faust angeschlagen werden muß. Um einen metallischen Beiklang zu gewinnen, schlug man noch abgestimmte Gongs und Metallplatten, die in großen Resonanztonnen hingen, zusammen mit mehreren solchen Glockenklavieren.

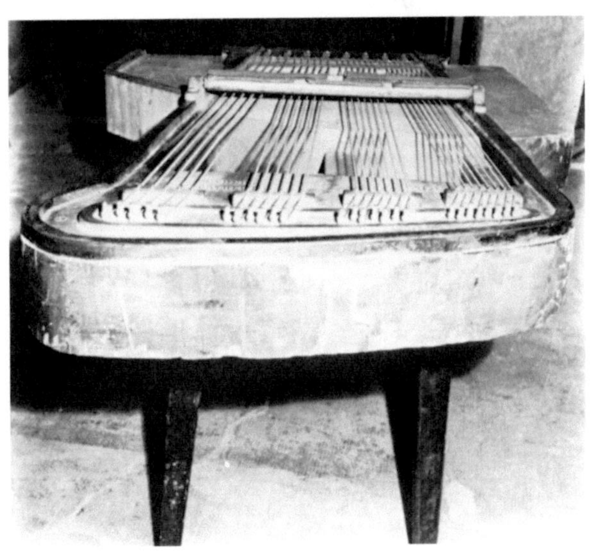

Gralsglocken
vier Saitenchöre (C G A E),
mit großen abgefilzten Hämmern geschlagen
(Nationaltheater München)

Ein Parsifalglockengeläute entsteht in weniger komplizierter Weise durch die elektromechanische Tonabnahme und Verstärkung von Klaviersaiten: in der *großen* und *Kontraoktave* wird es auf einem präparierten Klavier oder Stahlrahmen mit Saiten in den vier abgestimmten Tönen in Oktaven gespielt.

Ende der dreißiger Jahre wurde durch Anregung von Clemens Krauss in München eine *Anlage* konstruiert, *die auf elektronischem Wege eine Nachahmung tiefer Glocken hervorbringt.* Mittels Klaviatur wird der Anschlag auf bestimmte Metallstäbe in Resonanzkästen elektromechanisch betätigt und der Klang durch Verstärker und Lautsprecher voluminös übertragen. Der Anschlag auf diese Stäbe muß mit filzgepolsterten, mechanisch geführten Hämmerchen erfolgen. Er bewirkt einen weichen, mehr gongartigen Glockenschlag, der mitunter an den Schlag altmodischer Standuhren erinnert. Er sollte, für Fernwirkung berechnet, nur aus der Bühnentiefe heraus über Lautsprecher tönen. Die Lautstärkenskala reicht dabei vom pp bis zum raumfüllenden ff.

Beispiele: R. Strauss: „Friedenstag"; G. Puccini: „Tosca"; H. Pfitzner: „Palestrina"; E. Humperdinck: „Die Königskinder"; L. Janáček: „Aus einem Totenhaus" u. a. (siehe Notenbeispiel Nr. 42).

Als eine klanglich gute Lösung erwies sich das seit 1955 zeitweise in Bayreuth für „Parsifal" verwendete Mixturtrautonium, das auf kompliziertem, elektronischem Wege Glockenklänge in jeder Tonlage und Lautstärke produzieren kann. Heute übernimmt am besten der Synthesizer dieselbe Funktion über eine Groß-Lautsprecheranlage.

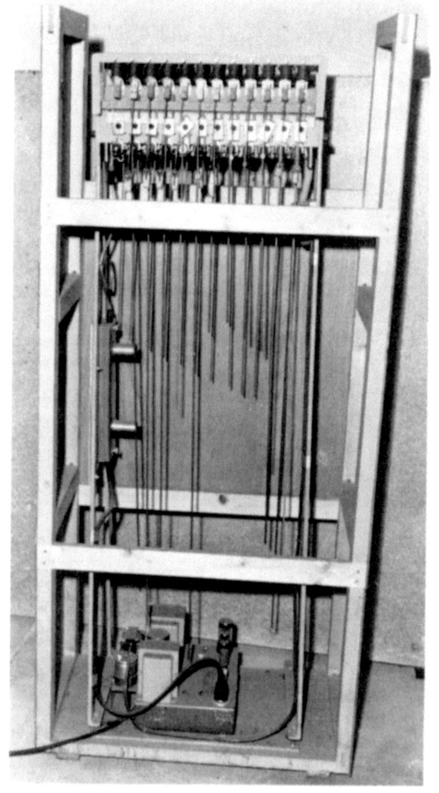

Elektroakustisches Glockenspiel (elektromechanisch zu betätigen)

A. Honegger bediente sich dieser Art Glockeneffekt mit den Ondes Martenot in seiner „Jeanne d'Arc".
Schließlich bietet sich die Möglichkeit, den realen Glockenklang auf Tonband aufzunehmen und mittels Verstärker und Lautsprecheranlagen von der Bühne oder im Zuschauerraum wiederzugeben. Dieser Weg wird hauptsächlich für Einblendungen von Glockengeläute ohne festgelegte Notierung gewählt.
Beispiele: M. Mussorgsky: „Boris Godunow" (Krönungszug); G. Verdi: „Don Carlos" (Szene vor der Kirche); G. Mahler: „6. Symphonie" (siehe Notenbeispiel Nr. 86); W. Egk: „Columbus", „Peer Gynt" u. a. Wo die Struktur der Partitur es erlaubt, ist es möglich, auch einzelne Original-Glockenschläge auf Band einzublenden, wie z. B. die Kreml-Glocke in M. Mussorgskys Oper „Chowanschtschina".

Plattenglocken

Umfang und Notation:

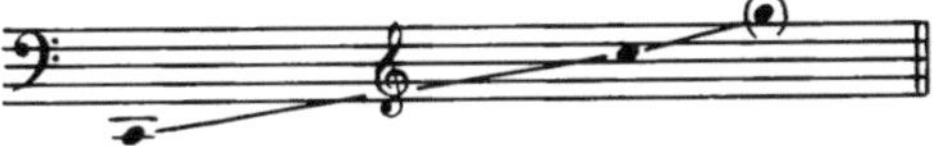

Klang: wie notiert

Anschlagmittel üblich:	Großer, gewichtiger Holzhammer oder Metallkernschlägel mit starker Filz- oder Lederpolsterung
außergewöhnlich:	Schwerer Hartfilzschlägel

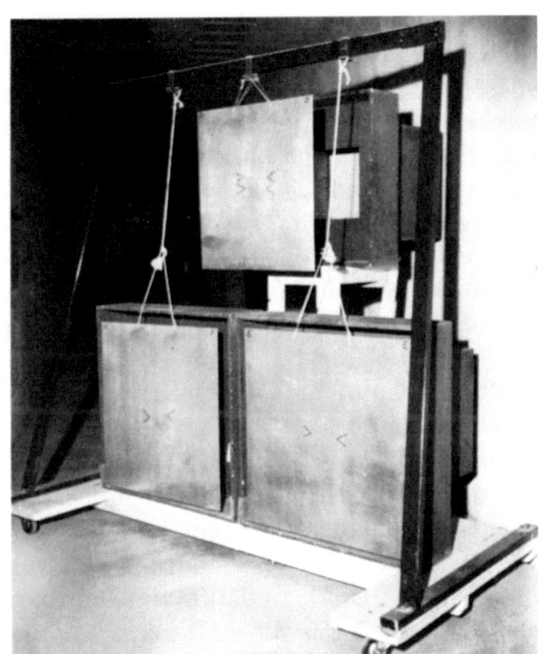

Plattenglocken mit Resonatoren

Herkunft und Bau. Abgestimmte Klangplatten aus Metall, wie sie in Asien seit altersher als Kulturinstrumente gebraucht werden, haben sich seit Ende des vorigen Jahrhunderts als Glockenersatz eingebürgert.

Rechteckige Platten aus Aluminium oder Bronze – ersatzweise aus Stahl – **werden mit** Schnurhenkeln als Haltegriffe bzw. Aufhängemöglichkeit versehen und mit einem schweren filz- oder ledergepolsterten Holz- oder Metallkernschlägel angeschlagen.

Der Umfang eines dreioktavigen Plattenglockensatzes ist vom C bis c^2 (g^2) gegeben. Eine C-Platte in Aluminium hat die Größe von ca. 100×75 cm und ein Gewicht von ca. 6 kg, eine c^2-Platte mißt 28×25 cm und wiegt ca. 1 kg, bei einer Stärke von 6 mm.

Das Aufhängen der Platten erfolgt in einem Halbkreisgestell für jede Oktave, wobei die C-Dur-Tonleiter die untere Reihe bildet und die Halbtöne in Klavier-Anordnung darüberhängen.

Klangeigenschaften und Spielweise. Plattenglocken vermitteln weniger den Glockenklang mit präzisem Schlagton, sondern wirken, mittels weichem Anschlag, durch den hervortretenden tiefen Resonanzton stets wie Glocken aus der Ferne. Ihre Anwendung muß auf diese Eigenschaft abgestimmt sein. Je weniger weich die Polsterung des Schlägels ist, um so mehr Obertöne werden mobilisiert, sie können schließlich den Grundton der Platte überdecken.

Die Anschlagstelle für eine möglichst klare Grundton-Tongebung ist meist in der Mitte oder am unteren Rande der Platte zu finden. Größeres Volumen, aber auch ein reicheres Partialtongemisch ergibt der Schlagfleck in der Mitte des unteren oder oberen Plattendrittels.

Die Anschlagstärke auf Plattenglocken ist beschränkt und kann nicht forciert werden, weil dadurch nur störende Klirrgeräusche entstehen würden. Deshalb sind das Klangvolumen und die Tragfähigkeit – besonders im tiefen Tonbereich – oft nicht ausreichend und werden nach Möglichkeit durch Mikrophon-Verstärker-Lautsprecher angehoben. Am wirksamsten geschieht eine elektroakustische Verstärkung durch Anbringen von Abtastmikrophonen an den Platten. Hierbei können schwache, genau dosierte Anschläge sehr klangvoll und präzise über eine gute Wiedergabe-Anlage ausgestrahlt werden, unter Ausschluß störender Einwirkungen auf die Mikrophone. Die Anhebung der tiefen und tiefsten Teiltöne einer Glockenplatte kann durch einen Resonator geschehen. Entsprechend der Größe der Platte bemessen, wird er in Form einer Tonne oder eines Kastens mit der Öffnung zur Plattenfläche aufgestellt und verstärkt so die Klangschwingungen sehr erheblich.

Die Möglichkeiten hinsichtlich spieltechnischer Beweglichkeit sind wegen der Größe der Platten, der Schwerfälligkeit der Tonentwicklung und des Schlägels entsprechend gering. Die Wegnahme des Nachklangs erfolgt durch Dämpfung mittels der Hand an der oberen Kante der Platte, notfalls kann durch Anlegen des Schlägels eine geringere Abdämpfung erzielt werden.

Beispiele: G. Puccini: „Tosca" (E, F, B, f); G. Verdi: „Troubadur" (Totenglocke in Es); H. Pfitzner: „Palestrina" (Fis, G, c, e), „Von deutscher Seele" (zwei tiefe Plattenglocken in beliebiger Tonhöhe); R. Strauss: „Also sprach Zarathustra" (E), „Friedenstag" (C, Es, a, es, g^1); L. Janáček: „Aus einem Totenhaus"; A. Webern: „Sechs Stücke für Orchester op. 6" (tiefes Glockengeläute von unbestimmter Höhe); A. Schönberg: „Die Glückliche Hand" (Tremolo aus tiefer Glocke als Klangfarbeneffekt). P. Boulez gab mit seiner Komposition „pli selon pli" die Veranlassung, ein Plattenglockenspiel für zwei Spieler zu bauen, mit einem zweioktavigen Tonumfang von C bis c^1. Es übernimmt hier die Aufgabe einer Instrumentalstimme im Orchester.

Röhrenglocken

Umfang und Notation:

Klang: wie notiert

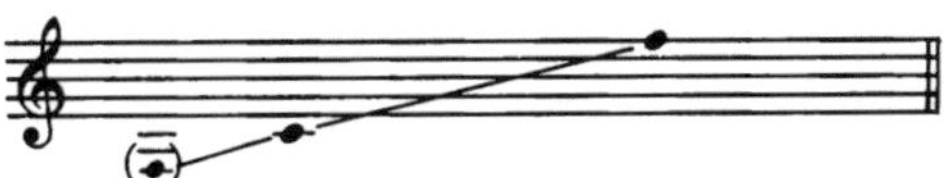

Anschlagmittel üblich: Holz- oder Kunststoffhammer mit Hartlederpolsterung

außergewöhnlich: Weichgepolsterte Hämmer
Metallhämmer
Trommelstöcke
Holzschlägel
Triangelschlägel

Herkunft und Bau. Klangvolle Metallröhren, auf asiatischen Ursprung zurückgehend, haben in Europa – zuerst in England – seit etwa 1885 die Aufgabe der Glocke im Orchester übernommen. Die ersten Instrumente waren aus Bronze gegossen, während man heute industriegefertigte Messingrohre zuschneidet.

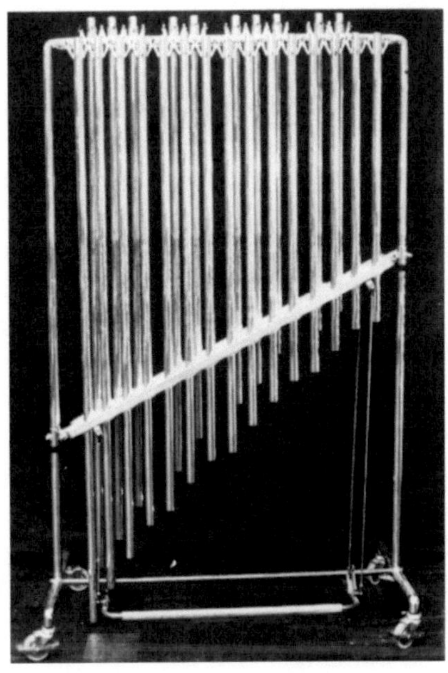

Röhrenglocken

Die Tonhöhe einer Röhrenglocke ergibt sich aus der entsprechenden Länge und Wandungsstärke der Rohre, z. B. mißt eine c^1-Glocke 155 cm und eine f^2-Glocke 76 cm, bei einem Rohrdurchmesser von 3,8 cm und einer Wandung von 1,5 mm. Eigens für Bühnengeläute hergestellte Röhrenglocken können eine Wandung bis zu 3 mm aufweisen.
Die Definition „Klang wie notiert" bezieht sich auf den Nachhall-Ton, denn im Klanggemisch des Anschlags dominiert die darüberliegende Oktave. Im oberen und unteren Bereich des zweioktavigen Röhrenglockenspiels wird die klare Tonabgrenzung (der extrem langen, bzw. kurzen Röhren) durch die stark hervortretenden Teiltonschwingungen stark beeinträchtigt.
Einzelne Röhrenglocken werden in der jeweils vorgeschriebenen Zahl und Reihenfolge an einem Gestell aufgehängt. Notwendiges Abdämpfen der ausschwingenden Glocken ge-

schieht mit der Hand. In England und Amerika wurden erstmals Gestelle konstruiert, in denen die Glocken in übersichtlicher chromatischer Anordnung hängen und mittels Pedaldämpfung zentral gedämpft werden können. Diese Neuerung erhob das Röhrenglockenspiel vom Glockensurrogat zum selbständigen Instrument mit der Spielbarkeit von Tonreihen in schneller Folge in halbgedämpfter Manier, ähnlich dem Vibraphon im Jazz. Der größtmögliche Umfang eines solchen Glockenspieles bietet sich an vom f bis f^2 (g^2), bei kleineren Instrumenten reicht er von c^1 bis f^2 oder auch nur bis c^2.

Beispiele: B. Britten: „The Turn of the Screw“; P. Boulez: „pli selon pli“; K. A. Hartmann: „7. und 8. Symphonie“.

Spielweise, Klang und Verwendung. Der Anschlag erfolgt mit Hämmern aus Hartholz oder Kunststoff, deren Anschlagflächen mit Hartleder überzogen sind. Klangdifferenzierungen erreicht man durch verschieden starke Ablederung und verschieden schwere Hämmerpaare. Sehr weiche Tongebung gelingt durch filzbezogene Hämmer. Die Anschlagstelle zur Erzeugung von reinen Glockentönen ist immer der obere Rand der Röhre (siehe Notenbeispiel Nr. 43).

Besonders harter, metallischer Klang wird durch Verwendung von Metallhämmern erzeugt, sie eignen sich nur für hohe Lagen.

Beispiele: A. Copland: „3. Symphonie“; C. Orff: „Antigonae“.

A. Webern schreibt in „Sechs Stücke für Orchester“ Wirbel auf Glocken mit Gummischlägeln vor (pp), weichgepolsterte Hämmer werden aber die bessere Eignung aufweisen.

In „Le Poème de l'exstase“ op. 54 von A. Skrjabin ist ein Forte-Wirbel auf Campane in c' auszuführen, der aber besser eine Oktave höher – mit normalen Hämmern geschlagen – erklingt.

Ein „Glissando“ mit Holzschlägeln bzw. Eisenstange verlangt C. Orff in „Trionfi“ und „Oedipus der Tyrann“. Hier gilt es, eine besonders grelle Klangfarbe zu erzielen.

J. A. Riedl läßt in seinem „Stück für Schlagzeug“ den Röhrenkorpus mit Triangelstäben und Trommelstöcken anschlagen. Dabei verliert sich der Glockenklang mehr in das Klirrend-Geräuschhafte (siehe auch Notenbeispiel Nr. 44: Kagel: „Anagrama“).

Glocken aus Röhren werden denen aus Platten immer dort vorgezogen, wo ein präziser Anschlag in der Art der kleineren Turmglocken erwünscht ist. Hier verzichtet man sogar auf die vorgeschriebene Tonhöhe und transponiert eine Oktave höher.

Besonders charakteristische Turmglocken-Stellen findet man bei G. Verdi: „Der Troubadour“ (1. Bild), „Ein Maskenball“; P. Mascagni: „Cavalleria rusticana“; R. Leoncavallo: „Der Bajazzo“; M. Ravel: „L'Heure espagnole“; R. Strauss: „Die schweigsame Frau“; G. Puccini: „La Bohème“ usw.

Ohne programmatische Absicht, sondern lediglich als Klangfarbe, finden die Röhrenglocken Verwendung bei folgenden Beispielen: G. Puccini: „Turandot“; W. Egk: „Peer Gynt“, „Abraxas“, „Die Zaubergeige“; P. Hindemith: „Metamorphosen über Themen von C. M. von Weber“ (Notenbeispiel Nr. 71), „Die Harmonie der Welt“; Th. Berger: „Symphonie chronique“; C. Orff: „Die Bernauerin“, „Trionfi“, „Antigonae“, „Oedipus der Tyrann“; H. W. Henze: „Il re cervo“ usw. (siehe Notenbeispiele Nr. 10, 28, 30, 43, 45, 89, 96).

Ein *Diskant-Röhrenglockenspiel* mit einem Tonumfang von etwa zwei Oktaven, z. B. c^2–c^4, verwendet M. Gielen in seiner „Pentaphonie“. Es wird aus Rohren angefertigt, die einen wesentlich geringeren Durchmesser als den gewöhnlicher Röhrenglocken aufweisen und die aus einer Metallegierung bestehen, aus denen die Crotalen hergestellt sind (siehe Notenbeispiele Nr. 18 und 45).

DAS TUBUSCAMPANOPHON (TUBAPHON)

Umfang und Notation:

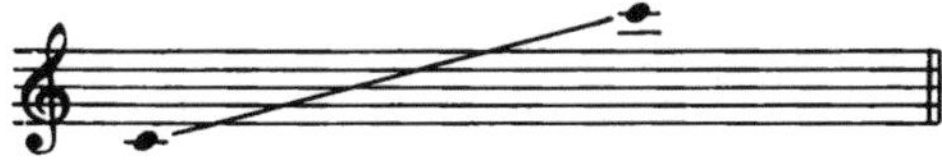

Klang: zwei Oktaven höher

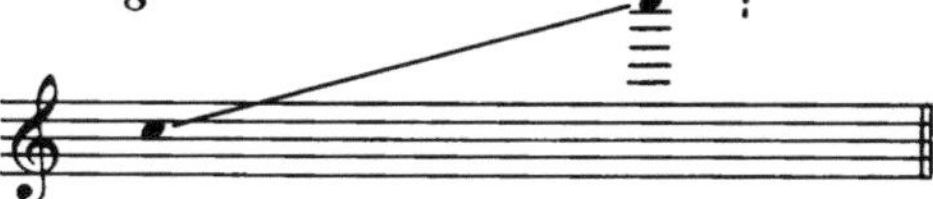

Anschlagmittel: Ledergepolsterte Holzschlägel
Hartholzhämmerchen

Herkunft und Bau. In der Zeit vor dem ersten Weltkrieg, als das auf Strohrollen gelagerte vierreihige Xylophon ein beliebtes Solisteninstrument bei populären Darbietungen war, erschien – zuerst in England – ein Pendant dazu: das *Tubuscampanophon* oder kurz *Tubaphon* genannt.

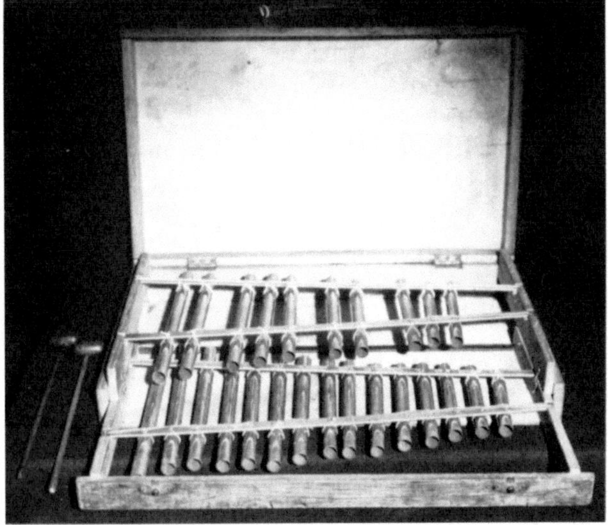

Tubus-campanophon

Es hatte als Klangkörper statt der Holzstäbe Röhren aus Messing oder Stahl im Durchmesser von 15 mm, in gleicher Anordnung und in etwa denselben Längenmaßen wie das vierreihige Xylophon. Zum Schlagen dienten löffelartige Holzschlägel, welche mit Leder abgepolstert waren. Sie erzeugten metallisch-hohl klingende Töne – in den höchsten Lagen glockenspielähnlich – mit einem leichten Vibrato. Dieses entstand durch die geringen Schwingungen der Klangröhren nach dem Anschlag, bedingt durch die Aufhängung derselben an sehr dünnen Halteschnüren.

Schlagtechnik und Spielmöglichkeit entsprachen denjenigen des vierreihigen Xylophons, es wurden deshalb ähnliche oder dieselben Virtuosenpiecen der Xylophonisten zum Vortrag gebracht.

Das Instrument konnte aber nicht die Popularität und Verbreitung des Xylophons erreichen und geriet fast in Vergessenheit. Auch eine später der Klaviaturanordnung nach-

gebaute Form gab dem Tubaphon wenig Aufschwung, eine Verwendung in ernsten Kompositionen ist selten.
Beispiel: A. Chatschaturjan: „Gajaneh" (siehe Notenbeispiel Nr. 46).

INSTRUMENTE AUS ABGESTIMMTEN GLASSCHALEN

Gläserspiel (Glasglockenspiel)

Ungefähr möglicher Umfang und Notation:

Klang: wie notiert

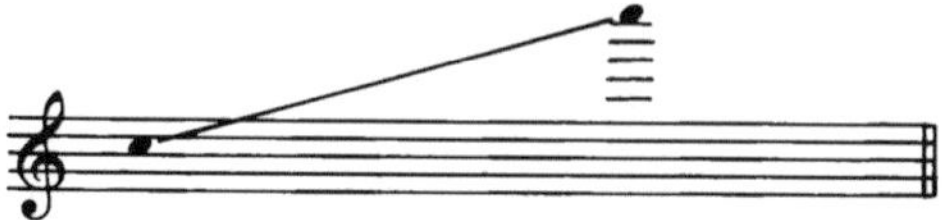

Anschlagmittel: Leichte Holzkopfschlägel

Glasharfe

Umfang und Notation:

Klang: wie notiert

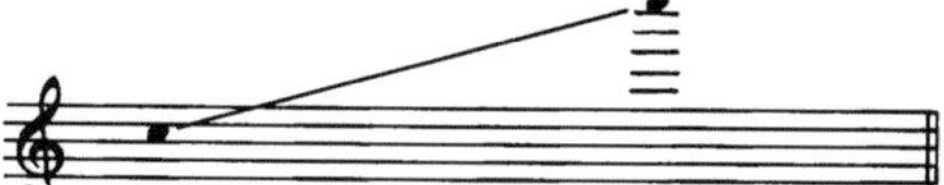

Anschlagmittel: Colla mano (gerieben)

Glasharmonika

Umfang und Notation:

Klang: wie notiert

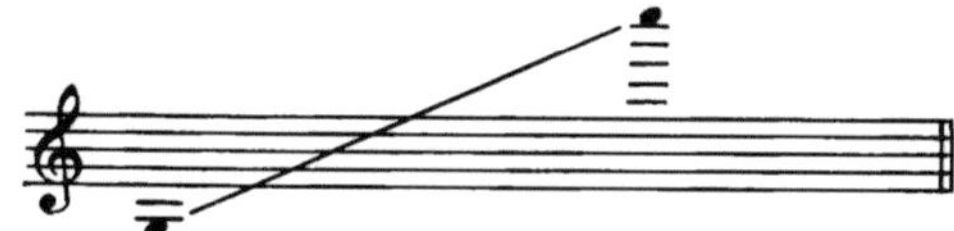

Anschlagmittel: Colla mano (gerieben)

Dünnwandige Trinkgläser – auf tuchbedeckter Unterlage stehend – können zum Klingen gebracht werden, indem man sie mit leichten Holzkopfschlägeln am Rande anschlägt. Durch Einfüllen von Wasser ist es möglich, den Eigenton des Glases sehr begrenzt herabzustim-

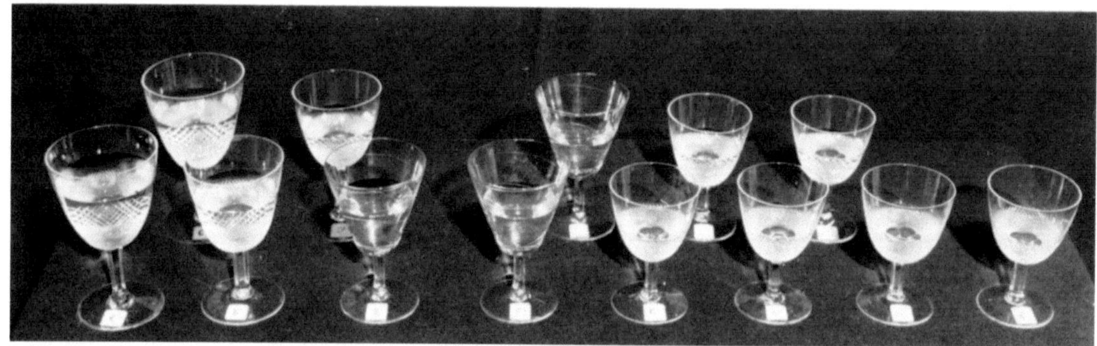

Gläserspiel

men. Allerdings verliert der Klang dabei einiges an Volumen. Eine ganze Tonskala erreicht man mit verschieden großen Gläsern, deren Bespielung einen zarten, delikaten Anschlag erfordert.

Der feine, glöckchenähnliche Klang führte in früheren Jahrhunderten zum Bau von *Glasglockenspielen* (Gläserspielen). Heute finden im Orff-Schulwerk einzelne Gläser Verwendung; das Bühnenwerk „Der Mond" von C. Orff enthält eine zweistimmige Stelle für 6 Gläser, und zwar in c^2, d^2, e^2, g^2, a^2, c^3 (siehe Notenbeispiel Nr. 48).

Eine andere Möglichkeit des Spielens auf Gläsern ist das Reiben mit essigfeuchten Fingerkuppen auf den Rändern der Kelche. Die Zusammenstellung abgestimmter Gläser zu einer *Glasharfe* kannte schon das 18. Jahrhundert, schließlich erfand B. Franklin 1763 in London die *Glasharmonika*, die sich seinerzeit besonders in Deutschland bald größter Beliebtheit erfreute. Hier waren chromatisch abgestimmte Glasschalen von abnehmendem Durchmesser in raumsparender Weise vertikal ineinander gepaßt und auf eine Achse montiert. Die Rotation erfolgte durch einen Fußantritt, während man mit den Fingerspitzen die Glasschalen zum Erklingen brachte. Das Instrument – in ein Gehäuse aus Edelholz gebaut – hatte in der größten Ausführung einen Umfang von dreieinhalb Oktaven: g–c^4. Die Halbtöne waren durch eine besondere Glaswandfärbung gekennzeichnet.

Nachdem man erkannte, daß die Glasharmonika große Anforderungen an das Nervensystem des Spielers stellte, hatte das Instrument, für das auch Mozart, Beethoven und Zeitgenossen schrieben, bis Ende des 19. Jahrhunderts schon so viel an gehobenem Interesse verloren, daß es nur noch auf Attraktionsbühnen in sehr einfacher instrumentaler Ausführung zu hören war.

R. Strauss wählte die Glasharmonika für das letzte Bild der Oper „Die Frau ohne Schatten", worin bis zu achtstimmige Akkorde zu spielen sind. Mangels eines Instruments, dessen Klangkraft für das große Orchester ausreichen würde, hat er es zunächst durch ein Harmonium und später durch das Vibraphon (2 Spieler) ersetzen lassen.

Der zarte, sozusagen mit gläserner Durchsichtigkeit im Raum schwebende Klang gestrichener Gläser besitzt die Fähigkeit, bis in die feinsten Schwingungen auszuhauchen. Wegen des langsamen An- und Abklingens ist die Beweglichkeit der Tonführung gering, also auf das Spiel getragener und rhythmisch einfacher Tonfolgen angewiesen, während aber vielstimmige Akkorde gut ausgeführt werden können.

Von einem Spieler beidhändig beherrscht, gehört es zum Virtuosentum, während es kein Problem ist, von mehreren Spielern auf je einem Glas mehrstimmige Tonfolgen spielen zu lassen.

Beispiele: M. v. Schillings: „Glockenlieder" (2 geriebene Gläser in g^2 und b^2); C. Orff: „Astutuli", „Weihnachtsspiel", „Oedipus" (siehe Notenbeispiel Nr. 47), „Prometheus".

Das Bouteillophon oder Flaschenspiel

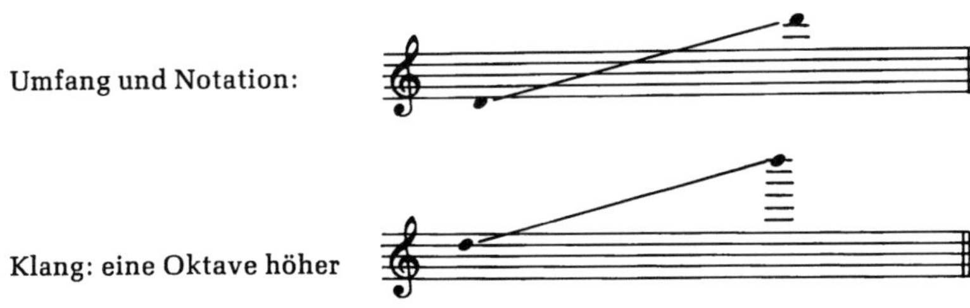

Anschlagmittel: Leichte, ledergepolsterte Xylophonschlägel

Eric Satie schrieb 1917 das Ballett „Parade“ und verwendete darin – von Jean Cocteau inspiriert – die Klang- und Geräuschgebung von Geräten außermusikalischer Herkunft, wie z. B. das schnarrende Glücksrad des Rouletts, die klappernde Büroschreibmaschine und anderes mehr.

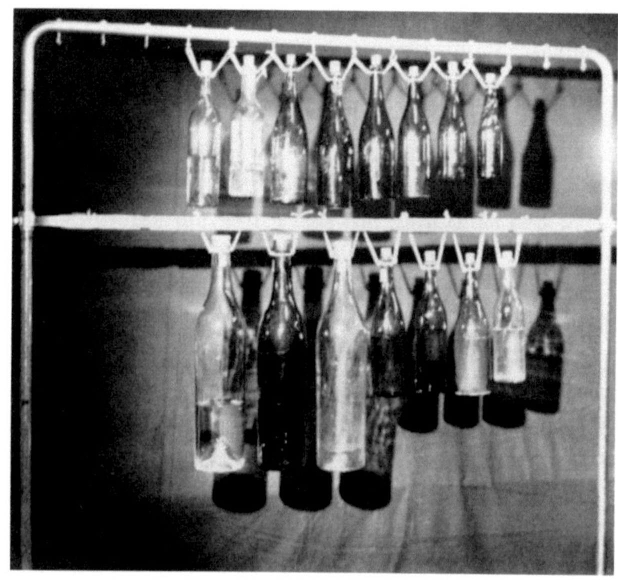

Bouteillophon

Aus der Praxis der Gelegenheitsartisten übernahm er das sogenannte *Bouteillophon*, bestehend aus einer Batterie leerer Flaschen vom kleinsten bis zum größten Format. Einzeln, nach der erforderlichen Tonhöhe ausgesucht und nötigenfalls durch Wassereinfüllung eingestimmt, werden sie tonreihenmäßig nebeneinandergeordnet an einem Gestell aufgehängt. Das Schlagen geschieht am besten mit leichten, ledergepolsterten Xylophonschlägeln und erfordert die Treffsicherheit des Xylophonisten (siehe Notenbeispiel Nr. 49).
Weitere Beispiele: A. Honegger: „Le Dit des jeux du monde“ (1918 – 5 Flaschen); Bo Nilsson: „Reaktionen“ (5 leere Flaschen, siehe Notenbeispiel Nr. 50).

FLEXATON UND SINGENDE SÄGE

Umfang und Notation:

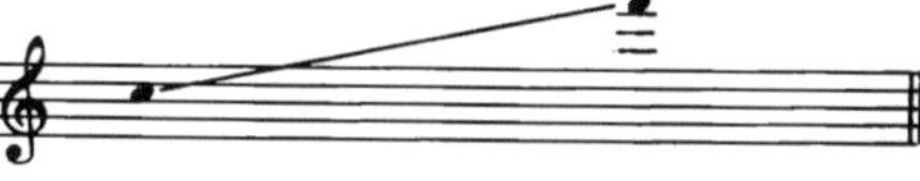

Klang: wie notiert

Nach C. Sachs sind das Flexaton wie auch die Singende Säge in der Zeit entstanden, als man in der Jazz- und Swingmusik die Forcierung des Vibrato und Glissando betrieb. In den zwanziger Jahren nach Europa gekommen, geriet es in seinem ursprünglichen Musikbereich bald in Vergessenheit, fand aber bei einigen Komponisten der ernsten Musik Beachtung.

Das *Flexaton* klingt mittels einer Stahlzunge, die von beiden Seiten mit anmontierten kleinen ledergepolsterten Holzklöppeln angeschlagen wird.
Diese Zunge ist an der oberen Kante in einen Rahmen mit Haltegriff gespannt.
Während die haltende Hand durch Schüttelbewegung die Klöppel zu tremolierendem Anschlag bringt, drückt der Daumen differenziert auf die unten schmäler verlaufende Stahlzunge und erreicht damit entsprechend höhere Töne durch die Verkürzung der Schwingungsmasse. Den gewünschten Ton zu treffen, erfordert ein gutes Ohr und einiges Gefühl, es gibt keinerlei Anhaltspunkte für eine Tonhöhenkontrolle außer dem Spannungsdruck der Zunge.
Das Flexaton ist nur tremolierenderweise zu spielen, einzeln angeschlagene Töne sind nicht gut möglich.

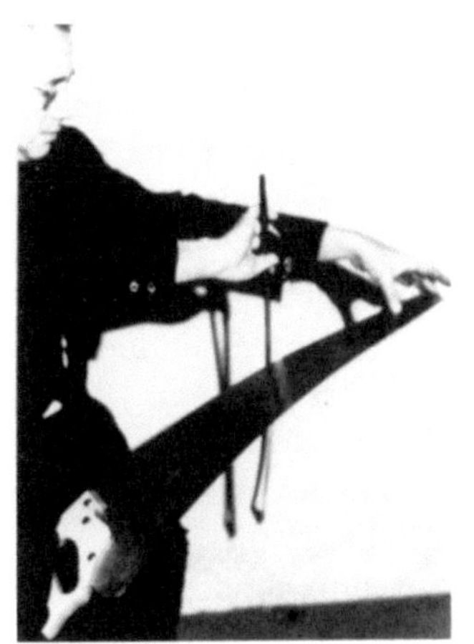

Singende Säge

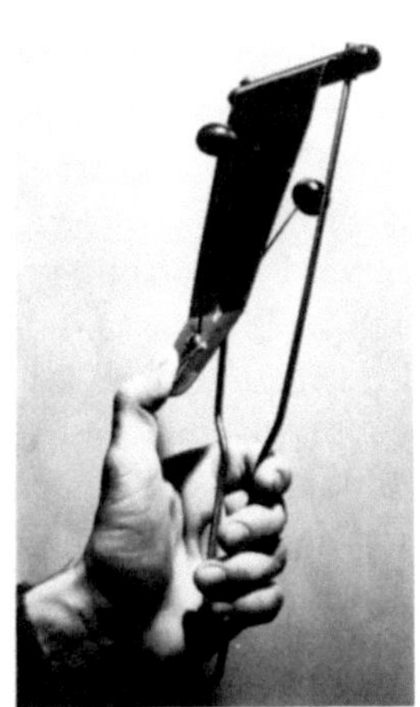

Flexaton

Je nachdem stärker oder schwächer geschüttelt wird, tönt es lauter oder leiser, die dynamische Skala ist jedoch sehr gering. Jeder Tremoloton kann mit dem nachfolgenden durch ein Glissando verbunden werden.
Der Flexatonklang ist von schwacher Resonanz, ziemlich trocken, grell und etwas blechern und von einiger Skurrilität.
Beispiele: A. Schönberg: „Moses und Aron" (siehe Notenbeispiel Nr. 51); A. Berg: „Drei Orchesterstücke"; A. Chatschaturjan: „Klavierkonzert" (siehe Notenbeispiel Nr. 52).

Die *Singende Säge,* deren Klangerzeugung wie beim Flexaton auf dem Prinzip der schwingenden Stahlzunge beruht, wird nur in seltenen Fällen mit einem weichen Schlägel geschlagen. Ihre wimmernde Tongebung gewinnt sie durch Streichen mit einem Haarbogen an der Kante des vibrierenden Sägeblattes, die Tonhöhe läßt sich durch entsprechendes Abbiegen verändern.
Ihre Spielausübung erfährt sie durch Spezialisten, die im Orchester selten anzutreffen sind. Wo ihr möglicher Umfang überschätzt wurde, suchte man Ersatz bei Gitarre (mit Metallstab tremoliert und glissandiert), Ondes Martenot oder Mixturtrautonium.
Beispiele: A. Honegger: „Antigone"; T. Mayuzumi: „Tonepleromas 55"; H. W. Henze: „Elegie für junge Liebende".

Die Zanza (Kalimba)

Möglicher Umfang – in etwa – innerhalb:
Klang: wie notiert

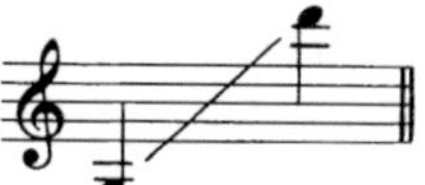

aber höchstens
17 Töne

Das Metall-(Holz-)Zungenzupfinstrument kleineren Ausmaßes aus Schwarz-Afrika ist dort unter vielen Benennungen – je nach Stammessprache – verbreitet; so z. B. als Sansa, Sandi, Etingili, Lun, Lilimba, Kasanga, Ambira, Djimba, Ekende, Ibeka, Likembe, Kankobele, Mbira, Nsimbi, Pokido; am Kongo auch mit dem entlehnten Stabspielnamen: Marimba. In (Latein-)Amerika wurde daraus „Marimbula", das in Maßen und Tonumfang viel umfangreichere Pendant.

Die Zanza besteht zunächst aus einem hölzernen Resonanzkörper, dessen Formgebung sehr unterschiedlich ist. Als Grundtypus kann der rechteckig oder trapezförmig zugeschnittene Korpus gelten. Daneben sind aber auch gerundete, ovale, kahn- oder trogförmige Resonatoren gebräuchlich. Auf der mit einem oder mehreren Schallöchern versehenen Oberfläche ist eine abgestimmte Anzahl flacher, zungenartiger Lamellen aus Metall (primitiverweise aus Holz) befestigt – dank einer Konstruktion, deren Grundzüge für alle Arten des Instrumententypus zutreffen. Hier wird mittels Drahtverschnürung oder Querstab aus Holz oder Metall der Lamellensatz auf zwei Stege gepreßt, damit bewirkend, daß die Enden über dem Resonanzkörper frei aufwärts ragen. An diesen freischwingenden Zungenblättchen werden durch Zupfen mit den Daumen angerissene, kurze Klänge (Einzel- und Doppeltöne, Tonreihen) erzeugt, während die beiden Hände die Zanza haltend umfassen. Die genaue Einstimmung kann erfolgen mit einer auf einfache Weise regulierbaren Verlängerung bzw. Verkürzung des schwingenden Blättchenteiles.

Die verschiedenen afrikanischen Instrumententypen weisen nicht unbedingt eine übereinstimmende Anzahl von Zupflamellen auf, etwa zwischen 7 bis 15 tonunterschiedliche Blättchen sind auf den einzelnen Instrumenten, je nach Größe und Herkunft, montiert. Die Nebeneinanderplazierung von kurzen und langen Zupfblättchen bzw. hohen und tiefen Tönen erscheint oft willkürlich. Meist ist jedoch die Anordnung vorgenommen, daß die

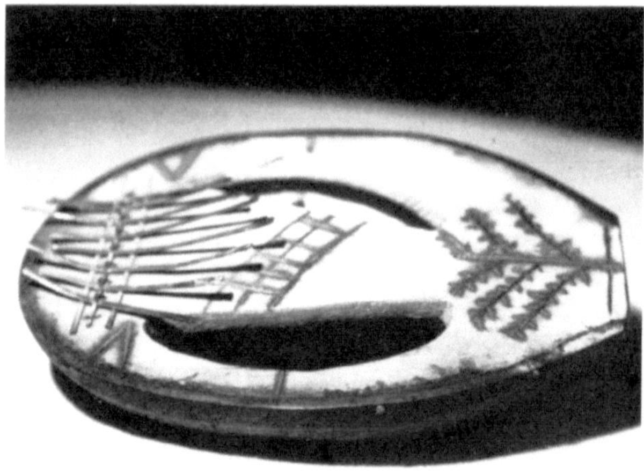

Zanza (Mbira)

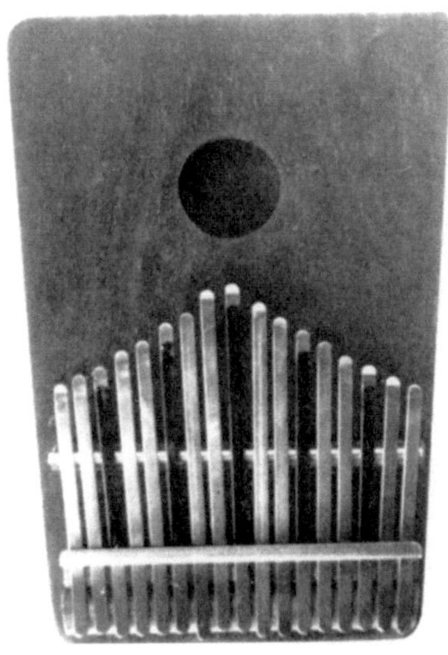

Kalimba

tiefsten Töne im mittleren Bereich liegen. In Süd-Afrika werden heute fabrikationsmäßig Instrumente mit dem Namen „Kalimba" hergestellt, die mit 15 bis 17 Tonlamellen aus Stahl eine einstimmbare Skala in G-Dur besitzen.
Von der Mitte ausgehend steigt die Skala nach außen, links und rechts abwechselnd immer um einen Ton höher.
Die Tongebung ist dank des stählernen Materials sehr nobel und relativ lang hallend, sie erinnert eher an die Klänge einer Spieluhr.
Die Korpus-Maße der trapezförmigen Kalimba sind:

Länge: 18,5 cm
Breite: oben: 10,5 cm, unten: 13 cm
Höhe: 3 cm

W. Haupt notiert in seiner „Laser-Musik" die Zanza in graphischer Spielanweisung, ohne festgelegte Tonhöhenbestimmung. In stereotypem Bewegungsablauf wirkt sie zusammen mit pizzicato-Violinen, die ebenfalls von der Schlagzeug-Sektion (gewissermaßen in Zanza-Klangmanier) gespielt werden. Dazu treten noch als weitere Zupfzungeninstrumente die Kinderleier und die Maultrommel (siehe Notenbeispiel 111).

Die Marimbula

Umfang und Notation:
Klang: wie notiert

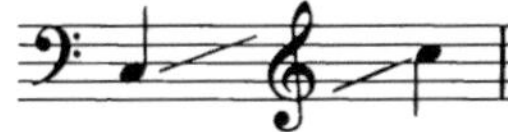

Anschlagmittel: Fingerspitze
Stahlnadel
Holzstab

Die Marimbula, das Baßinstrument dieser Zupfidiophongruppe, wurde von H. W. Henze erstmals in „El Cimarron" und „Heliogabalus Imperator" verwendet. In Anlehnung an ein

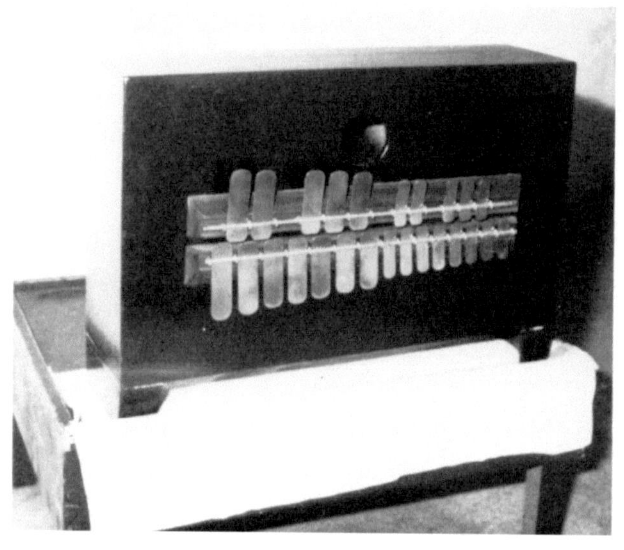

Marimbula

lateinamerikanisches Originalvorbild hat die deutsche Firma M. Grabmann ein Exemplar herausgebracht, dessen Zupflamellensatz von zwei Oktaven (c^0 bis c^2) in übersichtlicher Klaviaturanordnung montiert ist (siehe Abbildung oben). Auch bei diesem Typus ist es, nach demselben Prinzip wie bei der Zanza, möglich, die einzelnen Lamellen genau einzustimmen.

Maße des Resonanzkastens:
Länge: 71 cm
Breite: 43 cm
Tiefe: 20 cm

Maße der Zupflamellen:
Tiefster Ton c^0:
Breite: 3 cm
Länge: 6 cm
Höchster Ton c^2:
Länge: 10,5 cm
Breite: 2 cm

Die Lotosflöte (Ziehpfeife)

Umfang und Notation:

Klang: wie notiert

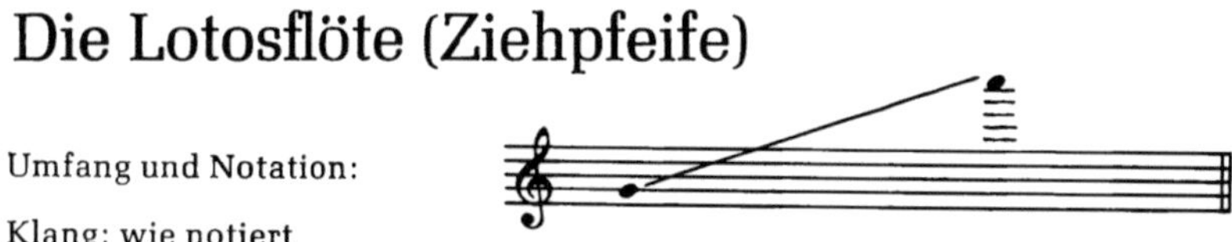

Wesen, Herkunft und Bau. Auch die Lotosflöte verdankt ihre Verwendung der in der Sweetmusik aufgekommenen Vibrato-Manier. Sie wurde mit dem Flexaton den Effektinstrumenten des Schlagzeugs zugeteilt. Ihre Vorfahren finden sich in Asien und auf den

Südseeinseln. Die papuanische Flöte mißt sogar bis zu zwei Meter Länge. Die heutige Form – in England besonders verbreitet unter der Bezeichnung „Swanee-whistle" – besteht aus einer etwa 28 cm langen zylindrischen Röhre aus Ebenholz mit einem Gesamtdurchmesser von ca. 3 cm und einer Wandung von 0,6 cm Stärke. Die Innenwand des Rohres ist mit Blech ausgeschlagen. Ein Metallkolben, der an einer Drahtstange vom Ende der Flöte aus geführt wird, verkürzt oder verlängert die Tonsäule des mit einem Schnabelansatz wie eine Blockflöte anzublasenden Instruments.

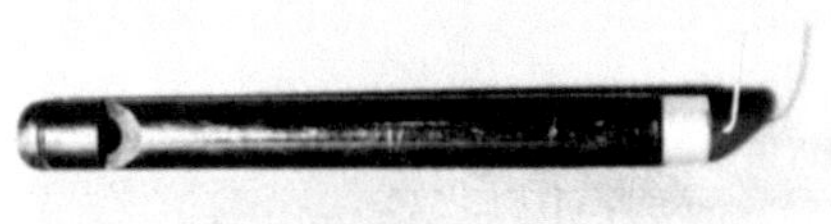

Lotosflöte

Klangeigenschaften. Der Klang würde dem der Blockflöte entsprechen, bekäme er nicht durch die Bewegung der kolbenführenden Hand das eigentümliche Vibrato. Die übertrieben vibrierende Tongebung der Lotosflöte – mit ihrer Eigenschaft, vom untersten bis zum obersten Ton langsam oder rasch glissandieren zu können – ließ sie zu einem Gag-Instrument werden, das komische Szenen und Vorgänge in Varieté, Hörspiel und Film zu unterstreichen hat.
Wie beim Flexaton gibt es auch hier keinen Anhaltspunkt zum Finden der Töne, und der Spieler kann sich nur auf sein Gehör und Gefühl verlassen. Die größte Lautstärke dürfte die Lotosflöte entwickeln von etwa g^2 ab aufwärts.
Verwendung. G. Gordon besetzte sie in dem Ballett „The Rake's Progress", in dem sie einer mimenden Balladensängerin die Stimme verleiht. Einzelne Vibrato-Töne sind zu spielen in „Souvenir de Munich" für Orchester von E. Chabrier – instrumentiert von I. Française. Weitere Beispiele: J. Homs: „Musica per A 6"; M. Ravel: „L'enfant et les sortilèges" (siehe Notenbeispiel Nr. 53).

Klaviersaiten geschlagen

Umfang und Notation: wie Konzertflügel

Anschlagmittel: Große-Trommel-Schlägel
Paukenschlägel
Groß- und kleinköpfige Hartfilzschlägel
Gummischlägel
Korkschlägel
Holzschlägel (gr. und kl. Hämmerchen) und -stäbe
Metallschlägel und -stäbe
Plektron (gezupft)
Stahlbesen, Bürste

Mit Schlägeln bespielte Saiten kennt man seit Jahrhunderten mit den Hackbrettarten, Klaviersaiten aber sind wohl erstmals mit der Konstruktion der ersten Gralsglocken geschlagen worden. Der Amerikaner H. Cowell trat 1912 mit Experimenten an die Öffentlichkeit, dabei die Klaviertasten mit Händen und Unterarmen anschlagend. Schließlich komponierte er Stücke, in denen er die Saitenchöre mit den Händen wie auf einer Harfe bespielte. Die weitere Entwicklung führte zum Gebrauch von Anschlagmitteln auf Saiten, die teilweise noch präpariert wurden mit verschiedenartigsten Gegenständen, um den normalen Klavierklang zu verändern und Geräusch-, Hall-, Klirr- und Dämpfungseffekte unter Einbeziehung des Resonanzbodens und der Rahmen hervorzubringen (J. Cage, M. Kagel). C. Orff verlangte die Bespielung von Flügelsaiten mit Schlägeln zunächst in der Hexenszene der „Bernauerin". Hier ist ein untermalendes, dunkel- und hellgemischtes Geräusch zu erzeugen, indem Spieler der Schlagzeug-Sektion mit Paukenschlägeln auf den Saiten im Baß- und Diskantbereich auf und ab wirbeln (siehe Notenbeispiel Nr. 54).

In den Werken „Antigonae", „Oedipus der Tyrann" und „Prometheus" des gleichen Komponisten sind einzelne Saiten sowie ganze Tonfolgen und Akkorde mit Schlägeln von unterschiedlichen Größen und Härtegraden anzuschlagen (siehe Notenbeispiel Nr. 56).

Um die richtigen Töne auf den völlig unübersichtlichen Saitenchören zu treffen, sollten sie tunlichst auf den Dämpfern durch Aufkleben kleiner Buchstabenschildchen markiert werden. Über den Baßbereich hinaus, in der mittleren und oberen Tonskala, werden — wegen der enggedrängten Saitenführung — kleinköpfige Schlägel bevorzugt. Am besten eignen sich kleine Holzhämmerchen, die auf einer Anschlagfläche abgefilzt und auf der anderen beledert sein können. C. Orff läßt in „Prometheus" die Saitenchöre sowohl mit Einzelbecken als auch mit Zimbeln anschlagen und erzielt damit ein Gemisch von Klaviersaiten- und hohen Metallklängen.

Die Stabspiele des Orff-Schulwerks

Bauweise, Umfang und Klangkraft der Spezialinstrumente des Schulwerks und ihre Anschlagmittel sind auf die Erfordernisse des vorwiegend der musikalischen Jugenderziehung dienenden Komplexes abgestimmt.

Der Instrumentenbau erreichte allerdings bei den großmensurierten Stabspielen die Klangqualität von Orchesterinstrumenten (Baßxylophon, Baßmetallophon). Sie können als solche Verwendung finden, soweit ihr Tonumfang im einzelnen Fall ausreicht. Zur folgenden Gesamtaufstellung der Schulwerk-Stabspiele ist hinzuzufügen, daß alle Klang-

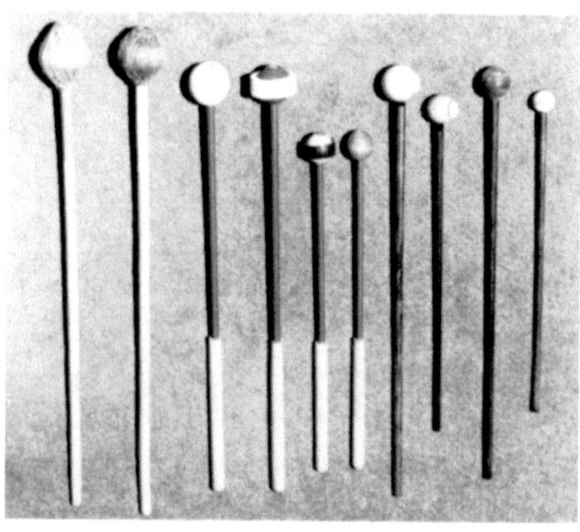

Anschlagmittel für das Orff-Schulwerk

stäbe mühelos abgenommen werden können. Dadurch ergibt sich die Möglichkeit, den diatonisch gebauten Teil eines Stabspieles durch Austausch mit Halbtönen in beliebigen Tonarten zu verwenden.
Als Anschlagmittel für Glockenspiele und Xylophone eignen sich kleine rundköpfige Holzschlägel, die zur Erzielung von weichem Anschlag mit dünnen Gummiringen oder kleinen Filzplättchen versehen werden.
Altinstrumente werden in der Regel mit Hartfilzschlägeln gespielt, deren Kopfdurchmesser etwa 2 cm beträgt.
Für Baßxylophon und Baßmetallophon haben sich die wollfadenumwickelten Gummikopfschlägel der Orchesterinstrumente bewährt.

Sopranglockenspiel

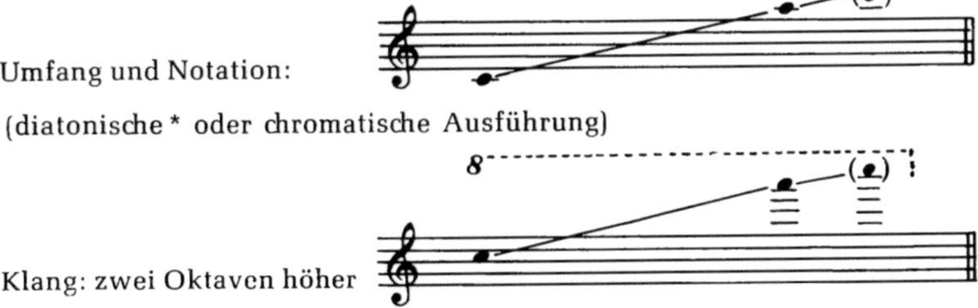

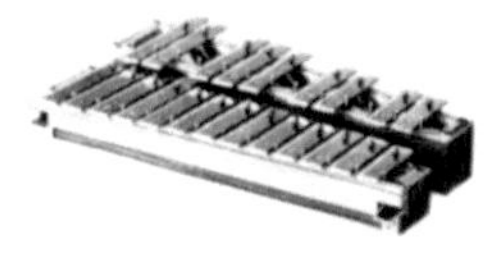

Allgemeines Schulwerk-Spezialschlägel:
Holzkopf mit verschiedenen Anschlagflächen — auf der einen Seite für harten Anschlag und auf der anderen Seite durch aufgeklebtes Filzplättchen oder dünnen Gummiring die Möglichkeit für weichen Anschlag

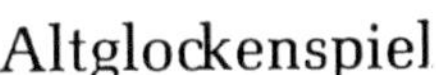

Altglockenspiel

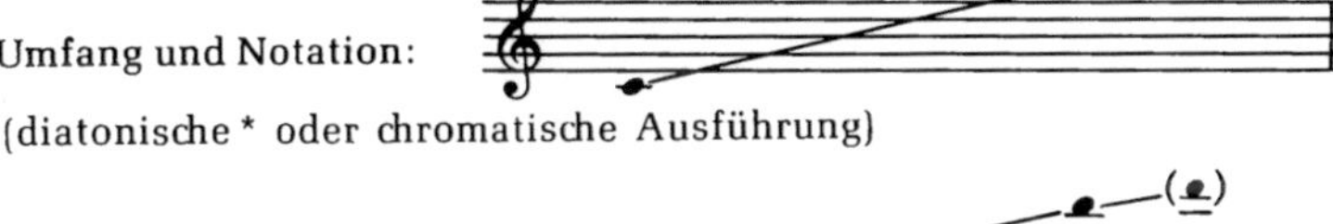

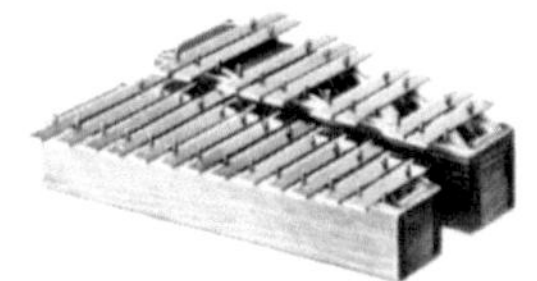

Klang: eine Oktave höher

Anschlagmittel: Wie Sopranglockenspiel

Alt-Sopranglockenspiel

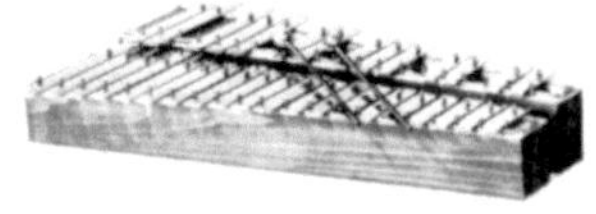

Dieses Instrument ist eine Zusammensetzung beider vorgenannten Instrumente.

*) C-Dur-Skala-Klänge.

Sopranxylophon

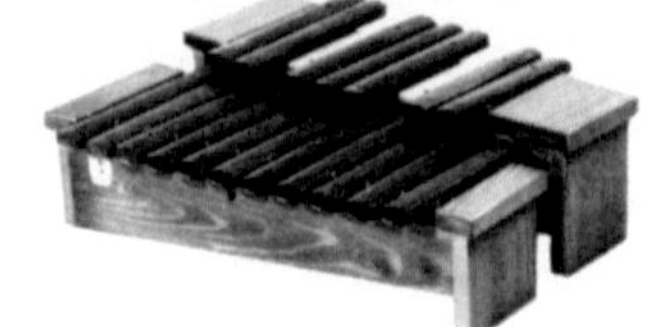

Umfang und Notation:

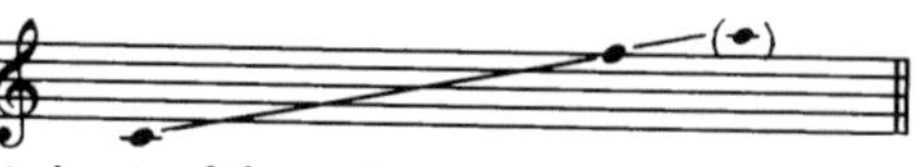

(diatonische * oder chromatische Ausführung)

Klang: eine Oktave höher

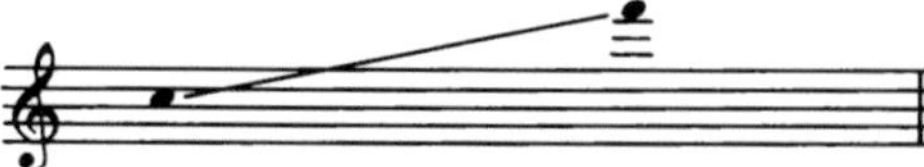

Anschlagmittel üblich: Kleine Holzkopfschlägel
außergewöhnlich: Kleine Hartfilzschlägel

Altxylophon

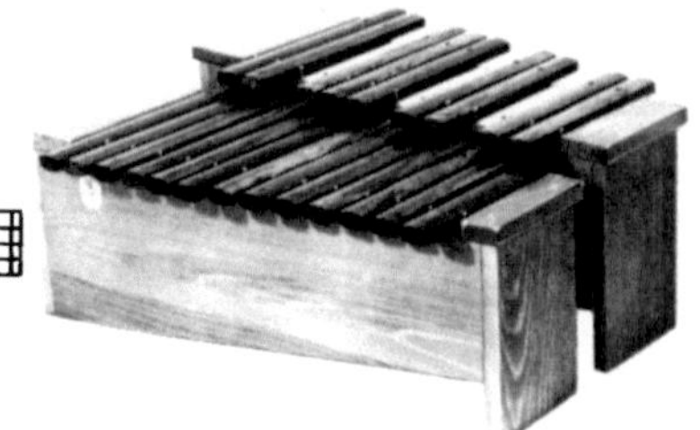

Umfang und Notation:

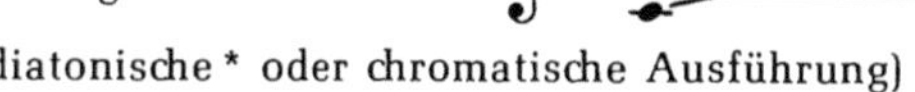

(diatonische * oder chromatische Ausführung)

Klang: wie notiert

Anschlagmittel üblich: Kleine Hartfilzschlägel
außergewöhnlich: Kleine Holzkopfschlägel

Alt-Sopranxylophon

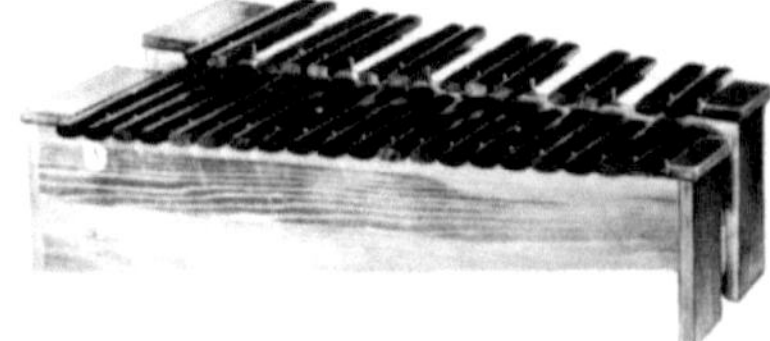

Dieses Instrument ist eine Zusammensetzung der beiden vorgenannten Instrumente.

Baßxylophon

Umfang und Notation:

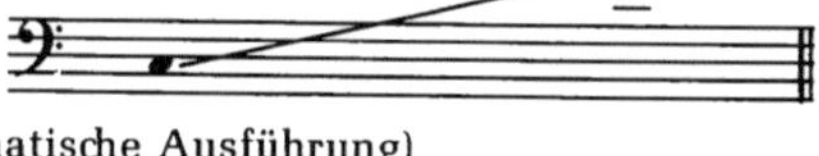

(diatonische * oder chromatische Ausführung)

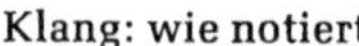

Klang: wie notiert

Anschlagmittel: Große Hartfilzschlägel
Wollfadenumwickelte Gummikopfschlägel

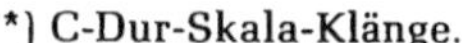

*) C-Dur-Skala-Klänge.

Sopranmetallophon

Umfang und Notation:

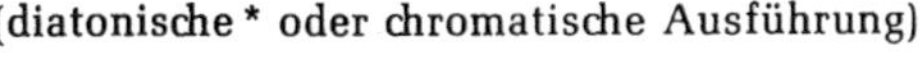

(diatonische * oder chromatische Ausführung)

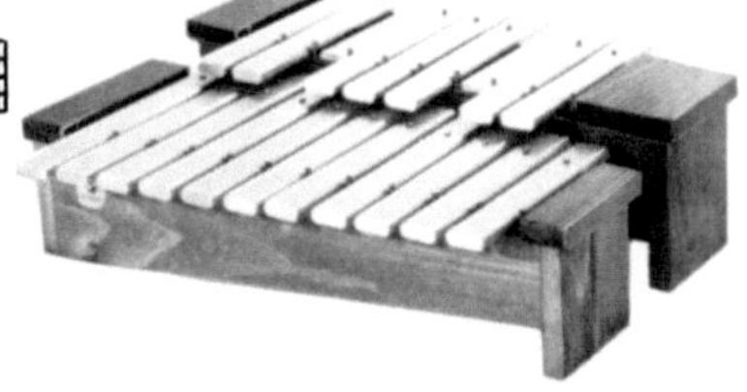

Klang: eine Oktave höher

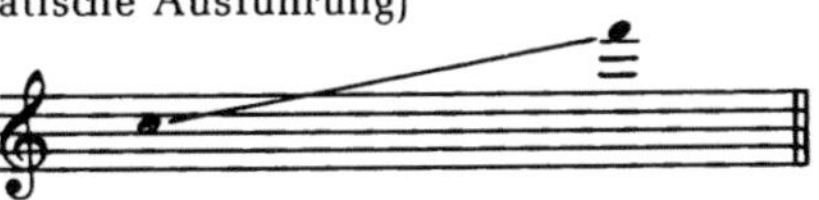

Anschlagmittel: Hartfilzschlägel

Altmetallophon

Umfang und Notation:

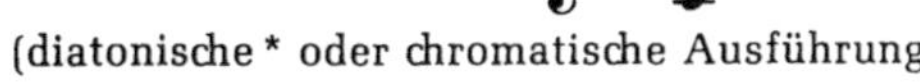

(diatonische * oder chromatische Ausführung)

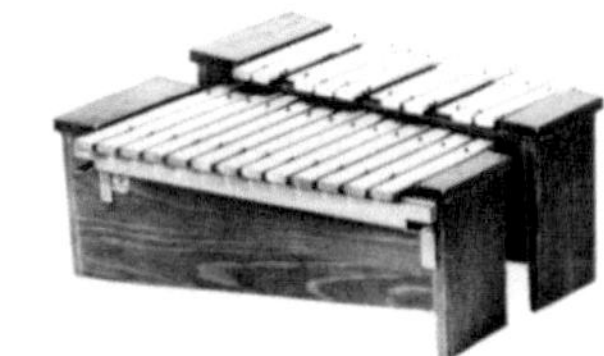

Klang: wie notiert

Anschlagmittel: Große Hartfilzschlägel

Alt-Sopranmetallophon

Dieses Instrument ist eine Zusammensetzung der beiden vorgenannten Instrumente.

Baßmetallophon

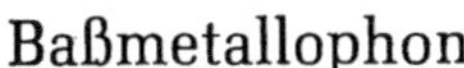

Umfang und Notation:

(diatonische * oder chromatische Ausführung)

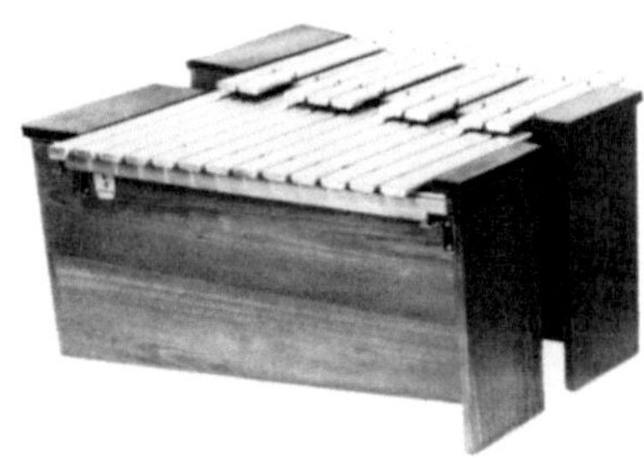

Klang: wie notiert

Anschlagmittel: Große Hartfilzschlägel
Wollfadenumwickelte Gummikopfschlägel

*) C-Dur-Skala-Klänge

INSTRUMENTE MIT UNBESTIMMTER TONHÖHE

Vorbemerkung

Der vorhergehende Teil enthält nur ein Fellmembranophon mit Notenschlüsselnotierung, nämlich die zu den traditionellen Schlaginstrumenten gehörende Pauke.
Die Möglichkeit, auch andere spannungsregulierbare Fellinstrumente ohne Schnarrsaiten oder sonstigen Beiklang auf bestimmte Tonhöhen zu fixieren, ist im neueren Musikschaffen gelegentlich in Anspruch genommen worden, so z. B. von I. Strawinsky in „Le Sacre du Printemps" (Große Trommel, auf den Ton B gestimmt). Im übrigen hat sich die Einstimmung von Fellinstrumenten gelegentlich als unumgänglich erwiesen, wenn es eine durchsichtige Instrumentierung und eine Anpassung an die gegebene Harmonik oder Melodik erforderlich machten. Hierbei handelt es sich um Arten, deren bestimmter Fellklang durch günstige Resonanzverhältnisse deutlich hervortritt, speziell wenn sie mit weichköpfigen Schlägeln perkutiert werden, wie z. B. Rahmentrommeln, Bongo-Trommeln, lateinamerikanische Timbales (siehe Notenbeispiel Nr. 64: Rahmentrommel in „Die Dame und das Einhorn" von J. Chailley).
Die Tendenz, neue, vor allem tonhöhenbestimmte Klangerzeuger aus der Fülle der vorhandenen Materie zu gewinnen, wird gefördert durch die Möglichkeiten der Klangerfassung und Verstärkung im Bereich der elektroakustischen Tonaufnahme- und Wiedergabetechnik. Schwach klingende und weniger tragfähige Instrumente oder auch besonders sublimierte Spielarten können hervorgehoben oder mit anderen Klanggebern auf akustisch gleiche Ebene gestellt werden. In jüngster Zeit sind für Aufnahmestudios der Unterhaltungs- und Gebrauchsmusik in den USA neuartige Fellmembranophon-Instrumente gebaut worden, deren weitere Entwicklung und Verwendung noch zu erwarten ist: nämlich die stimmbaren Tom-Toms – im nachfolgenden Kapitel als Tom-Tom-Spiel bezeichnet – und das aus fellüberzogenen Bambussegmenten entstandene Boo-Bam. Im gleichen Sektor musikalischer Produktion findet sich die als Log-drum bezeichnete abgestimmte Baßholztrommel, welche den Schlitztrommeln zugehört.
Die Tempelblöcke waren bisher noch nicht im Schlüssel notiert worden, obwohl sie in Sätzen fabrikationsmäßig auf bestimmte, wenn auch – ihrem Klangcharakter entsprechend – nicht ohne weiteres eindeutig erkennbare Tonhöhen gebracht worden sind.
Bronze- und Schalenglöckchen, Amboß, Metallblock und Herdenglocken rangieren in der Regel unter Schlagidiophonen mit unbestimmtem Ton, aber auch hier wird nicht selten eine genaue Abstimmung verlangt. In neueren Kompositionen ist die Möglichkeit der Zusammenstellung eines mit Schlägeln gespielten Almglockenspieles wahrgenommen worden.
Die zu den Rasselinstrumenten zählenden Schellen können ebenfalls im Klang ziemlich klar abgegrenzt werden, wenn man die in bezug auf Tonhöhe wahllos zusammengefaßten Rollschellen sortiert.
Eine zu den Anschlagrasseln gehörende Art, das Angklung, fungiert in seinem fernöstlichen Herkunftsland als tonal gestimmtes Melodieinstrument, während es hierzulande als nicht tonhöhenbestimmte Rassel Verwendung fand.

FELLMEMBRANOPHONE

Die Trommeln

Provenzalische Trommel (Tambourin); Große Rührtrommel; Rühr-, Parade- oder Basler Trommel; Militärtrommel (Tambour); Wirbel-, Rollier- oder Tenortrommel; Kleine Trommel.

Anschlagmittel üblich:	Trommelstöcke
außergewöhnlich:	Kleine Weichfilzschlägel
	Kleine Hartfilzschlägel
	Stahlbesen

Allgemeines

Fellbespannte Instrumente mit gefäß-, röhren- oder rahmenartigem Schallkorpus gehörten zur kultischen Lebensform der ältesten Völker. In den Herkunftsländern dem geheiligten Ritual vorbehalten, hat sich die Trommel seit ihrem frühmittelalterlichen Erscheinen in Westeuropa in der röhrenförmigen zylindrischen Art als Volks- und Militärinstrument verbreitet.

Ihre Größenverhältnisse änderten sich bis in die jüngste Zeit, den jeweiligen Erfordernissen entsprechend. Etwa am Anfang des 18. Jahrhunderts begann sie auch ein Orchesterinstrument zu werden. Als eines der frühesten Beispiele ist die Oper „Alcione" (1706) von M. Marais (Schule Lully) zu nennen. Die weitere Entwicklung erfuhr sie jedoch im militärischen und dann im Gebrauchsmusik-Milieu, wobei das Orchester die entsprechenden Formen immer mit übernahm.

Das heutige Schlagzeuginventar enthält eine Reihe von größenunterschiedlichen Trommeltypen der zylindrischen Art, um die Klangvorstellungen in den Werken der verschiedenen Epochen und Kulturkreise verwirklichen zu können. Entstehungszeit und musikalische Heimat des Komponisten sind maßgebend für die richtige Wahl des Instruments, da die Bezeichnung allein nicht immer ausreichenden Aufschluß gibt. Auch Grenzfälle und durch Verwirrung der Begriffe entstandene falsche Benennungen sind in Betracht zu ziehen.

Provenzalische Trommel (Tambourin)

Die primitive Vorgängerin des martialischen Trommel-Typus ist eine kleinere und leichtere Trommel ohne Saiten mit einem Fell gewesen. Ihren Typ verkörpert heute noch die provenzalische Trommel, genannt Tambourin. Sie wird in Südfrankreich als volkstümliches Instrument vom Galoubetpfeifer einhändig geschlagen, während er mit der anderen Hand die Pfeife bedient und die an einer Schnur hängende Trommel trägt. Ihr Schallkörper aus leichtem, feinem Holz — mit Schnitzereien verziert — mißt bis zu ca. 70 cm Länge und hat einen Durchmesser von ca. 36 cm. Es gibt Tambourins mit einem und mit zwei Fellen ohne Saiten und solche, bei denen eine Saite auf dem Schlagfell liegend gespannt ist.

Die französische Operntradition bevorzugte die Verwendung des Tambourin ohne Saite, was im weiteren Gebrauch zu einer Norm geworden ist.
Die Größenverhältnisse des Orchesterinstruments decken sich im allgemeinen mit denen des volkstümlichen Originals oder sind den klanglichen Erfordernissen der jeweiligen Instrumentalbesetzung angepaßt. Heute, gewissermaßen als Vorläufer der Tom-Toms betrachtet, hat das Tambourin oft eine Abstufung mit höher gestimmten Trommeln zu bewirken. Die Tongebung ist der einer Wirbeltrommel oder Rührtrommel ohne Saiten ähnlich, im übrigen weist sie dieselben Modernisierungsmerkmale auf wie letztere (siehe Abbildung unten).
In der provenzalischenen Volksmusik wird das Tambourin mit einem kopfgewichtigen Schlägel geschlagen (siehe Abbildung Seite 25).
Bei einer Kombination mit anderen Trommeln – von einem Spieler geschlagen – ist die jeweilige Schlägelvorschrift maßgebend (Kleine-Trommel-Stöcke, Filzschlägel).

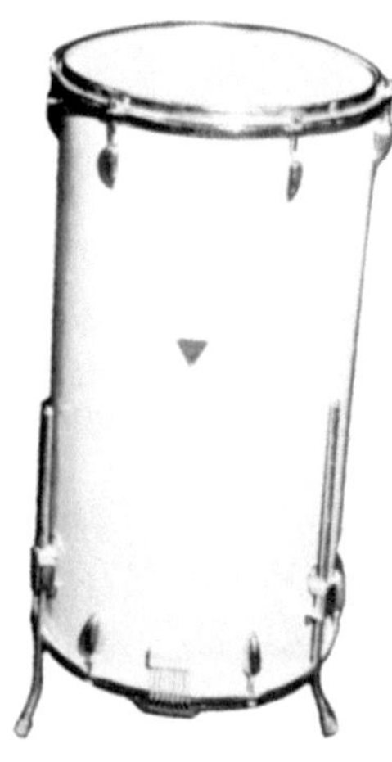

Provenzalische Orchestertrommel

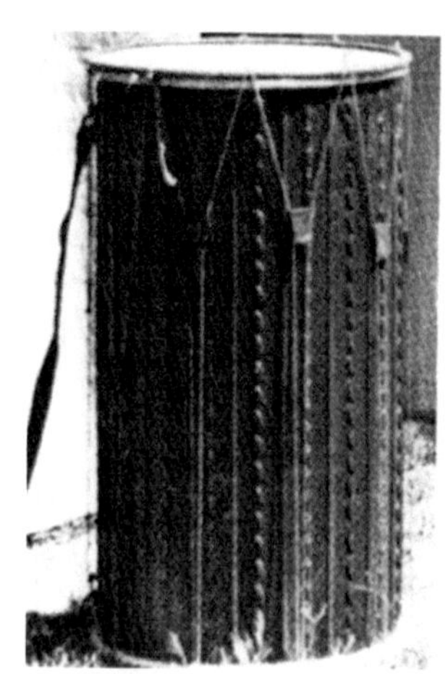

Original Provenzalische Trommel

Allgemeine Anwendungsbeispiele: J. B. Lully: „Amadis"; J. Massenet: „Le Cid"; G. Bizet: „Farandole und Pastorale aus der Arlésienne-Suite"; D. Milhaud: „Suite Française", „Suite Provençale" (siehe Notenbeispiel Nr. 57), „Salade", „La création du monde" (siehe Notenbeispiel Nr. 58), „Konzert für Schlagzeug und kleines Orchester", „La mort d'un tyran" (siehe Notenbeispiel Nr. 66); O. Messiaen: „Turangalîla-Symphonie"; A. Honegger: „König David"; A. Jolivet: „Konzert für Klavier und Orchester" (Tambourin moyen, Tambourin grave, Randschläge mit Paukenschlägel); A. Copland: „Appalachian Spring"; I. Strawinsky: „Petruschka" (erste Fassung) u. a.

Rührtrommel (Rühr-, Parade- oder Basler Trommel)

Unter der Bezeichnung Rührtrommel versteht man in erster Linie den großen Typus, wie ihn die Landsknechte des Mittelalters im Verein mit den Pfeifern mit sich führten. Auf schmale Holzreifen gezogene Kalbfelle wurden mittels starker Druckreifen und einer im Zickzack geführten Spannleine auf die Holzzarge gespannt. Sie mißt in der Höhe ca. 50–75 cm bei einem Durchmesser von 40–50 cm. Einige kräftige Darmsaiten unter dem Resonanzfell bewirken den Schnarrton, der sich mit dem dumpfen Resonanzklang der Trommel mischt.

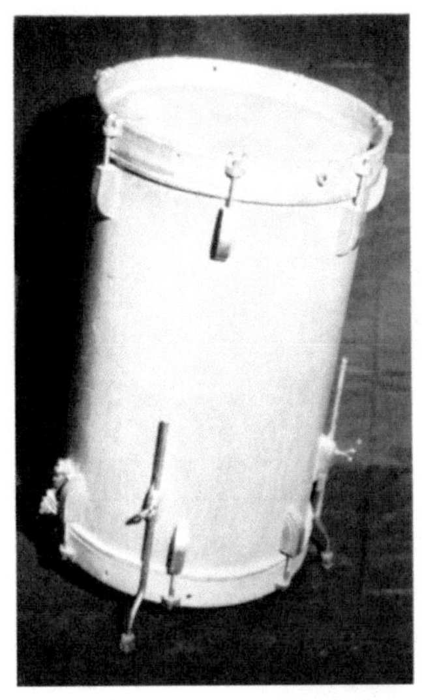

Rührtrommel

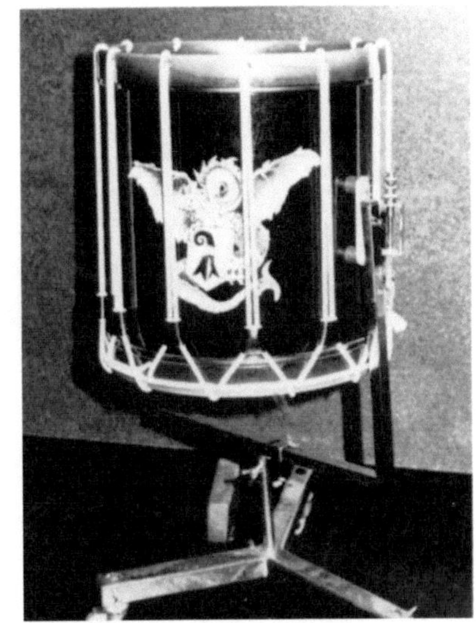

Basler Trommel

Im heutigen Orchester verwendet man als *große Rührtrommel* einen Typus, der von der ursprünglichen Landsknechtstrommel die annähernden Maße übernommen hat. Metallspannblöcke statt Spannleinen gewährleisten eine schnelle Regulierungsmöglichkeit der Fellspannung. Als Besaitung werden 4–6 kräftige Darmsaiten unter dem Resonanzfell anliegend geführt. Sie sind mittels einer Mechanik an- und abzuspannen. Der große Hohlraum im Korpus läßt den Resonanzklang stark mitschwingen, während die weit voneinander entfernten Felle die Schnarrsaiten beim Schlagen in weniger aktive Bewegung bringen können. Daher ist der Gesamtklang mehr von dumpfer, düsterer Färbung, um so mehr, wenn die Vorschrift es verlangt, die Saiten abzustellen. Drei verstellbare Füße, wie bei den modernen Stand-Tom-Toms am Korpus angebracht, geben der Trommel Standvermögen und Klangfreiheit (siehe Abbildung einer Rührtrommel oben).
Beispiele: R. Wagner: „Die Walküre“, „Lohengrin“, „Parsifal“ (Bühne), „Die Meistersinger“ (Bühne); R. Strauss: „Till Eulenspiegel“, „Der Rosenkavalier“, „Friedenstag“; P. Hindemith: „Mathis der Maler“; W. Egk: „Die Zaubergeige“; C. Orff: „Die Bernauerin“ (Notenbeispiel Nr. 55); P. Dessau: „In memoriam Bert Brecht“ (3 Rührtrommeln) u. a.
Nach dem Dreißigjährigen Kriege erfuhr die große Rührtrommel eine Verkürzung des Korpus und dürfte bis Mitte des 18. Jahrhunderts die Durchschnittsmaße von 40×40 cm erreicht haben. Damit trat der dumpfe Resonanzklang wesentlich zurück zugunsten des weit stärker hervortretenden Schnarrsaitengeräusches und entsprach dem heutigen Begriff Parade- oder Basler Trommel. Nach und nach begann man, ihren Holzkorpus durch eine Zarge aus Messingblech zu ersetzen.
Die *Parade- oder Basler Trommel* ist eine Rührtrommel in verkleinerter Form mit einem Holz- oder Metallkorpus. Um die großen Druckverhältnisse einer möglichst hohen Fellspannung bewerkstelligen zu können, werden sehr kräftige Metallspannblöcke benötigt. Die Basler Trommlergilden bevorzugen heute noch die historische, zickzacklaufende Leinenspannung. Sie bewirkt ein sehr stark gespanntes, hell klingendes Fell, erfordert aber auch entsprechende Pflege und Arbeit, die das gleichmäßige Schränken (Nachziehen) der starken Leinen mit sich bringt.

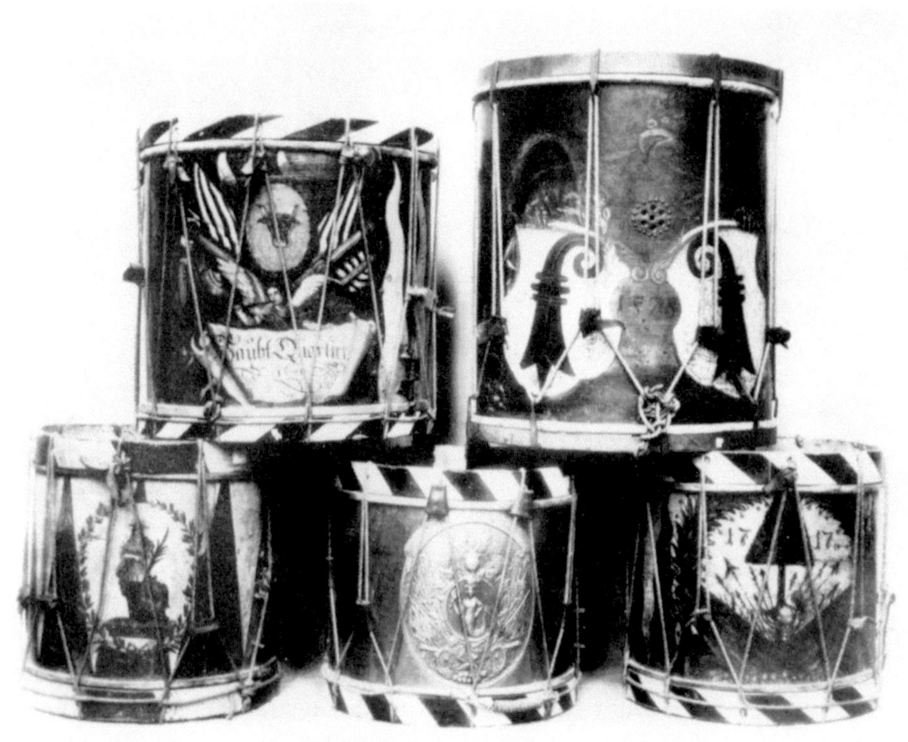

Alte Basler Trommeln

Das moderne Orchesterinstrument mit der Normgröße 40×40 cm besitzt dieselbe Besaitung und Spannvorrichtung wie die große Rührtrommel, ist ebenfalls mit Standfüßen versehen oder wird auf einen Ständer gestellt.

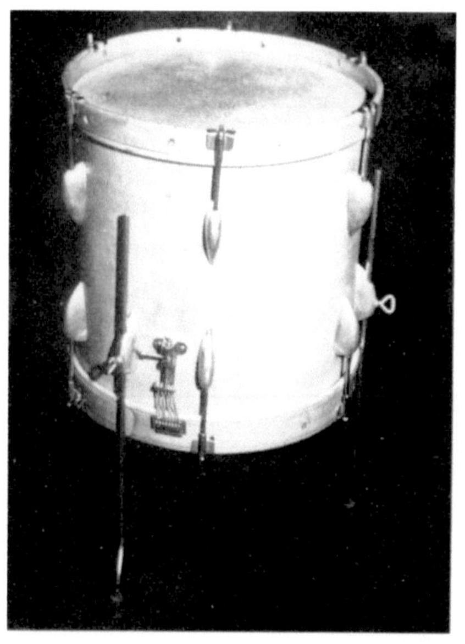

Parade-Trommel

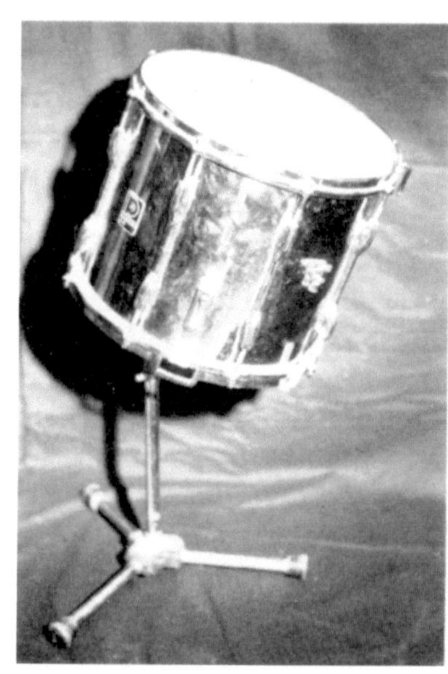

Militär-Trommel

Beispiele: L. v. Beethoven: „Wellingtons Sieg"; W. A. Mozart: „Kontretänze"; F. Martin: „Der Cornet"; A. Honegger: „Deliciae Brasilienses"; R. Liebermann: „Geigy Festival Concerto" für Basler Trommel und Orchester (siehe Notenbeispiel Nr. 59) u. a.

Militärtrommel

1837 wurde der Schraubenmechanismus erfunden. Er brachte den Vorzug einer rascheren, wirksameren Fellspannung und erlaubte die Verkleinerung der Zarge bis auf ca. 30 cm, bei einer Weite von ca. 37 cm.
In diesem Stadium wurde der Begriff Militärtrommel (Tambour) geprägt. Der Wunsch nach hellerer Tongebung und leichterer Handhabung ließ schließlich auch den Militärtrommelkorpus immer kleiner werden. Während die bayerischen Trommeln bis 1860 nur mehr eine Höhe von 22 cm aufwiesen, verkürzten die Armeen der benachbarten Länder erst viel später die Korpushöhe (teilweise bis 30 cm); dadurch ergab es sich, daß zeitweilig in verschiedenen Ländern auch ganz verschiedene Größen von Militärtrommeln gebräulich waren.
Für den Klang der Militärtrommel, mit den in ihrem ursprünglichen Wirkungskreis unterschiedlichen Größenverhältnissen, ist maßgebend, daß die kernige und trockene, leicht ansprechbare Tongebung trotz der kräftig durchklingenden Resonanz des Korpus gewährleistet ist. Die mittels des Spannblocksystems straff auf die Metallzarge gespannten Felle erregen mindestens 8 Darm- oder übersponnene Kunstsaiten, deren volle Wirksamkeit, wie auch bei allen anderen Saitentrommelarten, nur durch gänzliches Aufliegen auf dem Resonanzfell und durch die richtig eingestellte Spannung erreicht wird.
Mit einer modernen Mechanik läßt sich das An- und Abheben rasch und geräuschlos ausführen.
Das Instrument wird auf einen Trommelständer aufgelegt, der durch eine Schrägstellung von wenigen Graden gegebenenfalls einen schnellen Wechsel auf andere Instrumente ermöglicht.
Beispiele: L. v. Beethoven: „Egmont" (1810); G. Rossini: „Die diebische Elster" (1814); D. Auber: „Fra Diavolo" (1830); G. Donizetti: „Die Regimentstochter" (1839); Ch. Gounod: „Margarethe" (1859); N. Rimsky-Korsakow: „Scheherazade" (1888), „Capriccio espagnol" (1887); G. Charpentier: „Louise" (1900); G. Puccini: Bühnentrommeln in „La Bohème" (1896), „Tosca" (1900); M. Ravel: „Boléro" (1928), „Alborada del gracioso" (1907); E. Lalo: „Le roi d'Ys" (1888), „Symphonie espagnole" (1873); C. Debussy: „Fêtes" (1899), „Iberia" (1912) u. a. (siehe auch Notenbeispiel Nr. 77).

Wirbel-, Rollier- oder Tenortrommel

In der Militärmusik erschien nach Anfang des 19. Jahrhunderts ein Typus ohne Saiten, der die Maße der älteren Holzzargentrommeln aufweist und vermutlich aus solchen ausgemusterten Beständen hervorging. Die Benennung ist Wirbel- oder Rolliertrommel (französisch: caisse roulante) oder Tenortrommel (englisch: tenor drum). Ihr düsterer Wirbel unterlag den Rhythmen der helltimbrierten, saitenbespannten Tommeln als Folie oder „Background". Als Maße können eine durchschnittliche Höhe von 30—40 cm und eine Weite bis zu 46 cm angenommen werden.

Der Korpus der Wirbel-, Rollier- oder Tenortrommel ist aus Holz, und seine Maße sind auf günstige Resonanzverhältnisse zugeschnitten, um ihr einen sonoren Klang (ohne Schnarrsaiten) zu geben. Fellspannmechanik und Standfüße entsprechen den vorher genannten Ausführungen. H. Berlioz verwendete die Wirbeltrommel im „Requiem" (1837) mit der Vorschrift, sie in B einzustimmen und mit Paukenschlägeln zu schlagen. Nach seiner Ansicht hat schon Ch. W. Gluck eine Trommel dieses Typus ohne Saiten im Scytenchor der „Iphgenie auf Tauris" (1779) gemeint.

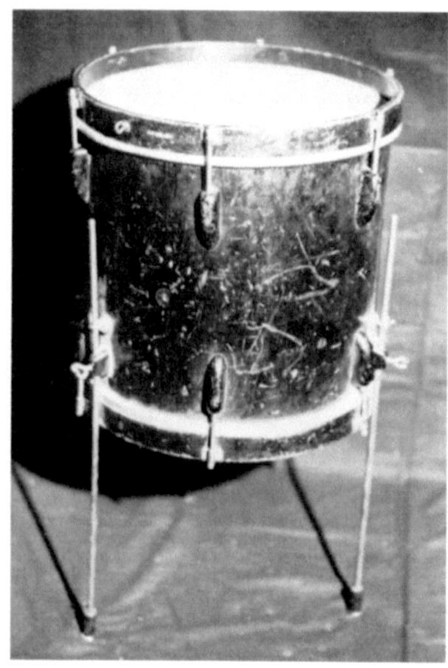

Tenortrommel

Für die heutigen Komponisten hat sich dieser Trommeltypus ziemlich erübrigt, da seine klanglichen Eigenschaften denen der Rührtrommeln mit abgestellten Saiten oder der modernen Tom-Toms entsprechen. Dagegen dient er in Trommelchören noch wie früher als Klanggegensatz zu den mit Darmsaiten bespannten Parade- und Militärtrommeln und wird dabei vielfach mit Filzschlägeln geschlagen.
In neuerer Zeit findet man Beispiele bei: D. Milhaud: „Suite Provençale"; A. Honegger: „Pacific 231"; E. Varèse: „Ionisation" (siehe Notenbeispiel Nr. 109); W. Fortner: „The Creation"; A. Copland: „3. Symphonie"; B. Britten: „The Prince of the Pagodes" u. a.

Kleine Trommel

Typus und Name der Kleinen Trommel entstanden zu einer Zeit, als man die vom Militär her bekannte Trommel in die kleinen Salonorchester und in die Tanzmusik- und Jazzensembles übernahm, wobei die Zarge, mit einem Durchmesser von 35 bis 36 cm, auf 20, 16, 14 und 10 cm verkleinert wurde.
Im deutschen und englischen Sprachgebrauch begann sich die Bezeichnung „Kleine Trommel", beziehungsweise „Snare drum" etwa nach der Jahrhundertwende einzubürgern, als die Maße noch denen einer kleinen Militärtrommel entsprachen. Die Franzosen prägten für

die moderne Kleine Trommel den Namen „Caisse claire", und in Italien wird sie „Tamburo piccolo" oder „Cassa chiara" genannt. Das Standardmodell einer Orchestertrommel sollte sich von einer Zargenhöhe von 16 bis 18 cm nicht allzu weit entfernen, wobei es sich versteht, daß der Korpus aus Metall oder verleimtem Holz mit einem modernen Mechanismus zur Fellspannung sowie An- und Abhebung der 8—12 übersponnenen Kunstsaiten versehen ist. Niedrigere Modelle sind angebracht für kleinere Instrumentalbesetzungen oder bei Zusammenstellungen mehrerer Kleiner Trommeln zu Klangabstufungen. Der Klangunterschied ergibt sich durch die Einstimmung der Felle, entsprechend der Trommelgröße. Das Auflegen auf Trommelständer geschieht in derselben Weise wie bei der Militärtrommel. Die Kleine Trommel verlor als meist untergeordnetes Begleitinstrument in der Salon- und Tanzmusik Wesentliches vom ursprünglichen Klangcharakter durch die zunehmende Verflachung der Form und letzthin auch der Spieltechnik. Der niedrige Resonanzraum ließ sie eine zirpende, papierene Klanggebung annehmen, die zudem noch verstärkt wurde durch die Einführung von Drahtspiralen statt Schnarrsaiten. Sie sollten die mangelhafte Wirbeltechnik laienhafter Schlagzeugspieler überdecken helfen durch ihre überleichte Ansprache. Ein solcher Spiralenteppich bewirkt, daß der sonst so überaus exakte und knappe Trommelschlag verwischt wird, besonders bei schnellen Schlagfolgen. Er hat außerdem den großen Nachteil des störenden Mitsurrens (sympathetic vibration) in besonders starkem Maße, sobald die Töne anderer Instrumente mit denen der Trommelfelle übereinstimmen. Die Fellbespannung der Trommeln erfuhr neuerdings eine umwälzende Neuerung: das Tierfell wurde abgelöst vom synthetisch hergestellten Kunststoff-Fell. Es hat den großen Vorzug, gegen Feuchtigkeits- oder Trockenheitseinwirkungen fast unempfindlich zu sein, und ist von großer Reiß- und Stoßfestigkeit.

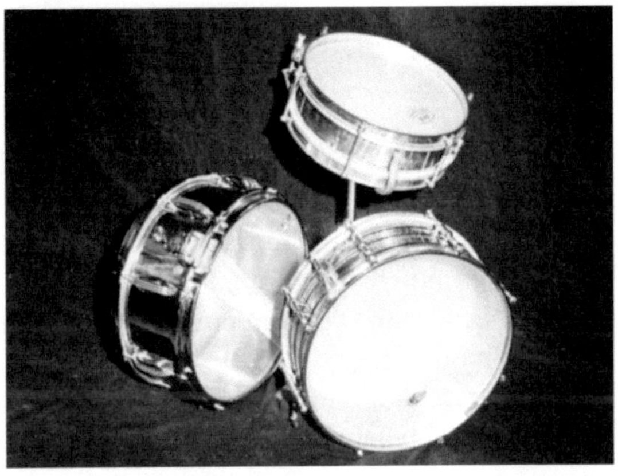

Kleine Trommeln

Der Klang von Kleinen Trommeln ohne Saiten ist hart, trocken und mit geringer Resonanz. Das Schlagfell ist gegenüber dem Resonanzfell immer um ein weniges stärker gespannt, also einem harmonischen Gleichklang entgegenwirkend. Deshalb bevorzugt man stattdessen vielfach moderne Tom-Toms, was allerdings nicht immer im Sinne des Komponisten sein dürfte.

Der aus altem, militärischem Brauch stammende Begriff „gedämpfte Trommel" erfordert die Bedeckung des Schlagfells mit einem Tuch oder die Abstellung des Saitenschnarrens. Ersteres geschieht meist nur mehr, wenn es besonders vorgeschrieben ist, letzteres wird manchmal durch „ohne Saiten" oder „senza corde" bezeichnet.

Beispiele: H. Pfitzner: „Die Rose vom Liebesgarten“; W. Kotoński: „Musique en relief“ (siehe nachstehendes Notenbeispiel).

3 Tamburi con corde, coperti (mit Tuch bedeckt)

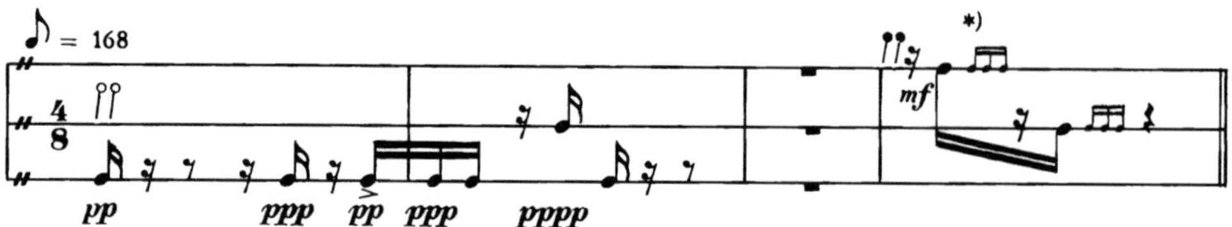

= weiche Schlägel, = harte Schlägel, *) Press roll = der Aufschlag wird auf das Fell mit leichtem Druck gepreßt und erzeugt dadurch einen Nach-Praller.

Zusammenstellungen verschieden klingender Trommeln mit und ohne Saiten, von einem oder mehreren Spielern geschlagen, findet man vielfach in Werken der neueren Zeit. Als eines der ersten vorbildlichen Beispiele kann I. Strawinskys „Geschichte vom Soldaten“ (1918) gelten. Hier ist die Besetzung: Große Trommel, zwei Kleine Trommeln ohne Saiten (caisse claire sans timbre) mit verschieden großem Korpus und unterschiedlicher Tonhöhe, sowie eine Militärtrommel (Tambour), die ursprünglich immer mit Saiten geschlagen wurde, um als höchstklingende Trommel fungieren zu können.
In einer späteren Version seiner Schallplattenaufnahmen hat Strawinsky die beiden Trommeln ohne Saiten durch Tom-Toms ersetzen lassen, während die Tambour – immer als höchste klingend – nur im „Königsmarsch“ und im „Lied des Teufels“ mit Saiten gespielt wird.
D. Milhaud besetzte in mehreren seiner Werke die caisse claire, die tambour roulante und das tambourin (provenzalische Trommel) in abgestimmter Folge (Notenbeispiel Nr. 60).
M. Ravel stellte in „Daphnis et Chloé“ die caisse claire der Tambour gegenüber.
In B. Bartóks „Sonate für zwei Klaviere und Schlagzeug“ (1937) gibt es eine Kleine Trommel mit und eine ohne Schnarrsaiten, die stellenweise auch mit der holzschlägelgeschlagenen Großen Trommel korrespondieren.
E. Varèse besetzte in „Ionisation“ (Notenbeispiel Nr. 109): Caisse roulante, Caisse roulante avec timbre Tambour militaire, Caisse claire, Caisse claire détimbrée, Tarol (darunter ist eine sehr hell klingende, flache kleine Trommel, mit einigen Darmsaiten bespannt, zu verstehen).
Tonsätze mit Trommelensemble im Schlagzeugpart findet man noch bei I. Strawinsky: „Les Noces“ (Notenbeispiel Nr. 19); P. Hindemith: „Metamorphosen“; K. A. Hartmann: „Konzert für Klavier, Bläser und Schlagzeug“, „Des Simplicius Simplicissimus Jugend“, „6. und 7. Symphonie“; H. W. Henze: „Ode an den Westwind“; „Antifone“; W. Egk: „Die chinesische Nachtigall“, „Irische Legende“; C. Chávez: „Toccata“; A. Jolivet: „Konzert für Ondes Martenot und Orchester“; W. Killmayer: „La tragedia di Orfeo“; A. Schibler: „Konzert für Schlagzeug und Orchester“; L. Nono: „Canti di vita“ (8 Tamburi senza corde, 4 Gran casse).

Anschlagmittel. Form und Material der Trommelstöcke haben sich den Zeiterfordernissen angepaßt. Nach den unförmigen Klöppeln der Landsknechte bildete sich der konisch zulaufende Stock mit der erbsen- bis olivenförmigen Spitze. Je nach Gebrauch größerer oder kleinerer Trommeln war er schwergewichtig oder leichter, gedrechselt aus exotischem Hartholz, meist Brasil- oder Ebenholz.

Die Ausführung von Schlägen am Trommelrand und am hängenden Becken verlangt von den Trommelstöcken des Tanz- und Jazzband-Drummers größte Stabilität, im besonderen am Kopfteil. Es entwickelte sich ein schlanker, erst im letzten Viertel konisch zum Köpfchen zulaufender Stock. Dieses Modell wird in Unterschieden, hinsichtlich Stockstärke, Gewicht und Kopfform, hergestellt und hat auch im Orchester vielfach die Stöcke der früheren Form abgelöst.
Trommeln ohne Saiten können, wenn eigens vorgeschrieben, mit kleinköpfigen Paukenschlägeln oder mit kleinen Hartfilzschlägeln, z. B. in „Die Geschichte vom Soldaten" von I. Strawinsky (Notenbeispiel Nr. 62), geschlagen werden. Erstere Art ergibt eine kurze, etwas matte Tongebung, während Hartfilzköpfe den Schlag mehr präzisieren und vergröbern.
Aus dem Jazzdrummer-Repertoire kommt die sogenannte „Brushes-Technik" mit einem oder zwei Stahlbesen. Von ihren zahlreichen Varianten übernahmen verschiedentlich moderne Komponisten einfache Spielarten.
Der „Besen" besteht aus einem Bündel sehr dünner, flexibler Stahldrähte, die in einem Griff gehalten werden und — fächerförmig ausstrahlend — gleichmäßig verteilt auslaufen. Eine Mechanik oder ein Gummiring erlaubt die Einstellung der Drahtspitzen auf eine gewünschte Breite, die für den Gebrauch auf der Kleinen Trommel am besten auf etwa 4—5 cm eingestellt wird. Der Anschlag erfolgt mit den flach auf das Fell geführten Drahtenden.
Eine paarweise Verwendung ermöglicht schnelle Schlagfolgen bis zum Einzelschlagwirbel. Die wischende Handhabung des Besens erzeugt ein hell klingendes Rauschen; es wurde in der Stummfilmzeit auch als Dampflokomotiven imitierendes Geräusch gebraucht.
Beispiele der Anwendung von Stahlbesen: G. Gershwin: „Porgy and Bess"; A. Jolivet: „Konzert für Ondes Martenot und Orchester"; C. Gordon: „The Rake's Progress"; W. Killmayer: „Rêveries für Sopran, Klavier und Schlagzeug", „La tragedia di Orfeo"; K. Weill: „Lost in the Stars"; A. Schibler: „Konzert für Schlagzeug und Orchester op. 63"; Bo Nilsson: „Ein irrender Sohn" (Notenbeispiel Nr. 88) u. a.

Spieltechnik. Die Technik des Trommelschlagens hat ihre Ursprünge im Mittelalter (um das 13. Jahrhundert), als die Ausrüstung der Söldnertruppen mit Trommeln und Pfeifen begann. Einen bestimmenden Einfluß übten die Schweizer Söldner aus, deren große Rührtrommeln im 15. und 16. Jahrhundert den Prototyp darstellten und weithin als die „Schweizerischen" bekannt waren. Den traditionsreichen Basler Trommelgilden fällt das Verdienst zu, die hochentwickelte Militärtrommel-Technik mit ihrem reichhaltigen Verzierungsschlag-Repertoire gepflegt und weitergeführt zu haben.
Die Anpassung an das Klangvolumen des Orchesters bis zu den kleineren Instrumentalensembles und ihre Zurücksetzung als Begleitinstrument verlangte notwendigerweise die Abstimmung der Trommeltechnik auf eine entsprechend geringe Tongebung, wobei einiges von ihrer nuancenreichen Schlagweise verlorenging. Erst das Jazztrommeln erhob das Schlagzeug wieder zum solistischen Klangwerkzeug und mußte um eine klare, moderne, aber farbige und virtuose Schlagart bemüht sein. Hieraus entwickelte sich eine Technik, deren Beherrschung auch dem Orchesterschlagzeuger zugute kommt, im Hinblick auf den wachsenden Einfluß jazzverwandter Elemente in die Kunstmusik und ihre Randgebiete. Auch hat diese sogenannte Drummer-Technik vieles gemein mit der virtuosen Korpstrommler-Spielweise, der sogenannten Basler Trommlertechnik, die in den englisch-

sprechenden Ländern besonders gepflegt wird. Von ihr haben ursprünglich die amerikanischen Jazzdrummer die technischen Grundelemente übernommen.
Ein Werk wie das „Geigy Festival Concerto" für Trommel und Orchester von R. Liebermann erfordert vom Solisten eine große technische Beherrschung dieser Schlagart.
Trommelschläge sind stets kurz und trocken. Die klangliche Belebung erfährt das Trommelspiel durch die Dynamik und Akzentuierung bei wechselseitigem Ablauf der schlägelführenden Hände (Applikatur) sowie durch die Vorschläge und Wirbel.
Die Eigenschaft, den Schlägel nach einem ausgeführten Schlag durch Fingerdruck nochmals in gleicher Stärke springen lassen zu können, erlaubt es, sehr schnelle Schlagfolgen auszuführen.

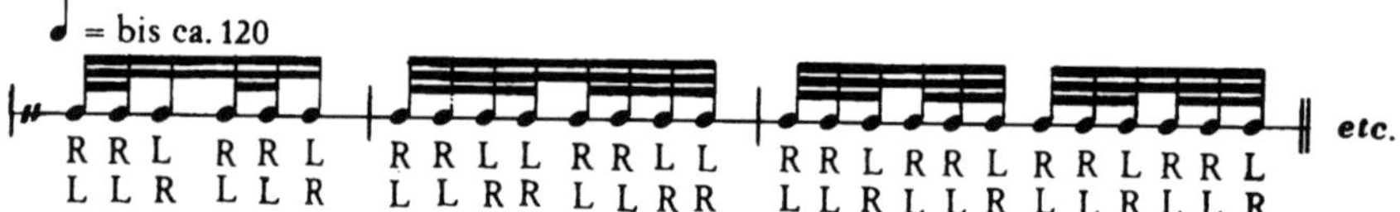

Tamb. mil.

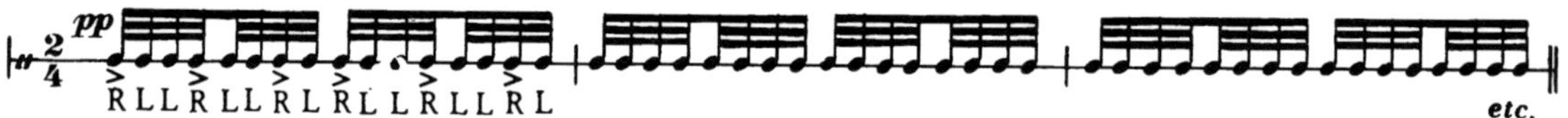

Beispiel: H. W. Henze: „Il re cervo"

Den systematischen Wechsel von Einzel- und Doppelschlägen nennt der Drummer „Paradiddle", eine Technik, die neben einer lebendigen Phrasierung einen schnellen Wechsel während laufender Schlagfolgen auf andere Instrumente gestattet.

3 Tom-Toms

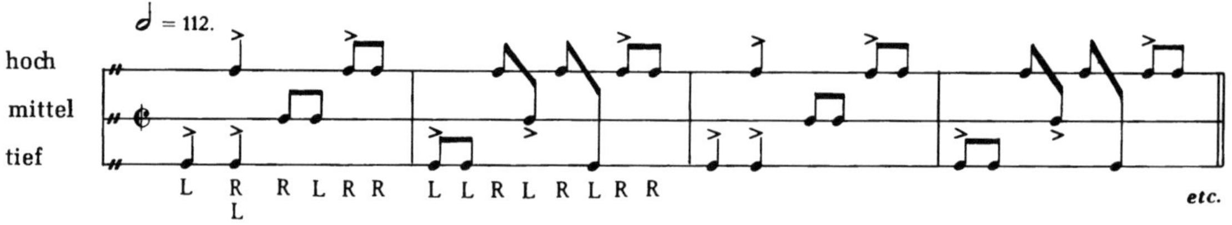

Beispiel: Lateinamerikanische Rhythmusfolge

2 Tom-Toms

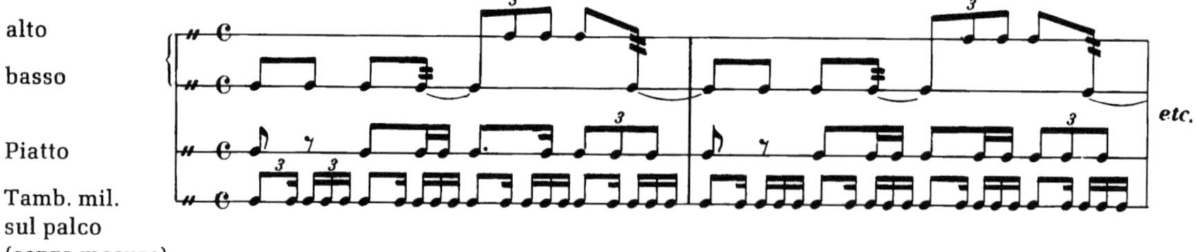

Beispiel: H. W. Henze: „Il re cervo"

Der Basler Trommler sieht in der schnellstmöglichen Doppelspringschlagfolge den Wirbel, während der Jazzdrummer außerdem noch den „single stroke roll“ (open roll) kennt, eine durch besondere Fingertechnik forcierte schnelle Einzelschlagfolge.
Der dichte Wirbel des Orchestertrommlers entsteht, indem die Schlägel durch kontrollierte Druckausübung mittels Finger-, Arm- und Handmuskeln in raschem Wechsel auf das Fell gepreßt werden. Die Erreichung eines gleichmäßigen und dynamisch steigerungsfähigen Wirbels, bei dessen Ausführung keine Einzelschläge mehr zu erkennen sind, setzt ein intensives, planmäßiges Studium voraus.
Der einfache Vorschlag ist ein schwacher Schleifschlag, englisch „flam“ genannt, knapp vor der betonten Hauptnote geschlagen. Beide Schläge, der Vor- und der Hauptschlag, werden immer von abwechselnden Schlägeln ausgeführt.
Der doppelte Vorschlag oder „Ruf“ – zwei kleingeschriebene Noten vor der Hauptnote – wird durch einen möglichst schnell und leicht angeschlagenen Doppelspringschlag mit dem einen Schlägel geschlagen, worauf der andere die Hauptnote auf den betonten Taktteil bringt.
Beim dreifachen Vorschlag müssen ein Doppelspringschlag und ein Einzelschlag vor der Hauptnote in schnellstmöglichem, gleichmäßigem Ablauf geschlagen werden.
Der vierfache Vorschlag besteht aus zwei Doppelspringschlägen, auftaktig vor der Hauptnote geschlagen.

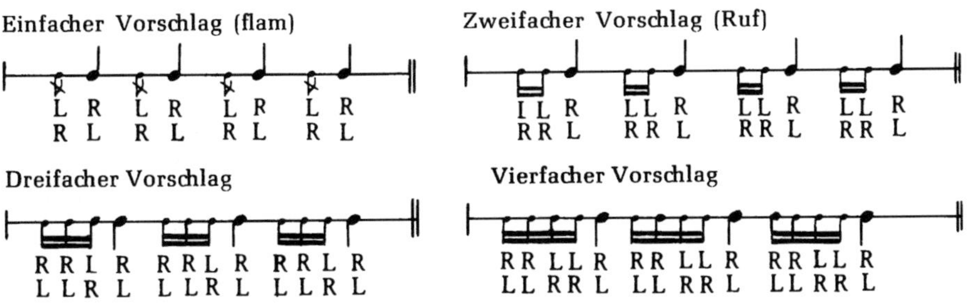

Vier-, drei- und zweifache Vorschläge werden oft als mehr oder weniger kurze Auftakt-Wirbel oder Praller (Press-roll) verstanden, wobei einzelne Schläge vor der Hauptnote nicht mehr wahrzunehmen sind. Diese Auffassung stammt aus der Zeit der Salonorchester, in der danach getrachtet wurde, die für kleine Besetzungen zu grob erscheinende Militärtrommeltechnik zu verfeinern. Eine derartige, von der Schreibweise abweichende Ausführung hat dort Berechtigung, wo Musik dieser Stilart – beispielsweise in Form von Walzern, Polkas, Märschen etc. – interpretiert oder kopiert werden soll:

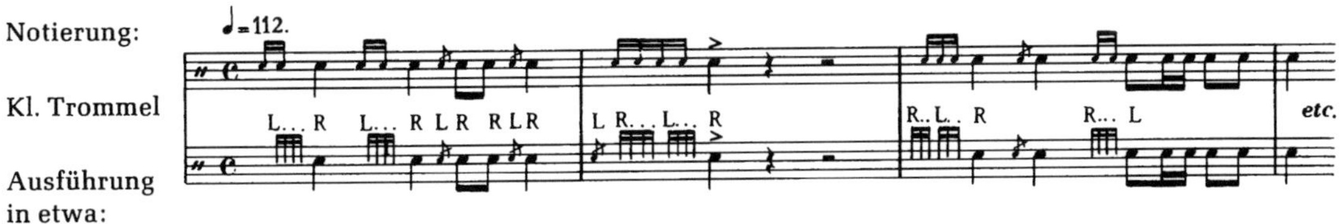

Dieselbe Musikgattung beschränkt sich oft auf eine vereinfachte Schreibweise der Trommelstimme und überläßt dem Schlagzeuger die improvisierte Ausführung von Vorschlägen und Wirbeln, in Anlehnung an die Melodieführung oder an Akzente der Begleitmusik:

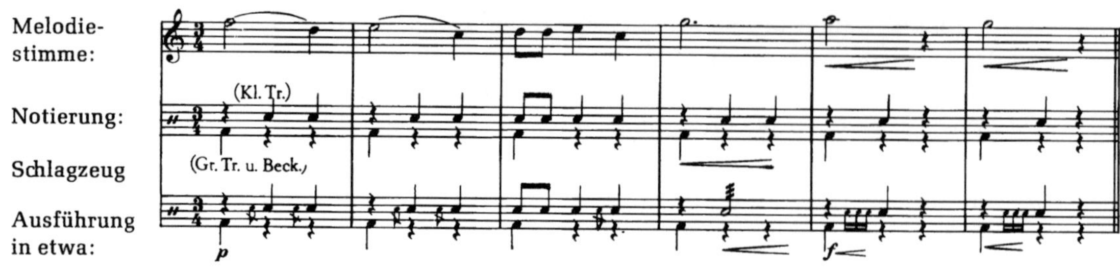

Eine von der Jazzmusik übernommene Schlagmanier ist der Randschlag (rim shot). Er wird einmal ausgeführt, indem der Stock zugleich das Fell und den Trommelrand anschlägt (head and rim). Seine Ausführung erfordert einige Treffsicherheit, besonders als Abschlag eines Wirbels. Der knallende Schlag hat eine überraschende, pistolenschußähnliche Wirkung.
Beispiele: E. Varèse: „Ionisation"; M. Gould: „Lateinamerikanische Symphoniette", „Declaration-Suite" (Notenbeispiel Nr. 103); A. Copland: „3. Symphonie"; W. Killmayer: „Rêveries", „La tragedia di Orfeo"; A. Schibler: „Konzert für Schlagzeug und Orchester" u. a.
Eine andere Version des „rim shot" ist der Schlag auf den zweiten Trommelstock, der zuvor auf Fell und Trommelrand zugleich aufgelegt wurde (stick over stick). Seine Wirkung ist weniger explosiv und mehr von Materialgeräusch begleitet.
Ein selten gebrauchter Effekt ist das Schlagen von Rhythmen und Wirbeln auf den Trommelrand, wie es M. Ravel in „Daphnis et Chloé" (Caisse claire sur le bois) und P. Hindemith in „Mathis der Maler" vorgeschrieben haben. Hierzu eignen sich am besten die Holzreifen der Rührtrommel oder der Großen Trommel. In der „6. Symphonie" läßt G. Mahler den Holzrand der Großen Trommel mit einem Holzstäbchen schlagen (siehe Notenbeispiel Nr. 63). In „Bilder einer Ausstellung" von Mussorgsky – instrumentiert von Ravel – wird beim „Tanz der Küken in den Eierschalen" die Zargenwand der Trommel mit der Stockspitze angeschlagen.
Solistische Literatur für Kleine Trommel: M. Colgrass: „6 uncompanied solos for snare drum"; B. Lyloff: „Etude for snare drum"; S. Fink: „Sonate für Kleine Trommel solo", „Trommel-Suite"; N. A. Huber: „Dasselbe ist nicht dasselbe"; M. Marcovich: „Tornado"; u. a.

Große Trommel

Anschlagmittel üblich: Großer-Trommel-Schlägel
Paarweise Wirbelschlägel

außergewöhnlich: Lederkopfschlägel
Hartfilzschlägel
Holzkopfschlägel
Kleine-Trommel-Stöcke
Rute
Stahlbesen
Colla mano

Geschichtliches: Mit der Einführung der türkischen Janitscharenmusik an den Fürstenhöfen Europas um die 2. Hälfte des 18. Jahrhunderts wurde ein Trommeltyp von größerem Ausmaß und neuartiger Schlagweise in den abendländischen Musikbereich gebracht. Vom Spieler so getragen oder aufgestellt, daß die Felle senkrecht verliefen, konnte sie beidseitig angeschlagen werden. In der Art, wie sie die traditionellen türkischen Musikbanden heute noch praktizieren, wurde das eine Fell dieser sogenannten Türkentrommel mit einem stoff- oder lederüberzogenen Holzkopfschlägel auf betontem Taktteil geschlagen und das andere mit einem Stock (Rute) mit- und nachschlagend bearbeitet. Die neuartigen, fremdländischen Klänge des Janitscharen-Schlagzeugs: Große Trommel, Becken und Triangel erfreuten sich rasch allgemein größter Beliebtheit. Im Orchester erschienen sie zunächst in Werken mit orientalischer Färbung, wie in W. A. Mozarts „Entführung aus dem Serail" (1782) oder mit Anklängen an die damalige Militärmusik, wie in J. Haydns „Militärsymphonie" (1794) (Notenbeispiel Nr. 61). Später verlor diese Schlagzeuggruppe den lärmenden Beiklang der Rute und des ständig mitrasselnden und klingenden Triangel. Spontinis Oper „Die Vestalin" (1807) gilt als Beispiel mit der von der üblichen Art erstmals abweichenden Verwendung der Großen Trommel. Sie wurde nunmehr mit einem großköpfigen, stoff- oder lederüberzogenen Schlägel perkutiert, wobei ein zweiter Spieler die Becken paarweise im selben Rhythmus mitzuschlagen hatte. Bei der Praxis erübrigt es sich, mit der Bezeichnung „Gran Cassa" im Notenmaterial die „Piatti" eigens zu nennen, denn letztere waren immer gleichzeitig mitzuspielen. Nur wenn ausdrücklich „Cassa sola" geschrieben wurde, hatte die Große Trommel allein zu erklingen.
Seit dieser Zeit trifft man diese Gepflogenheit in vielen Partituren an, hauptsächlich in italienischer Musik mit den bekannten Beispielen der Verdi-Opern: „Rigoletto" (1851), „Der Troubadour" (1853), „La Traviata" (1853), „Ein Maskenball" (1859). Erst in späteren Werken, als öfter einzelne Schlagfolgen und Wirbel auf der Großen Trommel auszuführen waren, kam die genaue Bezeichnung „Gran Cassa e Piatti" in Gebrauch.
Die Ausübung des Große-Trommel-Schlagens geschah meist durch einen Musiker, dem kaum eine nennenswerte schlagtechnische Ausbildung zuteil wurde. Es war deshalb nicht zu erwarten, daß er komplizierte Rhythmen oder etwa Wirbel mit zwei Schlägeln schlagen könne. Deshalb ließ H. Berlioz in seiner „Symphonie fantastique" (1830) ausdrücklich von Paukern die Wirbel auf der Großen Trommel ausführen, die – wie er schrieb – viel tiefer klingt als der tiefste Paukenton.
Inzwischen stellte die Musik des 20. Jahrhunderts sehr hohe Ansprüche an den Spieler, von dem heute das sensible Klangempfinden des Paukers, wie auch dessen Wirbel- und Anschlagstechnik verlangt wird.

Bau und Verwendung. Die Abmessungen der in den Ensembles und Orchestern Verwendung findenden Instrumente sind sehr unterschiedlich, sie hängen vordringlich von der Akustik des Raumes und der Größe des Spielkörpers ab. Manche Orchester verwenden noch die alten Großen Trommeln mit einer Zargenhöhe von etwa 55 cm und einem Durchmesser von ca. 65 cm, die ursprünglich eine Seilzugspannung wie die Rührtrommeln hatten. Der nachträglich angebrachte Spannschraubenmechanismus ermöglicht klangreines Einstimmen und Aufeinander-Abstimmen der Felle zur Erreichung einer sonoren, tragenden Klangfülle, wozu auch das schwingende Holz des Korpus viel beiträgt. Die in neuerer Zeit aus Schichtholz oder Messingblech gefertigten Großen Trommeln weisen durchschnittlich die Maße von 45 bis 55 cm Zargenhöhe und 70 bis 80 cm Durchmesser auf.

Zwei Große Trommeln, die sich klanglich unterscheiden sollen, hat C. Orff in „Die Bernauerin" (Notenbeispiel Nr. 55), „Antigonae", „Oedipus der Tyrann" und „Prometheus" (Notenbeispiel Nr. 72) besetzt. Drei Große Trommeln in unterschiedlichen Größen finden sich im umfangreichen Schlagzeuginstrumentarium von E. Varèses „Ionisation" (Notenbeispiel Nr. 109).

Der Eigenton der einzelnen Felle läßt sich – wie bei jeder anderen Trommel auch – feststellen, wenn sie am Rande angeschlagen werden. Die Einstimmung erfolgt auf den Ton, der dem Resonanzraum des Instruments am besten entspricht. Je nach Ausmaß kann der Eigenton des Schlagfelles bei E, höchstens bei G liegen, dabei soll das Resonanzfell zirka einen halben Ton tiefer gestimmt sein, damit dem Trommelklang ein rundes Volumen gebend.

Eine besonders in englischen Orchestern beliebte Form der Großen Trommel, die sogenannte *Gong-drum,* besteht aus einer schmalen Holzzarge von höchstens 25 cm mit einem Durchmesser bis ca. 1,50 m, auf die nur *ein* Fell mittels Spannschraubenmechanismus aufgespannt ist. Der Form nach eigentlich zu den Rahmentrommeln gehörend, war sie – nach alten Reliefen zu schließen – schon vor der christlichen Zeitrechnung am chaldäischen und am ägyptischen Hof in fast mannshohen Ausmaßen vorhanden. Der Klang der Gong-drum ist im Forte von gewaltiger Explosivität, jedoch bei schwächeren Graden weniger tragend und rund wie der einer zweifelligen Trommel.

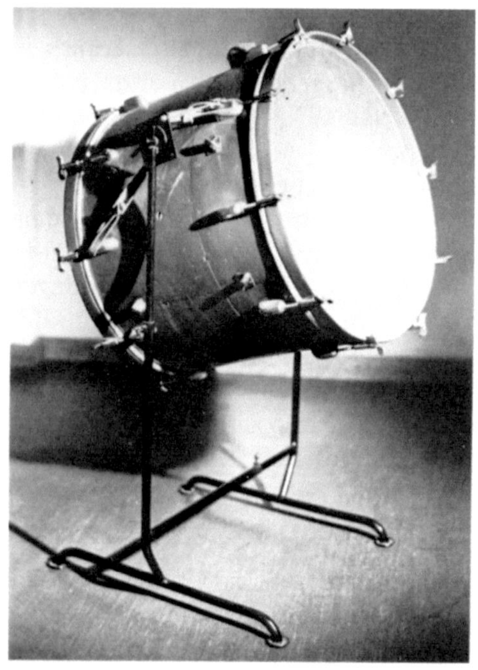

Große Trommel

Ein Instrument, dessen Klang befriedigend sein soll, darf nicht auf einem starren Gestell oder gar am Boden aufsitzen, sondern erfordert ein freies Aufhängen oder wenigstens eine Auflage auf Gurten, damit der ganze beim Schlagen in Vibration gesetzte Korpus möglichst ungehindert schwingen kann. Am besten hängt die Große Trommel an Riemen in einem Ständer, der eine Schwenkung des Korpus zur Schräge ermöglicht (siehe Abbildung oben), in eine Lage, die dem Spieler beim Schlagen und Wirbeln entgegenkommt.

Spielweisen und Anschlagmittel. In der Regel werden Einzelschläge nicht im schwingungsarmen Zentrum des Felles angeschlagen, sondern etwa eine Handbreit davon in einer mehr von oben nach unten streifenden Weise. Die für die Große Trommel im Orchester in Frage kommenden Anschlagmittel sind unterschiedlich.

Der normale Große-Trommel-Schlägel mit einer Holzkopfgröße von ca. 6 bis 8 cm Durchmesser und einem Überzug aus Lammfell oder dickem Weichfilz produziert klangvolle, voluminöse Einzelschläge vom pp bis zum stärksten ff. Weniger pedalig klingende, mehr schlank akzentuierte Schläge werden besser mit kleinköpfigeren Schlägeln dieser Art erzeugt. Mehr Härte ergibt der aus der Militärmusik übernommene, lederüberzogene Holzschlägel, französisch „Mailloche" genannt.

Beispiele: I. Strawinsky: „Die Geschichte vom Soldaten" (Notenbeispiel Nr. 62), „Le Sacre du Printemps", „Der Feuervogel".

Wirbel werden mit weichen, großköpfigen Paukenschlägeln ausgeführt, wobei die Schlagstellen auf dem Fell in der dunkelklingenden Nähe des Zentrums gewählt werden sollen. Paukenähnlich klingende Schläge und Wirbel werden mehr dem Fellrand zu geschlagen und erfolgen nur bei besonderer Vorschrift oder etwa, wenn die Große Trommel auf einen bestimmten Ton klingen muß.

Holzkopfschlägel in der Größe von Xylophon- oder Beckenschlägeln ergeben einen trockenen, markanten und geräuschhaften Klang. Er verstärkt und spitzt sich zu durch den Gebrauch von Trommelstöcken, während kleine Hartfilzschlägel das Anschlaggeräusch etwas weniger hervortreten lassen.

Beispiele: I. Strawinsky: „Die Geschichte vom Soldaten"; C. Orff: „Die Bernauerin" (Notenbeispiel Nr. 24), „Antigonae", „Trionfi" (Notenbeispiel Nr. 15); B. Bartók: „Sonate für zwei Klaviere und Schlagzeug".

Béla Bartók kam in seinem Ballett „Der wunderbare Mandarin" an einer Stelle auf die Schlagmanier mit Stöckchen und Schlägeln zurück, die nicht nur im Orient, sondern auch im südöstlichen Europa, in Asien und Afrika volkstümlich verbreitet ist. Im umfangreichen Schlagzeuginstrumentarium von M. Kelemens „Composé" findet sich eine solchermaßen gespielte Große Trommel kleineren Formats, „Tapan" genannt. Ihre beiden Felle werden nicht mit Druckreifen, sondern durch Schnurspannung an den Fellreifen gespannt, wobei die Felle durchlocht werden mußten. Der Durchmesser beträgt ca. 60 cm, die Zargenhöhe ca. 50 cm.

Der schwirrende Schlag eines Stahlbesens ist ebenso unverkennbar wie das zischende Streichen des Felles mit demselben.

Beispiele: C. Orff: „Antigonae"; W. Killmayer: „La tragedia di Orfeo" u. a.

Auch die Schlagweise „colla mano" läßt sich auf der Großen Trommel anwenden, z. B. werden in „Oedipus" von C. Orff im Chor mit anderen handgeschlagenen Fellinstrumenten dumpfklingende Schlagfolgen produziert.

Eine Große Trommel im Verband des „drum sets" der Tanzmusik-, Jazz- und Popensembles muß kurz und trocken klingen, deshalb bevorzugt man kleine Ausmaße und durch Filzstreifen oder Stoffbezug abgedämpfte Felle sowie einen harten Anschlagkopf der Fußmaschine. Die mechanische Schlagausübung durch den mittels Pedal geführten Schlägel erlaubt kein nennenswert differenziertes Schlagen, der Klang wirkt stumpf und monoton.

H. Sutermeister verwendete die Große Trommel mit Fußmaschine in der Oper „Raskolnikow" zur Charakterisierung einer ordinären Barmusik, G. Gershwin schrieb sie in „Porgy

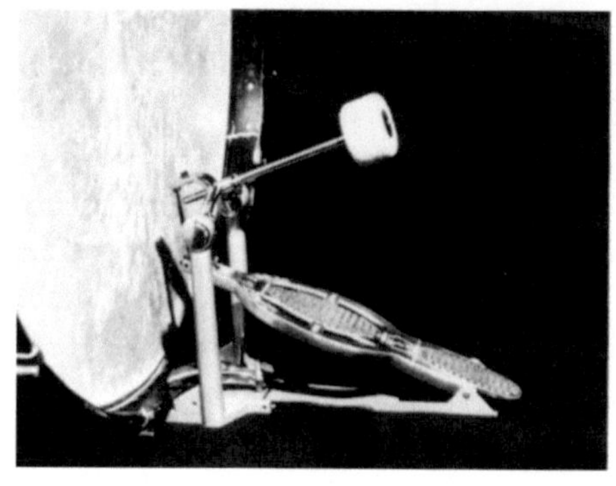

Fußmaschine für Große Trommel

and Bess" in der Manier der Banddrums. Im „Konzert für Schlagzeug und Orchester" von A. Schibler läßt der Komponist die Fußmaschine zur Erreichung trockener Schläge verwenden, während der Spieler andere Instrumente mit den Händen zu spielen hat.

Rahmentrommel
(Tamburin ohne Schellen)

Anschlagmittel: Weichfilzschlägel
Hartfilzschlägel
Trommelstöcke
Con la (oder colla) mano (mit der Hand)

Herkunft und Bau. Rahmentrommeln werden solche Instrumente genannt, deren Korpus aus einem einfachen, meist schmalen Reifen besteht, der mit einem Fell überzogen ist. Während bei den Röhrentrommeln die von der Wand eingeschlossene Luftmasse schallverstärkend mitschwingt, ergibt sich der Klang der Rahmentrommel aus den Eigenschwingungen des Felles mit der geringen Resonanz der Zarge.
Schon bei den alten Kulturvölkern Babyloniens und Ägyptens in unterschiedlichen Größen vorgefunden und in der Antike als Tympanon gebräuchlich, verbreitete sich die Rahmentrommel in runden und – seltener – auch in eckigen Formen als Instrument ritualer, tänzerischer und volkstümlicher Musik in Asien und Amerika.
Das Aufspannen mittels Verschnürung oder Aufnageln der Felle auf die schmalen Holzzargen wird in heutiger Zeit durch das bei der Kleinen Trommel übliche Spannsystem ersetzt. Der Durchmesser von den Instrumenten, die für Orchesterzwecke in Frage kommen können, beträgt etwa zwischen 25 und 60 cm, dementsprechend mißt die Zargenbreite zwischen ca. 4–8 cm. Die Einstimmung des Felles erfolgt nach der Größe der Trommel auf den klangvollsten Ton und bewirkt damit die erforderliche Abstimmung bei Verwendung mehrerer verschieden großer Instrumente. Ein weicher, unforcierter Anschlag läßt die eigentliche Tonhöhe klar erkennen, während harte Anschlagmittel ein mehr knatterndes, trommelartiges Geräusch ergeben.
Spielweise und Verwendung. Tanzgruppen schlagen Rahmentrommeln mit Fingerspitzen und Handballen in einer Weise, die ungemein erregend und aufpeitschend wirken kann. Die Verwendung von Schlägeln mit weichen Filzköpfen setzt die Absicht voraus, dem ohnehin nicht sehr resonanzstarken Instrument nur geringe Stärkegrade abzuverlangen.

Ebenfalls wie die als Schellentrommel oder Tamburin bekannte Art wird die Rahmentrommel in der Regel mit einer Hand gehalten und mit der anderen mittels Schlägeln, Stock oder colla mano geschlagen (siehe Abbildung unten).
Das Spielen in Verbindung mit anderen Schlagzeugen oder das von mehreren abgestimmten Rahmentrommeln erfordert die Auflage oder Anbringung der Instrumente auf Spezialständern. Dies ermöglicht eine Aufstellung und die Anwendung der Spieltechnik, wie bei Pauken- und Trommelzusammenstellungen beschrieben.

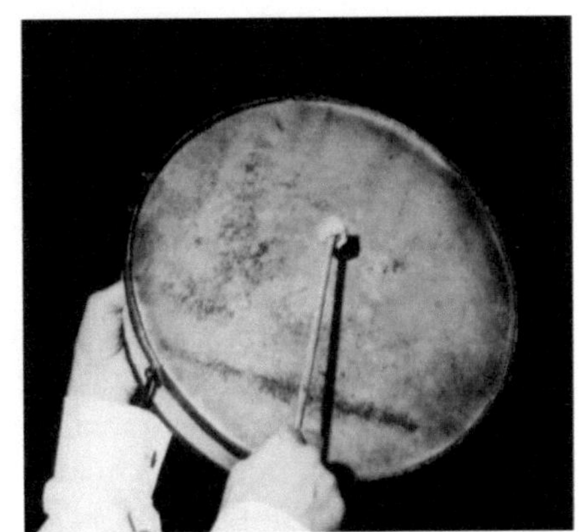

Rahmentrommel

Die Rahmentrommel findet eine recht seltene Verwendung in orchestralen Werken. In der Musik altertümlicher Prägung zu J. Cocteaus Ballett „Die Dame und das Einhorn" von J. Chailley kommen einfache Rhythmen für „Tambour sur cadre" vor (siehe Notenbeispiel Nr. 64). M. de Falla verwendete in seiner Marionettenoper „Meister Pedros Puppenspiel" (1923) mehrere, verschieden große, abgestimmte Rahmentrommeln (genannt Pandero), wie sie in den berühmten Fronleichnamsumzügen seiner Vaterstadt Cádiz in Gebrauch sind, dort in Größen bis zu einem Meter Durchmesser.
Das „Tambourin ohne Schellen" in der Oper „Dantons Tod" von G. von Einem wird in der Regel durch eine tiefe Trommel ohne Saiten ersetzt, um die erforderliche Lautstärke zu erreichen. Das Orff-Schulwerk hat die Rahmentrommel in verschiedenen Größen in Verwendung.

Indianische Trommel

Anschlagmittel: Keulenartige Schlägel
Schlägel mit eingeschlossenen Rasselkörpern

Die primitiven Felltrommeln der nordamerikanischen Indianerstämme finden sich heute nur noch in den einschlägigen Museen.
Die Instrumentenindustrie in Nordamerika stellt einen Satz sogenannter „Indian drums" in einigen Größenunterschieden her. Dem Rahmen- oder Zylindertrommeltyp zugehörend, erhalten ein oder zwei kräftige Naturfelle eine starke Spannung durch eine Verschnürung auf dem Korpus aus gebranntem Ton oder Holz.

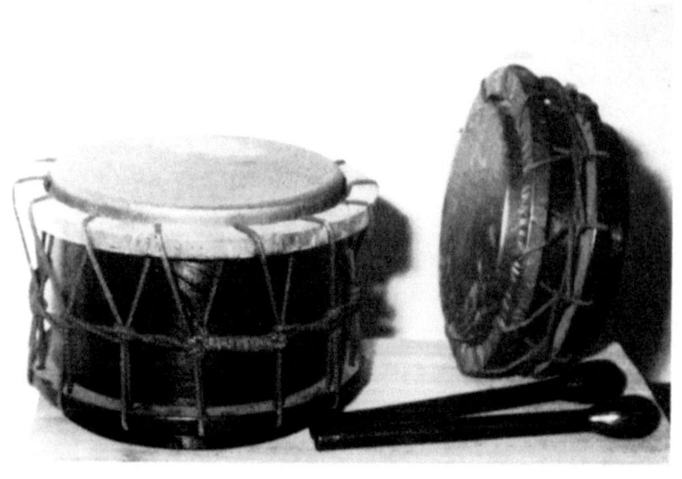

Indianische Trommeln

Als Schlagwerkzeuge dienen keulenartige Klöppel, um den harten, knatternden Klang produzieren zu können. Verstärkt wird der geräuschhafte Anschlag oft durch den Gebrauch von Schlägeln, in deren ausgehöhltem Ende Rasselkörper (kleine Steinchen oder Samenkörner) eingeschlossen sind.
Dem Vorbild der primitiven indianischen Schlagart entsprechend läßt C. Chávez in der „Sinfonía India" eine Indianertrommel einfache Rhythmen schlagen. In seiner „Toccata" für Schlaginstrumente besetzt er zwei Indian drums, deren kleinere einen hohen, scharfen Klang haben soll. S. Revueltas kombinierte die Indian drum mit zwei Tom-Toms in „Sensemayá". W. Egk hat in einer späteren Bearbeitung seiner Oper „Columbus" zwei Indianische Trommeln eingesetzt, E. Carter ebensolche in „Pocahontas" (siehe Notenbeispiel Nr. 65). Als Ersatz für Indianische Trommeln können Bongo- oder Conga-Trommeln dienen, obgleich ihre Felle kaum die erforderliche Stärke haben und daher den Originalklang nur annähernd produzieren können. Als Anschlagmittel eignen sich starke Stöcke oder die Enden von schweren Trommelstöcken.

Boo-Bam (Bambustrommel)

Aus Bambusabschnitten in verschiedenen Längen und Durchmessern entstand in Nordamerika ein neuer Instrumententyp, Boo-Bam genannt (siehe Abbildung Seite 109).
Bei jedem der Abschnitte ist eine Öffnung mit Trommelfell überzogen, während die andere unverschlossen bleibt.
Den tonlichen Unterschied ergibt nicht die jeweilige Spannung des Felles, sondern die Größe des Bambus-Resonanzkörpers und dessen Luftschwingungssäule.
Die Aufhängung der Rohre geschieht senkrecht in Bündeln von 5 bis 8 Stück mit unterschiedlichen Abstimmungen, oder in chromatischer Reihenfolge in klaviaturmäßiger Anordnung.
Die Anwendung in den USA beschränkte sich zuerst auf Populär-Instrumentalensembles (Pops-orchestra), meist im Verein mit ungewöhnlichen Perkussions-Besetzungen, während die Verwendung in Ensembles und Orchestern für Gebrauchsmusik in Tonaufnahmestudios später erfolgte. Hierzu führte eine verbesserte Bauart der Instrumente, die anstelle der

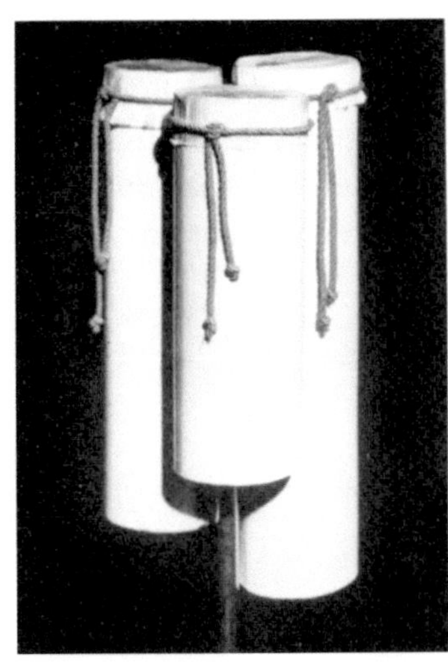

Boo-Bam

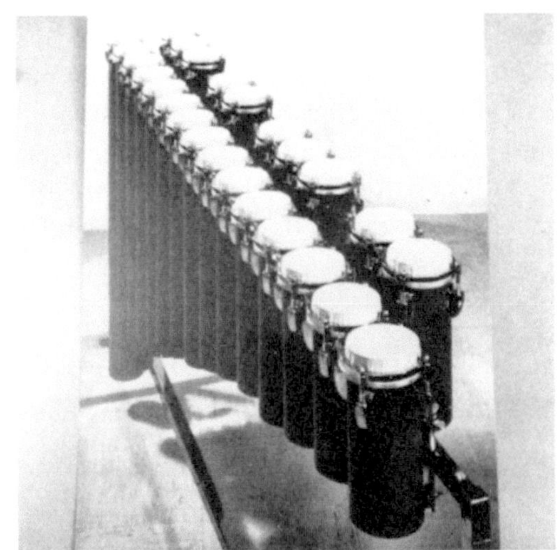

Boo-Bam-Spiel

Resonatoren aus Bambus solche aus Holz in länglich-viereckiger Form besitzt, mit einem der jeweiligen Tonhöhe entsprechenden Volumen.

Ein kreisrunder Rahmen von 8 cm Durchmesser auf dem Resonator trägt das Fell aus Kunststoff, dessen Druckreifen durch Verschraubung mit dem Resonanzdeckel verbunden ist und die erforderliche Spannung ermöglicht (siehe nachstehende Abbildung).

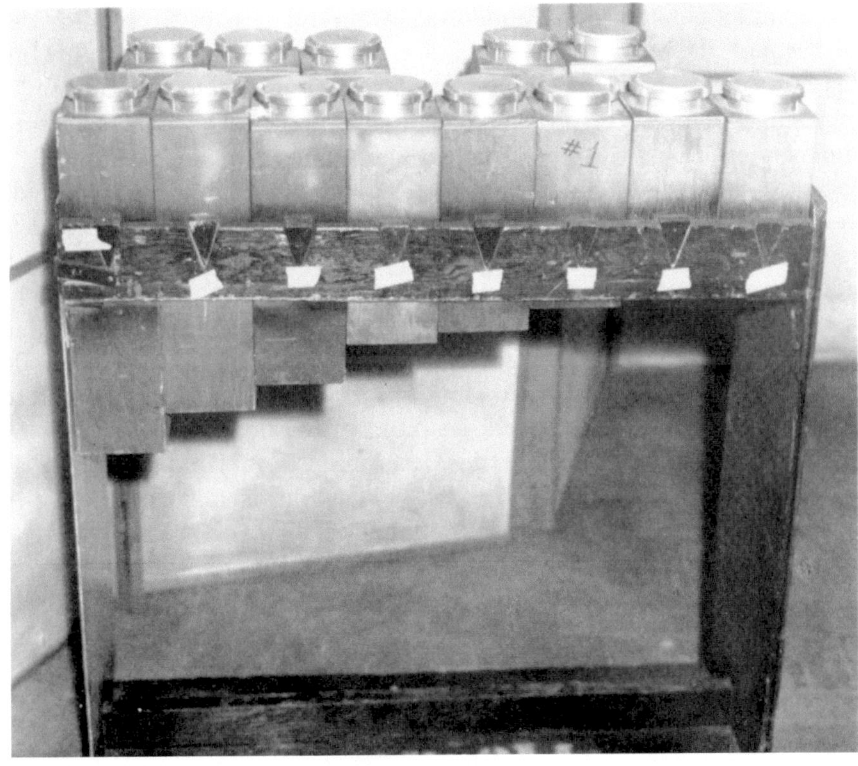

Boo-Bam-Satz

Der Tonumfang von zwei Oktaven reicht von F bis f^1 (die Abbildung zeigt ein einoktaviges Instrument) und setzt die Bespielung mit Fingern oder weichen Anschlagmitteln voraus, was allerdings eine Klangverstärkung mittels Elektroakustik notwendig erscheinen läßt. Harte Schlägel oder Metallstäbe erzeugen einen geräuschhaften hohen Fellklang, der den eigentlichen Resonanzklang weitgehend überdeckt. H. W. Henze verwendet in „Heliogabalus Imperator" Boo-Bams mit dem Umfang von c^0 bis f^1.

Schellentrommel oder Tamburin

Anschlagmittel üblich:	Con la (oder colla) mano (mit der Hand)
außergewöhnlich:	Hartfilzschlägel Trommelstöcke Triangelstab

Geschichtliches. Die Schellentrommel oder „das Tamburin" genannt, war schon den alttestamentlichen und auch den primitiven asiatischen Völkern bekannt. Die Spielleute des Mittelalters übernahmen sie aus dem römischen Kulterbe, sie wurde heimisch bei den Zigeunern, in Spanien und im südlichen Italien. Dort überall behielt sie ihre Rolle als volkstümliches, tanzbegleitendes Instrument bis heute. Gegen 1800 bekam sie einen ständigen Platz in der von den Türken übernommenen Janitscharenmusik der europäischen Militärkapellen und bald darauf erschien sie im Orchester, wo sie sich als ein das tänzerische und folkloristische Element betonendes Instrument behauptete.
Die Spanier nennen sie „Pandereta", während sich in Frankreich der Name „Tambour de basque" dafür einbürgerte. In der übrigen westeuropäischen Musikwelt wurde ihm aus nicht mehr genau zu erklärenden Gründen der Name „Tamburin" oder „Tambourin" gegeben, wodurch Verwechslungen mit der in Werken französischer Komponisten vorkommenden Röhrentrommel der Provenzalen — dem „Tambourin" der französischen Sprache — entstehen (siehe Seite 91). Letzterer Begriff ist also in jedem Fall zutreffend, wenn dieser Name im Notenmaterial französischer Herkunft erscheint.
Bau. Die Schellentrommel entspricht in der Bauart der auf Seite 106 beschriebenen Rahmentrommel. In der ca. 7 cm schmalen Zarge befindet sich eine Anzahl von Ausschnitten in gleichmäßigen Abständen, in die gehämmerte Messingblechschellen — paarweise auf Drahtstifte gereiht — eingebracht sind. Je nach Größe des Rahmens, dessen Durchmesser etwa 25 bis 35 cm haben kann, sind bis zu 20 solcher Schellenpaare montiert. Auf ihren Drahtstift-Achsen lose hängend, gestattet ein geringer Spielraum das Aneinanderklirren der Plättchen beim Schütteln des Instruments oder Schlagen des Felles. Um für die haltende Hand eine Griffmöglichkeit zu schaffen, ist die Zarge etwa eine Handbreit von Schellen ausgespart und meist mit einem Griffholz versehen.
Die paarweise aufeinanderliegenden Schellenplättchen mit ihren leicht gebogenen Rändern haben einen Durchmesser von ca. 5 cm. Der eigentümliche hohe Rasselklang ist von ziemlicher Tragfähigkeit. Kleinere Instrumentalensembles gebrauchen Instrumente mit geringerer Schellenbestückung, während große Orchester und besonders die Schlagtonorchester C. Orffs die Besetzung klangvoller Orchestertamburins erfordern.
Das straffe Aufziehen des Felles erfolgt auf Spannreifen oder durch Aufnageln auf die Außenwand des Rahmens. Der Höhe des Fellklanges kommt keine Bedeutung zu, deshalb

kann — im Gegensatz zur Rahmentrommel — auf eine mechanisierte Fellspannvorrichtung verzichtet werden, dies zugunsten einer Gewichtsverminderung und der Möglichkeit, den äußersten Rand als Anschlagstelle zu leisester Klanggebung wählen zu können.

Spielweise. Die Handhabung der Schellentrommel geschieht in verschiedenen, in sich differenzierten Arten. Einzelne Schläge und rhythmische Folgen werden mit den leicht zusammengepreßten Spitzen des Daumens und des Mittelfingers geschlagen, wobei der Zeigefinger gewichtsbestimmend dazu angelegt wird. Der Anschlagfleck befindet sich auf dem Fell, gegenüber der haltenden Hand, etwa 3—4 cm vom Rand entfernt. Schläge von sehr schwacher Dynamik werden am äußersten Rand ausgeführt. Um den Klang möglichst kurz und präzise zu gestalten, ist es notwendig, das Instrument in einer nahezu horizontalen Lage zu halten, denn dabei dämpfen sich die Schellen unmittelbar nach dem Erregtwerden durch ihr Aufeinanderliegen selbst ab. Je mehr man das Tamburin in Senkrechtstellung bringt, um so lockerer und klangschwächer sprechen die Schellen an und um so mehr tritt der Fellklang mit in den Vordergrund.

Letzterer wird auch durch Schläge mit dem Handballen, mit der Faust oder mittels Effektschlag gegen den Ellenbogen oder das Knie sehr stark forciert. Schnelle Schlagfolgen, die mit einer Hand nicht mehr auszuführen sind, müssen mit den Fingerspitzen beider Hände auf dem Rand des Felles geschlagen werden, während das Tamburin auf den leicht gespreitzten Knien ruht und nötigenfalls mit beiden Unterarmen oder Handballen festhaltend angepreßt wird.

Während der Tänzer das Tamburin mit einer Hand schüttelt, um einen Wirbel zu erzeugen, wird das Orchesterinstrument in der Regel mit beiden Händen senkrecht vor den Körper gehalten und in rasche Vibration gebracht. Dabei können beliebig lange Wirbel in dynamischen Abstufungen gespielt werden. Ein wesentlich dichterer und intensiverer Wirbel läßt sich durch das Streifen über das Fell mit der angefeuchteten Daumenspitze erreichen. Letztere wird am unteren Fellrand angesetzt und im Halbrund entlang der Randkante nach oben geführt, wobei sie — durch die Hautfeuchtigkeit bedingt — mit kleinen raschen Sprüngen dem Fell trommelwirbelartige Stöße übermittelt und dadurch die Schellen in sehr dichte Rasselbewegung versetzt. Auch hier werden Abstufungen der Lautstärke erreicht durch entsprechenden Fingerdruck und die Haltung des Tamburins; je flacher das Instrument gehalten wird, desto intensiver ist das Klirren. Da der Weg des springenden Daumens begrenzt ist — nur wenige beherrschen die Kunstfertigkeit, einen ununterbrochenen Wirbel durch Auf- und Abführung des Fingers zu produzieren —, muß mit seiner befristeten Zeitdauer gerechnet werden, will man nicht eine Unterbrechung in Kauf nehmen. Ein Wirbel dieser Art kann im Forte etwa 3 Sekunden dauern, im Piano ca. 8 Sekunden.

Verwendung und besondere Effekte. Eine der ersten Orchesterverwendungen der Schellentrommel ist in C. M. von Webers Schauspielmusik zu „Preziosa" (1821) zu finden. R. Wagner besetzte sie in der in italienischer Manier geschriebenen Ouvertüre „Das Liebesverbot" (1834), in Ouvertüre und Bacchanal des „Tannhäuser" (1845) und im Vorspiel zum 3. Akt des „Lohengrin" (1850). H. Berlioz hat die „Tambour de basque" in der Ouvertüre „Römischer Carneval" (1844) eingesetzt, und Bizets „Carmen"-Partitur (1875) enthält einen besonders charakteristischen Part dafür.

G. Verdi läßt das Tamburin mit den Kastagnetten die Volkschöre hinter der Szene in den Opern „La Traviata" (1853) und „Don Carlos" (1867) begleiten. P. Tschaikowsky ver-

wendete es im „Nußknacker“-Ballett (1892) und im „Capriccio italien“ (1880), M. de Falla in „Der Dreispitz“ (1919), N. Rimsky-Korsakow in „Scheherazade“ (1888).
Im 20. Jahrhundert ist es bereits ein Orchesterinstrument, das – von der Folklore entfernt – vorwiegend als eigenständige Klangkomponente fungiert. Dies ist z. B. in den Opern von R. Strauss: „Salome“ (1905), „Elektra“ (1909), „Der Rosenkavalier“ (1911), „Ariadne auf Naxos“ (1916), „Die Frau ohne Schatten“ (1919) festzustellen.

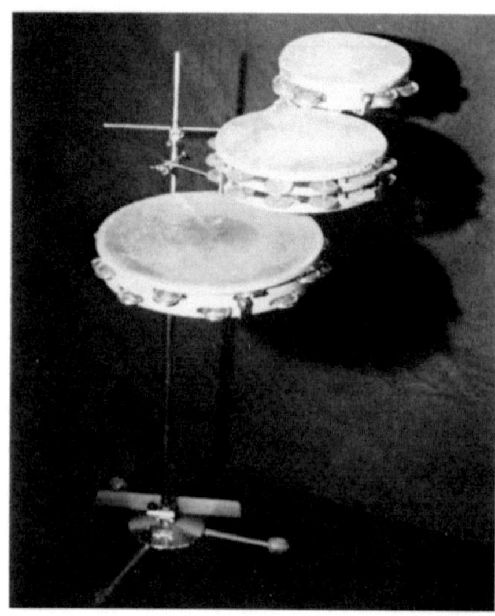

Schellentrommeln auf Auflageständer

Die massierte Besetzung von Tamburins wird von H. Berlioz in seiner Instrumentationslehre empfohlen. In Anwendung brachte sie C. Orff in seinen Bühnenwerken „Trionfi“ und „Antigonae“. H. W. Henze läßt in der Oper „Elegie für junge Liebende“ drei Tamburins in verschiedenen Größen – also klanglich abgestimmt – spielen. Einen besonderen Effekt ersann I. Strawinsky, als er in „Petruschka“ das Tamburin bei einer dramatischen Stelle nach Vorschrift zu Boden fallen läßt. Dabei genügt es, das Instrument nur wenige Zentimeter über den Fußboden zu halten und es so fallen zu lassen, daß es mit den Rändern gleichzeitig aufschlägt. H. W. Henze hat in der Oper „Il re cervo“ eine ungewöhnliche Schlagweise vorgeschrieben: hier sind abwechselnd das Tamburinfell sowie ein Schellenpaar am Rande anzuschlagen, ersteres mit dem Daumen, das zweitgenannte mit dem Mittelfinger.
Als *Schlägel* können Arten verwendet werden, deren Anschlag hart und knapp genug ist, die Schellen in präzise Bewegung zu bringen, zum Beispiel: kleine Trommelschlägel, kleine Weich- oder Hartfilzschlägel, Becken-, Xylophon-, Triangelschlägel, Metallstäbe, Nadeln (siehe Notenbeispiel Nr. 88).
Beispiele: I. Strawinsky: „Die Geschichte vom Soldaten“; O. Respighi: „Pini di Roma“; H. W. Henze: „Elegie“ (Notenbeispiele Nr. 38, 66), „Antifone“ (siehe Notenbeispiel Nr. 67); B. Blacher: „Der Mohr von Venedig“.
Soll das Tamburin durch einen Spieler mit anderen Schlaginstrumenten kombiniert gespielt werden, so ist es auf einen Ständer (etwa einen kl. Trommelständer) zu legen und mit entsprechenden Schlägeln zu schlagen. Bei Strawinskys „Geschichte vom Soldaten“ sind es einmal kleine Weichfilzschlägel, mit denen abwechselnd Tamburin, Kleine Trommel

ohne Saiten und Große Trommel geschlagen werden; an anderer Stelle sind Triangelschlägel vorgeschrieben für Tamburin, Triangel, Kleine Trommel ohne Saiten und Große Trommel.

Die Besetzung mehrerer, klanglich abgestufter Schellentrommeln für einen Spieler bedingt natürlich ebenfalls die Benutzung von speziellen Auflageständern (siehe Abbildung Seite 112).

Auf dem mit Schlägeln geschlagenen Tamburin können — im Gegensatz zum einhändig geschlagenen — sehr schnelle Schlagfolgen hervorgebracht werden. Dagegen erreichen Wirbel, die in der Manier des Paukenschlagens auszuführen sind, nicht die Dichtheit des Daumen- oder Schüttelwirbels.

Die Reibtrommeln

Waldteufel, Brummtopf

Der *Waldteufel* war möglicherweise einst ein Zeremonialinstrument urwüchsiger Stämme; seine Herkunft kann aus Indien angenommen werden. Bekannt ist er in Asien, Afrika, Nordamerika und Europa, hier als Kinderinstrument.

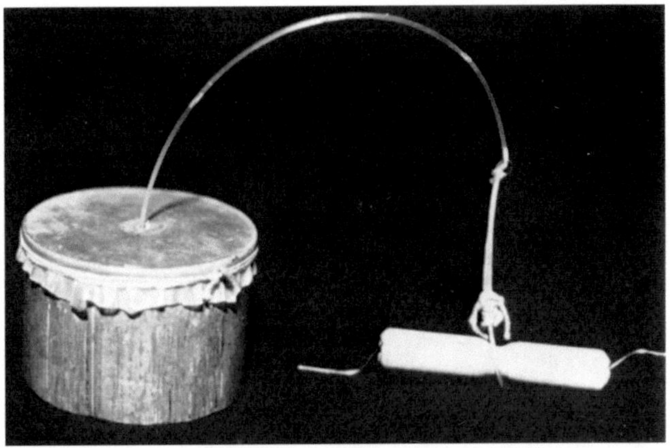

Waldteufel

Seine Herstellung ist einfach: einen kleinen Blechzylinder ohne Boden — Durchmesser ca. 8 cm, Höhe ca. 6 cm — überspannt man auf einer Seite mit einer dünnen Fellmembrane. Diese wird in der Mitte durchlöchert und eine ca. 30 cm lange, dünne Saite durchgezogen, die am Ende, an der Unterseite des Felles, mit einem Knoten gesichert ist. Das andere Ende kommt mit einer Schlinge in die Einkerbung eines hölzernen Handgriffes. Durch die Schleuderbewegung mittels des Griffes — als Achse — schwingt der Zylinder durch die Luft, und die vibrierende Saite überträgt das brummig knarrende Geräusch der sich reibenden Schlinge (die Kerbe des Griffes ist dazu mit Kolophonium bestrichen) auf die Fellmembrane. Weil diese Betätigung entsprechenden Platz zum Schwingen erfordert, hat sich für den Gebrauch im Orchester eine günstigere Spielmethode gefunden: der als Resonator wirkende Zylinder wird zwischen die Knie geklemmt und der Griff durch eine — für die Saitenschlinge eingekerbte — hölzerne Welle ersetzt. An deren beiden Enden sind einfache Kurbeln angebracht, mittels derer die erforderliche Drehbewegung bei angespannter Saite beidhändig auszuführen ist (siehe Abbildung oben). Durch schnelleres oder langsameres Drehen und mehr oder weniger starkes Anspannen der Saite können auf diese Weise auch die Klangfarbe und -stärke begrenzt abgestuft werden.

Den komisch-kauzigen Klangeffekt des Waldteufels verwendet C. Orff in seiner Schauspielmusik zu Shakespeares „Ein Sommernachtstraum", M. Kelemen in „Composé".

Die Funktion des *Brummtopfes* beruht auf demselben Prinzip, er ist die große Ausführung der Reibtrommel. Als Volks- und Kinderinstrument läßt er sich in Europa seit etwa 1600 nachweisen, sein Ursprung wird in Afrika angenommen. In der lateinamerikanischen Tanzmusik sind häufig Stabreibtrommeln mit den Namen Cuíca, Puita, Roncador usw. in Verwendung (siehe Abbildungen Seite 115: Handhabung der Cuica).

Der Resonanzkörper des Brummtopfes ist je nach Herkunft ein Tontopf, ein Faß-, Holz-, Papp- oder Blechzylinder mit Boden. Wie beim Waldteufel ist der Resonanzkörper mit einem Fell (früher Blase) überzogen. Während bei der als Stabreibtrommel bezeichneten Art ein Holz- oder Rohrstock auf das Fell gestellt und mit beharzter Hand gestrichen wird, hat die sogenannte Fadenreibtrommel als Klangerzeuger eine aus der Mitte des Felles führende Saite, die mit einem angefeuchteten Stück Leder durch Entlangstreifen in Vibration gebracht wird (siehe nachstehende Abbildungen).

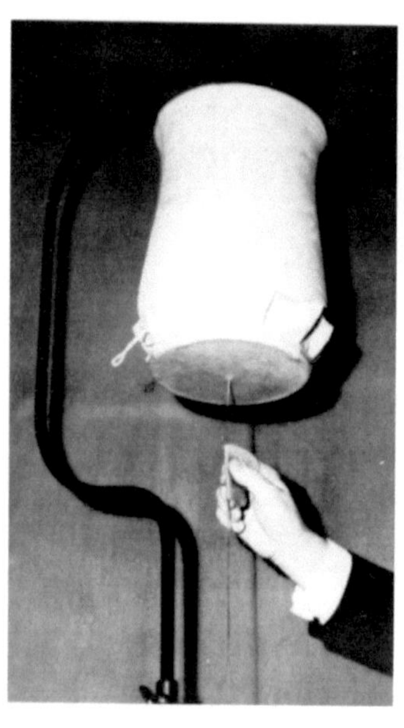

Brummtöpfe

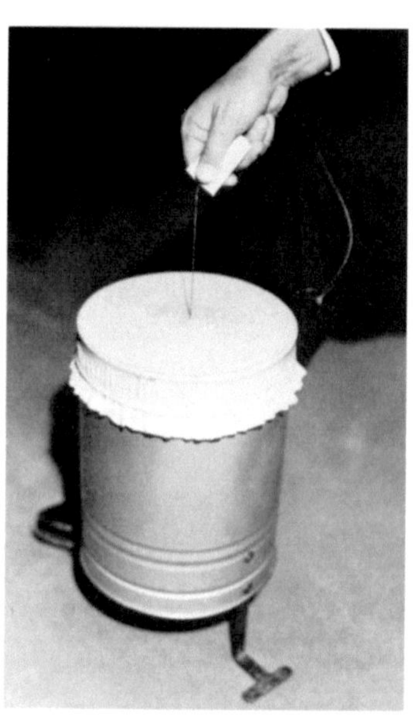

Je nach Intensität dieser Handhabung entsteht ein dumpfes, brummendes Geräusch, das zu ziemlicher Lautstärke gesteigert werden kann. Im Englischen führt das Instrument den bezeichnenden Namen „lions roar" (Löwengebrüll). Für den Gebrauch im Orchester empfiehlt sich zur Herstellung einer solchen Trommel ein mit dünnem Fell überzogener Holz- oder Blechzylinder, etwa in Größe eines 10-Liter-Eimers, der auf ein Sockelbrett montiert wird. Durch das kleine, in der Mitte mit einer glühenden Nadel eingebrannte Loch wird die Saite gezogen. Um ein Ausreißen zu vermeiden, soll vor dem Saitenknoten eine Beilagscheibe aus stärkerem Fell aufgereiht werden.

E. Varèse läßt die als „Tambour à corde" bezeichnete Saitentrommel in der „Ionisation" (1931) langgezogene Töne an- und abschwellend produzieren (Notenbeispiel Nr. 109).

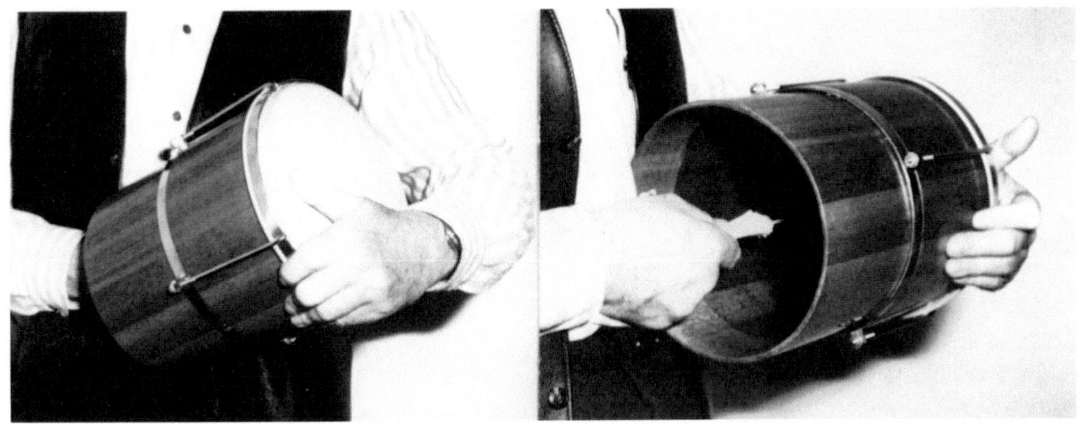

Handhabung der Cuica

J. Cage verwendet den Brummtopf in „March“ (Imaginary Landscape Nr. 2) und in „Third Construction“, B. A. Zimmermann in „Die Soldaten“.
W. Hiller schrieb das „Solo für ein Löwengebrüll“, bei dem zahlreiche unterschiedliche Spielanweisungen gegeben sind, wie z. B. reiben, zupfen, mit Bogen streichen, sowie Anschlagen der Saite oder des Felles mit Besen, Metallstab, Schlägel. Zur Verwendung kommen drei verschieden große Brummtöpfe.

Die Handtrommeln

Darabukka (arabische Handtrommel); Bongo-Trommeln; Conga-Trommel, auch Tumba oder Tumbadora genannt; die Tablas.

Allgemeines

Mit der Hand geschlagene, fellüberspannte Trommeln sind vielen Urvölkern aller Kontinente als primäre Musikinstrumente eigen gewesen. Von den unterschiedlichen Arten, die man nach ihren Formen Konus-, Doppelkonus-, Faß-, Zylinder- und Sanduhrtrommeln nennt, sind einige in unseren Kulturkreis übernommen worden. Besonders die Instrumente aus den lateinamerikanischen Ländern erfuhren allgemeine Verbreitung und Nachahmung, bedingt durch das steigende Interesse an süd- und mittelamerikanischer Tanz- und Volksmusik.

Darabukka

Der vasenförmige, oben sich weitende Schallkörper der aus arabischen Ländern importierten Handtrommel — Darabukka — oder Tambour arabe — ist aus gebranntem Ton hergestellt und mit einem Tierfell (Hammel) überzogen, das durch eine Verschnürung in Spannung gebracht wurde.
Die Größenverhältnisse dieses Handtrommelkorpus betragen etwa zwischen 10—45 cm in der Höhe und 8—30 cm im Durchmesser des Fellkreises.
Im Klima unseres Breitengrades sind die primitiven Volksinstrumente nur bedingt verwendbar, da die Felle der größeren Trommeln meist zu stark erschlaffen. In ihren Her-

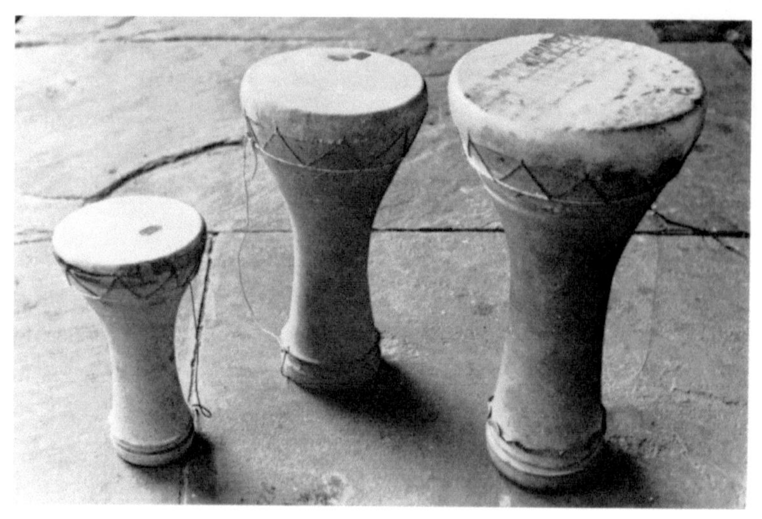

Arabische Darabukken

kunftsländern und in den USA werden heute Darabukken in einigen Größenunterschieden aus Metall hergestellt, die mit dem Fell-Spannmechanismus der Kleinen Trommel ausgerüstet sind (siehe Abbildung Seite 97). Allerdings verliert ein Instrument mit Metallkorpus Wesentliches von dem spezifischen Klangcharakter, den solche aus Ton besitzen. Die Darabukka wird vom Spieler zwischen Armbeuge und Körper geklemmt und mit Händen oder einzelnen Fingern in der Fellmitte und am Rand geschlagen. Hochgespannte Trommeln klingen sehr scharf und hell, wenn sie auf Fell und Randkante zugleich angeschlagen werden. Ein Schlag auf den Bereich des Fellzentrums läßt bei den größeren Instrumenten den tiefen Klang des Resonanzraumes stark hervortreten, wobei das kurze, eigentümliche Aufwärtsglissandieren nach einem harten Anschlag bemerkbar wird. Für die Verwendung in der europäischen Musik gibt es nur wenige Beispiele.
Einige französische Komponisten, wie z. B. H. Tomasi (Konzert für Schlagzeug und Orchester), A. Jolivet (Konzert für Klavier und Orchester), haben die arabische Trommel in den

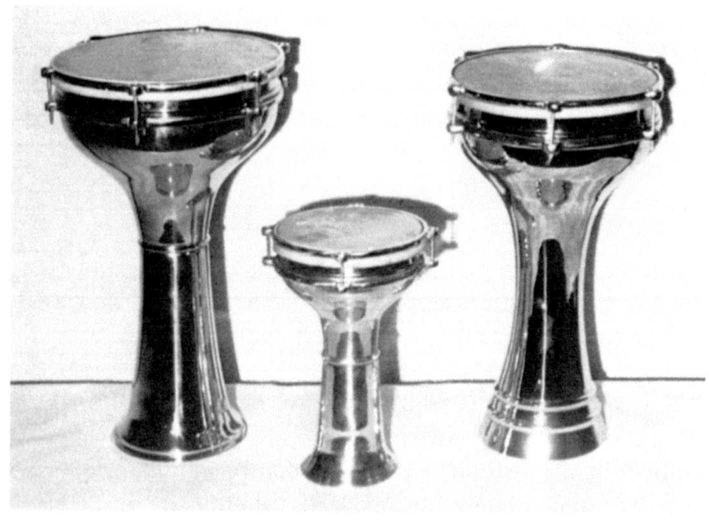

Darabukken mit Spannschraubenmechanismus

Schlagzeugpart als zusätzliches Fellinstrument eingefügt. Dabei sind sie – abwechselnd mit anderen Trommeln – mit kleinen Weich- oder Hartfilzschlägeln zu schlagen. Dazu ist es erforderlich, die Trommel in einer Haltevorrichtung zu installieren.
C. Orff hat in „Prometheus" handgeschlagene Darabukken besetzt (siehe Notenbeispiel Nr. 68), ebenso J. Ibert in seiner „Suite symphonique" (Darboukka).

Bongo-Trommeln

Bau. Die *Bongo-Trommeln,* kurz *Bongos* genannt, sind die klanghöchsten Fellinstrumente der lateinamerikanischen Handtrommelgruppe. Die paarweise zusammengekoppelten, größenunterschiedlichen Resonanzkörper sind in konischer Form aus Hartholz-Längsstreifen gefalzt und geleimt und mit einer Ziegenfellmembrane überzogen. Die ursprünglichen und primitiven Instrumente erfuhren die Fellspannung durch Aufnageln auf den Holzkorpus, während moderne Bongos durch einen Schraubenmechanismus in Spannung und auf die erforderliche Klanghöhe gebracht werden können.
Der lichte Durchmesser der fellüberzogenen Seite der größeren Trommel eines normalen Bongopaares beträgt ca. 19 cm, bei einer Korpuslänge von ca. 14 cm. Die Maße der kleineren Bongo-Trommel betragen ca. 18 bzw. 14 cm.
Die sogenannte „mexikanische" Ausführung unterscheidet sich von einem normalen Bongopaar durch kleinere Maße, die Verringerung dürfte ca. 3–6 cm betragen.
Im Gegensatz zu allen stockgeschlagenen Trommeln sind die Fellwickel- und die Druckreifen sowie die Spannschrauben unter den Korpusrand versetzt, so daß die Fellkante erhaben liegt.
Die Einstimmungsmöglichkeiten von Bongos normaler Größe sind folgende:
Größeres Bongo: $g - d^1$
Kleineres Bongo: $a - e^1$
Bongos in der kleineren Bauart können klingen in:
$c^1 - g^1$
$d^1 - a^1$
In der Regel ist keine Stimmung vorgeschrieben. Sie wird so gewählt, daß der Klangunterschied zwischen beiden Bongos gut merklich ist (etwa eine Quarte). Es kann aber auch die Notwendigkeit einer Abstimmung mit weiteren Bongos oder anderen Fellinstrumenten (Congas, Tom-Toms etc.) bestehen.
Spielweise: Die für jeden Handtrommeltyp charakteristische Bauart ermöglicht es dem Spieler, mit den als Anschlagmittel dienenden Fingern den oberen Korpusrand und das Fell gleichzeitig anzuschlagen. Die Klangkraft dieser Schlagweise, die auf demselben Prinzip wie der Randstockschlag der Kleinen Trommel beruht, ist bedeutend größer als die auf dem Fell allein ausgeführte. Auf solche Art – mit der Innenkante der Zeigefinger – werden profilierte Figuren und Wirbel geschlagen. Letztere erfordern eine überaus dichte Schlagfolge wegen des sehr kurzen und trockenen Bongoklanges.
Geübte Spieler können durch Schlagen mit den einzelnen Fingern, den Fingerspitzen oder den ganzen Händen auf und am Rand sowie in der Mitte der Felle verschiedene Klangnuancen hervorbringen. Ein Unterschied entsteht auch dadurch, wenn die Finger oder die Hände, die angeschlagen haben, auf dem Fell liegenbleiben (geschlossener Schlag) oder schnell abgezogen werden (klingender Schlag). Außerdem kann eine Hand das Fell dämp-

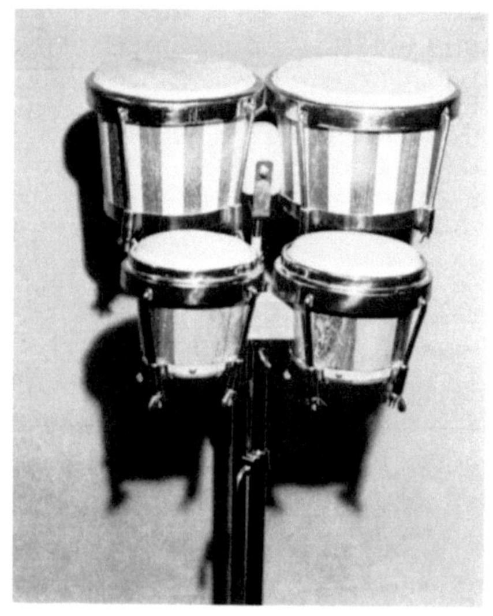

Bongos

fen oder durch Druck in höhere Spannung bringen, während mit den Fingern der anderen Hand geschlagen wird (gedämpfter Schlag).
Sind diesbezügliche Vorschriften beabsichtigt, so geschieht es am besten durch Symbolzeichen, die am Anfang der Schlagzeugstimme erklärt werden. Andernfalls wird der Spieler nur den Grundschlag wählen oder nach eigenem Ermessen variieren.

Symbolzeichen-Erklärung

Grundschläge: Zeigefinger (Innenrist) schlägt auf Fell und Rand scharf an.
a) ⊓ Läßt man dabei den Finger liegen, so spricht man vom *geschlossenen* Schlag,
b) ⊓ zieht man ihn sofort ab, so ist es der *klingende* Schlag.
Fellzentrumsschläge: Das Fell wird im Zentrum mit der Fingerkuppe angeschlagen,
c) • in dieser Weise als *geschlossener* Schlag bezeichnet,
d) ∘ als *klingender* Schlag bezeichnet.
Auf das Fellzentrum wird ein kräftiger Schlag, aus dem Handgelenk schnellend, mit dem Daumen ausgeführt,
e) ⊔ als *geschlossener* Schlag,
f) ⊔ als *klingender* Schlag.
g) ⊓ Der *gedämpfte* Schlag entsteht, wenn eine Hand auf das Fell gelegt wird und der Zeigefinger der anderen Hand das Fellzentrum schlägt.

Hieraus lassen sich differenzierte Schlagfolgen erzielen, wobei die Grundschläge gegenüber den Fellzentrumsschlägen die größere Klangsteigerungsmöglichkeit besitzen.

Beispiel mit Symbolzeichen-Anschlagvorschrift

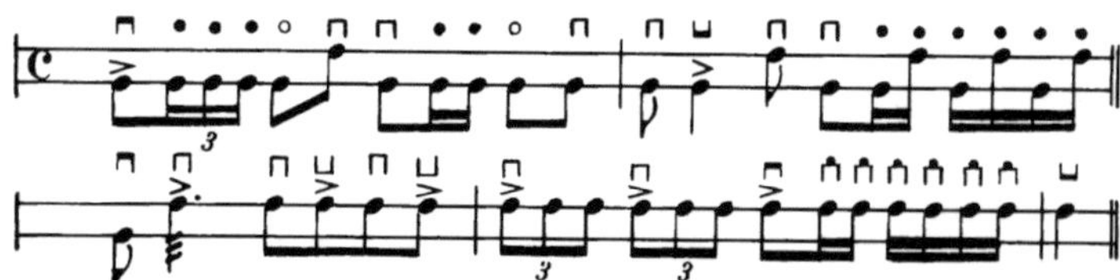

Bongospieler der Volks- und Tanzmusikensembles klemmen die Bongo-Trommeln während des Spielens sitzend zwischen die Knie. Diese Haltung wird in der Regel auch sonst immer angewandt, wenn der Schlagzeuger seine Tätigkeit nur auf das Bongo-Schlagen mit den Fingern beschränkt.
Die Bongos können aber auch paarweise auf einen Ständer montiert und in mehrfacher Besetzung oder mit anderen Instrumenten nebeneinander geschlagen werden.
Bei Verwendung von Schlägeln sind naturgemäß die vorher beschriebenen variablen Anschlagmöglichkeiten ausgeschlossen. Hier können unterschiedliche Klangnuancen nur die Arten der Schlägel erbringen. Als solche kommen in Frage: kleine Weichfilzschlägel, kleine Hartfilzschlägel, Trommelstöcke oder Schlägel von ähnlicher Beschaffenheit.
Beispiele: E. Varèse: „Ionisation" (Notenbeispiel Nr. 109); W. Egk: „Der Revisor", „Variationen über ein karibisches Thema"; W. Killmayer: „La Buffonata", „Orfeo", „Kammermusik für Jazzinstrumente"; C. Orff: „Astutuli", „Weihnachtsspiel", „Oedipus der Tyrann"; P. Boulez: „Le marteau sans maître"; W. Fortner: „In seinem Garten liebt Don Perlimplín Belisa" (5 Bongos); W. Kotoński: „Musique en relief" (Notenbeispiele Nr. 77, 88) u. a.

Conga-Trommeln

Herkunft und Bau. Die Conga-Trommel, auch Tumba oder Tumbadora genannt, entstand aus der afrikanischen Negertrommel, die aus einem länglichen Stück eines ausgehöhlten Baumstammes gefertigt wird und über deren obere Öffnung ein Fell gespannt ist.
Die schwarzen Sklaven Afrikas brachten sie mit anderen Instrumenten nach Lateinamerika, wo sie zu einem typischen Rhythmusinstrument der Rumba-Bands wurde. Die sich daraus entwickelten Handtrommeln haben die Form eines langgezogenen Fasses oder eines konischen Körpers.
Wie die Bongos werden auch sie aus gefalzten und geleimten Längsstreifen eines zähen, aber sehr leichten Holzes gefertigt. Ihre Größen und Durchmesser sind unterschiedlich und damit auch ihre Klanghöhe, die an die der Bongos anschließt und nach unten erweitert ist. Die ursprüngliche Fellspannung durch Verschnürung und später Aufnagelung wurde durch

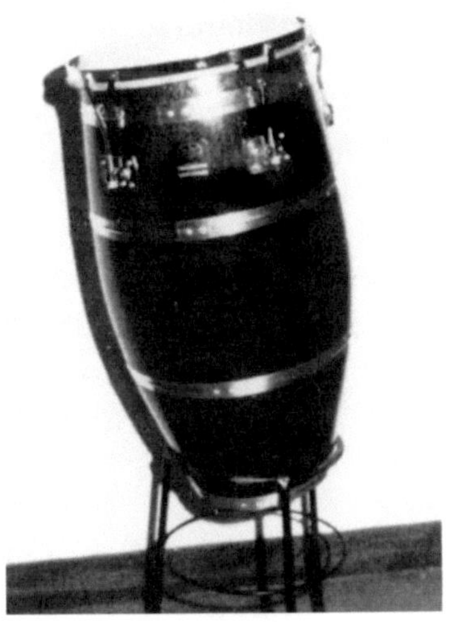

Baß-Conga

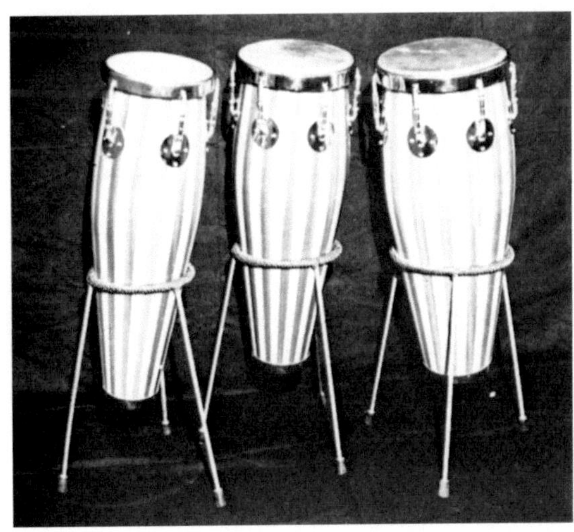

Congas

den Spannblock- und Druckreifenmechanismus ersetzt. Damit ist auch hier die Einstimmungsmöglichkeit wie bei den modernen Bongos gegeben. Für den Gebrauch in unseren Musikformen haben sich drei Größen eingebürgert, kleine, mittlere und tiefe Conga genannt, die bei einem Felldurchmesser von 23 bis 29 cm einen annähernd meßbaren Gesamtklangbereich von ca. c bis c^1 aufweisen.
Durch die Anbringung von drei verstellbaren Standbeinen befindet sich das Instrument senkrecht vor dem Spieler.
Ursprünglich wurde es an Lederriemen um die Schulter gehängt und in Hüfthöhe geschlagen.
Spielweise. Die Eingeborenen trommeln in differenzierter Weise mit den Fingerspitzen, Fingergliedern, Handballen, Handflächen, Fäusten und erreichen mit einer stupenden Technik eine umfassende Lautstärken- und Farbskala. Die Conga-Schlagtechnik der lateinamerikanischen Instrumentalensembles beschränkt sich vorwiegend auf den sparsamen Gebrauch von Grundschlägen, die von der ganzen Hand ausgeführt werden, während die fingertechnischen Figuren fast nur den Bongos überlassen bleiben.
Der Anschlag erfolgt mit den fest aneinandergelegten, etwas gewölbten Fingern der ganzen Hand. Dabei ergeben sich folgende Anschlagsarten und ihre Symbolzeichen:

a) Der *geschlossene* Schlag auf Fell und Rand:
   ▀ Hand bleibt nach Schlag liegen.
b) Der *klingende Schlag* auf Fell und Rand:
   ∩ Hand wird nach Schlag schnell zurückgezogen.
c) Der *geschlossene* Schlag in das Fellzentrum: •
d) Der *klingende* Schlag in das Fellzentrum: ∘
e) Der *gedämpfte* Schlag, wobei eine Hand schlägt, während die andere das Fell dämpft
   ∩̇ oder durch Druck in Spannung bringt.

Die Schlagarten b) und d) erlauben die Ausführung eines Wirbels.
In durchsichtiger, kammermusikalischer Instrumentierung kann auch die bei Bongos oder Tablas übliche Anschlagtechnik (mit einzelnen Fingern) Anwendung finden. Dabei sind durch Schläge mit dem Handfingerrücken stärkere Akzentuierungen zu erreichen.
Eine Anwendung von Schlägeln nimmt dem Conga-Klang viel von der charakteristischen Couleur und wird in der Regel vermieden.
Beispiele: R. Liebermann: „Concerto for Jazzband and Symphony Orchestra" (Notenbeispiel Nr. 104); G. Gershwin: „Porgy and Bess"; W. Egk: „Variationen über ein karibisches Thema", „Die Verlobung in San Domingo" (siehe Notenbeispiel Nr. 69); C. Orff: „Weihnachtsspiel", „Oedipus der Tyrann", „Prometheus" (Notenbeispiele Nr. 68, 93); B. Britten: „The Prince of the Pagodes"; W. Killmayer: „Orfeo", „Le petit Savoyard", „Kammermusik für Jazzinstrumente"; M. Kelemen: „Der neue Mieter", „Radiant"; W. Heider: „Konflikte"; Bo Nilsson: „Ein irrender Sohn" (Notenbeispiel Nr. 88).

Die Tablas

Die Tablas, Handtrommeln der Inder, fanden in der Musikwelt Beachtung durch konzertierende indische Musikerensembles mit ihren Nationalinstrumenten. Hier paarweise ver-

links:
Banya

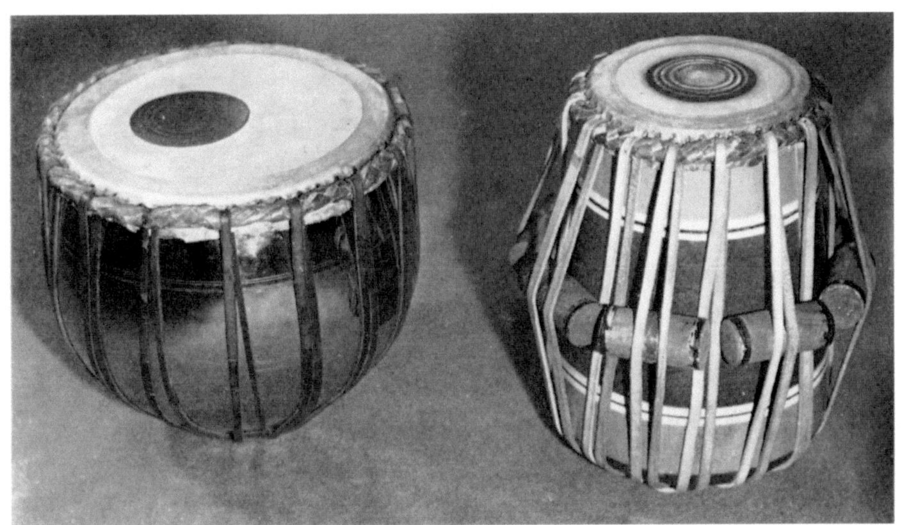

rechts:
Tabla

wendet, werden sie vom Spieler mit einer bewunderungswürdigen Fingervirtuosität geschlagen, wobei aber jede Hand immer nur auf ein und dieselbe Trommel schlägt.

Der Resonanzkörper der rechten Handtrommel — genannt *Tabla* — ist meist aus Holz und in der Fom eines abgestumpften Kegels verfertigt. Die linke Handtrommel — *die Banya* — weist einen mehr halbkugelförmigen Korpus aus Metall auf. Die Höhe der Instrumente kann etwa 25—30 cm betragen, der Durchmesser der Felle ca. 15—23 cm. Die Einstimmung der Tabla erfolgt durch Holzblöckchen, die zwischen dem Korpus und den Lederbändern der Fellverschnürung klemmen und mit einem kleinen Hammer hinauf- oder heruntergedrückt werden, so die Fellspannung genauestens regulierend (siehe Abbildung oben). Dagegen wird die erforderliche Klanghöhe der als Bass-drum fungierenden Banya erreicht durch Nachziehen der Lederbandverschnürung, die das Fell auf den Korpus spannt. Eine andere, weiterentwickelte Art der Fellspannung erlaubt eine kontinuierliche Klanghöhenveränderung während des Spielens durch einen mehr oder weniger starken Druck des Handballens auf den Fellrand. Dadurch preßt sich der Korpus auf einen geflochtenen Wulst, auf dem die Trommel basiert, und wirkt so auf die damit verbundene Fellverschnürung ein.

Die Membrane jeder Trommel besteht aus zwei Fellstücken, nämlich dem ringförmig ausgeschnittenen Außenteil, dem das kreisrunde Mittelteil von der Innenseite her aufgeklebt ist. Die nahe der Fellmitte anhaftende dunkelfarbige Paste in kreisrunder Form (Durchmesser ca. 7—8 cm), zusammengesetzt aus verschiedenen Ingredienzien wie Mehl, Reis, Wachs in gehärtetem Zustand, geht zurück auf alte, rituelle Gebräuche, hat aber auch wesentlichen Einfluß auf Stimmung und Klang des Felles.

Die jahrelang geübte und verfeinerte Fingerschlagtechnik eines indischen Tablaspielers zu erreichen, der es vermag, bis zu 16 verschiedenartige, genau bezeichnete Töne zu produzieren, kann einem Schlagzeuger mit seinem vielfältigen Aufgabenbereich kaum annähernd gelingen.

L. Berio schrieb Tablas in „Circles“ (1960) vor (siehe Notenbeispiele Nr. 32, 70); H. Cowell in „Concerto for Percussion and Orchestra“; H. W. Henze besetzte eine indische Handtrommel in „Das Floß der Medusa“ (1968).

Die Tom-Toms

Übersicht: **Chinesische Tom-Toms**

Anschlagmittel üblich: Kleine Weichfilzschlägel

außergewöhnlich: Kleine Hartfilzschlägel
Trommelstöcke

Japanische Faßtrommel - O-Daiko -

Anschlagmittel üblich: Filzumwickelter Holzschlägel
außergewöhnlich: Rundholzstäbe

Flache japanische Felltrommel - Taiko -

Anschlagmittel üblich: Rundholzstäbe

Tom-Tom (moderne Bauart) und Tom-Tom-Spiel

Anschlagmittel üblich: Jazztrommelstöcke

außergewöhnlich: Xylophonschlägel
Marimbaschlägel
Hartfilzschlägel
Weichfilzschlägel

Geschichtliches. Als sich aus der afro-amerikanischen Musik im 19. Jahrhundert der Jazzstil in Nordamerika bildete, entstand eine eigene Perkussionskombination aus den Schlaginstrumenten der damaligen Blasmusikbands und den von Farbigen eingeführten Schlagwerkzeugen. Im Verlauf der weiteren Entwicklung wurden die Instrumente in ihrer Bauart verfeinert und neue mit einbezogen. Im sogenannten archaischen Jazzstil schlugen die Schlagzeuger die „African drums", und da, wo man sie aus Angst vor Sklavenrevolten verboten hatte, benützte man selbstgefertigte Ersatztrommeln aus Fässern, Kisten und ähnlichem. Mit Beginn der klassischen Periode des Blues an der Jahrhundertwende übernahmen die Kleine und Große Trommel die Funktion als Rhythmusträger, was sie auch in den „street-bands" waren.
Nach Einführung der Fußmaschine, durch die man die bisher getrennt geschlagene Große und Kleine Trommel auf einen Spieler vereinigen konnte, begann für diesen die Entwicklung zum vielseitig tätigen Drummer der Jazz-, Swing-, Sweet- und Dancing-bands. Neben Becken und chinesischen Holztrommeln waren es dann die Tom-Toms in verschiedenen Größen, die zu einer Bandbatterie (Drum-set) gehörten.
Beispiele von Sololiteratur: S. Fink: „Beat the Beat", „Machine drums"; W. Hiller: „Katalog I"; T. Roeder: „Rondo in Jazz"; H. von Moisy: „Suite for 3 Drum-sets".

Chinesische Tom-Toms

Bis Ende der dreißiger Jahre wurden *Tom-Toms chinesischer Herkunft oder Machart* mit ihrem typisch rotbraun lackierten Holzkorpus und drachen- oder blumenbemalten, aufgenagelten Fellen bevorzugt. Größere Instrumente hatten die Form eines gedrungenen, bauchigen Fäßchens; sie wurden senkrecht auf eigene Ständer gestellt und dienten meist für attraktive Showdarbietungen orientalischer Prägung.

Die Maße waren:	Felldurchmesser ca.	30— 40 cm
	Korpushöhe ca.	22— 40 cm
	Umfang der Korpusmitte ca.	140—160 cm

Die Klanghöhe dürfte etwa zwischen G und g gewesen sein.

Weitaus mehr verbreitet und handlicher waren die chinesischen Tom-Toms in der Form eines Schweizer Käselaibes. Am leicht gewölbten Korpus mit einem Ring versehen, konnten sie an der Großen Trommel befestigt werden. Mit ein bis drei Exemplaren bildeten sie einen festen Bestandteil der Bandschlagzeuge.

Die Maße der flachen Form:	Felldurchmesser ca.	25—38 cm
	Korpushöhe ca.	10—16,5 cm

Ihre Klanghöhe reichte etwa von c bis c^1.

Der Anschlag erfolgte in der Regel mit einem weichköpfigen Schlägel im mittleren Kreis des Felles und brachte den dumpf schwingenden Ton zur Geltung, der bei den größeren Tom-Toms mehr paukenähnlich klang.

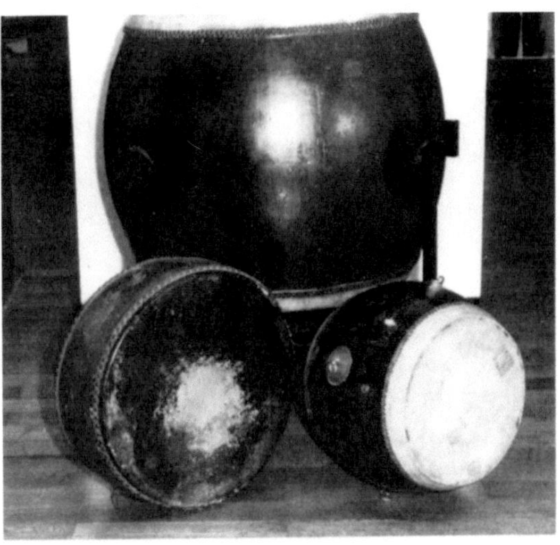

Chinesische Tom-Toms

Verstärkt wurde das Klangtimbre des Instruments durch im Inneren des Korpus angebrachte, freischwingende Spiralfedern, die die Schallwellen in Vibration zu bringen vermochten.

Vereinzelt fand diese Instrumentenart Eingang in Werke der Konzertliteratur, ohne daß Angaben über Größe, Klangvorstellung oder Schlägelanwendung gemacht wurden. Die Auswahl bleibt dem Ermessen und Vermögen des Spielers überlassen, er wird nach Möglichkeit ein chinesisches Tom-Tom entsprechender Größe wählen und mit kleinen Weichfilzschlägeln schlagen.

Beispiele: P. Hindemith: „Symphonische Metamorphosen über Themen von C. M. v. Weber“ (siehe Notenbeispiel Nr. 71); W. Egk: „Die chinesische Nachtigall“ u. a.

O-Daiko

C. Orff hat in seinem 1968 uraufgeführten Werk „Prometheus" erstmals die große japanische Faßtrommel O-Daiko eingeführt. Ihre sehr kompakten Felle von Rindern (Durchmesser ca. 80—100 cm) sind mit starker Spannung aufgenagelt auf einen Korpus aus Holz, der eine Breite von einem Meter und mehr haben kann (siehe Abbildung unten).
Der Anschlag erfolgt mit einem filzgepolsterten, großen Holzkopfschlägel sowie mit Rundholzstäben, während die Trommel, an einem Aufhängering gehalten, in einem hölzernen Gestell frei hängt. Der paukenähnliche Klang ist von großem Volumen und einer ungewöhnlichen Prägnanz.

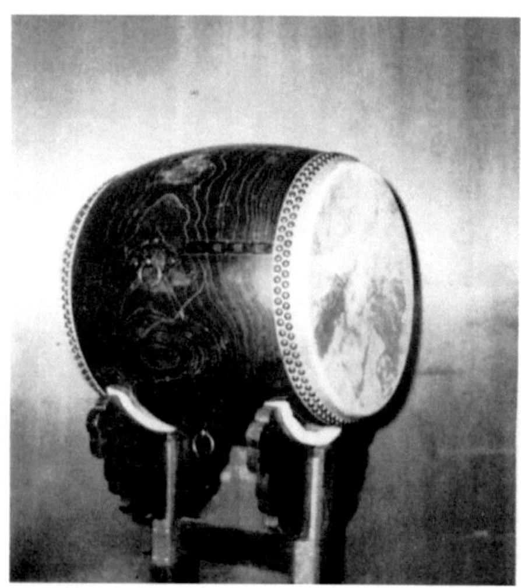

O-Daiko

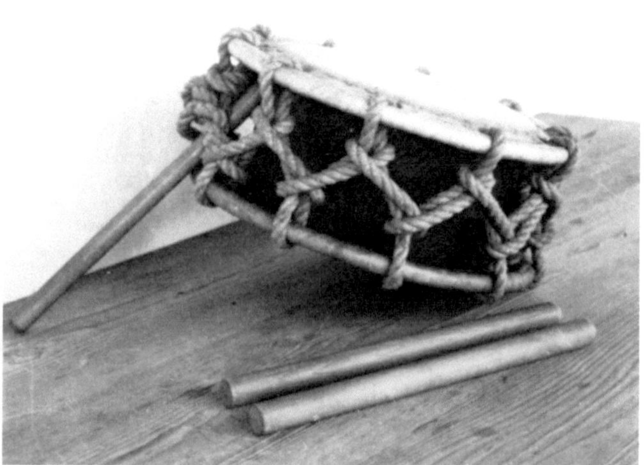

Taiko

In der buddhistischen Musikausübung wird die O-Daiko, die hier „Sodoku" heißt, mit zwei kräftigen Holzstäben sowohl auf das Fell wie auch auf den Korpus geschlagen. Ein besonderer Schrapeffekt entsteht durch das Streifen mit den Schlagstäben über die Fellbenagelung (Notenbeispiele Nr. 68, 72).

Taiko

Ebenfalls in C. Orffs „Prometheus" tritt noch eine japanische Trommel neu in Erscheinung unter dem Namen Taiko.
Mit der flachen Form, ähnlich unserer Kleinen Trommel, fällt besonders die starke Verschnürung der beiden dicken Felle (Pferde- oder Kuhhaut) auf, die in äußerster Spannung auf die Ränder des 16 cm hohen, sehr massiven Holzkorpus (Durchmesser 34 cm) gedrückt werden (siehe Abbildung oben).
Der hell-durchdringende Fellklang mit dem etwas knatternden Anschlaggeräusch entsteht mittels der beiden Schlägel aus Rundholzstäben, die nur Einzelschlagfolgen produzieren (siehe Notenbeispiele Nr. 68, 93, 98).

Moderne Tom-Toms

Die zunehmend bevorzugte Trommelstockarbeit der Jazzdrummer hat es mit sich gebracht, auf die bemalten, empfindlichen Felle der chinesischen Tom-Toms zu verzichten und ein Instrument zu schaffen, das robust genug ist, einer mitunter sehr starken Beanspruchung durch Trommelstöcke standzuhalten.

Bau. Die Entwicklung führte zu einfellig bespannten und mit dem Spannschraubenmechanismus der modernen Trommeln versehenen Tom-Toms aus Sperrholz in zylindrischer Form und verschiedenen Größen. Sehr bald wurde auch die untere Öffnung der Zylinder mit einem Fell verschlossen, womit der dumpfe, aber kurze und trockene Klang erreicht wurde, der dem Stil des Jazzdrummers mit der ebenfalls nachklanggedämpften Großen Trommel und der kurz- und scharfklingenden Kleinen Trommel gerecht ist. Ein im Innern des Korpus fungierender, von außen mit einer Schraube regulierbarer Dämpfer kann auf das sehr kräftige Schlagfell gedrückt werden und so den Klang der Obertöne abdämpfen.

Oberflächlich besehen, ähneln die „Modernen Tom-Tom-Formen" denjenigen der größeren Schnarrsaitentrommeln. Während aber bei letzteren die Korpusgrößenverhältnisse und Fellstärken auf bestmögliche Ansprache der Schnarrsaiten abgestimmt sind, ergeben sich andere Maße für die Erreichung des größtmöglichen Resonanzklangvolumens der Tom-Toms. In der Fabrikation werden Sätze mit sechs verschiedenen Größen hergestellt, die, mehr oder weniger abweichend, folgende Maße aufweisen: Durchmesser 25—45 cm, Höhe 20—60 cm.

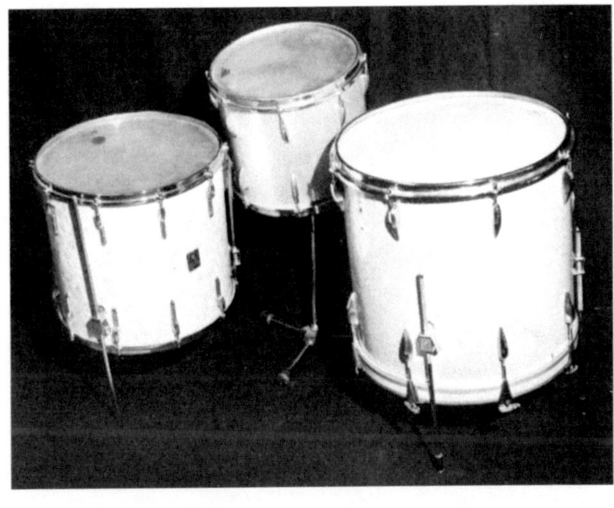

Moderne Tom-Toms

Der Gesamtklangbereich dürfte sich von ca. G bis c^1 erstrecken.

Die kleineren Tom-Toms finden Aufstellung mittels eigener oder kleiner Trommelständer, die größeren haben verstellbare Standfüße. Das Tom-Tom im größten Ausmaß (45×60) entspricht bereits den Maßen einer Großen Trommel kleineren Formats.

Spielweise. Seiner Herkunft nach ein ausgesprochenes Jazzschlaginstrument, wird das moderne Tom-Tom grundsätzlich mit Trommelstöcken geschlagen. Der Drummertechnik entsprechend können jede möglichen Schlagfolgen und -arten im Sinne des Trommelns gespielt werden. Dagegen sind Wirbel nur in Einzelschlägen auszuführen, wenn nicht die Absicht besteht, eine Tenortrommel zu imitieren. Die Anwendung anderer Schlägel ist eigens vorzuschreiben. Eine Skala von mehr volltönender und weichklingender Tongebung wird erreicht durch: Holzkopfschlägel, Xylophonschlägel, Marimbaschlägel, kleine Hartfilzschlägel, kleine Weichfilzschlägel.

Verwendung. Mit der Bezeichnung „Jazztrommel“ haben schon P. Hindemith in „Cardillac“ (1926) und A. Berg in „Lulu“ (1933) Tom-Toms vorgeschrieben, ersterer in dreifacher Abstimmung. Da Schlägelbezeichnungen fehlen, sind die damals üblichen kleinen Weichfilzschlägel zu verwenden (siehe Notenbeispiel Nr. 75).

Die Tom-Toms erfahren heute vielfach eine Kombination mit anderen Fellinstrumenten, so etwa in klanglicher Fortsetzung nach oben mit den Timbales (Notenbeispiel Nr. 76), Kleinen Trommeln ohne Saiten und Bongos, nach unten mit den tiefen Congas, Pauken, Großen Trommeln.

Beispiele: K. A. Hartmann: „Bratschenkonzert“, „Klavierkonzert“, „7. Symphonie“ (Notenbeispiel Nr. 76); W. Egk: „Irische Legende“, „Variationen über ein karibisches Thema“; M. Gould: „Lateinamerikanische Symphoniette“; G. Gershwin: „Porgy and Bess“; W. Killmayer: „La Buffonata“, „Orfeo“; S. Revueltas: „Sensemayá“; L. Nono: „España en el corazon“; H. W. Henze: „Symphonische Etüden“, „Elegie“ (Notenbeispiele Nr. 30, 39), „Antifone“ (Notenbeispiel Nr. 67), „Il re cervo“ (Notenbeispiele Nr. 9, 73); J. Cage: „Amores“ (9 Tom-Toms) u. a.

Tom-Tom-Spiel

Die Möglichkeit, gespannte Felle tonlich präzise einzustimmen, nützten Hersteller in den USA zum Bau eines abstimmbaren Tom-Tom-Spieles, auch Bongo-Organ genannt. Die Anzahl von Tom-Toms eines solchen Komplexes ist derzeit auf etwa 6 bis 13 kleinmensurierte Instrumente beschränkt (siehe nachstehende Abbildung), doch läßt sich jedes einzelne

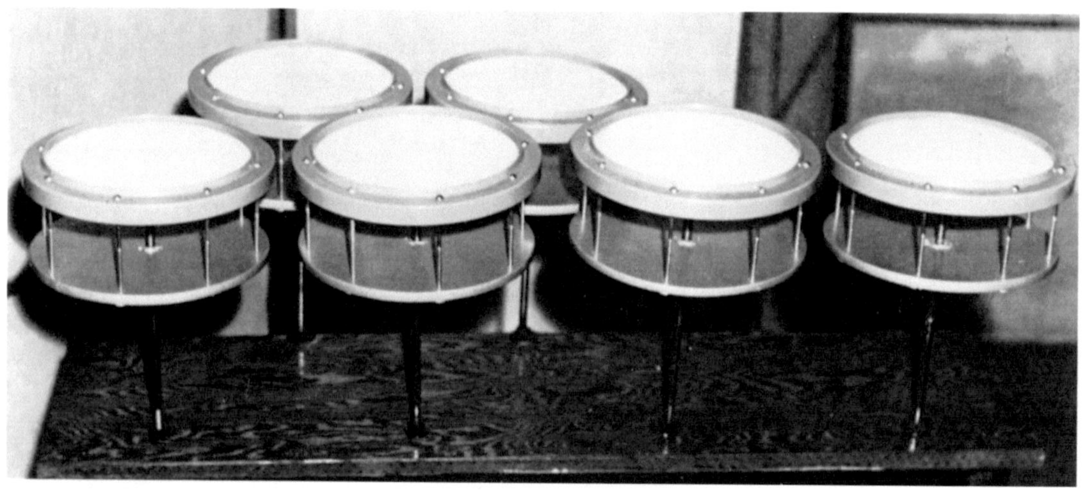

Tom-Tom-Spiel

mittels einer Zentralspindelmechanik – wie bei der Drehkesselpauke – im Tonbereich von ca. einer Quinte beliebig verändern. Als der höchsterreichbare Ton kann c^2 angenommen werden, so daß mit 13 Tom-Toms zum Beispiel eine chromatisch eingestimmte Skala nach

abwärts bis c^1 reicht. Eine Weiterentwicklung des Typus könnte den ganzen möglichen Tonskalabereich der Felltrommeln erfassen, also etwa von G bis c^2.
Der Klang dieses Trommeltypus ist in hohen Lagen hart und knapp wie bei hochgespannten Bongos, dies nicht zuletzt aufgrund des Verzichts auf Zarge und Klangfell. Letzteres ist durch eine Platte aus Holz oder Metall ersetzt, in welche die 8 Spannschrauben eingelassen sind, mit denen das Schlagfell auf einen reinen Ton eingestimmt wird.
Ein anderes Fabrikat ist unter der Bezeichnung „Roto-Tom" im Handel erschienen. Seine Konstruktion besteht nur noch aus Fell mit Spannrahmen und einer schnell wirksamen Drehmechanik, die eine Tonveränderung innerhalb einer Oktave (und mehr) ermöglicht. Plastikfelle in neuartigen Herstellungsverfahren (verschiedenartige Fellstärken, Doppelschichtigkeit, speziell aufgeklebtes Fiberglasgewebe) bewirken eine Klangfärbung annähernd der hohen Pauken oder Tomtoms, Timbales, Bongos.
Trommel- oder Timbalesstöcke als *Schlägel* verwendet, lassen deren spitzes Anschlaggeräusch stark hervortreten. Dagegen wirken kleine Hart- oder Weichfilzschlägel klanglich entsprechend weich und präzisieren die Tongebung deutlich.
Die erhaben über den Rand stehende Fellkante läßt auch die variable Spieltechnik mit Fingern — wie bei den Handtrommeln — zu.
Beispiel: M. Colgrass: „Variations for four Drums and Viola"; J. Cage: „Quartet" (Notenbeispiel Nr. 74).

Die lateinamerikanischen Timbales

Anschlagmittel üblich: Timbalesstöcke
(ca. 30 cm lang, 1 cm stark)
Kleine-Trommel-Stöcke

außergewöhnlich: Holzkopfschlägel
Xylophonschlägel
Marimbaschlägel
Kleine Hartfilzschlägel
Kleine Weichfilzschlägel

Die „Timbales cubains", wie sie auch heißen, waren ebenso wie die Conga-Trommel mit den Sklaventransporten von Afrika nach Lateinamerika eingeführt worden.
Ihre Urform war das beckenartig ausgeschnittene Holzstück in der uns bekannten Paukenkesselform, mit einem Tierfell bespannt.
Geschlagen wurden diese „Pauken" mit gebogenen Baumwurzelstücken, die vorne etwas verdickt sind.
In der afro-kubanischen Volksmusik entwickelten sich aus diesem Typ die Timbales. Es sind zwei aneinandergefügte kleine Päukchen mit hart- und hochgespannten Fellen, in einem Intervall klingend. Mit zwei leichten Stöckchen als Schlägel werden sie in vielseitiger Weise bearbeitet und haben in der lateinamerikanischen Musik die rhythmisch belebende Funktion etwa der Kleinen Trommel unserer Tanzmusikbands.
Bau. Der moderne Instrumentenbau stellt die Timbalespaare in der Form kleiner Päukchen her, deren Kessel aus Metall sind und unten eine gut handtellergroße Schallöffnung haben

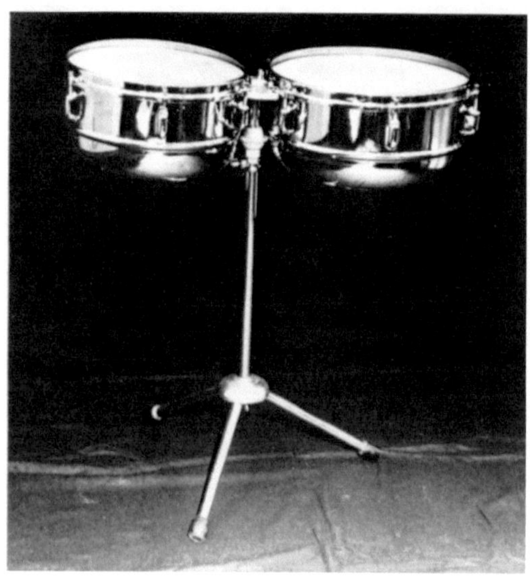

Lateinamerikanische Timbales

(siehe Abbildung oben). In einfacher Art findet man statt der Paukenform den einfelligen Zylinderkorpus aus Sperrholz oder Blech, in zwei oder drei Größen an einem Ständer montiert. Die Fellanspannung geschieht nach dem Prinzip der modernen Trommeln mit Schraubenspannmechanismus.

Maße der Felldurchmesser des größeren Kessels oder Zylinders: ca. 35 cm,
ungefährer Tonumfang: B–f
des kleineren Kessels oder Zylinders: ca. 31 cm,
ungefährer Tonumfang: d–a

Spielweise und Verwendung. Grundschläge der Timbalesspieler in den lateinamerikanischen Bands, die mit den Timbalesstöckchen gespielt werden:

a) Schlag mit dem Stock auf die Fellmitte.
b) Randschlag (auf Fell und Rand gleichzeitig) mit dem Stock.
c) Schlag auf das Fell mit der gewölbten Hand und gleichzeitig mit dem Stock – den diese Hand hält – auf den gegenüberliegenden Rand.
d) Schlag auf die äußere Kessel- bzw. Korpuswand mit der Stockspitze oder Stockmitte.
e) Schlag mit dem Stock auf den zweiten Stock, der mit der Spitze auf dem Fell oder auf Fell *und* Rand liegt.

Der Band-Timbalesspieler pflegt seine vielseitigen Klangnuancen auch mit fingergeschlagenen Effekten zu bereichern unter Einbeziehung einer oder zwei Cow-bells. Bei all den Variierungsmöglichkeiten hält er dabei immer an den Grundrhythmen der jeweiligen Musikform fest (Bolero, Guaracha, Rumba, Beguine usw.).

Soweit die genannten Schlagarten notiert werden sollen, empfiehlt sich ihre Kennzeichnung durch Symbolzeichen.

In der Kunstmusik werden die Timbales oft im Sinne kleiner, hoher Pauken geschrieben und mit Weichfilzschlägeln geschlagen. Dabei kann auch eine dem gegebenen Umfang nach mögliche Stimmung verlangt werden und in klangliche Erscheinung treten, sobald die Timbalesfelle dem Rande zu angeschlagen werden. Ebenso finden – je nach beabsichtigter harter oder mehr dumpfer Klanggebung – kleinköpfige Holz- oder Hartfilzschlägel Verwendung.

Mit Trommelstöcken gespielt, wirken die Timbales entsprechend dem Charakter von unabgedämpften kleinen Tom-Toms.
Eine abgestimmte Kombination von mehr als zwei Timbales ergibt die Möglichkeit einer Reihe von Fellklängen, die erweitert werden kann vom großen Tom-Tom über die Timbales bis zum kleinsten Bongo.
Beispiele: P. Hindemith: „Cardillac"; P. Sanjuan: „Liturgia negra" (Notenbeispiel Nr. 87); W. Killmayer: „La Buffonata", „Orfeo", „Lorca-Romanzen", „Kammermusik für Jazzinstrumente"; K. A. Hartmann: „7. Symphonie" (Notenbeispiel Nr. 76); W. Kotoński: Musique en relief" (Notenbeispiel Nr. 77); L. Foss: „Echoi" (Notenbeispiel Nr. 82).

DIE SCHLAGIDIOPHONE

Der Triangel

Anschlagmittel üblich: Metallstäbe

außergewöhnlich: Holzschlägel
Lederschlägel

Allgemeines. Mit Becken und großer Trommel hat auch der Triangel durch die türkische Janitscharenmusik im 18. Jahrhundert Eingang in das europäische Orchester gefunden. Allerdings ist nicht belegt, ob er noch zu dieser Zeit mit den ursprünglich lose aufgereihten Rasselringen behangen war, die durch Mitklirren eine zusätzliche Geräuschfärbung ergaben. Heute erwartet man von einem Orchestertriangel einen feinen silberhellen Klang, wobei sich die zahlreichen harmonischen und unharmonischen Teiltöne mit dem Eigenton des Instruments weitestgehend vermischen sollen. Auch hier gilt die Regel: je größer die Materialstärke, um so höher und dichter treten die Klangschwingungen in Erscheinung.
Der präzise Eigenton des Instruments läßt sich ermitteln, indem man den Triangel mit einem gepolsterten Holzschlägel anschlägt, während ihn gleichzeitig eine Hand etwas dämpft.
Bau und Handhabung. Es hat sich erwiesen, daß Triangel mit einer Schenkellänge von 25 cm und einem Stahlstabdurchmesser von 1,5 cm den Anforderungen eines großen Orchesters am besten nachkommen. Ihr sehr hoher Klang ist überaus weittragend und durchdringt mühelos die stärkste Instrumentalbesetzung. Für kleinere Besetzungen, den akustischen Verhältnissen entsprechend, wird man womöglich ein leichteres Instrument mit schwächerem Volumen wählen.
Das Aufhängen des Triangel geschieht durch eine dünne Darmsaitenschlinge — am besten aus einer Darm-A-Saite der Violine — am ersten Gelenk des Zeigefingers der haltenden Hand. Diese Schlinge kann durch einen kleinen Lederwulst für den Finger abgepolstert werden. Daumen und Mittelfinger regulieren an der Saitenführung durch sanften Druck die gewünschte Haltung des Instruments, ohne es zu berühren. Das Aufhängen an Ständern soll das schnelle Wechseln auf andere Instrumente ermöglichen.

Spielweise, Anschlagmittel und Klangeigenschaften. Von großer Bedeutung ist die Wahl der besten Anschlagstelle am Instrument. Von da aus sollen die engen Strahlenbündel hoher Partialtöne aktiv gemacht werden und in möglichst gleichmäßiger Ausschwingung verklingen. Bei den meisten Triangel wird diese Stelle am rechten Diagonalschenkel im oberen Drittel zu finden sein. Dabei darf der Schlag nicht senkrecht auf den Außenrist fallen, sondern soll schräg nach innen zu in mehr streifender Bewegung geführt werden. So wird das Instrument möglichst sanft und mit geringstem Anschlaggeräusch in Schwingung gebracht (siehe Abbildung unten).
Als Schlägel werden üblicherweise Eisen-, Stahl- oder Messingstäbe in verschiedenen Stärken von etwa 2 bis 6 mm und Längen von 15 bis ca. 20 cm benützt. Weit klangvoller jedoch wirken die Triangelschlägel im „französischen Format" mit ihrem stark betonten Kopfgewicht. Allerdings ist bei ihrer Handhabung äußerste Empfindsamkeit notwendig, denn sie können den Stahl bis in die letzten Schwingungen erschüttern und bewirken bei unausgewogener Schlagdosierung unvorteilhafte Lautstärkenverhältnisse. Der Anschlag erfolgt immer mit der stärksten Stelle des oberen, torpedoförmigen Teiles dieses Schlägels. Er wird mit Daumen und Zeigefinger am schlank zulaufenden Mittelstück gehalten, während der untere Teil flach auslaufend die Balance hält.

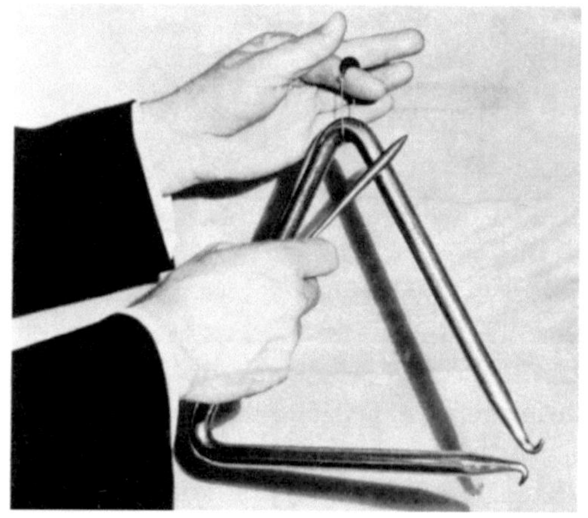

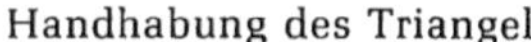

Handhabung des Triangel

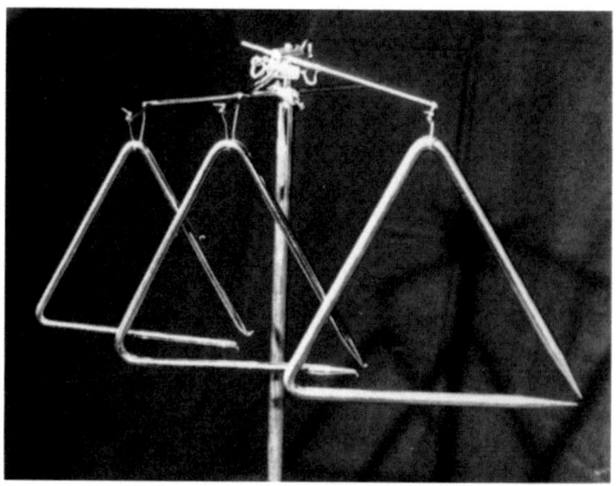

Drei verschieden große Triangel auf Ständer

Die Vorschrift, einen Holzstab oder Trommelstock als Schlägel zu benützen, bewirkt nicht nur ein schwächeres Tönen, sondern es wird damit ein mehr glockenähnlicher Klang erzeugt. Weniger Klappern begleitet ihn dabei, wenn man als Anschlagstelle die auslaufende Spitze des diagonalen Schenkels wählt.
B. Bartók hat diesen Effekt in seiner „Sonate für zwei Klaviere und Schlagzeug" vorgeschrieben, H. Pfitzner wollte im 2. Akt seiner Oper „Palestrina" dem Triangel „mit einem Holzstäbchen geschlagen" eine besonders feine und ätherische Wirkung abgewinnen. Auch hier eignet sich am besten ein Holzschlägel mit Kopfgewicht, etwa ein Löffelschlägel des vierreihigen Xylophons (siehe Notenbeispiel Nr. 35). Mit einer Stahlnadel sollte nur in wirklich motivierten Fällen geschlagen werden, denn hierbei ist die Tongebung ungewöhnlich dünn und leicht etwas klappernd.

Triangelwirbel werden im inneren oberen Winkel des Dreiecks durch schnell wechselndes Anschlagen der beiden Schenkel mit lockerem Handgelenk hervorgebracht.
Im ganzen gesehen, muß vom Spieler des Triangel neben technischer Schlagdisziplin eine gefühlsmäßige Anpassung und Dezenz im Rahmen des orchestralen Spiels geübt werden. Besonders dann, wenn das Instrument – z. B. in manchen klassischen und frühromantischen Werken – sehr viel verwendet wird, liegt es am Spieler, durch äußerste dynamische Zurückhaltung penetrantes Klingeln zu vermeiden.
Die Perkutierung des Triangel – im schnellen Wechsel mit anderen Instrumenten einem Ausführenden zugedacht – ist oft problematisch, weil eben sein gewohntes Klangspektrum nur mittels eines Metallstabes zu erreichen ist.
In den Werken der Neuzeit findet man auch zwei und mehr Triangel in klanglicher Abstufung besetzt. Letztere kann naturgemäß nur eine geringe sein und wird auch nur in sehr durchsichtiger Instrumentierung zur Wirkung kommen.

Beispiele: A. Schibler: „Konzert für Schlagzeug und Orchester"; H. W. Henze: „Elegie für junge Liebende" (drei klangverschiedene Triangel, deren Aufhängung die Abbildung auf Seite 130 zeigt), „Antifone" (vier Triangel, siehe Notenbeispiel Nr. 67); L. Nono: „Der rote Mantel" (sechs Triangel); B. A. Zimmermann: „Die Soldaten" (neun Triangel); Bo Nilsson: „Reaktionen", „Ein irrender Sohn" (siehe Notenbeispiele Nr. 50, 88) u. a.

DIE BECKEN

Becken, paarweise; Becken, mit Schlägel geschlagen; Nietenbecken (Sizzle cymbal); Becken mit Schlagmaschine (Hi-hat); Chinesische Becken.

Anschlagmittel

für Einzelbecken üblich:	Beckenschlägel (Hartholzkopf mit Leder überzogen)
außergewöhnlich:	Große-Trommel-Schlägel (Mailloche)
	Weichfilzschlägel
	Hartfilzschlägel
	Gummischlägel
	Vibraphonschlägel
	Xylophonschlägel
	Trommelstöcke
	Triangelschlägel
	Stahlnadeln
	Stahlbesen
	Großer Stahlbesen (Lamellenbesen)
	Colla (oder con la) mano

Geschichtliches. Die Becken, in der Urform als Zimbeln und Stielbecken (kleine schalenförmige Gegenschlagbecken mit Holzgriffen), sind uralten asiatischen Ursprungs und waren bei den kulturell hochstehenden Völkern der Antike als religiöse Kultinstrumente im

Gebrauch. Im Mittelalter wurden sie durch die Sarazenen zuerst in Spanien und Süditalien eingeführt.

Mitte bis Ende des 17. Jahrhunderts kamen mit der Janitscharenmusik Becken in der großen Form aus gegossener und gehämmerter Legierung – nach türkischem Vorbild im Verein mit der Großen Trommel geschlagen – über Osteuropa in die Militärmusik der westlichen Hofhaltungen. Der damals neue, ungemein rhythmisierende Klangeffekt fand schließlich Aufnahme in die Opern- und Konzertmusik, zunächst mit der Absicht, dem Charakteristikum der türkischen und schließlich militant gewordenen Musik nahe zu kommen. Erste musikalische Dokumentationen darüber finden sich bei: N. A. Strungk: „Esther“ (1680); R. Keiser: „Claudius“ (1703); Chr. W. Gluck: „Iphigenie in Tauris“ (1779); W. A. Mozart: „Die Entführung aus dem Serail“ (1782); J. Haydn: „Symphonie Nr. 11“ (Militärsymphonie, 1794); L. v. Beethoven: „9. Symphonie“ (1824).

In der Coda des Finales von Beethovens letztem symphonischem Werk zeigt sich jedoch schon der Ansatz einer Verschmelzung des Schlagzeugs mit dem orchestralen Klang, wie sie dann in der romantischen Musik ihren Höhepunkt erreicht.

Bau. Seinen Namen erhielt das Instrument durch seine Form: ein mehr flaches Becken mit einer zentralen, kleinen Kuppelausbuchtung nach außen. In dieser ist eine kreisrunde Öffnung von ca. 1 cm Durchmesser gebohrt zum Durchzug der Halteschlaufe aus Leder für das paarweise Schlagen. Für die klassische Orchesterbesetzung genügen in der Regel Becken im Durchmesser von 39 cm, die im Piano noch leicht und silberhell ansprechen. Im Verhältnis zur Dichte der Instrumentalbesetzung und Größe des Orchesters werden Becken im Durchmesser bis etwa 50 cm gewählt, deren Lautstärke ausreichen, ohne sich zu überschlagen. Hervorragende Beschaffenheit und richtige Materialstärke gewährleisten einen klangvollen Schlag im Forte und im Piano.

Die Verwendung von Einzelbecken, mit Schlägeln geschlagen, wurde üblich, nachdem das Schlagzeug im Orchester der Romantik seinen festen Platz einzunehmen begann. Bei Bedarf wurde früher eines der Becken, an einem Pulthaken hängend, benützt und mit Schlägeln geschlagen. So findet man in manchen Stimmen die Bezeichnung „Piatto sospeso“ (Becken hängend).

Spielweise und Klang. Die Gepflogenheit, im Bedarfsfalle Spieler der Schlaginstrumente aus den Militärmusikverbänden für das Orchester zu entlehnen, begründete wohl die damals üblich gewesene Verbindung von Großer Trommel und paarweise verwendeten Becken. Sie führte dazu, daß allein die Stimmenbezeichnung „Große Trommel“ oder „Gran Cassa“ immer die gleichzeitige Mitverwendung von einem Beckenpaar einschloß. Nur wenn die Große Trommel allein spielen sollte, wurde ausdrücklich „Cassa sola“ vorgeschrieben, im analogen Fall „Piatti sola“ (!), z. B. in G. Verdi: „Ein Maskenball“. Die Regel blieb jedoch weiterhin, daß, wenn nicht eigens Schlägel vorgeschrieben, Becken immer paarweise zu schlagen sind.

Ausnahmen finden sich z. B. in P. Hindemiths früheren Werken; dort fehlen diesbezügliche Schlag- oder Schlägelvorschriften, vielmehr ist die Wahl den Ausführenden in Abstimmung mit Komposition und Instrumentation überlassen.

Der strahlende Glanz eines großen Beckenschlages oder der glitzernde Klang der Becken im Piano wird nicht nur durch das entsprechende Material, sondern durch ausgefeilte Spieltechnik erreicht. Die Ausführung eines Fortissimo-Schlages erfordert neben großer Kraftaufwendung entsprechende Geschicklichkeit und Gefühl. Häßliche Geräusche werden nur dann vermieden, wenn der Schlag das ganze Legierungsmaterial in größtmögliche

Vibration bringt und somit die Tonschwingungen aller Spannungsfelder ausgelöst werden. Starres, schraubstockartiges Halten der Becken bei der Kollision oder energiearme Schlagführung bewirken das Gegenteil. Die Führung des Beckens durch die rechte Hand gegen das in der linken soll erreichen, daß der Zusammenprall nicht gleichzeitig konzentrisch erfolgt. Vielmehr müssen sich die oberen Ränder im Sekundenbruchteil zuerst berühren, um einen patschenden, lufteinpressenden Schlag zu vermeiden.
Manche Dirigenten verlangen markante, paarweise Beckenschläge, vom Spieler stehend in großer Pose zelebriert, um dem Publikum die orchestralen Höhepunkte augenfällig zu machen. Diese optische Schlagverstärkung verliert an Wirkung, wenn sie bei jedem Forte-Schlag in Erscheinung tritt, sie sollte daher – wenn überhaupt angewendet – nur auf wirkliche Höhepunkte beschränkt bleiben. Steigerungen der dynamischen Skala können mit der Auswahl der Beckengröße erreicht werden. Das Piano-Spiel erfordert immerhin bei gleichmäßigem Schlagen äußerste Konzentration der Arm-Muskulatur, denn nur in seltenen Fällen werden besonders empfindliche Pianissimo-Stellen mit den Spitzen der Becken geschlagen.

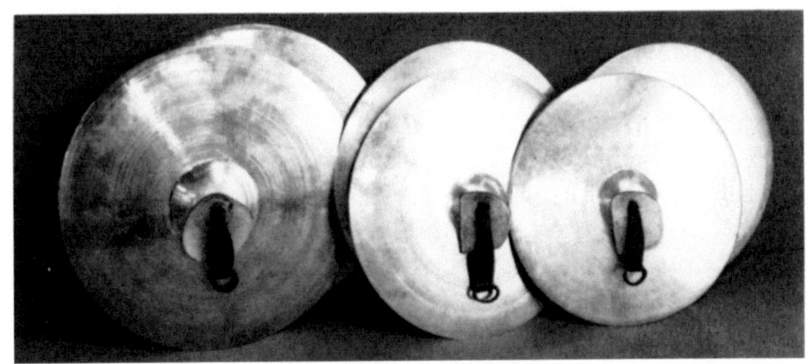
Beckenpaare

Beckenwirbel „a 2" werden hervorgebracht, indem man die Teller in schnellstmöglicher Folge gegeneinander schlägt, wobei sich die Ränder nur wenig voneinander trennen. Diese lärmende Schlagweise lassen z. B. R. Wagner im Bacchanal-Höhepunkt im „Tannhäuser", R. Strauss in der klanggewaltigsten Stelle von „Josephs Legende" wie auch B. Bartók in einer ebensolchen in „Der wunderbare Mandarin" sowie G. Mahler in seiner „6. Symphonie" praktizieren (siehe Notenbeispiel Nr. 79).
Verwendung. Das Schlagen eines Beckenpaares, von dem ein Teller am Korpus der Großen Trommel befestigt ist – unter gleichzeitiger Bespielung der Großen Trommel –, hatte sich in kleineren Blasmusikensembles eingebürgert und wurde dann auch von kleineren Orchestern aus Musiker-Ersparnisgründen übernommen. Daß diese vergröbernde Art des Schlagens musikalisch verwerflich ist, schrieb nicht nur C. Sachs im „Handbuch der Instrumentenkunde", sondern schon H. Berlioz (... gut genug, um einen Affen tanzen zu lassen...!). G. Mahler (Symphonien Nr. 1, 3, 5, 7), A. Berg („Wozzeck", siehe Notenbeispiel Nr. 78), W. Egk („Die Zaubergeige", „Die Verlobung in San Domingo") haben ausdrücklich vorgeschrieben: „Becken angebunden – von einem geschlagen" oder „Becken aufgeschnallt auf Großer Trommel". Aber auch in diesen Fällen sollte zugunsten der größeren Differenzierungsmöglichkeit darauf verzichtet und vielmehr getrennt geschlagen werden. Dagegen ist in A. Bergs „Lulu" die „Große Jahrmarktstrommel mit daran befestigtem Becken" des

im Prolog auftretenden Clowns ein gutes Beispiel einer beabsichtigt-ordinären Wirkung. Eine mehrfache Besetzung von Beckenpaaren schrieb C. Orff in „Antigonae", hier reicht die Klangskala vom Pianissimo bis zum stärksten Fortissimo.

Ein selten verlangter Effekt, wie ihn R. Leoncavallo in „Der Bajazzo" oder L. Dallapiccola in „Der Gefangene" aufnahmen, ist das „strisciatti"; während die linke Hand das Becken vertikal hält, fährt das rechte Becken mit der Randkante über die englaufenden Gußrillen an der Innenfläche des linken vom Zentrum aus zur Außenseite und erzeugt so einen scharfen, zischenden Klang (Notenbeispiel Nr. 81).

Da erstklassige, ausgewählte Beckenpaare für jedes Orchester eine oft schwer zu ersetzende Kostbarkeit darstellen, ist es empfehlenswert, sie nicht auch noch durch Schlägelbearbeitung ihrer ohnehin allmählich schwindenden Spannung mehr zu berauben, als unumgänglich ist. Im übrigen ist es schon allein aus klanglichen Gründen angebracht, eigene Schlägel-(Ständer-) Becken zu verwenden. Das einzelne Becken hat nur dann ausreichende Klangkraft, wenn die Tonschwingungen nach einem mäßig starken Anschlag nicht rapid abnehmen, sondern sehr langsam verklingen.

Je stärker und kleiner das Becken, um so heller ist der Klang, während bei großen Becken die tiefen, langen Töne vorwiegen. Hier läßt sich durch die Auswahlmöglichkeit verschiedener Einzelbecken eine entsprechende Skala aus einem Größenangebot zusammenstellen, das von 25 cm bis 71 cm im Durchmesser reicht (siehe Abbildung unten).

Beispiele: C. Debussy: „Jeux"; C. Orff: „Antigonae"; L. Nono: „España en el corazon", „La terra e la compagna", „Corí di Didone" (Notenbeispiel Nr. 80), „Canti di vita"; H. W. Henze: „Symphonische Etüden", „Elegie", „Antifone"; W. Egk: „Irische Legende"; W. Killmayer: „Lorca-Lieder"; A. Schibler: „Konzert für Schlagzeug und Orchester"; R. Haubenstock-Ramati: „Credentials"; B. A. Zimmermann: „Die Soldaten" (neun div. Becken) (Notenbeispiele Nr. 54, 67, 80, 81).

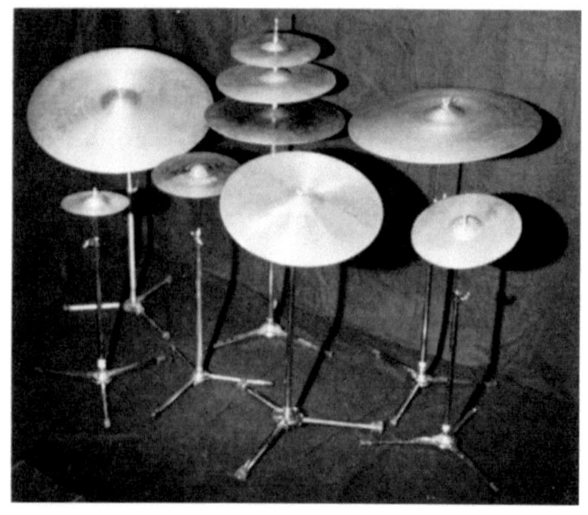

Hängende (Einzel-)Becken

In der Oper „Cardillac" wählte P. Hindemith für ein starkes, metallisch-hell klingendes Becken mit kleinerem Durchmesser die Bezeichnung „Zymbel". Es ist mit Trommelstock, Filzschlägel und aufgelegter Stahlnadel zu schlagen.

Das große Orchester erfordert für den üblichen Gebrauch ein Ständerbecken von mindestens 46 cm Durchmesser mit entsprechender Materialstärke, das auch den ungewöhnlichsten Anforderungen gewachsen ist. Ein zu kleines oder zu dünnes Becken klingt im ff — wie es z. B. in R. Wagners „Götterdämmerung" verlangt wird — überschlagen und erinnert vergleichsweise statt an strahlendes Gold an raschelndes Blech. Andererseits ist es im kammermusikalischen Bereich und bei Mikrophon-Aufnahmen vorteilhaft, leichter ansprechende, also entsprechend dünne Becken zu wählen. Besonders dünnen, kleinen Becken (ca. 22 cm Durchmesser), die bei den Jazz- und Tanzmusikensembles der zwanziger Jahre als Jazz- oder Zischbecken bezeichnet wurden, fehlt der glitzernde Klang völlig. Sie wirken – stark angeschlagen – mit blechernem Zischen schnell und kurz ansprechend. Ein weicher Schlägel erzeugt einen schwachen Klang, der dem eines kleinen Tamtams ähnlich ist. In der ernsten Musik finden manchmal derartige kleine oder Jazzbecken Verwendung. Beispiele: P. Hindemith: „Kammermusik Nr. 1", „Symphonische Metamorphosen" (Notenbeispiel Nr. 71); W. Killmayer: „Klavierkonzert"; K. A. Hartmann: „Simplicius Simplicissimus", „6. und 7. Symphonie" (Notenbeispiel Nr. 76) u. a.

Anschlagmittel. Als Beckenschlägel werden, wenn nicht anderes eigens vorgeschrieben ist, mit Leder überzogene Hartholzkopfschlägel verwendet. Für den Piano-Schlag wählt man dünne Lederüberzüge, um den Anschlag auch für den fernen Hörer (nicht nur für den Spieler oder Dirigenten) hörbar zu machen. Diese Schlägel-Praxis resultiert aus der Zeit der Klassik und beginnenden Romantik, als es allgemein noch nicht mehr als die Holz-, Leder- und Schwammschlägel der Pauker gab.

In neuerer Zeit suchte man die Anschlagmöglichkeiten zu variieren und fand verschiedene Arten, einzelne Becken zum Klingen zu bringen, so nach weicher Tongebung hin die Hartfilzschlägel und ihnen ähnlich alle weich überzogenen, wie Vibraphon-, Marimbaphon- und Paukenschlägel.

Schwere, gongähnliche Schläge läßt z. B. C. Debussy in „Jeux" und „La Mer" mit dem „Mailloche" schlagen, einem lederköpfigen Große-Trommel-Schlägel, der das Instrument bis in die letzten Metallspannungen erschüttert. Harten Anschlag ergeben nach den holzköpfigen, lederüberzogenen Standardschlägeln solche für Xylophon (Glockenspiel).

Mit dem Gebrauch von kleinen Trommelstöcken, nach dem Vorbild der Banddrummer, lassen sich verschiedene Klangnuancen erreichen. In der Trommlertechnik auf dem Becken mit den Köpfen der Stöcke in der Nähe des Randes geschlagen, werden sehr hell und spitz klingende Schläge und Wirbel erzeugt.

Nächst der starkwandigen Beckenkuppel nimmt der Klang eine mehr glockenähnliche Färbung an.

Beckenrandschläge mit dem Trommelstock können vom pp bis zum ff produziert werden, sie mobilisieren – je nach Anschlagstärke – das Klangmaterial von außen nach innen, also die tiefen Klangbereiche der Außenbezirke bis zu den großen Schwingungen des Kerns. Metallschlägel wie Stahlnadeln, Triangelstäbe, Glockenspiel-Metallhämmer ergeben – je nach Stärke und Gewicht – einen feinen glitzernden Klang oder auch metallischen, hellen Akzent. Auch hier bringt die Anschlagstelle wieder klangliche Unterschiede im vorher besprochenen Sinne.

Beispiele: H. W. Henze: „Elegie" (Notenbeispiele Nr. 10, 30); B. A. Zimmermann: „Die Soldaten".

Eine Variante ist der Wirbel mit einem Hartfilzschlägel, während die Spitze einer Stahlnadel auf das Becken gehalten wird.

Beispiele: C. Orff: „Der Mond", „Antigonae", „Astutuli", „Ein Sommernachtstraum"; H. Sutermeister: „Romeo und Julia"; P. Hindemith: „Symphonia Serena"; „Cardillac" u. a. Intensiviert wird dieser Effekt durch Auflage einer kleinen Metall-Kugelkette (anstelle der angelegten Nadel), sie ergibt ein noch stärkeres Klirrgeräusch.

Béla Bartók verlangt in seiner „Tanzsuite“, das Becken durch Handanschlag (colla mano) zum Klingen zu bringen. Der Schlag erfolgt mit dem mittleren Knöchel des eingebogenen Zeigefingers. Hier ist ein leicht ansprechendes Becken zweckmäßig.

In den „Fünf Orchesterstücken op. 16“ schrieb A. Schönberg ein Tremolo auf Becken mit einem Violoncello-Bogen. Selbst bei Verwendung eines sehr dünnen Beckens dürfte sich kaum ein Crescendo bis zum Fortissimo entwickeln lassen, wie vorgeschrieben.

Die Verwendung von Stahlbesen ist von der Tanzmusik her bekannt; hier wirkt der Beckenklang durch den Anschlag des Stahldrahtbündels zart und verwischt und ist als Piano-Effekt gebräuchlich.

Beispiele: G. Gershwin: „Porgy and Bess“; H. Sutermeister: „Romeo und Julia“; S. Prokofieff: „Peter und der Wolf“; K. A. Hartmann: „Simplicius Simplicissimus“; H. W. Henze: „Elegie“.

Ein Besen, der anstelle dünner Drähte durch biegsame Lamellen aus Stahlblech wirkt, kann das Material der Becken wesentlich stärker und glanzvoller zum Klingen bringen, im besonderen die im großen Orchester gebräuchlichen starkwandigen Ständerbecken.

2 verschiedene Becken und 2 Tamtams, am Rande von einem Metallschraper (Nagelfeile) gestrichen, besetzte W. Haupt in „Apeiron“ (Notenbeispiel Nr. 22).

Abarten. Als „Sizzle-cymbal“ (Nietenbecken) bezeichnet der Jazzband-Drummer ein Bekken, in dessen Teller Nieten in gleichmäßigem Abstand lose eingelassen sind. Sie bewirken ebenso wie die aufgelegte Kette einen starken Klirreffekt (siehe Abbildung unten).

L. Berio verwendet zwei verschieden große Sizzle-Cymbals in den „Circles“, auch M. Kagel verwendet Nietenbecken in „Match für drei Spieler“ (1964) sowie W. Heider in „Konflikte“ und L. Foss in „Echoi“ (Notenbeispiel Nr. 82).

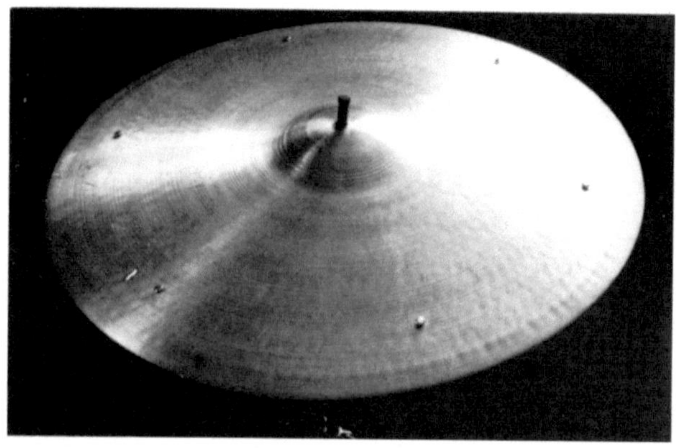

Nietenbecken

Neuerdings ist die Nieten-Durchlöcherung vermeidbar, indem man einen beweglichen Metallarm — auf den Ständerkopf gesteckt — als Klirrobjekt auf das Becken legt (siehe Abbildung auf Seite 137).

Ein besonderes Kapitel ist die Entstehung der maschinellen Beckenschlag-Vorrichtungen. Ursprünglich zum Zwecke erfunden, die Hände für die Bedienung anderer Instrumente frei zu bekommen, begann es mit dem Handklappbecken (slap-hand-cymbals), einem Nachschlaginstrument des amerikanischen Jazz nach dem ersten Weltkrieg. Hierbei konnten zwei kleinere Becken mittels Federvorrichtung mit der Hand zusammengeschlagen (geklappt), aber auch mit dem Trommelstock bearbeitet werden.

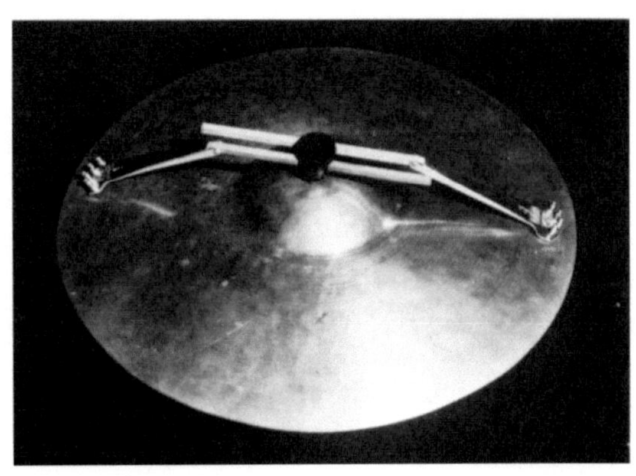
Klirrkopf auf dem Becken

Völlige Bewegungsfreiheit für beide Hände brachte die sogenannte *Charlestonmaschine*, die sich in den zwanziger Jahren zur Zeit des Modetanzes „Charleston" als Nachschlag-Instrument der Banddrummer rasch verbreitet hat. In späteren Jahren entwickelte sich daraus die *„Hi-hat"*, deren hohe Bauweise bezweckt, das Beckenpaar auch in den Bereich der trommelstockgeschlagenen Instrumente zu bringen.

Ein Pedaltritt bewirkt hier das Zusammenschlagen zweier Jazzbecken im Durchmesser von 30 bis 36 cm. Der Klang ist trocken und sehr kurz, da das Beckenpaar mit dem Schlag einen Augenblick aufeinander geschlossen bleibt und so ein Nachklingen verhindert wird. Aus dieser Spielweise hat sich eine Technik entwickelt, die den Band- und Jazzdrummern eigen ist. Dazu gehört auch die Einbeziehung der halb oder ganz gedämpften Hi-hat-Becken in die Trommelstock- oder Stahlbesen-Schlagfolgen der um abwechselnde Klangnuancen bemühten Spieler. In die Kunstmusik fand diese Maschine Eingang, soweit jazzverwandte Anklänge beabsichtigt waren, z. B. bei K. Weill: „Lost in the Stars"; A. Jolivet: „Lone, pour piano et orchestre"; W. Egk: „Die Verlobung in San Domingo"; B. A. Zimmermann: „Die Soldaten"; F. Zehm: „Capriccio für Schlagzeug solo und Kammerorchester", oder wo eine

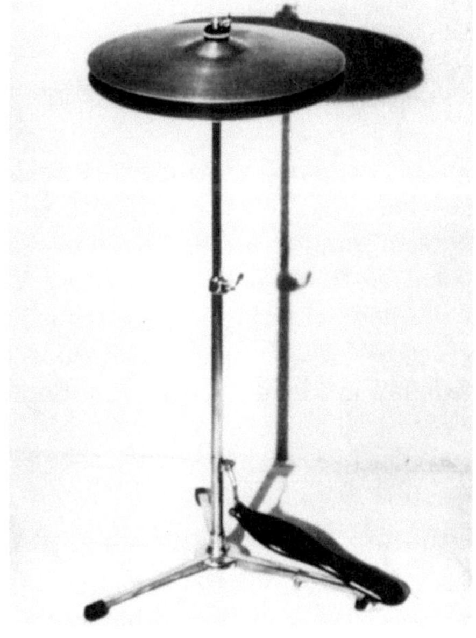
Hi-hat

Jazzgruppe musikalisch eingebaut wurde, wie bei H. W. Henze: „Maratona di Danza“ und R. Liebermann: „Concerto for Jazzband and Symphony Orchestra“. Letzteres geht weit über einfache Begleitrhythmen hinaus und erfordert einen versierten Jazzdrummer.
L. Berio besetzte in „Circles“ je ein Hi-hat für zwei Spieler im Zusammenspiel mit anderen zahlreichen Schlaginstrumenten (Notenbeispiel Nr. 32).
Bo Nilsson läßt Pedalbecken mit Xylophonschlägel „an die Mitte“ schlagen (Notenbeispiel Nr. 50).

Eine in den zwanziger Jahren entstandene Becken-Fußmaschine für kleine orchestrale Ensembles ist nach dem zweiten Weltkrieg kaum mehr in Erscheinung getreten. Ihre schwergängige Mechanik – mit einem Paar chinesischer Becken bestückt – erlaubte keine annähernd differenzierte Schlagmanier.
Der primitive Vorläufer dieser Maschine besteht aus einem Becken, das am Rand einer pedalgeschlagenen Großen Trommel angeschraubt ist. Mittels kombinierter Schlägelvorrichtung werden Große Trommel und Becken zugleich perkutiert. Eine solche Maschine hat D. Milhaud in „La création du monde“ mit der Bezeichnung „Grosse Caisse à Pied avec Cymbale“ vorgeschrieben, dessen Spieler gleichzeitig eine umfangreiche Batterie zu bedienen hat (siehe Notenbeispiel Nr. 83).

Die sogenannten *Chinesischen Becken* wurden schon im vorigen Jahrhundert verschiedentlich eingeführt zum Gebrauch als paarweise Schlagbecken bei Militär- und Blasmusiken, sind aber heute dort kaum mehr in Verwendung. In der Form unterscheiden sie sich von den türkischen durch die leicht aufgebogenen Ränder und rundsockelförmigen Kuppeln, die – mit Lederriemen durchzogen – als Haltegriffe dienen.

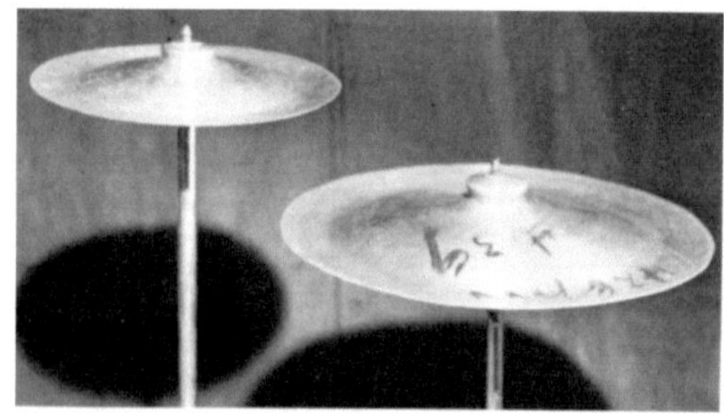

Chinesische Becken

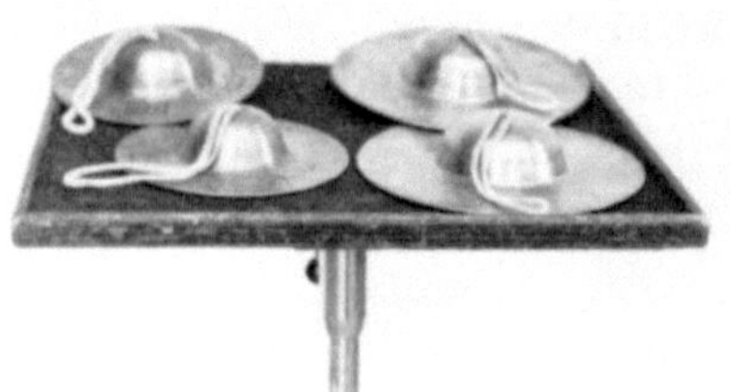

Das Material ist gehämmertes Legierungsblech, im Klang stumpf und dynamisch kaum variabel. Als Einzelbecken mit weichem Schlägel geschlagen, klingt es einem kleinen Tamtam ähnlich. Harte Anschlagarten eignen sich klanglich nicht.
Beispiele: D. Milhaud: „Konzert für Schlagzeug“; O. Messiaen: „Turangalîla - Symphonie“; E. Varèse: „Ionisation“ (Notenbeispiel Nr. 109); A. Jolivet: „Concerto pour piano et orchestre“; W. Kotoński: „Musique en relief (Notenbeispiel Nr. 77); J. Cage: „First Construction in Metal“ (4 div. chin. Becken); C. Orff: „Prometheus“.

TAMTAMS

Tamtam; Watergong; Sarténes; Tchanchiki

Anschlagmittel üblich: Hartfilzschlägel mit Lederüberzug
Holzkopfschlägel mit Filzüberzug

außergewöhnlich: Große-Trommel-Schlägel
Hartfilz-Beckenschlägel
Vibraphonschlägel
Beckenschlägel (Holzkopf mit Leder überzogen)
Xylophonschlägel
Trommelstöcke
Triangelschlägel
Stahlbesen
Großer Stahlbesen (Lamellenbesen)
Mit Weinglas gerieben
Mit Pappkarton-Röhre gerieben
Mit Streicherbogen
Mit elektrischem Vibrator
Con la (oder colla) mano

Herkunft. Die Bezeichnung „Tamtam" (Tamittam) ist im Sprachbereich einiger afrikanischer Völkerschaften ein Sammelbegriff für Trommel. Mit der Verwendung im Orchester des Abendlandes seit Ende des 18. Jahrhunderts wurde der Name weitgehendst übernommen für die gehämmerte, leicht gewölbte Bronzescheibe fernöstlichen Ursprungs.

Eine erste Verwendung des Tamtams ist 1791 belegt: F. J. Gossec: „Trauermarsch" (zum Begräbnis Mirabeaus; 1793 D. Steibelt: „Romeo et Juliette"; 1807 G. Spontini: „La Vestalin".

Bau. Das Tamtam unterscheidet sich vom schlechthin „Gong" benannten Buckelgong, der zu den Instrumenten mit bestimmter Tonhöhe zählt, durch die nicht vorhandene Ausbuchtung im Zentrum und der damit fehlenden Tonpräzisierung in bestimmter Höhe.

Ebenso wie bei türkischen Becken und javanischen Gongs ist die Nachahmung der Legierung und vor allem die Bearbeitungsweise der Bronze zur Herstellung von Tamtams nach chinesischem Vorbild problematisch. Die Fabrikation in unserem Bereich unterscheidet heute das bronzegegossene vom bronzeblechgehämmerten Tamtam. Ersteres ergibt infolge ziemlicher Materialmasse und Gewichtigkeit einen Klangbereich in vorherrschend hohen Lagen. Um nun die im Orchester erforderliche Tiefe erreichen zu können, muß ein Instrument mit großem Durchmesser (etwa einem Meter) gewählt werden, jedenfalls dürfte er nicht weniger als 75 cm sein. Je kleiner er ist (bis ca. 35 cm), um so mehr verkürzt sich die Ausschwingungsdauer und um so höher werden die vorherrschenden Klanglagen.

Das Aufhängen des Tamtams geschieht mittels einer entsprechend starken, gedrehten Schnur, die durch zwei Löcher am Rand gezogen ist, an einem Ständer. Mehrere Tamtams verschiedener Größen können an einen Spezialständer mit beweglichen Aufhängungsarmen gehängt werden (siehe Abbildung unten), um auch die Möglichkeit der leichten Bedienung durch einen Spieler, etwa in Verbindung mit anderen Schlaginstrumenten, zu haben (Notenbeispiel Nr. 8, 67, 80, 88, 109).

Das legierungsgegossene Tamtam ist für klangstarke Wirkungen geeignet, im Piano spricht es schwerer an und läßt sich nur mühsam abdämpfen. Dagegen reagieren die dünnwandigen Bronzeblech-Tamtams bedeutend schneller und entwickeln auch mit kleinerem Durchmesser mehr Tiefe, allerdings fehlt ihnen aber meist der edle Klang der Originalinstrumente. Die durch die Kunst des Hämmerns entstandenen großen Spannungen im Material lösen beim Anschlag eine Vielzahl von Partialtönen aus. Das Tamtam läßt an jeder Anschlagstelle verschiedene Farben erklingen, wobei in den starkwandigen Randgebieten die helleren dominieren. Gegen den Mittelpunkt zu sind die Stellen zu finden, die

bei der Vibration des ganzen Materials das größte Volumen mit den tiefsten, langausschwingenden Grundtönen hervorbringen (Notenbeispiel Nr. 91).
Verschiedentlich verstehen die Komponisten der Neuzeit unter „Gong" ein sehr tief klingendes Tamtam, ersichtlich aus der Notierung ohne Schlüssel und in tiefer Notationslage (siehe Notenbeispiel Nr. 82). Aber auch die kleinen Tamtams der Salonorchester nach dem Weltkrieg wurden vereinzelt mit der Bezeichnung „Gong" in Orchesterpartituren aufgenommen (Notenbeispiele Nr. 71, 75, 82).

Klangeigenschaften und Anschlagmittel. Piano geschlagen klingt das Tamtam dunkel und in tiefster Lage einer großen, weit entfernten Glocke ähnlich. In diesem Sinne wurde es z. B. von M. Mussorgsky in „Boris Godunow" und von H. Pfitzner in „Palestrina" verwendet.

Secco-Schläge sind nur auf kleineren Instrumenten auszuführen, welche mit der Hand schnell abgedämpft werden können. Zu rasch aufeinanderfolgende Schläge ohne Abdämpfungsmöglichkeit lassen den Klang ineinanderschwirren, weil ihm der Ausschwingungs- und Abklingfaktor genommen ist.

Stark gedämpfte Instrumente – etwa durch horizontales Auflegen auf ein Tuch oder zwischen den Knien gehalten – erbringen einen kurzen, trockenen, etwas blechernen Klang, dem der Glanz der Obertöne völlig fehlt. Eine derartige Wirkung beabsichtigt C. Orff in „Die Bernauerin" und „Antigonae" wie auch M. de Falla in „Meister Pedros Puppenspiel".

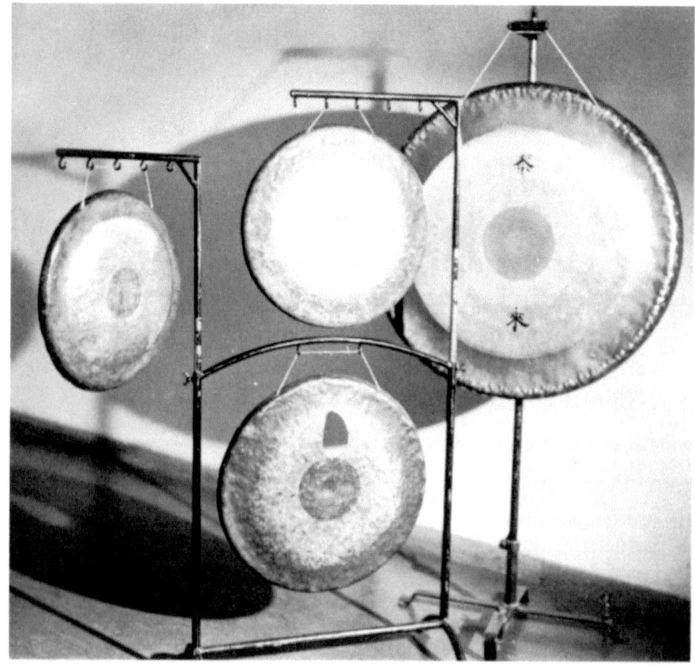

Tamtams aus gehämmertem Bronzeblech

Der Tamtamschlägel besteht aus einem runden Hartfilzkopf, meist mit dünnem Wildleder überzogen, dem Durchmesser des Instruments entsprechend groß und gewichtig. Der Anschlag damit èrbringt eine verhältnismäßig schnelle Klangentwicklung, wie es bei markanter, rhythmisch präziser Spielweise wünschenswert ist.

Schwer ansprechende *Gußtamtams* werden mit einem gewichtigen Schlägel geschlagen, dessen Kopf aus einer starken, filzgepolsterten Holzscheibe besteht.

Ein weichgepolstertes Anschlagmittel, wie etwa der Große-Trommel-Schlägel oder Gongschlägel, bewirkt einen schwächeren Schlagton gegenüber einem sich stärker und langsamer entwickelnden Nachklang. Hierbei setzen sich die Schwingungen von der Mitte aus nach und nach zu den Rändern fort, ein Anschwellen und Abnehmen des Klanges hervorbringend.

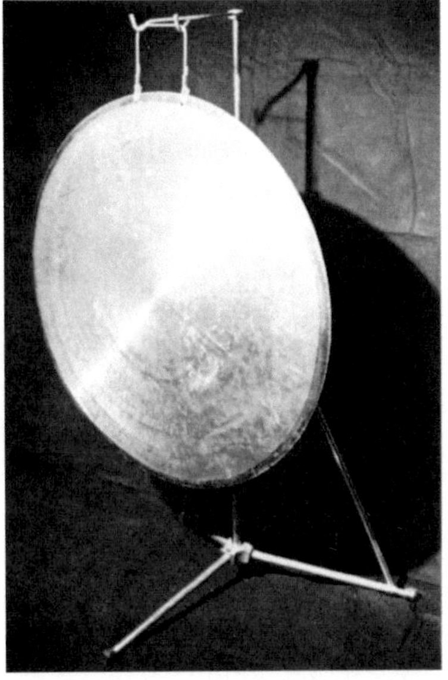

Bronzeguß-Tamtam

Schlägel mit kleinen Hartfilzköpfen (Hartfilz-Beckenschlägel) oder gummiüberzogene Schlägel mobilisieren nur den mehr hochklingenden Bereich um die Anschlagstelle. Erstere werden auch paarweise zur Erzeugung von hellklingenden Wirbeln verwendet, gegebenenfalls anstelle von Schwammschlägeln (G. Mahler: „1., 2., 3. u. 6. Symphonie") oder Paukenschlägeln (R. Strauss: „Macbeth"), denen es für diesen Zweck am notwendigen Kopfgewicht mangelt. Noch härteres Anschlagmaterial, wie etwa Beckenschlägel, Xylophonschlägel, Trommelstöcke, Metallstäbe usw., führen zu grellhohen, metallischen Anschlaggeräuschen in differenzierten Lautstärken, je nach Härte und Gewichtigkeit des Schlagmittels.

Beispiele: I. Strawinsky: „Petruschka"; M. de Falla: „Meister Pedros Puppenspiel".

Die Vorschrift „mit Triangelschlägel gerieben" wird durch zwei schwere Metallstäbe ausgeführt, mit deren Spitzen auf beiden Seiten des Tamtams möglichst schnell und intensiv zu reiben ist.

Beispiele: R. Strauss: „Salome", „Elektra"; I. Strawinsky: „Le Sacre du Printemps"; H. W. Henze: „Il re cervo" (Notenbeispiel Nr. 9).

Einen dramatischen Höhepunkt des „Oedipus der Tyrann" von C. Orff markieren Schläge mit einem Becken auf das Tamtamzentrum, ein hartes und sehr starkes Klanggemisch beider Metalle hervorbringend, Notenbeispiel Nr. 84.

Bei der Bespielung von Tamtams mit Stahlbesen ist — ebenso wie für große Becken — der große Metallbesen vorzuziehen. Seine starken Lamellen erzeugen ein hellfarbiges, zischendes Klanggemisch bis zu einem relativ geringen Stärkegrad.

Beispiel: W. Killmayer: „La tragedia di Orfeo".

Von äußerst geringer Hörbarkeit ist das Spielen mit Fingerkuppen (Y colla mano) auf gut ansprechenden Tamtams, wie es H. W. Henze in seiner „Elegie" in kammermusikalischem Sinne vorgeschrieben hat:

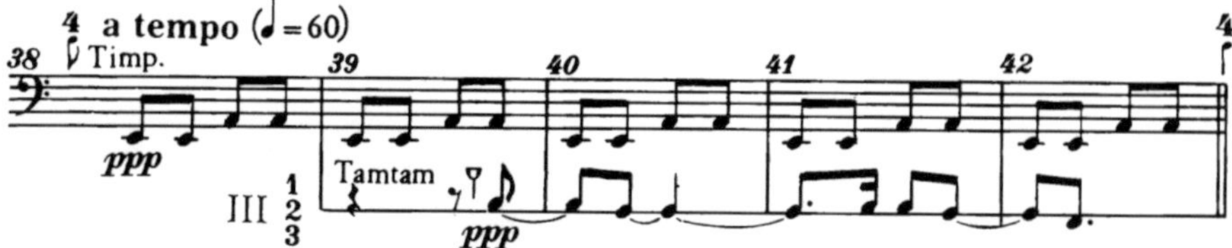

Ein sehr ungewöhnlicher Effekt wird erreicht, wenn der Tamtamrand mittels eines Streicherbogens zum Klingen gebracht wird. Dabei entsteht ein kurzer, sehr leiser und hoher Ton, etwa mit einem Flageolett zu vergleichen.
Beispiel: A. Schönberg: „Die Glückliche Hand".
Als *Watergong* bezeichnet J. Cage ein Tamtam mit einem Durchmesser von ca. 30–40 cm, das angeschlagen und danach sofort bis etwa zur Hälfte in einen wassergefüllten Behälter getaucht wird. Die Flüssigkeit bewirkt ein Absinken des Nachklanges bis zu zirka einer Quinte, es entsteht ein Glissando, ähnlich wie bei einem pedalgetretenen Paukenschlag. Der umgekehrte Effekt – das Glissando von unten nach oben – ergibt sich nach Anschlag und Hochziehen eines bereits im Wasser hängenden Instruments.
Anwendungsbeispiele: J. Cage: „First Construction in Metal" (Notenbeispiel Nr. 85); J. Cage und L. Harrison: „Double Music".
Die Sarténes, den lateinamerikanischen Volksmusikinstrumenten zugehörig, weisen eine gewisse Verwandtschaft zu den hohen Gongspielen des Fernen Ostens auf.

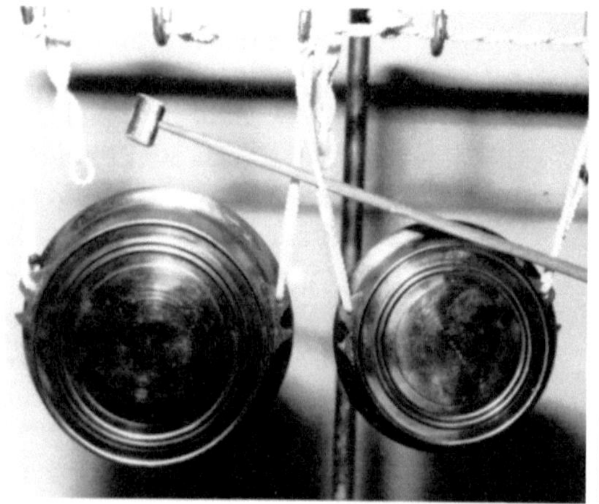
Tchanchiki (japan.)

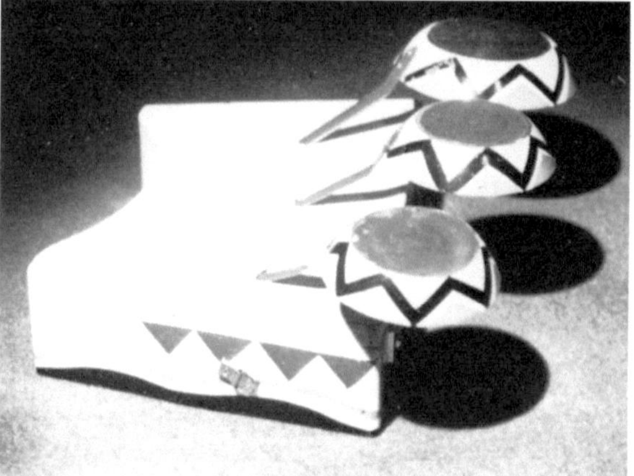
Sarténes

Hier werden zwei oder drei verschieden große Bratpfannen aus Stahl mit ihren Stielen in einen als Ständer dienenden, bunt bemalten Holzblock gesteckt (siehe Abbildung oben) und auf der Bodenseite in der Mitte angeschlagen. Ihr klarer, gongähnlicher Klang ist von ganz bestimmter Tonhöhe, je nach Größe der einzelnen Pfanne zwischen a¹ und c³. Am besten eignen sich Gummikopfschlägel (Vibraphonschlägel), während härtere den eigentümlichen Stahlblechklang stärker forcieren.
Beispiel: Angel Pena: „Igorot-Rhapsodie".

Tchanchiki

Tchanchiki oder Atari-gane ist der Name einer kleinen japanischen Gongart, gedreht aus massiver Messinglegierung in pfannenähnlicher Form. Die Außenseite des Bodens, mit einigen eingravierten Zierrillen, ist die Anschlagfläche. Zwei Ösen an den Rändern des Zylinders dienen zur Aufhängung mittels weicher Schnüre (siehe Abbildung Seite 142).
Den grellen, sehr scharfen Klang bewirkt ein Schlägel mit kleinem Geweihhornknopf, der Nachhall ist kurz und rasch verklingend. Die Klanghöhe, der in moderner japanischer Musik vereinzelt benützten Instrumente, bewegt sich in der dreigestrichenen Oktave. Ein Exemplar in f^3 hat einen ⌀ der Anschlagfläche von 10 cm, der ⌀ der Rückseite mit dem Rand beträgt 12 cm, die Tiefe des Zylinders ist 2,5 cm.
Beispiel: Yuso Toyama: „Rhapsodie für Orchester".

TIERSCHELLEN

Herdenglocken; Almglocken (Cencerros); Cow-bell (Metal-block).

Anschlagmittel üblich für Herdenglocken: Glockenklöppel

nach Vorschrift für Almglocken: Weichfilzschlägel
Hartfilzschlägel
Gummischlägel
Vibraphonschlägel
Becken-Lederschlägel
Xylophonschlägel
Holzschlägel
Trommelstöcke
Metallstäbe

üblich für Cow-bell: Trommelstock

Herkunft, Bau, Typen. Seit Menschen sich Nutztiere zu Herden halten, verwenden sie Schellen, die sie ihnen umhängen, um ihren Standort klanglich zu markieren oder sie vor bösen Geistern zu schützen. Solange Metalle noch nicht bekannt waren, gab es Glocken aus geschnitztem Holz in Form eines Breittrapezes, in dem ein oder mehrere Holzklöppel an einer Schnur aufgereiht hingen. Im Klang ähnlich wie kleine Schlitztrommeln fand man sie in Hinterindien, Alt-Persien, Kongo und Estland. Vereinzelt sind sie heute noch in Gebrauch. In Afrika wurden in der Hauptsache Fruchtschalen zur Schelle bearbeitet.
Mit der Metallgewinnung entstanden die aus Eisenblech gebogenen und geschmiedeten Glocken mit stabförmigem Innenklöppel, einzeln, paarig oder gebündelt.
Während die aus afrikanischer Entstehung über Spanien und Lateinamerika heute zu uns kommenden Metallschellen in länglich-konischer Form einen klaren, etwas ausschwingenden Ton haben, ist die in den Alpen gebräuchliche, bauchige Glocke mehr dumpf und klangeinschließend. Zu Brauchtumszwecken (Schweiz) werden solche Glocken bis zur Höhe von ca. 45 cm und einem bauchigen Umfang von ca. 150 cm aus Messingblech gearbeitet.

Bei der Zusammenstellung eines Almglockensatzes vom größten bis zum kleinsten Instrument entsteht eine chromatische Tonskala von etwa c bis c^4 (g^4). Allerdings können die Töne der untersten Oktave nur mit weichen Anschlagmitteln zum Klingen gebracht werden.

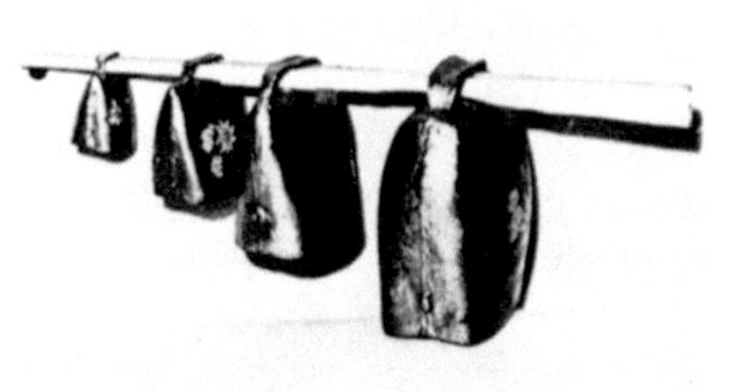

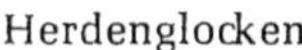

Herdenglocken

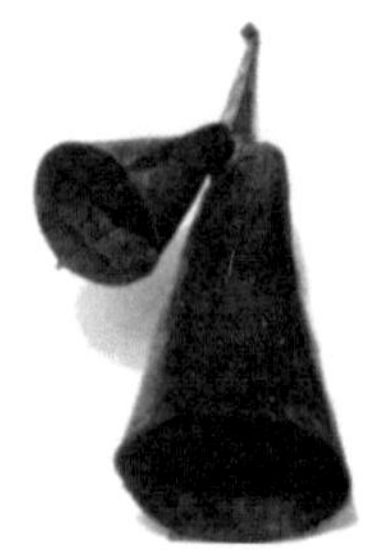

Agogo

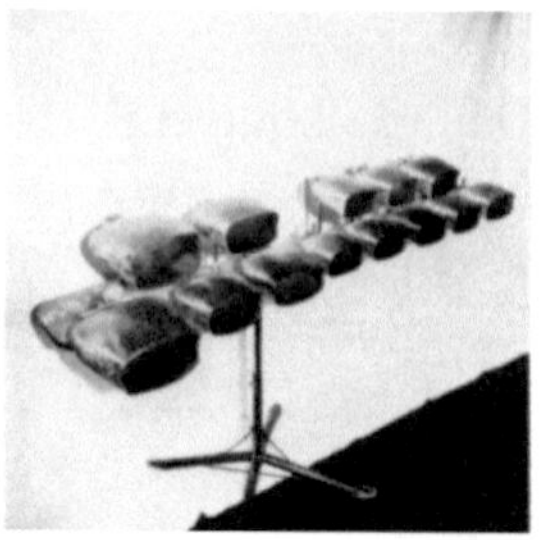

Chromatisch abgestimmte Almglocken

Die geradwandigen, hohen und schmalen Glocken ohne Innenklöppel gehören zu den charakteristischen Instrumenten der lateinamerikanischen Volks- und Tanzmusik (Samba, Beguine, Rumba, Conga, Afro-cuban u. a.). Genannt Cencerro (paarweise Agogo), werden sie einzeln oder auch paarweise mit Stöcken geschlagen und fügen sich in den rhythmischen Teppich der Begleitinstrumente ein. Durch variable Spieltechniken, wie Dämpfen und Klingenlassen, Wechseln der Anschlagstellen (Rand, Seitenwand, Innenraum, Scheitel), ist der Spieler um möglichste Klangdifferenzierung bemüht (Notenbeispiele Nr. 87 und 103). In der westlichen Jazz- und Tanzmusik fand das Instrument unter dem Namen *Cow-bell* große Verbreitung. Der hier vorherrschende trockene „Sound" verlangte völlige Abdämpfung des Nachklangs mittels eines in den Glockenraum eingeführten Stückes Filz oder ähnlichem.

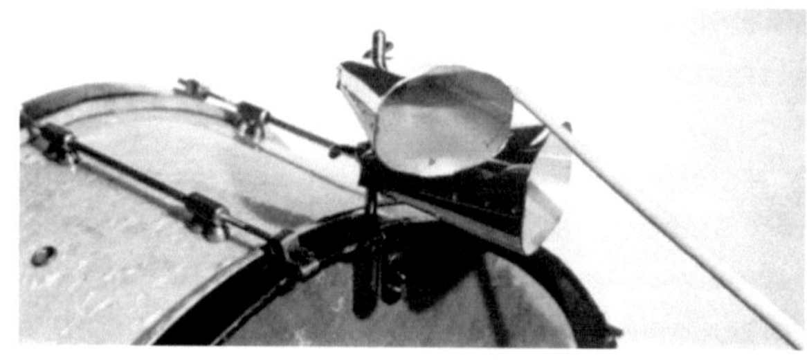

Cow-bells, an der Großen Trommel befestigt

Schließlich haben Hersteller ein sehr kurz und trocken klingendes Instrument aus starkem Blech in eckiger Trapezform entwickelt, das mittels Haltevorrichtung am Schlagzeug befestigt und vom Drummer – einbezogen in sein Standardinstrumentarium (Große Trommel, Kleine Trommel, Tom-Tom, Becken) – mit Trommelstöcken geschlagen wird. Die damit erfolgte Distanzierung vom ursprünglichen Kuhglockenklang führte auch zu der Bezeichnung *Metal-block*.

Verwendung. In der konzertanten Musik der Spätromantik beschränkte sich die Verwendung der Tierschellen auf die musikalische Charakterisierung weidender Herden, wobei natürlich bestimmte Tonhöhen außer acht gelassen sind.

Beispiele: R. Strauss: „Alpensymphonie"; G. Mahler: „6. und 7. Symphonie" (Notenbeispiel Nr. 86).

Hierfür werden eine Reihe Glocken verschiedener Größen des oberen Klangbereiches mit ihren Haltebügeln zu dreien oder vieren an kantige Holzleisten gesteckt (siehe Abbildung Seite 144) und von den Spielern in behutsamer Differenzierung geläutet. Zur Aufhellung der etwas monotonen Klangfarbe empfiehlt es sich, einige helle Schalenglöckchen einzubeziehen.
Als instrumentale Farbe verwendete A. Webern in „Fünf Stücke für Orchester op. 10" „mehrere Herdenglocken continuierlich", dazu „einige tiefe Glocken" (Röhrenglocken), kaum hörbar. Die hier verlangte Dynamik erlaubt es nicht, gewöhnliche Herdenglocken zu verwenden, sondern es müssen solche ohne Klöppel – am Ständer befestigt – mit Gummischlägeln geschlagen werden.
Wenn es sich um Musik mit jazzverwandten Stilelementen handelt, ist die obenerwähnte Benennung „Metal-block" für die kurzklingende Kuhglocke zutreffend.
Beispiele: G. Gershwin: „Porgy and Bess"; D. Milhaud: „La création du monde" (Notenbeispiel Nr. 58), „Konzert für Schlagzeug und kleines Orchester"; R. Liebermann: „Concerto for Jazzband and Symphony Orchestra" (Notenbeispiel Nr. 104); P. Boulez: „pli selon pli" u. a.
Anschlagmittel, Klangeigenschaften. Die mit Weichfilzschlägeln geschlagene Almglocke erbringt einen weichen, nachhallenden klaren Ton, im Wirbel nahtlos ineinanderklingend. Einen wesentlichen Grad präziser und stärker wirken Hartfilzschlägel, gummiüberzogene Holzschlägel oder Vibraphonschlägel. Becken-Lederschlägel oder Xylophonschlägel lassen mit dem härteren Anschlag metallisch-helle Obertöne erscheinen. Noch mehr verstärkt sich der eigentümlich blecherne Klang durch Holzschlägel oder Trommelstöcke, während Metallstäbe Klangfarben erzeugen, in denen eine harte, grellhohe Beimischung stark hervortritt.
Beispiele: H. W. Henze: „Elegie für junge Liebende", „Antifone"; K. H. Stockhausen: „Zyklus", „Gruppen für drei Orchester"; Bo Nilsson: „Reaktionen" (Notenbeispiel Nr. 50); J. Cage und L. Harrison: „Double Music" (gr. Tierschellen, Notenbeispiel Nr. 91); L. Berio: „Circles" (Notenbeispiel Nr. 32), „Epifanie"; W. Heider: „Konflikte"; J. Cage: „First Construction in Metal" (8 Cow-bells, Notenbeispiel Nr. 85); O. Messiaen: „Sept Haïkaï" (jeu chromatique de cencerros = 26 Almglocken, abgestimmt von c^2 chromatisch bis c^4, siehe Notenbeispiel Nr. 89), „Couleurs de la Cité célesta" (27 Almglocken von c^2 chromatisch bis d^4).

KLEINE GLOCKEN UND GLÖCKCHEN

Schalenglöckchen; Handglocken (Hand-bells); Klingeln; Schellenbaum; Meßklingeln; Bell-Tree; Elefantenglocke; Alarm- und Sturmglocke; Japanische Tempelglocke.

Glocken kleinen und kleinsten Formats mit Innenklöppel finden sich früh bei allen metallverarbeitenden Völkern. Solche mit Handgriff sind in China schon um 1000 v. Chr. bekannt und fanden weite Verbreitung im Fernen Osten, dazu verwandt die napfförmigen Zimbeln und gegossenen Gegenschlagglocken.
Im mittelalterlichen Europa „Crotalum" (griechisch: Krotalon) genannt, auch zusammengestellt zum metallstabgeschlagenen „Cymbala", dem Glockenspiel aus klöppellosen Bronzeschellen, führte die Weiterentwicklung zu den größeren Formen der Turmglocken-

spiele, während sich der kleine Typus nach Verbreitung der Stabglockenspiele mehr in außermusikalische Bereiche verlor.
Heute begegnet man *Schalenglöckchen* – mit Stielen versehen und aus Stahl hergestellt – als Rufglocken zu verschiedenen Zwecken; auf der Bühne gehören sie zu den Requisiten. Im Orchester verwendet C. Orff ein kleines, silberhelles Schalenglöckchen in der Musik zu „Ein Sommernachtstraum" von Shakespeare. Mit einer größeren und kräftig klingenden Stielglocke (etwa aus Bronze) läßt M. de Falla „Meister Pedros Puppenspiel" einläuten. Die sogenannten *Hand-bells,* mit denen in England volkstümliche Melodien intoniert werden, bestehen aus einem Satz abgestimmter kleiner Gußglocken im Umfang von etwa einer Oktave (siehe nachstehende Abbildung).

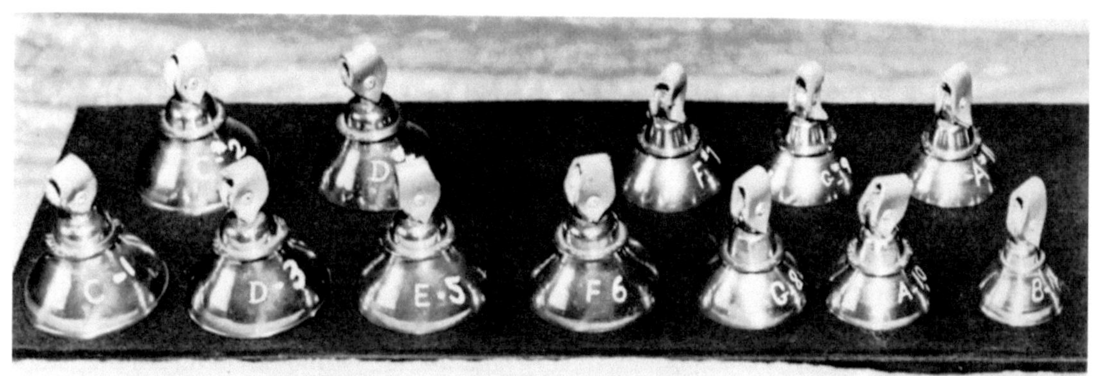

Handbells

Zwei Spieler halten an Lederstrippen je zwei Glocken in einer Hand, wobei sie durch geschickte Drehung des Handrückens jeweils die richtige Glocke zum Läuten bringen, so eine Melodie aus acht Tönen zusammensetzend.
B. Britten hat in seiner Kinderoper „Noye's Fludde" (1958) Hand-bells verwendet. M. Kagel verlangt in „Match für drei Spieler" (1964) 3 Handglocken verschiedener Größe, hier ohne Rücksicht auf eine bestimmte Tonhöhe.
Beispiel: W. Egk: „Casanova in London" (Handglocke, Hausglocke, Schiffsglocke).
Die Imitation von *Haustüren- und Telefonklingel* erfolgt durch ein aufziehbares und mit Drucktasten versehenes Läutewerk mit kleinen Stahlglocken in Calottenform. Die zu den Nachahmungseffekten gehörende Klingeleinrichtung fand gelegentlich im instrumentalen Sinne Verwendung.
Beispiel: M. Kagel: „Match für drei Spieler" (1964).
Das als *Schellenbaum* benannte, oft uniformierten Musikkapellen vorangetragene Emblem mit Adler, Stern, Halbmond und Roßhaarschweifen ist orientalischer Herkunft und seit den Türkenkriegen im 16. Jahrhundert im Westen bekannt. Mit kleinen, silbrig-klingenden Glöckchen behangen, spielte er doch nie eine musikalische Rolle.
Die Verwendung eines Schlaginstruments mit der Bezeichnung „Schellenbaum" geschah durch Bo Nilsson in seiner Komposition „Ein irrender Sohn" (siehe Notenbeispiel Nr. 88). In einfacher Machart sind hier kleine Glöckchen und einige Rollschellen an ein Griffholz

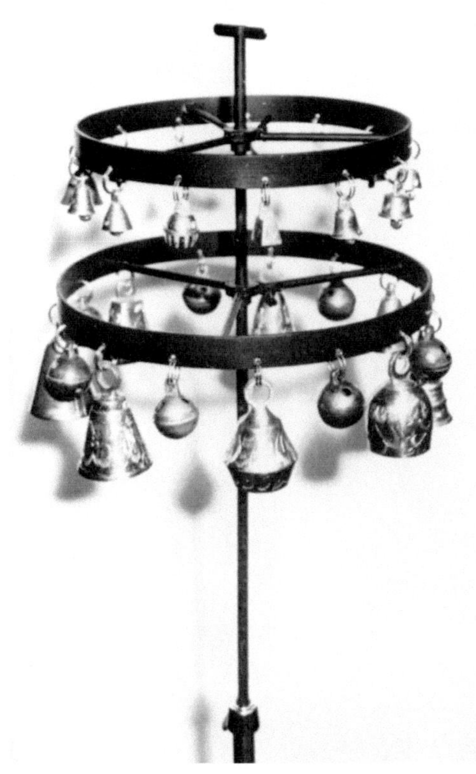

Schellenbaum

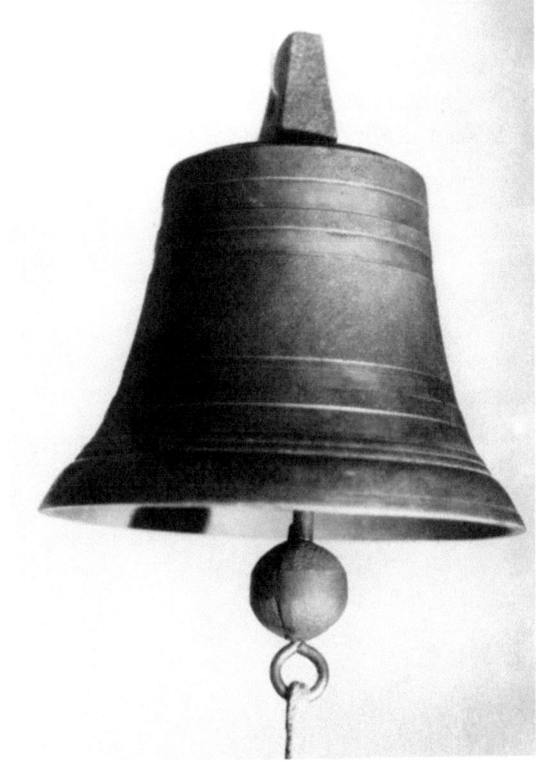

Alarmglocke (oder Sturmglocke)

oder an Metallringe montiert und werden durch Schütteln oder Anschlagen zum Klingeln gebracht (siehe Abbildung oben).

Den Unterschied zwischen der Klangvorschrift „mittel" und „tief" ergibt die Auswahl kleiner, beziehungsweise größerer Glöckchen und Schellen.

Einen klanglich weit stärkeren Effekt erzeugen die in katholischen Kirchen meist paarweise verwendeten *Meßklingeln.* Drei oder vier Stahlglocken sind an überkreuz verbundene Metallarme geschweißt und werden mittels eines Griffes durch einen starken Schüttelstoß zum Läuten gebracht. W. Egk bediente sich dieser Instrumente in der Oper „Columbus" und im Ballett „Abraxas", ebenso R. Kubelík in seinem Requiem „Libera nos".

In den USA findet sich gelegentlich in der Gebrauchsmusik ein Instrument fernöstlicher Herkunft mit der Benennung *Bell-Tree.* Es besteht aus einer Anzahl calottenförmiger Schalenglöckchen, die der Größe nach untereinander an Schnüren hängend einen Strang bilden. Mit einem Stahlstab den Rändern entlanggestrichen, entsteht ein Klangbild, das etwa dem eines Glockenspielglissando mit Metallschlägel ähnelt (siehe Abbildung Seite 148). Die *Elefantenglocke* (engl. „Sarna bell") — bekannt als Exportartikel aus Indien und als Tisch- oder Zierglocke zu verwenden — findet sich in H. W. Henzes „Heliogabalus Imperator".

Der Durchmesser dieser kugelförmigen, dünnwandigen Glocken aus Messinglegierung kann 2 bis 10 cm betragen. Die obere Halbkugel mündet in einen Griffteil, während die untere in 8 bis 10 krallenartig spitz zulaufende Zungen ausgearbeitet ist. Das wenig obertonreiche Geläute ist von zarter, kaum zu steigernder Klangkraft (siehe Abbildung Seite 149).

Durchdringendes, alarmierendes Geläute vollbringt die als *Schiffsglocke* bekannte starkwandige Bronzegußglocke. Sie ist mit einem Klöppel versehen, der mittels eines Riemengriffes an die innere Glockenwand geschlagen wird (siehe Abbildung Seite 147).

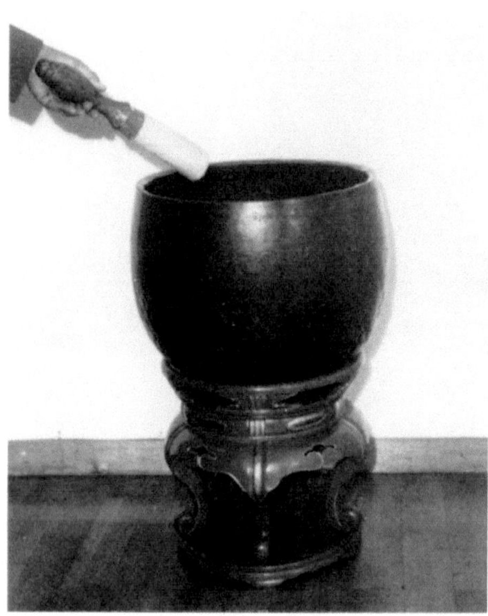

Japanische Tempelglocke (Dobači oder Kin)

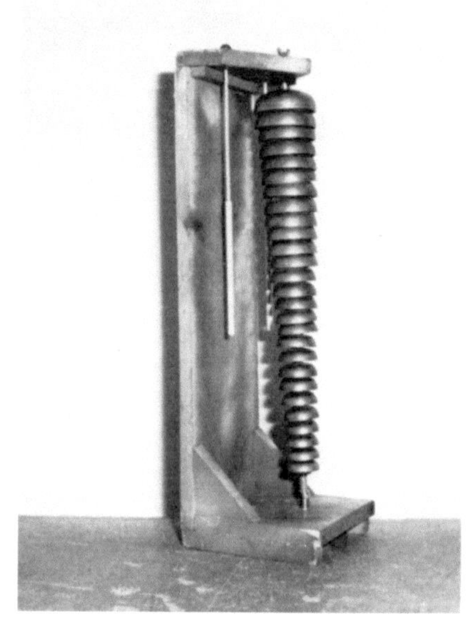

Bell-Tree

Als *Alarm- und Sturmglocke* kann sie Verwendung finden im Revolutionsbild der Oper „Boris Godunow" von M. Mussorgsky und in jenem der Oper „Don Carlos" von G. Verdi.

Die japanische *Tempelglocke „Dobači"* ist eine aus Bronzematerial gehämmerte, napfförmige Standglocke. Mit der Öffnung nach oben auf einer gepolsterten Unterlage stehend, wird die Schale an der Randinnenkante mit einem stabförmigen, lederüberzogenen Schlägel angeschlagen (siehe Abbildung oben).

Die Größe der meist in einzelnen Exemplaren vorkommenden Instrumente ist verschieden, ihr Durchmesser reicht von etwa 10 bis 60 cm; dementsprechend läßt sich eine Tonleiter von etwa c^1 bis e^2 feststellen. Der nachhallende Ton, dessen untere Oktave bei größeren Glocken mitschwingt, erinnert in seiner Färbung an den einer mit gleichem Mittel perkutierten Glasglocke, besitzt jedoch ein weit größeres Klangvolumen. H. W. Henze hat in „Das Floß der Medusa" zwei verschieden große Tempelglocken mit der Bezeichnung „Temple bells" eingesetzt.

Durch Reiben der inneren Kante mit dem Schlägel wird der tiefe Grundton des Instruments in beliebiger Länge zum Klingen gebracht. Beispiele: H. W. Henze: „El Cimarron"; W. Hiller: „Katalog IV".

Ein tonverändernder Effekt entsteht bei Anschlagen einer auf einer Pauke placierten Tempelglocke, wenn gleichzeitig mit dem Paukenpedal glissandiert wird.

Beispiele: J. Taira: „Hierophonie V"; B. Wulff: „Gebrochene Zeit".

Amboß; Metallblock; Stahlplatten; Auto-brake-drums

Anschlagmittel   üblich: Metallhämmer

Der metallisch-kurz klingende Hammerschlag auf den *Amboß* mit seinem unverwechselbaren, durchdringend-hohen Klangbereich war bereits in der Musik des frühen Mittelalters zu finden. Als reines Musikinstrument tauchte er erst in unserem Jahrhundert wieder auf, zuvor noch als Klangrequisit der Opernbühne dienend. In Verdis „Troubadour" schlägt ihn der Zigeunerchor auf der Szene. R. Wagner läßt ihn durch Jung-Siegfried während der Schmiedelieder rhythmisch und dynamisch differenziert klingen und im „Rheingold" hört man in der Verwandlungsmusik das gewaltige Crescendo des Amboß-Chors der Nibelungen hinter der Bühne. Hier verteilt sich, nach R. Wagners Vorschrift, eine Gruppe von 18 Amboßschlägern auf ebenso viele Schmiedeambosse, ausgewählt in drei Klang- und Größenunterschieden (Notenbeispiel Nr. 90).
Für die markanten Schläge am tiefklingenden Amboß wird ein schwerer Metallhammer verwendet, die höherklingenden – im schnelleren Rhythmus geschlagenen – erfordern entsprechend leichtere Hämmer. Die klangvollste Anschlagstelle findet sich an der abgerundeten Spitze der Ambosse.
In der Zeit vor den Weltkriegen behalf man sich in den Salonorchestern und Ensembles zur Imitation des Amboßklanges mit einem Stück Stahl, etwa einem Glockenspielstab. Auf eine filzbedeckte Unterlage montiert und mit einem Metallhämmerchen geschlagen, erklingt es gedämpft in der Art eines kleinen oder weit entfernten Ambosses (J. Strauß: Polka „Feuerfest").

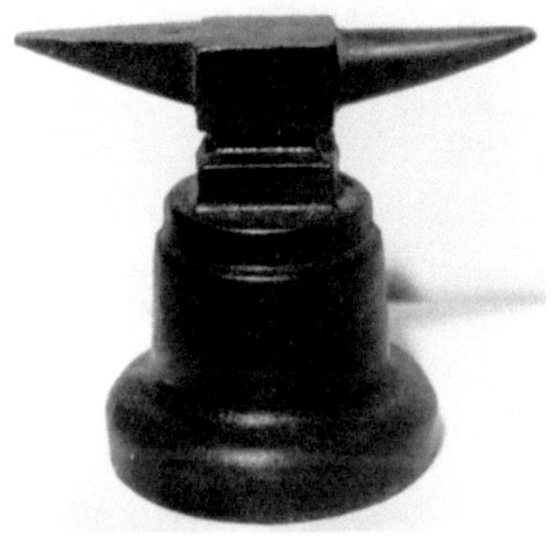

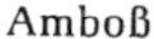

Amboß

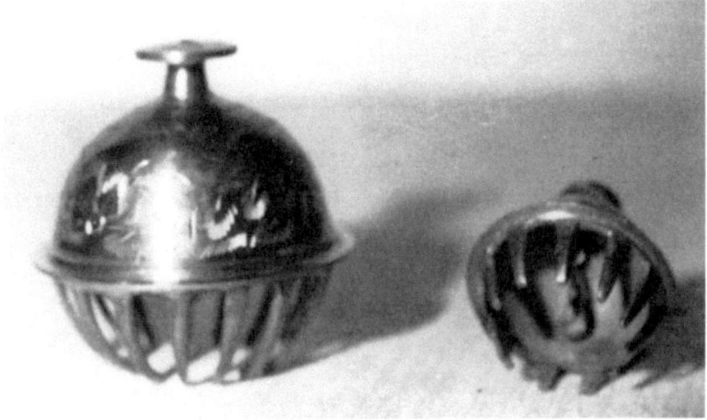

Elefantenglocken „Sarna bells"

In diesem Zusammenhang dürfte der Name *Metallblock* entstanden sein, der aber heute zu Verwechslungen mit der gelegentlich als „Metal-block" bezeichneten Jazz-Cow-bell führen kann. Einen weit größeren, obertonreicheren Klang im Sinne des Ambosses ergaben *stählerne Scheiben, auf Filzstützen gelegt,* mit einem Durchmesser bis ca. 20 cm, einer Stärke bis ca. 3 cm und einem Gewicht bis ca. 5 kg (siehe Abbildung auf Seite 150).
Trotz des deutlich in Erscheinung tretenden Teiltonreichtums ist eine klare tonale Abgrenzung erkennbar; je größer die Materialstärke, um so höher liegen die Frequenzen des Klangspektrums. Eine bestimmte Tonhöhe – das a^4 – ist erforderlich für den Amboß in C. Orffs „Antigonae".

Weitere Beispiele: H. Berlioz: „Benvenuto Cellini“; Ch. Gounod: „Philemon und Baucis“; M. de Falla: „Ein kurzes Leben“; E. Varèse: „Ionisation“ (Notenbeispiel Nr. 109); B. Britten: „The Prince of the Pagodes““; A. Copland: „3. Symphony“; L. Janáček: „Aus einem Totenhaus“; H. W. Henze: „Elegie“ (siehe Notenbeispiel Nr. 8); M. Kelemen: „Der neue Mieter“, „Radiant“; J. Cage: „First Construction in Metal“ (Notenbeispiel Nr. 85) u. a.

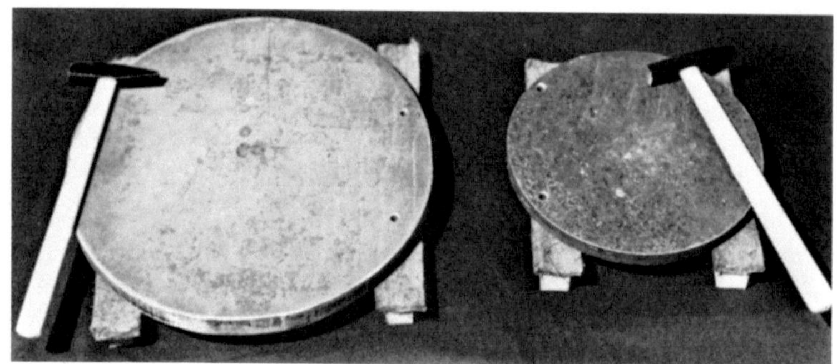

Liegende Stahlplatten

Am Rand durchbohrte *Stahlplatten, an Schnüren aufgehängt,* lassen den Ton frei schwingen und ermöglichen die Zusammenstellung eines Klangplattenspieles, etwa im Umfang von a^3 bis a^4, quasi ein Pendant des Steinplattenspieles.
Damit entstand eine Instrumentengattung, deren Vorbilder bereits um 1000 v. Chr. in der Kultmusik Chinas in Gebrauch waren. Während diese dicken, langausschwingenden Schlagscheiben aus Bronze mit Holzschlägeln perkutiert wurden, erfolgt der Anschlag auf die modernen Stahlplatten immer mit Metallschlägeln oder Hämmern. Mit weicheren Schlagmitteln könnte das massive Material nur wenig in Vibration versetzt werden und ergäbe ein deutlich störendes Anschlaggeräusch.
Beispiel: M. Kelemen: „Equilibres“ (Notenbeispiel Nr. 34).

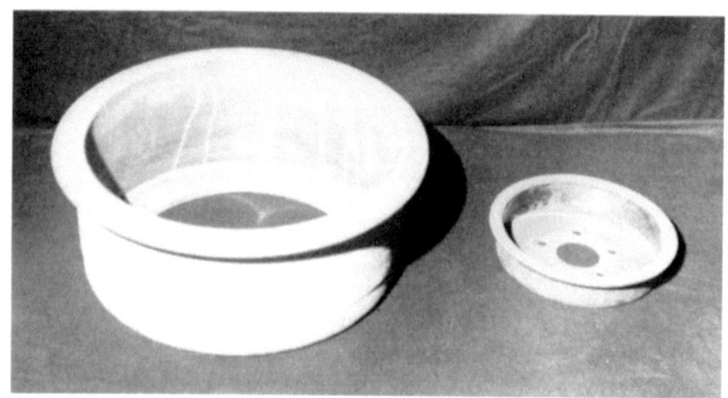

Auto-brake-drums

Ähnlich dem Klang der Stahlplatten ist der von angeschlagenen *Auto-brake-drums,* den stählernen Bremstrommeln, die abgebauten Autowracks entnommen wurden (siehe Abbildung oben). Mit mehrfachen, klangunterschiedlichen Exemplaren bedienen sich ihrer die sogenannten „Pop“-Orchester in Nordamerika. Dort fanden sie auch Eingang in das Instrumentarium moderner Komponisten, wie z. B. in L. Harrison: „Canticle Nr. III“; H. Cowell: „Symphony Nr. 14“; J. Cage: „First Construction in Metal“ (4 verschiedene brake-drums); J. Cage und L. Harrison: „Double music“ (6 verschiedene brake-drums, Notenbeispiel Nr. 91).

Rute

Der als *Rute* benannte gebogene Stock – zu Haydns und Mozarts Zeiten von der Janitscharenmusik übernommen – hatte lediglich die Funktion, Begleitschläge auf der Großen Trommel auszuführen (siehe auch Kapitel „Große Trommel", Seite 102).

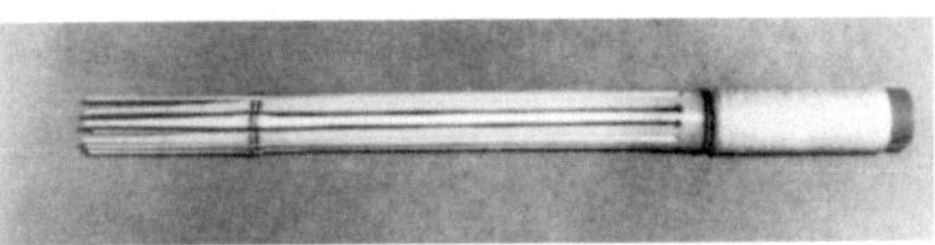

Rute

Mit der gleichen Bezeichnung Rute erschien in einigen Werken der Spätromantik ein eigenständiges Instrument, dessen Ursprung im Kultwesen von Völkerschaften Indiens, Asiens und Ozeaniens liegt. Aus einem gespaltenen Bambusrohrabschnitt gefertigt, hatte es als Aufschlag- und auch als Gegenschlaginstrument bei Dämonenvertreibungen zu wirken.

Der *Schlagrute* im Orchester kam vorerst die Aufgabe zu, den bildhaften Eindruck des geschlagenen, gepeitschten Individuums zu vermitteln. Schließlich wurde ihr eigentümliches Geräusch auch als reiner Klangeffekt verwendet.

Beispiele: R. Strauss: „Elektra", „Die Frau ohne Schatten"; G. Mahler: „3. und 6. Symphonie"; E. Varèse: „Intégrales"; A. Berg: „Wozzeck" (siehe Notenbeispiel Nr. 92), „Lulu"; O. Schoeck: „Penthesilea"; E. W. Korngold: „Die tote Stadt".

Um das Geräusch niedersausender Schläge für den Zuhörer auf die Entfernung erkennbar zu machen, ist es vorteilhaft, gebündelte Ruten zu verwenden. Für dynamisch schwächere Stellen eignen sich solche aus Birkenreisig oder gebündelten Bambusstreifen in einer Länge von ca. 50 cm (siehe Abbildung S. 28/4). Die resonanzkräftigste Aufschlagfläche findet sich am Korpus der Großen Trommel oder auf einem leeren, dünnwandigen Kasten. Weit stärkeren Geräuscheffekt erwirkt ein Bambusrohr von etwa 40 cm Länge und 4 cm Stärke, in das bis zu 12 spitz zulaufende, 30 cm lange Rutenzungen eingeschnitten sind (siehe Abbildung oben). Am Griffstück gehalten, wird die Rute auf eine harte Unterlage geschlagen und dringt so mühelos durch orchestrale Klangmassierungen.

DIE KLAPPERN

Hände; Klapper (Klappholz, Peitsche); Bones (Brettchenklapper); Bak (Koreanische Bündelklapper); Bin-Sasara (Reihenklapper); Hyoshigi (Gegenschlagblöcke); Claves (Gegenschlagstäbe); Kastagnetten; Crotalen (Fingerzimbeln); Gabelbecken (Castagnettes de fer); Klackers oder Spoon (Metallklapper)

Das Klatschen mit *Händen* gegeneinander oder gegen den Körper sowie das Stampfen mit den Füßen ist das einfachste und ursprünglichste Mittel rhythmischen Ausdrucks. Als solches blieb es ein immer wiederkehrendes Element in Riten und Tänzen der Völker aller Erdteile.

In C. Orffs „Schulwerk" bildet es einen Bestandteil der grundlegenden rhythmischen Erziehung. Auch in der Kunstmusik finden sich Anwendungsbeispiele: D. Milhaud läßt den Chor in „Les Choephores" nach Noten klatschen und stampfen, L. Berio verlangt von der Sängerin in „Circles" neben dem Taktieren und Einsatz-Geben das Klatschen in die

Hände; in E. Saties Ballett „Parade“ und C. Surinachs „Ritmo Jondo“ ist im Schlagzeug ebenfalls nach Notierung rhythmisch zu klatschen.
Im Ägypten der Pharaonen entstand eine Nachbildung klatschender Hände aus paarweise zusammenschlagenden Brettchen, in deren Oberfläche die Konturen der Hände und Oberarme geschnitzt waren.
Die *Klapper*, im Opernorchester in „Der Postillion von Longjumeau“ von A. Adam (1836) erschienen, hatte den Peitschenschlag der Pferdekutscher und Fuhrleute zu markieren. In diesem Sinne fand sie Verwendung als Bühnenrequisit, z. B. in C. M. von Webers „Freischütz“ (1821) und P. Mascagnis „Cavalleria rusticana“ (1890), ebenso in zahlreichen Salonorchesterstücken mit einschlägigem Kolorit.
Die hierfür verwendete — als *Peitsche* bezeichnete — Klapper besteht aus zwei etwa 40 cm langen und ca. 5 cm breiten Holzbrettern, deren untere Schmalseiten ein Scharnier verbindet. Die Handhabung geschieht durch Leder- oder Holzgriffe, die auf den Außenseiten der Latten angebracht sind. Um dem Ensembleschlagzeuger die Möglichkeit zu geben, die Peitsche mit einer Hand zu bedienen, wurden die hierfür in leichterer Ausführung gefertigten Brettchen mit Griff und Federzug versehen, der den Klappvorgang bei einer hochschnellenden Bewegung der Peitsche bewirkt (siehe nachstehende Abbildung).

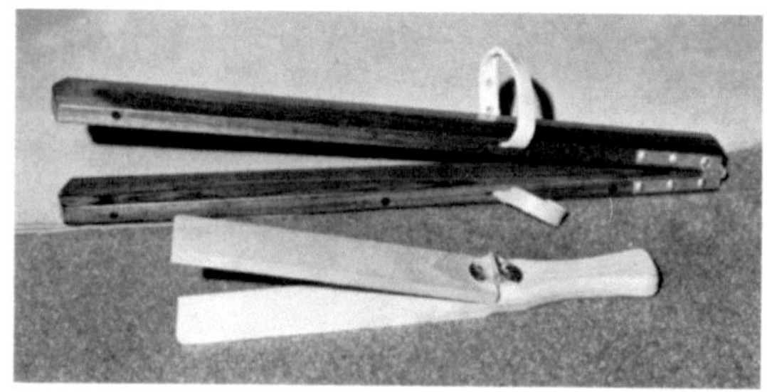

Peitschen

In der Neuzeit haben Komponisten das Instrument unter der Bezeichnung Peitsche, Holzklatsche oder Klapper als einen eigenständigen Effekt in die Partituren aufgenommen. Gleich den Klapphölzern fernöstlichen Vorbilds bedarf es zur Herstellung des für Orchesterzwecke geeigneten Instruments eines Hartholzes, dessen Zähigkeit starke Beanspruchung zuläßt und eine den Erfordernissen entsprechend große Schlagkraft entwickelt. Die Maße einer solchen Klapper betragen in der Länge ca. 50—60 cm, bei einer Holzstärke von 1,5 cm. Eine vorsichtshalber mehrfach eingeführte Querverschraubung und Vernietung verhindert weitgehendst die Entstehung von Sprüngen. Der Handhabung sind ebenso wie beim Händeklatschen natürliche Grenzen gesetzt. Je schneller die Schlagfolgen gebracht werden sollen, um so geringer ist der Ausholweg und damit die dynamische Stärke.
Beispiele: H. Pfitzner: „Von deutscher Seele“; Mussorgsky-Ravel: „Bilder einer Ausstellung“; M. Ravel: „Klavierkonzert“, „Air de feu“, „L'Heure espanole“; E. Varèse: „Ionisation“; A. Honegger: „Totentanz“; L. Janáček: „Aus einem Totenhaus“; D. Milhaud: „L'homme et son désir“, „La mort d'un tyran“; B. Britten: „The Young Person's Guide to the Orchestra“, „Der Raub der Lucretia“, „War Requiem“; A. Copland: „3. Symphony“; W. Egk: „Der Revisor“; P. Hindemith: „Konzert für Orchester“ u. a. (siehe auch Notenbeispiel Nr. 60).
Einen peitschenähnlichen Effekt übernahm G. Puccini, der in „Gianni Schicchi“ zwei Trommelstöcke mit den Kopfenden in eine Hand nehmen läßt, während die schwereren Stock-

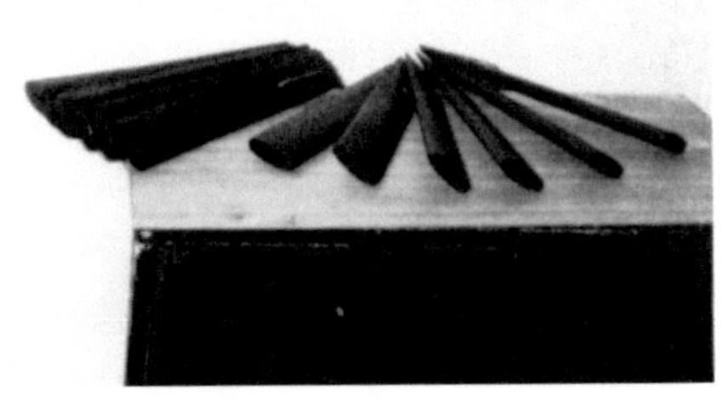

Plattenbündelklapper „Bak“ (korean.)

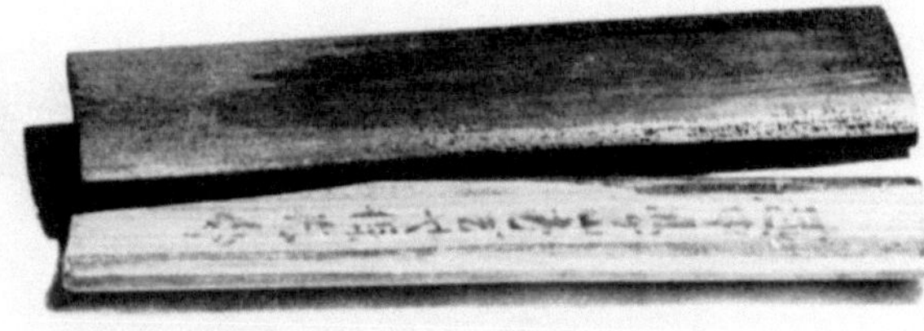

Brettchenklapper „Bones“

enden aufeinanderklappernd in die andere, gewölbte Handfläche geschlagen werden. Eine ähnliche Wirkung läßt sich mit der *Bones* genannten Brettchenklapper erzeugen. Hier werden zwei längliche Plättchen aus Holz oder Bein gegeneinandergeschlagen.
Beispiel: W. Haupt: „Moira“.
Die koreanische Plattenbündelklapper „Bak“ ist ein Bestandteil des Schlagzeuginstrumentariums in Werken Isang Yuns, z. B. in „Dimensionen“, „Träume“ und „Sim Tjong“, jeweils in mehreren Exemplaren besetzt.
Das Bündel besteht aus sechs leicht konvex gearbeiteten Hartholzplatten, deren jede eine Länge von 34 cm und eine Breite von 5,5 cm unten und 4,5 cm oben aufweist. Ihre Stärke ist etwa mit der einer Marimbaphonplatte derselben Länge zu vergleichen. Am oberen Teil der Klapper sind die Platten, im Längsabstand von 8 cm, mit je 2 Löchern versehen. Durch sie führt eine Schnur, um alle 6 Teile lose miteinander zu verbinden.
Mit zwei Händen auseinandergespreizt und dann im entscheidenden Augenblick zusammengepreßt, prallen die Hölzer aufeinander und produzieren einen knappen Reihenschlag von durchdringender Schallkraft (siehe Abbildung oben).
Die von C. Orff aus Japan eingeführte Reihenklapper *Bin-Sasara* besteht aus ca. 90 Brettchen von je 10 cm Länge und 3 cm Breite, die mit einer Verschnürung gefaßt und zu einem ca. 120 cm langen Strang gearbeitet sind (siehe Abbildung unten).
Eine schnelle, schlingernde Bewegung mittels der an den beiden Enden befindlichen Griffen bewirkt das rasch nacheinanderfolgende Zusammenschlagen der Brettchen und erzeugt ein kurzes, knatterndes Geräusch, dem der Ratsche ähnlich.
C. Orff nahm diese Klapper in die Partitur des „Prometheus“ auf (siehe Notenbeispiel Nr. 93).

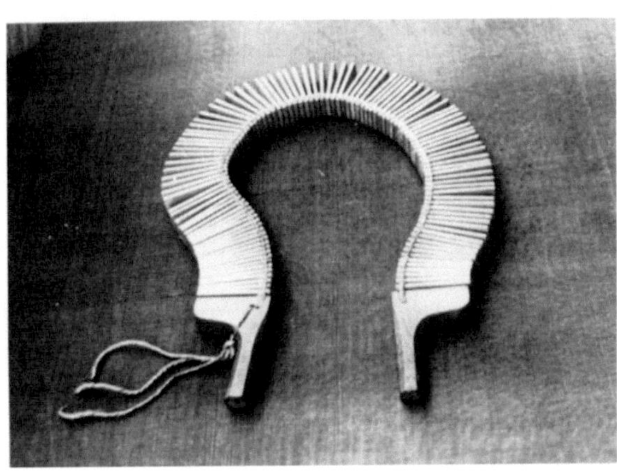

Bin-Sasara

Die Theatermusik Chinas und Japans kennt die aus Rotholz gefertigten *Gegenschlagblöcke*, die mit ihrem scharfen, überaus durchdringenden Schlag wichtige Akzente zu geben haben. Zwei rechteckig-längliche Blöcke werden mit der gewölbten Seite kräftig gegeneinander geschlagen und müssen an bestimmter Stelle aufeinander treffen, um die stärkstmögliche Schlagwirkung zu erzeugen (siehe nachstehende Abbildung).

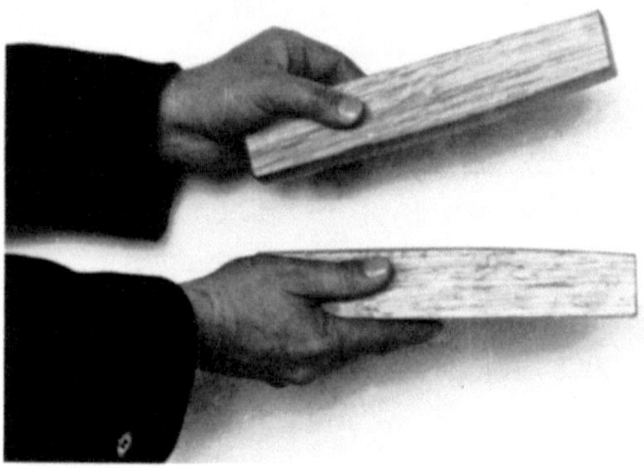

Gegenschlagblöcke (Hyoshigi)

C. Orff will mit der Bezeichnung „großes Klappholz" diese in Japan „Hyoshigi" benannten Schlaghölzer in „Oedipus der Tyrann" verwendet haben. Unter dieser Bezeichnung schreibt er sie in „Prometheus" vor (Notenbeispiel Nr. 98).
Einfache Gegenschlag-Stabklappern als urtümliches Rhythmusinstrument — aus klangvollen Hartholzstäben geschnitten — kennt sowohl der Ferne Osten wie auch Afrika. In unsere Musikwelt gelangten sie unter der Bezeichnung *Claves* mit der ursprünglich aus dem Schwarzen Erdteil stammenden Schlaginstrumentengruppe (Bongos, Congas, Maracas usw.), die heute durch die lateinamerikanische Volks- und Tanzmusik weite Verbreitung gefunden haben.

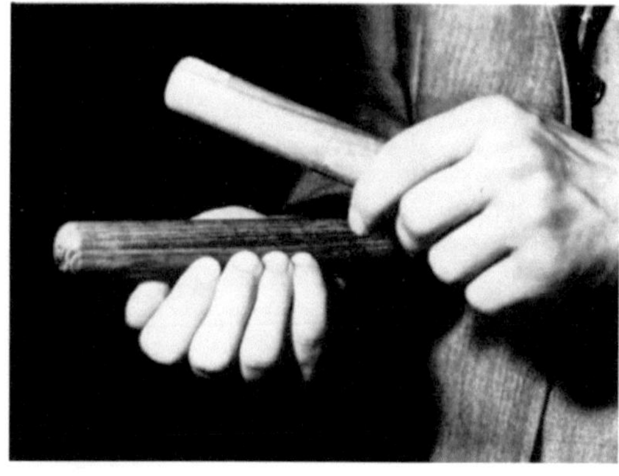

Claves

Ein Clavespaar besteht aus zwei runden Hartholzstäben (Ebenholz, Palisander o. ä.), deren Länge etwa 20 cm beträgt und die eine Stärke von 2,5 bis 3 cm haben können. Während ein Clave in der zum Resonator gewölbten Hand auf den Fingerkuppen und dem Daumenballen liegt, wird es mit dem anderen im Zentrum angeschlagen (siehe Abbildung oben).

Die einhändige Anschlagführung begrenzt den Ablauf schneller Schlagfolgen entsprechend. Bedingt durch die Handhabung ist der Spieler nicht in der Lage, sehr rasch auf ein anderes Instrument zu wechseln, es sei denn, er würde es mit dem Clave perkutieren können, wie zum Beispiel in „Ionisation“ von E. Varèse.
Beispiele: A. Copland: „3. Symphonie“, „Appalachian Spring“; W. Fortner: „Impromptus“; H. W. Henze: „Il re cervo“; C. Chávez: „Sinfonía India“; P. Sanjuan: „Liturgia Negra“; S. Revueltas: „Sensemayá“; W. Killmayer: „Kammermusik für Jazzinstrumente“, „Le petit Savoyard“, „La tragedia di Orfeo“; B. A. Zimmermann: „Dialoge“; L. Foss: „Echoi“ (Notenbeispiel Nr. 107) u. a.
Einige Fingerfertigkeit erfordert die Ausführung des Claves-Wirbel. Dabei tremoliert der Schlagstab mit seinen beiden Enden auf dem ruhenden Clave. Der Daumen bildet die Mittelachse, während Zeige- und Ringfinger durch schnell abwechselnden Druck den Wirbel erzeugen. Anwendungsbeispiel: L. Berio: „Circles“.
Der durchdringende Claves-Klang ähnelt dem eines hohen Xylophontones, er bewegt sich in der Lage der viergestrichenen Oktave. Ohne auf einen bestimmten Ton festgelegt zu sein, können auch mehrere, verschieden klingende Clavespaare (je ein Spieler) besetzt werden.
B. A. Zimmermann besetzte in „Die Soldaten“ neben hölzernen Gegenschlagstäben kontrastierend solche aus Stahlrohr, genannt „steel-sticks“.
Es lag nahe, auch das Bambusrohr, dort wo es wuchs und als Baumaterial für Instrumente Verwendung fand, für Gegenschlagstäbe zu verwenden. Ebenso wie die Claves erzeugen sie hohe Töne, deren Abstufung durch verschiedene Bemessungen variiert werden kann. Bambusstäbe haben aber ein geringeres Klangvolumen und eine mehr spitze, geräuschhaftere Klanggebung.
Beispiel: K. Fukushima: „Hi-Kio“ für Flöte, Streicher, Klavier und Schlagzeug; C. Orff: „Prometheus“.

Kastagnetten

Geschichtliches: Die Kastagnetten, von der Instrumentenkunde als Gegenschlag-Gefäßklappern eingestuft, erfordern ein sehr hohes Maß spielerischer Beherrschung. Daher sind die Vorbilder im Altertum schon bei den Berufenen, den Tänzergilden, zu finden gewesen, wie Darstellungen auf zahlreichen Kunstdenkmälern der Antike bezeugen. Der Instrumententypus ist vermutlich asiatischer Herkunft und war in mancherlei Formen vorhanden, wobei die zweischalige Muschel eine der ältesten gewesen sein mag.
Die uns heute bekannteste Form entstand in Spanien, das schon im Altertum ein Hauptsitz der Tanzkunst gewesen ist. Dort vererbte sich die virtuos entwickelte Handhabung mit den spanischen Tanzformen seit Jahrhunderten und erhob die „Castañeta“ zum Nationalinstrument. Süditalien, das unter Spaniens Herrschaft einige Jahrhunderte blieb, nahm sie ebenfalls in sein Brauchtum auf. Wegen ihrer schwierigen Schlagtechnik fand sie anderswo keine volkstümliche Verbreitung. Sie war der Folklore verhaftet, und erst der Gebrauch im Orchester konnte sie davon trennen.
Bau und Spielweise. Die spanische Kastagnette besteht aus zwei muschelförmig geschnitzten Schalen aus sehr hartem Holz (Grenadill, Ebenholz, Palisander), die mit den Aushöhlungen aufeinanderliegen und an den oberen Rändern an durchbohrten Ansätzen mit einer Schnur scharnierartig verbunden sind.

Während in jeder gewölbten Hand des Spielers eine Kastagnette mit der Schnurschlaufe am Daumen hängt, bewirkt dieser durch Krümmung eine Spannung der Schnur und damit ein leichtes Öffnen der Schalen. Durch das nacheinanderfolgende Anschlagen mit den vier Fingerkuppen jeder Hand auf die Schalen erzeugen diese aufeinanderklappernd den präzisen, erregenden Wirbel der Tanzkastagnetten. Die Erlernung der Schlagtechnik in seiner Vollendung erfordert eine unverhältnismäßig lange Zeit intensiver Übung. Für den Orchestergebrauch behilft man sich, indem die Schlaufen von den Mittel-, Ring- und kleinen Fingern der geschlossenen Hände gehalten werden, während die scharnierbildenden Ansätze der Kastagnetten auf dem Mittelglied der leicht gekrümmten Zeigefinger liegen und die Daumen durch Druck die Funktion aufklappender Federn übernehmen. Mit dieser Handhabung schlägt der Spieler im vorgeschriebenen Rhythmus auf die Knie, stets abwechselnd im Sinne des Paukens (siehe Abbildung unten). So können Einzelschlagfolgen, Vorschläge, Praller und Wirbel in jeder dynamischen Schattierung gebracht werden. Um ein rasches In-die-Hand-Nehmen der Kastagnetten zu ermöglichen, ist es vorteilhaft, die Fingerhalteschnur mit Leder zu umnähen, so daß handliche Griffe entstehen.

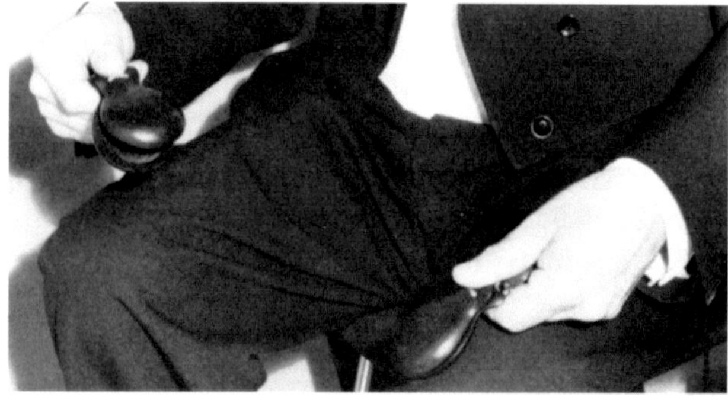

Handhabung der Tanzkastagnetten

In der Zeit, als man es dem Schlagzeuger im Orchester und Ensemble übertrug, Kastagnettenklänge zu produzieren, entstanden die sogenannten Stielkastagnetten. Sie sollten dem Spieler die Handhabung erleichtern mittels eines Griffes mit angesetzter Zwischenwand aus gleichem Holz und denselben Umrißgrößen wie die Kastagnettenschalen, letzteren als Gegenschlagwand dienend.

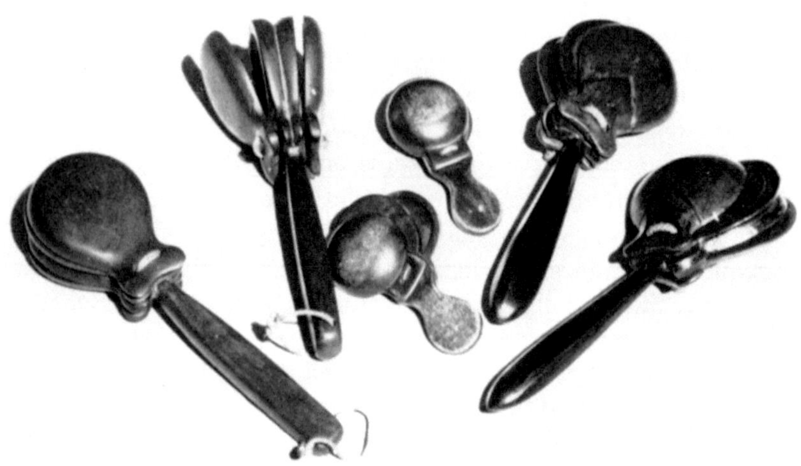

Stielkastagnetten

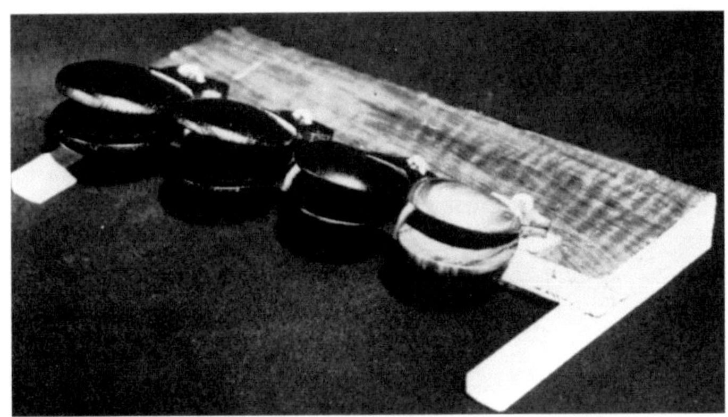
Kastagnetten-Halte-vorrichtung

Die scharnierartige Anlenkung der Schalen an das Zwischenstück geschieht durch einen Darmsaitenverbund. Das Instrument, meist paarweise verwendet, ist für rhythmische Stellen und dynamische Abstufung weniger befriedigend brauchbar. Dagegen eignet es sich gut für massierte Kastagnettenwirbel, die durch intensives Schütteln erzeugt werden, wie z. B. in C. Orffs „Antigonae" und „Oedipus der Tyrann", wo mehrfach besetzte Stielkastagnetten die erforderliche große Klangstärke erzeugen. Kleine Arten dieses Typus mit ihrem hellklappernden, mehr schnatternden Geräusch gaben R. Strauss den Anlaß, im „Rosenkavalier" und in „Elektra" die Kastagnetten illustrative Anklänge von schmatzenden oder zungenschnalzenden Geräuschen produzieren zu lassen. Es wäre also verfehlt, hierfür Tanzkastagnetten zu gebrauchen.

Obwohl die Höhe des Eigenklanges sehr undeutlich hervortritt, ist der Unterschied zwischen den größeren Instrumenten mit tief ausgehöhlten Schalen und den kleineren, flachschaligen gut hörbar. Die erreichbare Tonhöhe bewegt sich etwa im Raum zwischen e^3 und e^4.

Im Gegensatz zum spanischen Tänzer, der in der linken Hand mit einer tieferen Kastagnette Akzentuierungen bringt und mit einer höherklingenden rechts die Figuren schlägt, bedient sich der Orchesterschlagzeuger — seiner andersgearteten Handhabung zufolge — eines gleichgestimmten Paares.

Verwendung. In den Werken Bizets (Carmen), de Fallas (Dreispitz), Debussys (Iberia-Suite), Ravels (Rhapsodie espagnole, Alborada del gracioso) wird noch mit ihrer Verwendung das typisch spanische Kolorit unterstrichen. Bereits R. Wagner läßt im „Tannhäuser-Bacchanal" der Pariser Fassung (1861) eine rhythmisch-tänzerische Kastagnettenstelle erscheinen, zum orgiastischen Höhepunkt der Ballettszene führend. R. Strauss hat bei den Kastagnetten das ihnen anhaftende Odium eines Tanzinstrumentes weitgehend abgeschwächt und sie auch als rein klangfärbendes Element verwendet (Salome, Frau ohne Schatten). In diesem abstrahierten Sinn ist der Kastagnettenklang in zahlreichen modernen Partituren erschienen.

Beispiele: E. Varèse: „Ionisation" (Notenbeispiel Nr. 109); W. Egk: „Joan von Zarissa", „Peer Gynt", „Die chinesische Nachtigall"; C. Orff: „Carmina burana", „Die Kluge", „Antigonae" (Notenbeispiel Nr. 37), „Oedipus der Tyrann".

Die Möglichkeit, zwei verschieden klingende Kastagnettenpaare zu besetzen, benützte Bo Nilsson in „Ein irrender Sohn" in der Abstimmung „hoch" und „sehr hoch" (siehe Notenbeispiel Nr. 88).

L. Nono schrieb im Ballett „Der rote Mantel“ einen Part für vier abgestimmte Kastagnetten mit der Bezeichnung „sopran, alto, tenor, bass“ (siehe Notenbeispiel Nr. 94). Die Ausführung durch einen Spieler ist gegeben mittels einer ursprünglich in den USA entwickelten Kastagnetten-Haltevorrichtung. Auf ihr sind die Schalen von zwei bis vier Einzelkastagnetten – die in Größe und entsprechendem Klangunterschied ausgewählt wurden – dergestalt aufgespannt, daß es nur des Aufschlagens mit Fingern oder weichköpfigen Schlägeln bedarf, um sie rhythmisch präzise zum Klappern zu bringen.

Crotalen (Fingerzimbeln); Gabelbecken (Castagnettes de fer); Klackers oder Spoon (Metallklapper)

Neben den Tanzklappern aus Holz gab es im Altertum solche aus einer Metallegierung: *die Crotalen.* Sie sind die kleinsten und klangschwächsten Arten der Zimbeln mit einem Durchmesser von 4 bis 5 cm. Im Vorderen Orient heute noch ein Instrument der Tänzerinnen, ähnelt ihre Handhabung entfernt der der Kastagnetten und brachte ihnen in Frankreich den Namen „Castagnettes de fer“ ein. Die Technik des Schlagens beruht auf behender Gegeneinanderführung der an Daumen und Mittelfinger durch Lederschlaufen befestigten zwei Zimbelpaare. Die flachen Innenseiten werden dabei in rhythmischer Folge gegeneinandergeklappt.

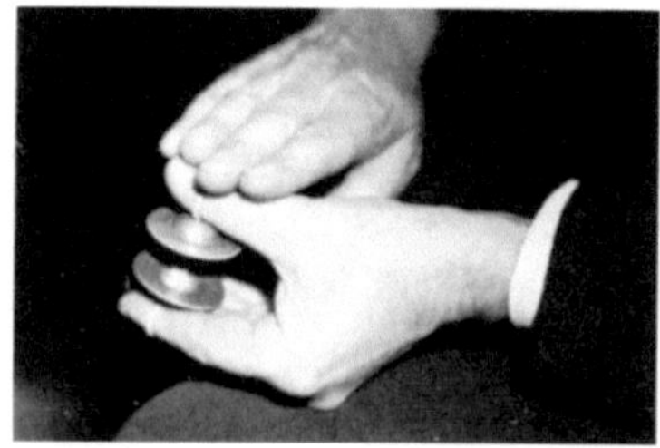

Fingerzimbeln

Sehr schnelle Rhythmen, für deren Ausführung die manuelle Fähigkeit des Spielers im Orchester nicht ausreicht, werden mit einem Paar Crotalen ausgeführt. Hierbei schlägt die zimbelführende Hand auf die Kniegegend, somit den ersten Schlag bringend. Der folgende geschieht durch Schlagen mit der freien Hand auf den zimbelhaltenden Daumen, damit wiederum das Zusammenklappen der Zimbelflächen bewirkend. Nach jedem Schlag werden

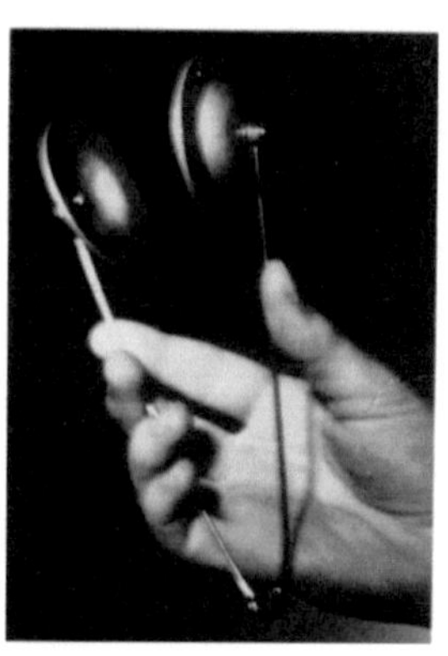

Gabelbecken

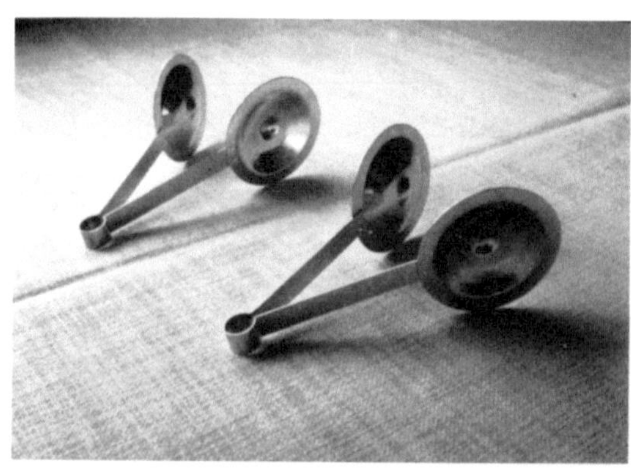

Klackers

die Fingerzimbeln durch den federartig wirkenden Daumen sofort voneinander getrennt. Mit dieser Technik lassen sich sehr schnelle Schlagfolgen erreichen.

Beispiele: L. Berio: „Circles"; U. C. Erkin: „Senfoni II".

Eine vereinfachte Handhabung ermöglicht das Anbringen der Crotalenpaare an federnde Gabeln aus kräftigem Stahldraht. Die auf diese Weise entstehenden sogenannten *Gabelbecken* haben ihren Ursprung im Vorderen und Hinteren Orient. Durch Zusammenpressen der Gabeln ergibt sich das Aufeinanderschlagen der Innenteller, die sich durch den Federdruck sofort wieder voneinander trennen. Schlagfolgen werden abwechselnd von der linken und rechten Hand geführt, so ein klingelndes Metallgeklapper erzeugend (siehe nachstehende Abbildung).

Beispiele: G. Charpentier: „Louise" (1900); D. Milhaud: „L'homme et son désir" (siehe Notenbeispiel Nr. 95); C. Saint-Saëns: „Samson und Dalilah".

Klackers oder Spoon benannt ist ein paarweises Instrument aus Stahlblech, aus den USA kommend und zu handhaben wie Gabelbecken.

Die durchdringende metallisch-stumpfe Klangfarbe ähnelt dem Klappern von rhythmisch geschlagenen Eßlöffeln in der alpenländischen Volksmusik.

W. Haupt verwendet sie in seinen Ballettmusiken „Moira" und „Rilke".

HOLZTROMMELN

Röhrentrommel; Holzblocktrommel; Tempelblock; Mokubio; Schlitztrommel; Log-drum; Holzplattentrommel; Schlagbrett; Holzfaß (Sakefaß).

Herkunft. Die Vorläufer der Holztrommeln mit den verschiedenen, uns bekannten Formen gehörten zum Instrumentarium vieler Völker. In der traditionellen, schlagwerkreichen Theatermusik Chinas und Japans dominieren kleine hohe Holztrommeln in vordringlichem Maße, während die Tempelblöcke aus den Kultbereichen der Buddha- und Konfuziusreligionen Ostasiens stammen.

Das Verbreitungsgebiet der Schlitztrommel aller Größenordnungen ist Afrika, Asien, Südsee, Amerika; das Instrument dient kultischen Zwecken und als Sprechtrommel zur Übermittlung von Nachrichten. Durch Instrumentalgruppen, die sich aus der frühen Jazzmusik entwickelten, fanden die sogenannten „Chinese wood blocks" und später die „Chinese-" oder „Korean-temple-blocks" ihre Verbreitung in der westlichen Musikwelt.

In den zwanziger Jahren brachten die Modernen damals die neuartigen Klangelemente – oft in Verbindung mit Jazzanklängen – in die Orchesterpartituren (Ravel, Milhaud, Honegger, Hindemith, Gershwin).

Wegen ihrer geräuschhaft hervortretenden Effekte hatte sich zwar eine sparsame Verwendung ergeben; heute gehören jedoch die Holztrommeln zum festen Bestand des Schlaginstrumentariums.

Röhrenholztrommel

Die Röhrenholztrommel, deren Vorbild die uralte Bambusrohr-Schlitztrommel gewesen sein mag, dürfte nach dem 1. Weltkrieg entstanden sein, aus dem Bestreben, ein zweitöniges Instrument in leichter, kleiner Ausführung für die Tanz- und Unterhaltungsmusik-

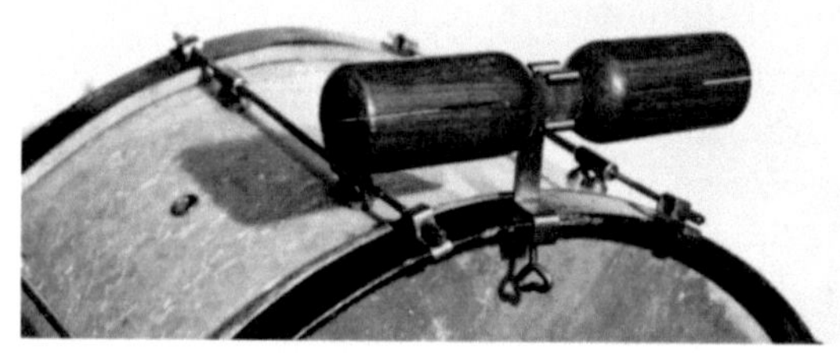

Röhren-
holztrommel

ensembles zu gewinnen (siehe Abbildung oben). Ein rundes, ca. 25—30 cm langes Stück Hartholz mit einem Durchmesser von ca. 5—6 cm ist von beiden Seiten zur Mitte hin verschieden weit ausgehöhlt und an den so entstandenen Rohrenden mit schwingungsfördernden Schlitzen versehen. Wegen ihres wenig befriedigenden Klangvolumens verschwand sie heute fast gänzlich aus der Schlagwerksektion und wird meist durch Holzblocktrommeln ersetzt, wenn sich ihr Name einmal in einer Besetzungsvorschrift findet.

Holzblocktrommel

Bau. Die Bezeichnung „Holzblocktrommel" weist auf die Form des Instruments hin: ein rechteckig-länglicher Hartholzblock aus Palisander oder ähnlicher Holzart, in den an beiden Längsseiten je ein tiefer Resonanzraum geschnitten wurde. Die Größen der Blöcke, der Resonanzräume und besonders die Stärke der Decke darüber sind für die Klanghöhe bestimmend, deren genaue Wahrnehmung auf Anhieb schwerfällt, da der kurze und durchdringend scharfe Holzton vorwiegend geräuschhaft wirkt. Es bieten sich an einem Holzblock zwei klangunterschiedliche Anschlagstellen, etwa im Abstand einer Sekunde oder Terz an, je nachdem, welche der Oberflächen (Resonanzdecken) — zur Perkutierung ausgewählt — nach oben liegt.

Herstellungsmäßig ist es möglich, im Bereich von etwa g^2 bis c^4 Holzblocktrommelklänge zu gewinnen. Zur deutlichen Unterscheidung werden aber selten mehr als drei bis vier klangverschiedene Instrumente zur Anwendung kommen.

Maße von Holzblocktrommeln (in c^3 bzw. c^4): Länge: 26/18 cm, Breite: 10/6 cm, Höhe: 7/4 cm.

Auf einen Gabelhalter gesteckt, können kleinere Holztrommeln am Notenpult, an der Großen Trommel usw. befestigt werden. Größere oder mehrere Exemplare lagern auf weicher Unterlage oder auf einem Spezialständer (siehe nachstehende Abbildung).

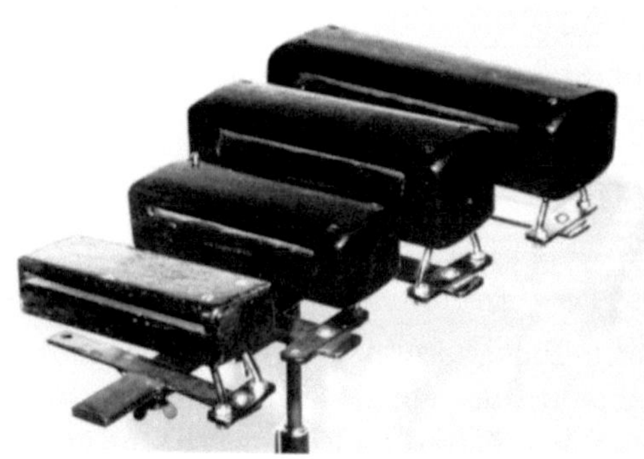

Vier klangverschiedene Holzblocktrommeln auf einem Spezialständer

Anschlagmittel und Spielweise. Der Anschlag auf dem Holzblock erfolgt auf der auszusuchenden Stelle, welche die stärkste Resonanz bietet, in der Regel im Mittelpunkt der Oberfläche. Die Schlagtechnik entspricht derjenigen für kopflastige Schlägel, demnach werden Figuren und Wirbel wie auf den Stabspielen durch abwechselnde Einzelschläge ausgeführt. Als Anschlagmittel fungieren üblicherweise harte Materialien; der Ensembleschlagzeuger benützt zumeist Trommelstöcke, im Orchester ergeben Glockenspielhämmerchen das größtmögliche Tonvolumen. In Verbindung mit anderen Schlaginstrumenten wird der Holzblock auch mit deren Schlägeln perkutiert, wie etwa mit Becken-Holzschlägeln oder Xylophonschlägeln (Notenbeispiele Nr. 58, 88).
Gummiüberzogene Holzkopfschlägel erbringen eine Klangfarbe, die der hoher Tempelblöcke nahekommt.
Beispiele: D. Milhaud: „La création du monde"; E. Varèse: „Ionisation" (Notenbeispiel Nr. 109); C. Orff: „Trionfi"; J. Cage: „Amores" (7 Holztrommeln); L. Foss: „Echoi" (Notenbeispiel Nr. 107); M. Kagel: „Anagrama" (Notenbeispiel Nr. 44).

Tempelblock

Bau. Eine Variierung des Holztrommelklanges brachten die Tempelblöcke aus China, Indochina und Japan mit ihrer größeren Abstufungsmöglichkeit und eigenartigen Tongebung. In der Form erinnern sie an bauchige Herdenglocken oder an ein Fischmaul, weshalb sie in China den Namen „Holzfisch" bekamen. Aus einem Stück Kampferholz geschnitzt und mit Spezialmessern ausgehöhlt, besitzen sie einen großen Resonanzraum, der ihren Klang mehr dunkel färbt und auch in den tiefen Lagen sehr tragfähig macht, wenngleich er fast

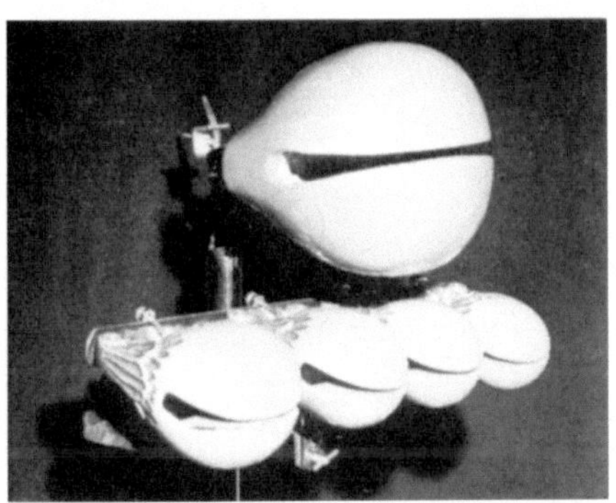

Tempelblöcke

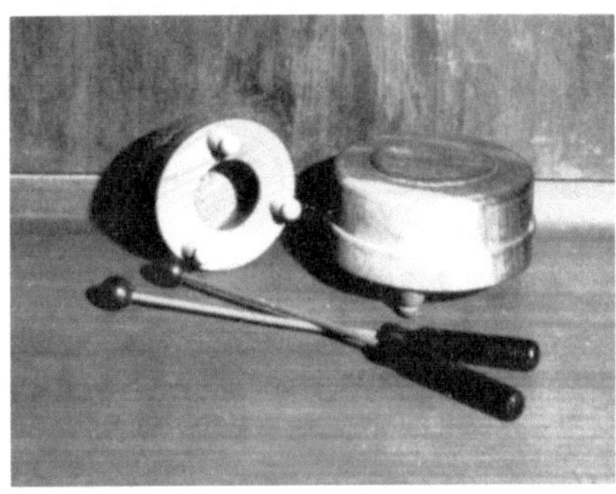

Mokubio

ebenso diffus wie jener der Holzblocktrommeln erscheint und nicht tonal bindend empfunden wird. Die Herstellung beschränkt sich heute auf Instrumentalsätze, die im Tonbereich von etwa c^2 bis g^3 liegen.
Die kugelige Form der Tempelblöcke erfordert ihre Befestigung an Spezialständern, die Sätze von drei bis fünf Instrumenten tragen können (siehe Abbildung Seite oben).
Anschlagmittel. Als Anschlagmittel eignen sich am besten Holzkopfschlägel mit Gummiüberzug, etwa Marimbaschlägel. Weniger vollen, aber präziser pochenden Klang ergeben harte Schlägel, wie sie auch für die Holzblocktrommel verwendet werden.
Verwendung. Die Ensemblemusik der dreißiger Jahre kolorierte mit Tempelblockklängen exotisches Milieu oder imitiertes Hufegeklapper. In den USA von Komponisten gehobener

Unterhaltungsmusik in Orchesterpartituren gebracht, fanden sich Tempelblöcke bald in den Werken der ernsten modernen Musik.
Beispiele: A. Berg: „Lulu"; W. Walton: „Façade" (Ballett); G. Gershwin: „Porgy and Bess"; M. Gould: „Lateinamerikanische Symphoniette"; O. Messiaen: „Oiseaux exotiques", „Réveil des oiseaux", „Turangalîla-Symphonie"; W. Egk: „Allegria", „Der Revisor", „Die Verlobung in San Domingo"; W. Killmayer: „La tragedia di Orfeo"; A. Schibler: „Konzert für Schlagzeug und Orchester"; E. Carter: „Double Concerto" (5 Tempelblöcke); N. Mamangakis: „Konstruktionen" (6 Tempelblöcke — siehe auch Notenbeispiel Nr. 96); K. A. Hartmann: „Konzert für Bratsche und Orchester"; L. Foss: „Echoi" (Notenbeispiel Nr. 107); R. Haubenstock-Ramati: „Vermutungen über ein dunkles Haus" (Notenbeispiel Nr. 41).

Mokubio

Mokugyo benennt sich die chinesische (japanische) Holztrommel der buddhistischen Priester, in Form und Klang mit dem (koreanischen) Tempelblock identisch. Dagegen bezeichnet *Mokubio* eine Holztrommelart japanischer Herkunft.
Ein scheibenförmig gedrechselter Kampferholzblock weist auf seiner Unterseite eine kreisrunde, sich in die Tiefe konisch erweiternde Ausfräsung auf: den Resonanzraum. Die darüber verbliebene Decke ist ca. 1 cm stark. Auf ihrer oberen Seite, in der Mitte, befindet sich eine runde, nur wenige Millimeter starke Erhebung: die Anschlagfläche. Das kästchenförmige Instrument steht auf drei angeleimten, kurzen Holzfüßen (siehe Abbildung Seite 161). Als Anschlagmittel werden Hartholzkopf-Schlägel (evtl. Xylophonschlägel) benutzt. Die Klanghöhe einer solchen Holztrommel bewegt sich — je nach Größe — in der drei- bis etwa Mitte der viergestrichenen Oktave. Ihre Klangfärbung ähnelt jener der Claves oder des Xylophons.
Ein Instrument in b^3 weist folgende Maße auf:

⌀ oben: 15 cm
⌀ Schlagfläche: 10,5 cm
⌀ unten: 16 cm
Höhe: 7 cm
Höhe der Füße: 2,5 cm
Ausschnittöffnung: ⌀: 7,3 cm
Ausschnittboden: ⌀: 11 cm
Ausschnittiefe: 6 cm

Die Anwendung von Mokubios in moderner (japanischer) Musik beschränkt sich in der Regel auf einzelne Exemplare.
Beispiel: Yuso Toyama: „Rhapsodie für Orchester".

Schlitztrommel

Als Schlitztrommel bezeichnet man den Abschnitt eines Stammes von besonders geeignetem exotischem Holz, der durch einen längsseitigen Einschnitt ausgehöhlt wurde und dadurch einen sehr wirksamen Resonanzraum erhielt. Die Forschung berichtet, daß einzelne Exemplare dieser Holztrommelgattung in Kamerun bis 4 m Länge erreichten, in

Brasilien bis 6 m und in Assam sogar bis 7 m. In der Mehrzahl fanden weit kleinere Arten in handlicher, tragbarer Form üblicherweise Verwendung.
Je dünner die Wandung um die Schlitzränder — zugleich Anschlagstelle — gehalten ist, um so tiefer und dunkler erscheint die Klanggebung bei entsprechender Größe des Resonanzraumes, wobei die Möglichkeit, durch verschiedene Randstärken zweierlei Töne zu gewinnen, meist wahrgenommen wurde.
Die hervorragende Tragfähigkeit dieses Trommelklangs läßt seine Eignung als ein Mittel der Eingeborenen zur Weitergabe von Nachrichten ähnlich unserem Morsen verständlich werden; hierzu dienen als Anschlagmittel starke Hartholzstäbe oder kopfverdickte Klöppel.

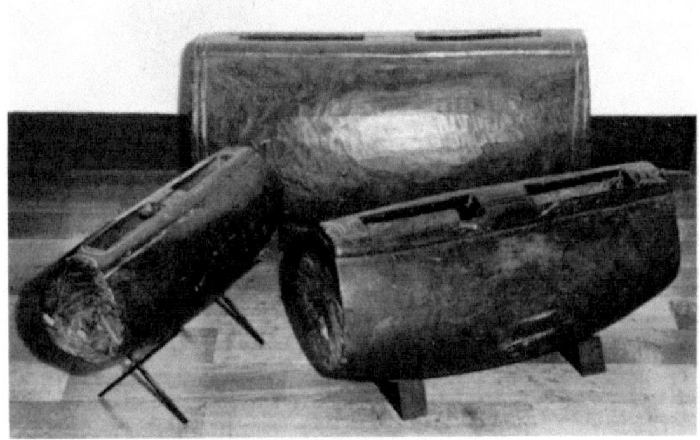

Schlitztrommeln

Aus musealen oder Sammlerbeständen stammende Schlitztrommeln bis zu einer Länge von 50 bis 80 cm fanden Eingang in unsere Musikwelt. So hat C. Orff in den Bühnenwerken „Die Bernauerin" und „Antigonae" erstmals eine Schlitztrommel besetzt, später verwendete sie K. H. Stockhausen in „Gruppen für drei Orchester" und „Zyklus für einen Schlagzeuger".
Schwere Hartfilzschlägel mobilisieren den tiefen, hohlen Klang der Schlitztrommel unter Ausnützen des vollen Resonanzraumes, während mit harten Holzschlägeln der geräuschhafte, hellere Anschlag stark hervortritt.
Weitere Beispiele: L. Nono: „Composizione per orchestra Nr. 2" (4 Schlitztrommeln); J. Cage: „Third Construction"; M. Kelemen: „Radiant" (siehe auch Notenbeispiele Nr. 97, 110).

Log-drum

Die in den USA entwickelten Baß-Holztrommeln Log-drum und Rhythm-log beruhen auf dem Klangerzeugungsprinzip der altmexikanischen Holztrommel „Teponatztli". Bei dieser erfolgte der Anschlag mit gepolsterten Klöppeln auf zwei in die Oberfläche eingeschnittene Zungen, deren Stärke und Länge klare Tonunterschiede bringen.
Der Resonanzraum der Log-drum besteht aus einem länglich-viereckigen Holzkasten, in dessen 2 cm starken Deckel eine freischwingende Zunge eingeschnitten ist (siehe Abbildung S. 164). Die Länge des Deckels bestimmt die Tonhöhe des Instruments, die durch einen Ausschnitt nachträglich geändert werden kann. Je näher eine solche Aussparung zur Zungenbasis hin vorgenommen wird, um so mehr verkürzt sich die Schwingungsmasse dahinter und bewirkt eine dementsprechende Erhöhung des Grundtons.
Die Maße einer Log-drum, z. B. mit dem Ton c, betragen 76 cm Länge und 14 cm Höhe bzw. Breite. Die Herstellung eines Satzes von Log-drums kann einen Tonbereich von etwa G

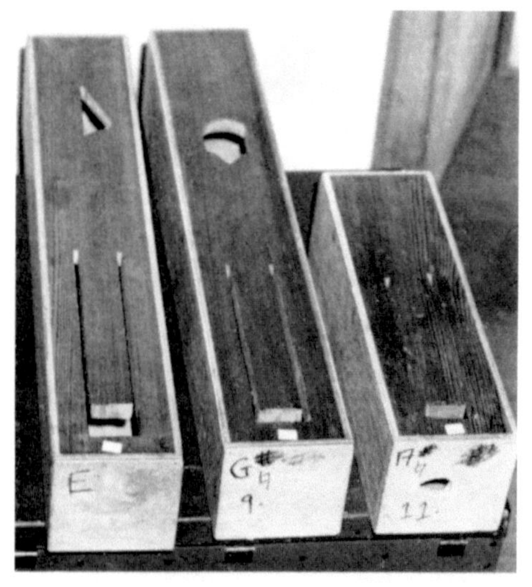

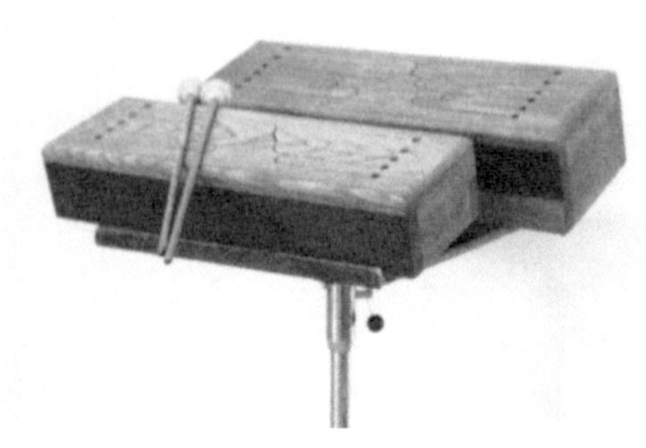

Log-drums

bis c erzielen. Die derzeitige Verwendung in amerikanischer Gebrauchsmusik beschränkt sich auf jeweils einige Töne oder auch Tonfolgen, da die übersichtliche Aufstellung zahlreicher Log-drums und damit eine geläufige Spielbarkeit noch problematisch ist.

Die sonore Klanggebung, mit der des Baßxylophons in Trogform vergleichbar, wird durch die Resonanzverhältnisse des längsliegenden Kastens erzeugt. Ihre Tragfähigkeit ist, wie diejenige der tiefen Holzstabspiele, nicht sehr groß.

Als Anschlagmittel fungieren schwere Hartfilzschlägel oder die weichfilzüberzogenen Vollgummischlägel des Baßxylophons.

Beispiele: L. Berio: „Circles", „Passaggio": H. W. Henze: „El Cimarron".

Holzplattentrommeln; Holzfaß (Sakefaß); Schlagbrett (Semanterion)

Zu Holzplattentrommeln (Holz-Tomtom) umgebaut werden kann ein Satz Tom-Toms mittels Befestigung dünner Holzdeckel anstelle von Schlagfellen und dem Verzicht auf Klang-

Holzplattentrommeln

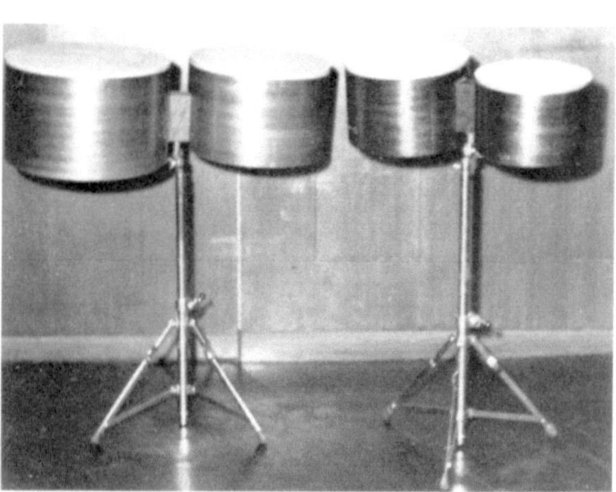

Holzfaß (Sakefaß)

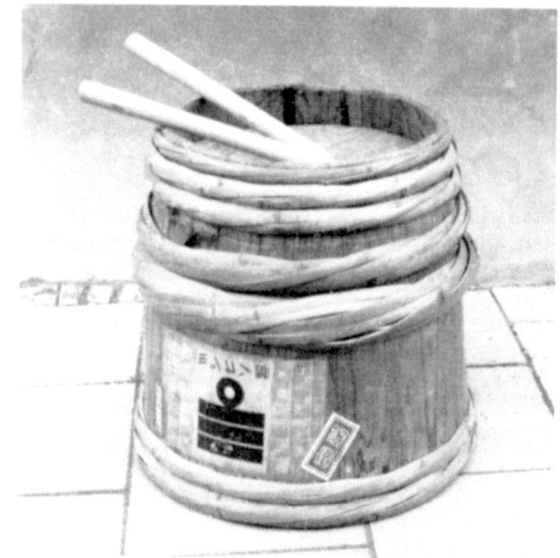

felle für die Komposition L. Nonos: „Diario polacco '58" und K. H. Stockhausens „Kontakte".
Der Instrumententyp findet seinen Ursprung im fernöstlichen *Schlagbrett* und im japanischen *Holzfaß* (Sakefaß), dessen hölzerne Dauben durch Naturfaserflechten ohne Leim und Nägel zusammengehalten sind (siehe Abbildung Seite 164).
Der etwas dunkler getönte Klang des ca. 60 cm hohen Holzfasses wird auf dessen Oberplatte produziert. Der Anschlag geschieht in Einzelschlagfolgen mit Rundholzstäben von ca. 43 cm Länge und 3 cm Durchmesser. Die Anschlagstellen am Rand und in der Mitte des 67 cm langen, 36 cm breiten und 2,3 cm starken Schlagbrettes ergeben einen merklichen Unterschied durch seinen hellklappernden Holzklang.
C. Orff hat beide Holztrommelarten in „Prometheus" besetzt, wobei das Schlagbrett, auf einer Pauke aufliegend (siehe Abbildung unten), abwechselnd mit einer Pauke geschlagen wird. In gleicher Weise wird das Holzfaß (barile di legno) alternierend mit der Taiko perkutiert (Notenbeispiel Nr. 98).

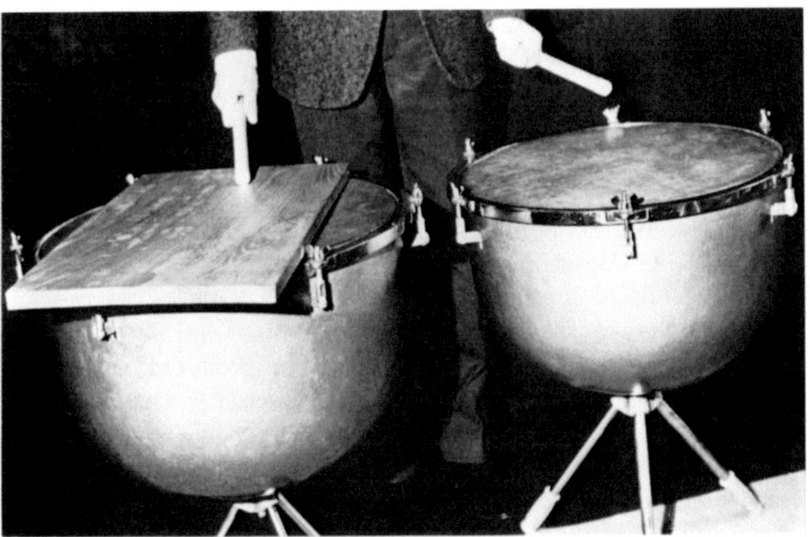

links:
Schlagbrett

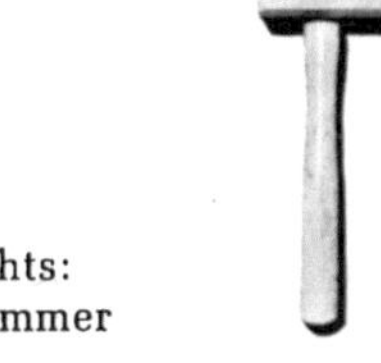

rechts:
Hammer

HAMMER

Sowohl in China als auch in Japan ist von alters her der als Resonator dienende Holzkasten — mit einem Hammer geschlagen — als Kultinstrument bekannt.
In den Klöstern der griechisch-orthodoxen Kirche hängt seit vielen Jahrhunderten das „Semanterion" genannte, längliche Brett, das, mit dem Hammer geschlagen, religiösen Riten dient.
Den Effekt eines solchen Schlages verwendeten z. B. die Komponisten G. Mahler: „6. Symphonie"; D. Milhaud: „L'homme et son désir", „Les Choephores"; O. Schoeck: „Penthesilea"; A. Berg: „Drei Orchesterstücke"; A. Schönberg: „Die Glückliche Hand"; B. A. Zimmermann: „Ich wandte mich um und sah alles Unrecht", u. a.
Der mit großer Stärke auf freitragendem Holzboden ausgeführte Schlag mit einem großköpfigen Holzhammer (große Anschlagfläche) wirkt ungewöhnlich überraschend, erregend und bewußt aus dem musikalischen Geschehen fallend.

SCHRAPINSTRUMENTE

Ratsche; Guiro (Kürbisraspel); Sapo cubana, Bambú brasileño (Bambusraspel); Reco-Reco (Holzraspel); Metallraspel (Raspador-metal, Washboard, Waschbrett)

Allgemeines. Stäbe, Platten, Röhren und sonstige Gefäße mit quergeriefter oder gezahnter Oberfläche werden mit einem geeigneten Gegenstand geschrapt und geben ein knackend-kratziges bis knatterndes Geräusch.
Die einfachsten Arten von Schrapern bei den Naturvölkern waren eingekerbte Knochen oder Holzstäbe. Ausgehöhlte Bambusrohre, Kalebassen, Tongefäße oder Holzkästen ermöglichten verstärkte und nuanciertere Schrapgeräusche.
Der annähernde Zeitpunkt des Übergangs zur geschwungenen Ratsche liegt im Dunkeln. Das Urbild des europäischen Instruments stammt vermutlich aus Indien. Im mittelalterlichen Europa ist die kleine Knarre aus kirchlichem Brauchtum in Kinderhände übergegangen (L. Mozart: „Kindersymphonie", Notenbeispiel Nr. 106).
In katholischen Gegenden findet sich oft ein großes Instrument, auf Holzbock montiert und mittels Handkurbel betrieben; es tritt in der Karwoche an die Stelle der in dieser Zeit schweigenden Kirchenglocken. An eine derartige Riesenratsche dürfte wohl L. van Beethoven in seinem Werk „Wellingtons Sieg" gedacht haben. C. Orff setzte dasselbe Instrument in der Kirchenszene der „Bernauerin" hinter der Bühne ein.
Der Schlagzeuger des Salonorchesters hatte die kleine *Ratsche* längst in sein Geräuscheffektinstrumentarium aufgenommen (Jos. Strauß: Polka „Plappermäulchen"). Im großen Orchester ist sie seit R. Strauss' „Till Eulenspiegel" öfter in Partituren erschienen.
Die Funktion der Ratsche erfolgt mittels eines grobgezahnten Stück Rundholzes, auf das eine oder mehrere in Spannung gehaltene Holzzungen aufdrücken und bei Drehung über das Zahnrad hinweg schrapen. Mit der als Handgriff verlängerten Achse des Zahnrads wird der Rahmen mit den darin befestigten Schrapzungen durch eine rasche Schwungbewegung in Rotierung gebracht und erzeugt ein dichtes, kräftig knatterndes Geräusch mit seiner typisch hell-hölzernen Klangprägung.
Für den Gebrauch im Orchester ging man in den dreißiger Jahren zur kurbelbetriebenen Ratsche über. Bei ihr ist die Zahnradachse wie bei der Kirchenratsche zur Handkurbel aus-

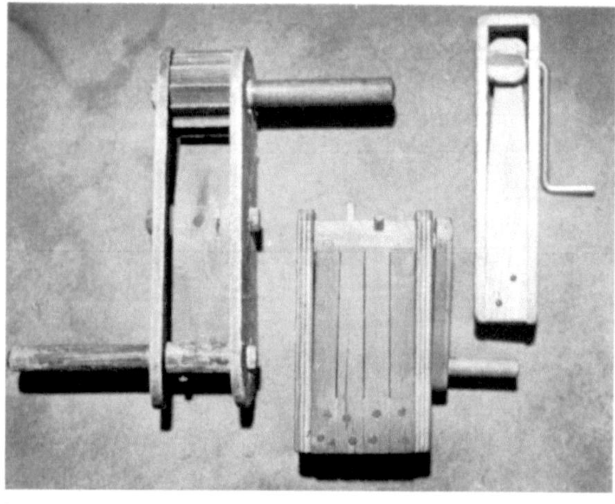

Ratschen

gebildet, mit der die Drehung auszuführen ist, während der Schrapzungenrahmen vom Spieler gehalten wird oder mittels Schraubzwinge beliebig befestigt werden kann. Das System erlaubt, Schnarrwirbel in jedem Zeitablauf rhythmisch genau zu produzieren und die Lautstärke durch Variieren der Drehgeschwindigkeit oder Druck auf die Schrapzungen mit den Fingern der haltenden Hand zu beeinflussen.
Beispiele: L. Janáček: „Aus einem Totenhaus“; R. Strauss: „Don Quichote“, „Der Rosenkavalier“; A. Schönberg: „Gurrelieder“; M. Ravel: „L'Heure espagnole“, „Air de feu“, „L'enfant el les sortilèges“; Mussorgsky-Ravel: „Bilder einer Ausstellung“; M. de Falla: „Meister Pedros Puppenspiel“; O. Respighi: „Pini di Roma“; A. Honegger: „Johanna auf dem Scheiterhaufen“; D. Milhaud: „La mort d'un tyran“; C. Orff: „Der Mond“, „Die Kluge“, „Carmina burana“, „Die Bernauerin“, „Ein Sommernachtstraum“; W. Egk: „Die chinesische Nachtigall“; A. Jolivet: „Concerto pour piano et orchestre“; W. Killmayer: „La tragedia di Orfeo“; M. Gould: „Declaration-Suite“ (Notenbeispiel Nr. 103).
Unter den Instrumenten, die mit der Musik aus Lateinamerika Verbreitung fanden, ist eine Raspel, genannt *Guiro,* die aus einem hohlen Flaschenkürbis gefertigt wird und bei etwa 60 cm Länge an der stärksten Stelle einen Umfang von ca. 40 cm mißt. Ihr bauchig-länglicher Körper, in dessen Oberfläche Schraprillen in der Breite von ca. 12 cm eingeschnitten sind, bildet einen natürlichen und wirksamen Resonanzraum. Zwei in die Unterseite eingebrachte Grifflöcher benötigt der Spieler, um das Instrument mit Daumen und Mittelfinger zu halten. Als Schraper dient ein Stöckchen – am besten ein chinesisches Speisestäbchen –, mit dem sich eine nuancierte Geräuschfärbung erzielen läßt. Mit der Stabspitze lassen sich hell timbrierte Schrapstriche erzeugen, die um so tiefer und sonorer erscheinen, je mehr das Stöckchen seiner Mitte zu beansprucht wird, den Klangtiefpunkt erreichend mit dem kantigen Griffstück für eine mehr weich schnarrende Geräuschgebung.

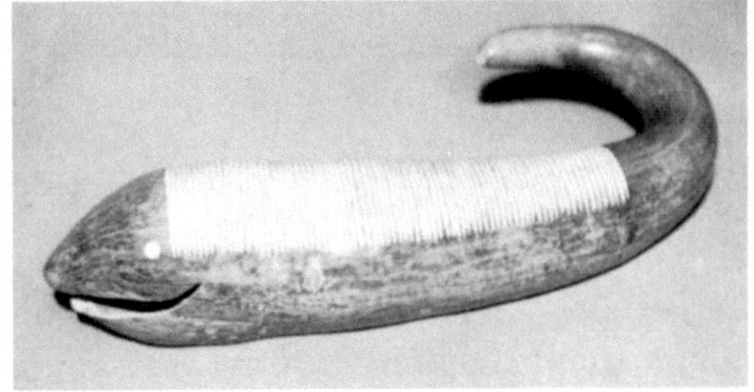
Kürbis-raspel (Guiro)

Der Guiro – vor allem in der Tanzform Samba vorkommend und deswegen auch mit dem Namen Sambagurke bedacht – verursacht hier durch eine aufwärtsführende Armbewegung des Spielers einen Gegendruck auf den schrapenden Stab, wodurch sich der Schrapablauf verdichtet und zugleich lautverstärkt. Die dadurch entstehende Akzentuierung wird auf bestimmte Taktteile gesetzt. Das Streichen in der Auf-und-Abbewegung geschieht im Legato, ohne daß sich der Schraper vom Instrument abhebt. Dabei bieten sich neben den genannten klangfärbenden und verdichtenden Komponenten auch Unterschiede durch mehr oder weniger lang geführte Striche mit unterschiedlichem Auflagedruck.
Beispiel aus lateinamerikanischen Rhythmusfolgen:

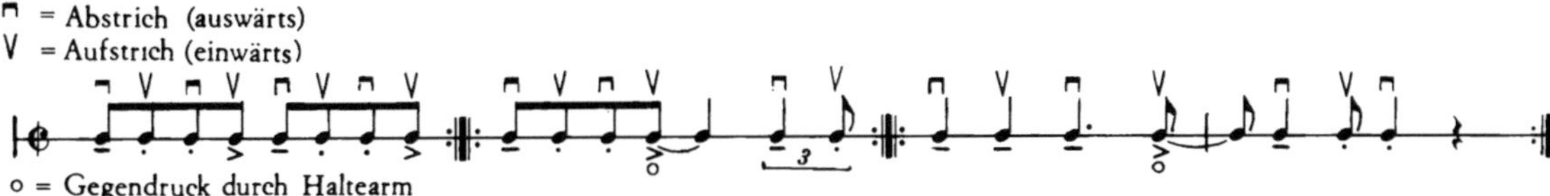

Beispiele in konzertanten Werken mit lateinamerikanischem Einschlag: H. Villa-Lobos: „Uirapurú"; M. Gould: „Lateinamerikanische Symphoniette"; P. Sanjuan: „Liturgia negra"; D. Milhaud: „Saudades do Brasil".
Auch als rein instrumentaler Effekt – ohne folkloristische Einfärbung – fand der Guiro, meist in einfachster Spielart geschrapt, Verwendung. Das früheste Beispiel findet sich in I. Strawinskys „Le Sacre du Printemps" (siehe Notenbeispiel Nr. 99). Weitere Beispiele: E. Varèse: „Ionisation"; A. Copland: „Billy the Kid" (Ballett); P. Sanjuan: „Liturgia negra", (siehe Notenbeispiel Nr. 87); E. Carter: „Double Concerto"; K.-Birger Blomdahl: „Spiel für acht"; A. Clementi: „Informel Nr. 1"; F. Donatoni: „For Grilly", „Puppenspiel"; W. Kotoński: „Musique en relief" (Notenbeispiel Nr. 77); F. Mannino: „Mario e il Mago"; Y. Matsudaira: „Figures sonores"; M. Kelemen: „Equilibres"; L. Berio: „Circles"; C. Chávez: „Sinfonía India"; C. Orff: „Weihnachtsspiel" (Notenbeispiel Nr. 110), „Oedipus der Tyrann", „Prometheus" (Notenbeispiel Nr. 93).
Ein kleineres und handlicheres Schrapinstrument mit dem Namen *Sapo cubana* oder *Bambú brasileño* läßt sich aus einem hohlen Bambusabschnitt herstellen, dessen Durchmesser ca. 6 cm bei einer Länge von ca. 35 cm beträgt. Während eine Rohrseite durch einen Wachstumsknoten abgeschlossen ist, gibt die andere dem Resonanzraum Öffnung. Eine häufiger anzutreffende Variante dieser Schallöffnung ist der Längsschlitz zwischen dem eingekerbten Schraprillenband, das mit einem dünnen Metallstab oder einem mehrfach gesplissenen Stück Tongkingrohr gestrichen wird (siehe nachstehende Abbildung).

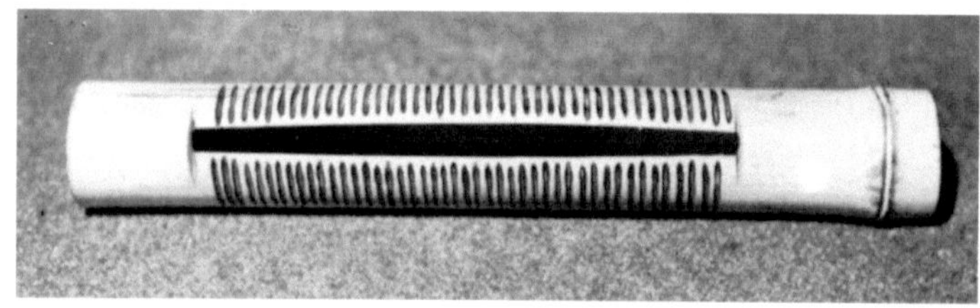

Bambusraspel
(Sapo cubana oder Bambú brasileño)

Im Vergleich zum Guiro klingt diese Bambusraspel weniger sonor, mehr kratzig und wird als ein bequem zu handhabendes Rhythmusinstrument für kleinere Tanzmusikensembles hergestellt. Leider neigt das Bambusrohr dazu, bei Temperaturunterschieden leicht aufzuspringen, so daß in unseren Breitengraden die Haltbarkeit gering ist.
Dies führte zur Herstellung eines Schrapers aus Holz, *Reco-Reco* genannt, dessen Resonanzraum eine ähnliche Bauchung wie die des Guiro aufweist. Ein dem etwa 40 cm langen Körper aufgesetztes oder eingeschnittenes Rillenband bildet die Schrapfläche, die mit Stöckchen, Stahlnadel oder einem gesplissenen Bambusblatt gestrichen wird. Die gut ausgeprägte Kerbung ergibt ein resonanzkräftiges, aber weniger variierbares Schrapgeräusch, wie es für akzentuierte, mehr kurztönende Rhythmenfolgen angebracht ist.
Beispiel: H. Villa-Lobos: „Choros Nr. 8" (Notenbeispiel Nr. 100).

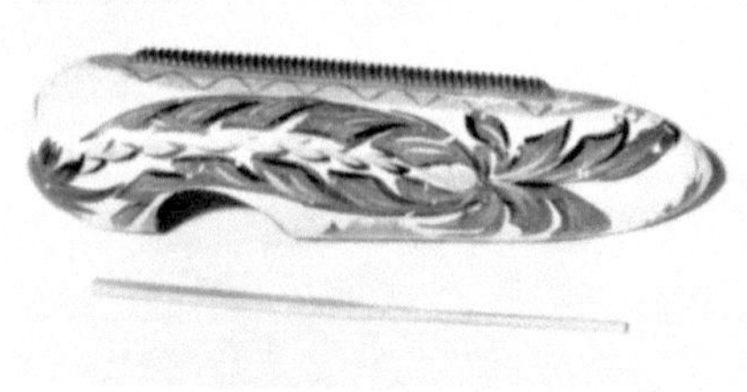

Holzraspel (Reco-Reco)

In den Konfuziustempeln Chinas findet sich ein Instrument dieser Klangprägung in kultischer Verwendung: „Der ruhende Tiger", aus bemaltem Holz mit gezahntem Rücken, mit einem 12fach gespaltenen Bambusrohr (Bambusrute) geschrapt.
Andere Formen, wie zum Beispiel der mit Einschnitten versehene Holzkasten oder der gerillte Stock, der sogenannte *Schrapstock,* sind im afrikanischen beziehungsweise indianischen Kultbereich heimisch. Letzterer, leicht herzustellen, kann z. B. die „râpe à fromage" (Käseraspel) in M. Ravels „L'enfant et les sortilèges" ersetzen.
Das *washboard* der nordamerikanischen Negermusik ist ein echtes Haushalts-*Waschbrett,* über dessen blechbeschlagene, gerillte Fläche mit einem Stab oder mit Fingernägeln (Fingerhüte) rhythmisch gestrichen wird. Eine Metallraspel, die ebenfalls außermusikalischen Bereichen entliehen wurde, ist das schnarrende „Roue de la Loterie" (Glücksrad des Roulettespiels), das E. Satie in seiner Ballettmusik „Parade" einsetzte.
L. Janáček läßt in der Orchesterpartitur der Oper „Aus einem Totenhaus" neben Geräuschen von Arbeitsgeräten der Gefangenen eine rhythmisch notierte *Säge* erscheinen. Hier ist es angebracht, eine Bambusraspel oder einen Schrapstock zu benutzen.

RASSELINSTRUMENTE

Die Gruppe der Instrumente, die durch Schlag- oder Schüttelbewegung ein rasselndes Geräusch abgeben, umfaßt vier Typen:

I. *Die Anschlagrasseln,* deren Rasselkörper durch Schlag auf Rahmen, Träger oder Resonanzkörper erklingen:
Sistrum
Sporen
Stabpandereta
Wasamba-Rassel
Quijada (Schlagrassel)
Cabaza (Kürbisrassel)
Angklung (Gitterrassel)
Rasseltrommel

II. *Die Gefäßrasseln,* aus einem Behälter mit eingeschlossenen Rasselkörperchen bestehend:
Rollschellen
Schellenbündel
Schellenband (Ghungru)
Maracas
Mexican bean
Metallrassel
Schüttelrohr (Chocalho)
Ganza
Sandbüchse — Sandrassel
Rollende Kugeln (Marbles)

III. *Die Reihenrasseln,* bei denen aneinandergereihte Rasselkörper gegeneinander schlagen:
- Rasselgehänge
- Kettenrassel
- Hängende Bambusrohre
- Hängende Glasstäbe – Glasplättchen

IV. *Die Folienrassel:* Metallfolie.

Primitive Rasseln gehören zu den urältesten Instrumenten der Menschheit. C. Sachs schrieb in „Die Musikinstrumente Indiens und Indonesiens": „Naturgemäß kann nur eine grobe Rhythmik die Dienste der Rassel in Anspruch nehmen. Jede feinere Rhythmik verlangt die unmittelbare Herrschaft des Spielers, sie fordert einen Klangapparat, der vom Gehirn des Musikers bis zum schwingenden Körper mit exakter Zuverlässigkeit arbeitet."

Für den Schlagzeuger unserer Zeit, dem Rasselinstrumente verschiedenster Arten zugeordnet sind, ergibt sich spieltechnisch das Problem, Schläge und Schlagfolgen zu produzieren, deren Abgrenzung so erfolgt, wie das Notenbild es erfordert, also ganz im Sinne „feinerer Rhythmik". Den Endpunkt der Rasselbewegung oder ihren erneuten Anfang präzise zu erwirken, setzt eine geübte Handhabung voraus, die dem jeweiligen Instrument angepaßt ist.

Anschlagrasseln

Sistrum; Sporen; Stabpandereta; Wasamba-Rassel; Quijada (Schlagrassel); Cabaza (Kürbisrassel); Angklung (Gitterrassel); Rasseltrommel

In den Isistempeln des alten Ägypten erregte das *Sistrum* mit seinem eigentümlichen Rasselgeräusch die Aufmerksamkeit der Gläubigen; auch wurde es geschüttelt, um böse Geister zu vertreiben.

Ein Rahmen aus Eisen oder Edelmetall in hufeisen- oder ellipsenähnlicher Form gebogen und mit einem Griff versehen, hatte in der Quere zwei bis vier Metallstäbchen locker eingefügt, deren umgebogene Enden beim Schütteln metallisch klirrend an die Außenwand des Rahmens schlugen. Mit der Verbreitung auf die Länder um das Mittelmeer im Altertum entstand eine Abwandlung dieses Instruments. Hier wurden auf die Querstäbchen Ringe oder durchbohrte Metallscheiben gereiht, deren verstärkte Rasselwirkung an klappernde Münzen erinnert.

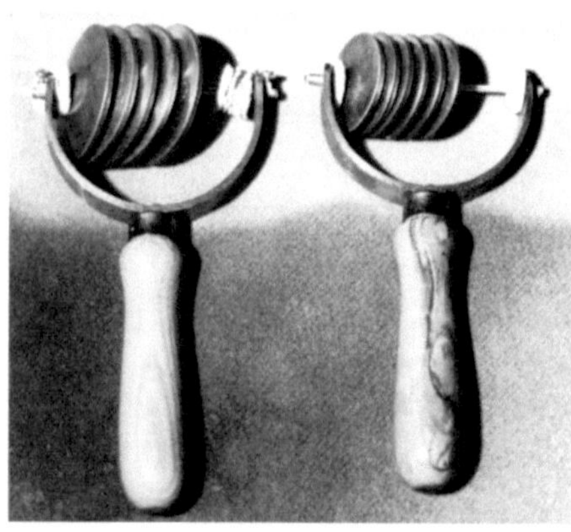

Zeitgenössisches Sistrum

Ein Sistrum für Orchesterzwecke besteht aus einem Metallbügel mit Griff, in dem eine oder zwei Querstangen je 4 bis 6 Scheiben aus Bronzelegierung tragen, deren Durchmesser etwa 4 bis 5,5 cm bei einer Stärke von 3 mm sein können. Ausgelöst durch die Bewegung der haltenden Hand prallen die Scheiben aufeinander und gleichzeitig von einer Innenwand des Rahmens zur anderen. Wenn kleine Filzblättchen zwischengereiht sind, können die Klirrscheiben mehr ausschwingen und gewinnen einen glöckchenähnlichen Nachklang. Ohne diese Beilagscheiben dämpfen sich die Metallplättchen durch ihre eigene Masse selbst ab und verstärken das Rasselgeräusch (siehe Abbildung Seite 170).
Klangunterschiede ergeben sich durch mehr oder weniger große und dicke Bronzescheiben. Je kleiner der Durchmesser und je stärker ihr Material, um so höher der Eigenklang. Bei Schüttelwirbeln muß das Sistrum senkrecht gehalten werden, um den Scheiben ein gleichmäßiges Aneinanderklirren zu gestatten. Einzelne Schläge gelingen bei waagerechter Haltung durch eine leichte Unterarmbewegung, die Scheiben minimal hochwerfend, um zum präzisierten Taktteil aufprallend den Akzent zu erzeugen.
C. Orff entdeckte das Instrument wieder für „Oedipus der Tyrann". Hier erscheint es einzeln und mehrfach besetzt (Notenbeispiel Nr. 47).
Sistren finden sich auch in den Werken von: A. Clementi: „Informel Nr. 1"; Y. Matsudaira: „Figures sonores"; M. Kagel: „Match für drei Spieler" (1964); J. Cage und L. Harrison: „Double Music" (2 Sistren) (siehe Notenbeispiel Nr. 91) u. a.
Die italienische Benennung „Sistro" (Sistre), manchmal in alten Orchesterstimmen vorkommend, bezeichnet – in der Regel im Violinschlüssel notiert – das Glöckchenspiel (Cymbala), das als mittelalterlicher Vorläufer des Tastenglockenspieles anzusehen ist (siehe auch Seite 54).
Eine beabsichtigte Verwendung solcher Glöckchen aus Bronze kann angenommen werden durch G. Rossini im „Barbier von Sevilla". Hier ohne Schlüssel notiert, muß allerdings ihre Tonhöhe der Harmonie angepaßt werden.
Heute bieten sich als instrumentaler Ersatz Zimbeln oder das Glockenspiel an.
Schriften des Mittelalters nennen ein „Sistrum", bei dem es sich um ein Triangel mit Klirr-Ringen handeln dürfte.
Einem Sistrum ähnlich sind die *Sporen;* sie gehörten in der alten Salon- und Operettenmusik zu den Requisiten des Schlagzeugers, der damit das klingende Emblem des Reiters musikalisch darzustellen hatte.

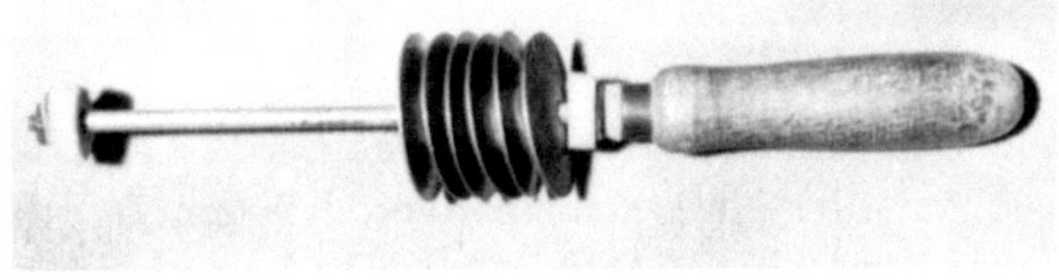
Sporen

Auf einem Metallstab mit Griff sind sechs bis acht münzengroße, leichtgewölbte Scheiben aus millimeterstarkem Stahlblech lose aufgereiht. Sie prallen durch gleichmäßige Bewegung des senkrecht gehaltenen Stabes hellklingend rhythmisch aufeinander und erzeugen so das Geräusch sporenklirrender Schritte. Ein anderer Typ besteht aus einem Griffholz mit an beiden Enden angebrachten Bügeln, die sistrumähnlich an Drahtachsen je 5 bis 6 Klirrscheiben tragen.
Beispiele: J. Strauß: „Die Fledermaus", „Der Zigeunerbaron" u. a.

Ebenfalls sistrumähnlich wirkt ein Instrument, das in der lateinamerikanischen Musik manchmal die Schellentrommel ersetzt, die *Stabpandereta*. Ihr Rahmen in der Form eines länglichen Vierecks mit Griff ist aus Bambusstäbchen gefertigt. Als Rasselkörper – an zwei Querreihen aus dünnem Draht hängend – wirken je zwei Paar gehämmerte Messingblechscheiben, wie sie der Schellentrommel eigen sind.

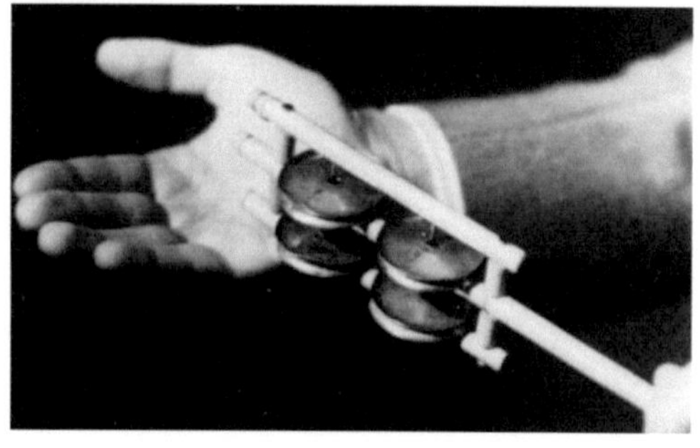

Stab-
pandereta

Als Pendant der Maracas durchzieht gelegentlich ihr stereotyper Rhythmus die Musik der Tänze Samba, Conga, Calypso. Mit dem ähnlichen, aber sehr viel dunkler timbrierten Geklirr des Tamburins besitzt sie – mangels des resonanzkräftigen Felles – dessen Klangvolumen und technische Spielmöglichkeiten nur in geringerem Maße. Ihr Gebrauch beschränkt sich in der Regel auf rhythmische Folgen, die bei maracasmäßiger Handhabung auch durch Anschlag auf die Innenhandfläche akzentuiert werden können.

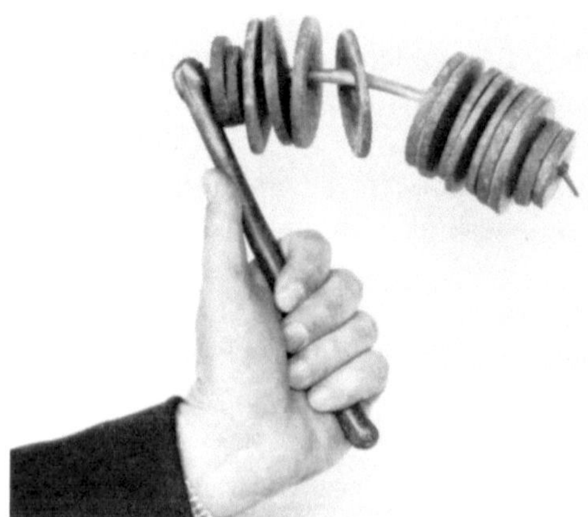

Wasamba-
Rassel

Die *Wasamba-Rassel*, das afrikanische Kalebassensistrum, besteht aus dem winkelförmigen Aststück eines Baumes, von dem ein Teil das Griffstück ist, während auf dem anderen Teil etwa 10 bis 15 Scheiben – aus harten Fruchtschalen geschnitten – lose aufgereiht sind. Durch Hinundherschütteln der paarweise und chorisch verwendeten Rasseln prallen die Scheiben hellklappernd aufeinander.

C. Orff gab dem Instrument eine orchestrale Verwendung im „Prometheus" (siehe Notenbeispiel Nr. 93).

Zu den zahlreichen, meist aus der Improvisation entstandenen Instrumenten Lateinamerikas, deren Ursprung fast ausschließlich dem Einfluß der afrikanischen Volksmusik zuzuschreiben ist, gehört eine Schlagrassel mit dem Namen *Quijada*.

Sie ist nichts anderes als der bunt bemalte Unterkieferskelettknochen eines Esels oder Zebras, in dem sämtliche Zähne locker in ihren Kiefertaschen sitzen (siehe nachstehende Abbildung).

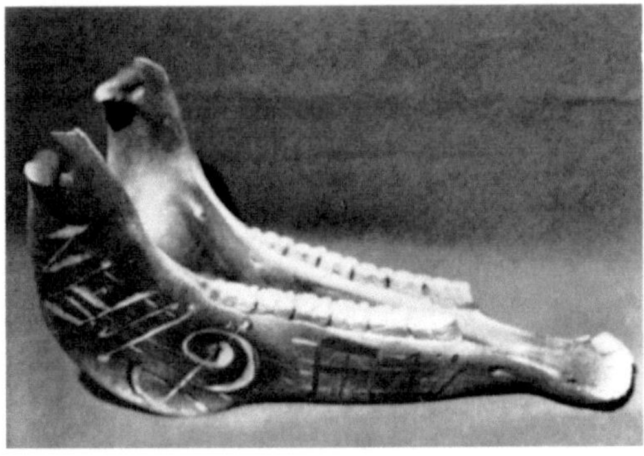

Quijada

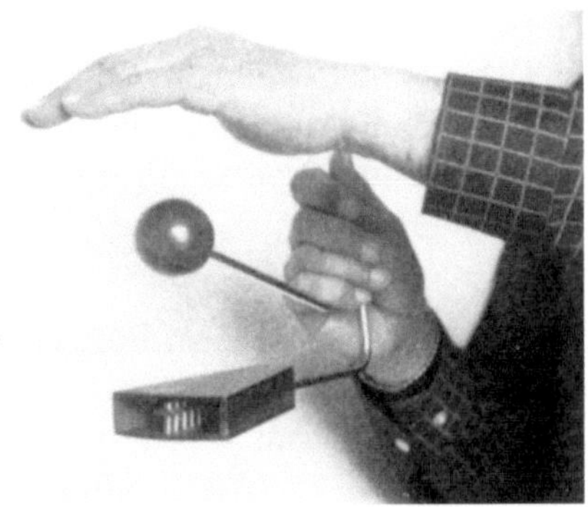

Vibra-Slap

Ein leichter Faustschlag auf die Außenwand des gabelförmigen Knochens bringt diesen zum Vibrieren, wodurch die Zähne einen kurzen Rasselstoß erzeugen. Der eigenartige, mehr tiefe Schnarrklang ist hin und wieder mit einfachen, sparsamen Schlagfolgen in Rumba- oder Conga-Rhythmen eingefügt, eine neue Farbe in den Perkussions-Begleitteppich bringend.
Der Instrumentenbau in den USA entwickelte einen neuen Typus der Quijada, bestehend aus einem gebogenen Stahlrohr, an dessen einem Ende ein Holzkästchen befestigt ist. Eine Holzkugel am anderen Ende wird vom Spieler mit der Innenhand oder Faust geschlagen und bewirkt, daß das in Vibration versetzte Stahlrohr die lose eingefügten Metallstäbchen im Kästchen an seine Innenwände wirft. Das dabei entstehende Rasselgeräusch ist demjenigen der Original-Quijada täuschend ähnlich. Der Vorteil dieses Instruments – von der Fabrikation „Vibraslap" benannt – ist seine praktisch unbegrenzte Lebensdauer im Gegensatz zu der des Unterkieferknochens, der meist in kurzer Zeit zerbricht (siehe Abbildung oben).
J. Cage verwendet die Quijada in „Third construction".

Lose umwunden mit einem weitmaschigen Kettennetz aus perlengroßen, sehr harten Fruchtkörnern, präsentiert sich die Kürbisrassel afrikanischer Herkunft namens *Cabaza*.

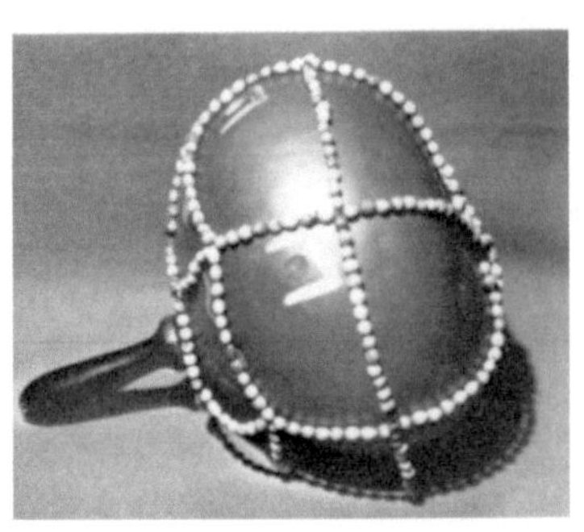

Cabaza

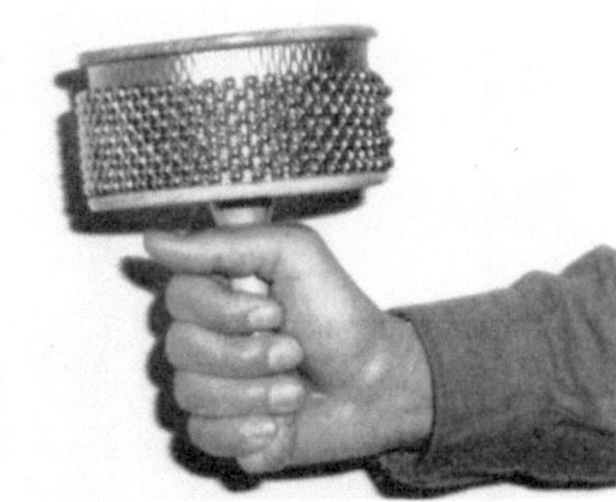

Moderne
Cabaza
(Afuche)

Ihr rundlicher, manchmal auch birnenförmig gewachsener Körper mit einem Umfang bis ca. 80 cm wird an einem eingebrachten Holzgriff gehalten (siehe Abbildung oben).

Die Spieltechnik in der brasilianischen Samba-Musik basiert auf dem rhythmischen Ablauf von vier Grundbewegungen innerhalb eines Taktes:

1. Schlag mit der offenen Hand auf Korpus und Rasselbehang.
2. Die Hand mit gespreizten Fingern streicht kurz über die lose aufliegende Kette, diese an den Korpus reibend.
3. Der Korpus erfährt eine Drehung im Uhrzeigersinn, während die Hand nach akzentuiertem Anschlag auf der Kette aufliegend wiederum die Reibung bewirkt.
4. Die erneute Drehung bringt den Korpus in die Ausgangsstellung zurück, die Hand bleibt aufgelegt.

Den stilmäßigen Abwandlungen der zeitgemäßen Interpretation von Tanzmusik ist auch der Ablauf des Cabaza-Rhythmus jeweils unterworfen.
Der Cabaza-Wirbel, ausgelöst durch rasche Reibung des Kettenbehangs am Korpus, wird erzeugt durch möglichst schnelle und kurze Hinundherdrehungen der Hand, die das Instrument senkrecht hält.
Ebenso wie für die Quijada wurde auch anstelle der Kürbiskorpus-Cabaza vom Instrumentenbau eine moderne Version entwickelt.

Angklung

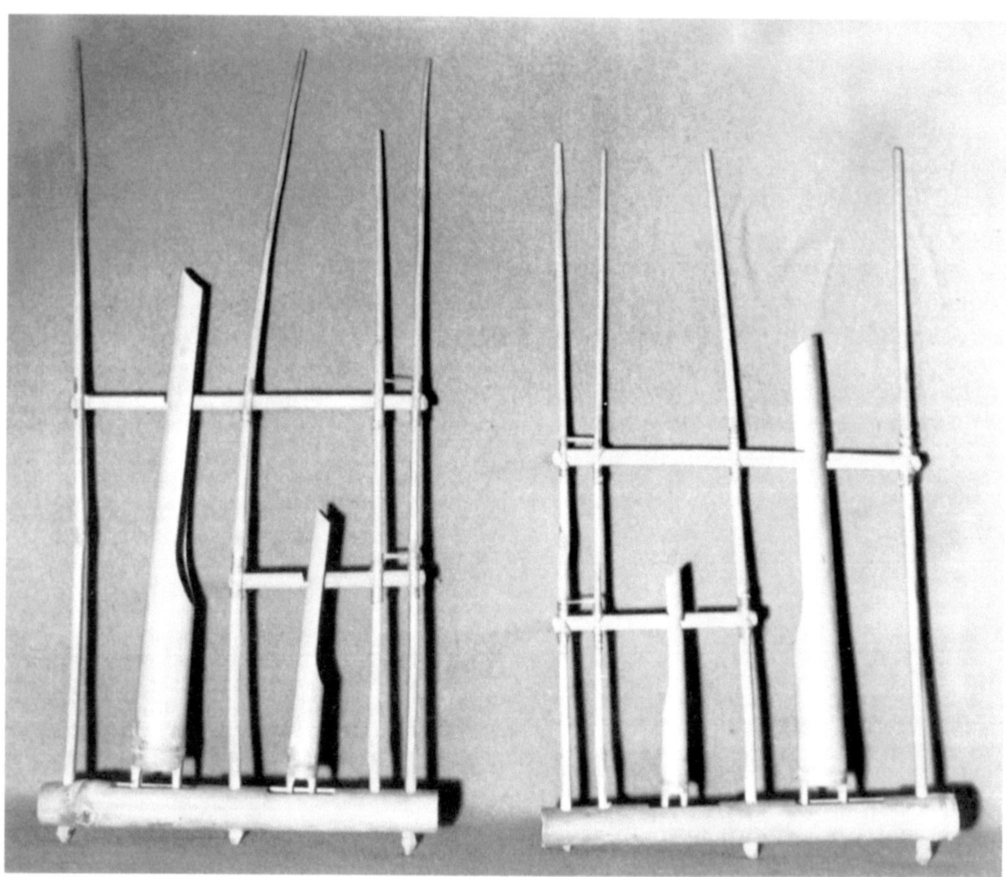

Auf einem Zylinder aus gerieftem Leichtmetallblech sind zehn bis zwölf Kugelkettenringe knapp nebeneinander gelegt. Bei Drehung des Zylinders mittels eines Handgriffes reiben die Ketten am Korpus in Cabazamanier. Der Sound dieser Instrumentenart ist allerdings viel heller und wirkt klanglich schärfer als jener des Originalinstruments (s. Abb. S. 173). In der Kunstmusik findet sich die Cabaza noch selten. Vorteilhaft ist ihre Besetzung als Rassel in C. Orffs Werken „Die Bernauerin" und „Trionfi", denen sie, möglichst mehrfach besetzt, ein vollklingendes, abgerundetes Klangelement zufügt.
Ein hauptsächlich auf Java und Bali vorkommendes Rasselinstrument ist das aus Bambusrohr gefertigte *Angklung*.
In einem Gitterrahmen hängen zwei oder drei verschieden lange, in Oktaven abgestimmte Bambusrohre derart, daß ihre zapfenartig ausgeschnittenen Enden beim Schütteln wie Pendel gegen die Einschnitt-Kanten des unteren Querrohres schlagen (siehe Abb. Seite 174).
Zu ihren alten Tänzen schütteln die Eingeborenen chorisch zahlreiche Angklungs. Aber auch Rasselspiele, die in melodischer Folge von einzelnen Spielern geschüttelt werden, haben sich entwickelt, vergleichbar mit den Almglockenspielen alpenländischer Bühnen oder den englischen Hand-bells.
Die Klanggebung des Angklung ist zwar eine deutlich bambusklappernde, aber doch in ihrer Tonhöhe klar erkennbare. Der mögliche Stimmungsumfang bewegt sich in der zwei- und dreigestrichenen Oktave; sehr große Exemplare gehen auch darunter. C. Orff verwendet Angklungs in der Wirkung als nicht tonhöhenbestimmte Rasseln – mehrfach zu besetzen – in „Catulli carmina" und in seinem „Weihnachtsspiel" (Notenbeispiel Nr. 110). Dagegen sollen in „Prometheus" zwei Instrumente in ges und b abgestimmt sein.

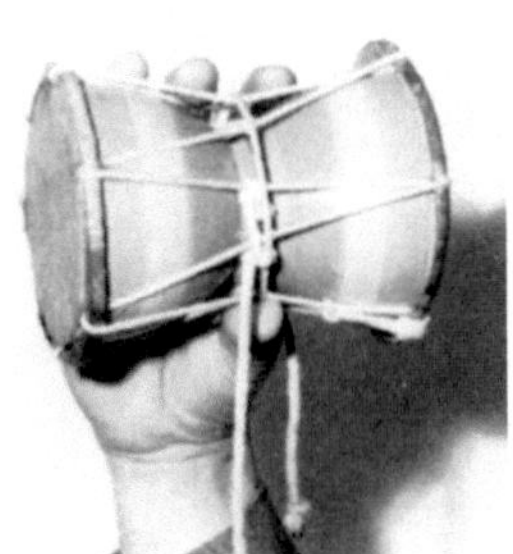

Tibetanische Rasseltrommel

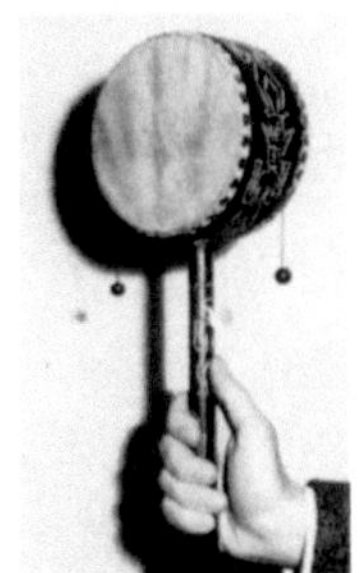

Chinesische Rasseltrommel

Als *Rasseltrommel* bezeichnet man eine zweifellige Rahmentrommel, an der kleine Kügelchen aus Holz oder Metall, an Schnüren hängend, angebracht sind. Bei rascher, achsialer Drehung der Trommel werden diese an die beiden Felle geschleudert, wodurch ein knatterndes Geräusch entsteht.
Die sanduhrförmige Rasseltrommel, deren Ursprung in Tibet zu suchen ist und aus zwei menschlichen Schädeldecken bestand, erlaubt während der Betätigung eine Stimmungsänderung ihrer schnurverspannten Felle durch entsprechenden Druck der haltenden Hand.
Der aus China kommende Typus ist mit einem Haltegriff versehen und weist einen Durchmesser von ca. 6–11 cm auf (siehe Abbildung oben).
Anwendungsbeispiel: M. Kagel: „Match für drei Spieler" (hier als „Chinesische Papiertrommel" bezeichnet, siehe auch Notenbeispiel Nr. 101).

Gefäßrasseln

Rollschellen; Schellenbündel (Ghungru); Maracas; Mexican bean; Metallrassel; Schüttelrohr (Chocalho); Ganza; Sandbüchse; Sandrassel; rollende Kugeln (Marbles)

Die *Rollschelle* kannten die metallbearbeitenden Völker seit Urzeiten, sie scheint in Asien ihren Ursprung zu haben. Hohle Körper aus Bronzelegierung oder Blech, in kugeligen, länglichen oder abgeflachten Formen von Kirschkern- bis Faustgröße, mit schmalen Öffnungsschlitzen versehen, bergen frei rollende, metallene Einschluß-Kügelchen.

Die Rollschelle, die eine Glöckchenabart ist und zu den Gefäßrasseln gezählt werden kann, diente vielen Zwecken, so auch als Besatz der Rasselreifen im Kult asiatischer Völker und in der Antike. Im Mittelalter fanden sie sich gelegentlich als Behang von ein- und zweifelligen Handtrommeln. Als modische Afféterie vornehmer Kleidung im 14. Jahrhundert fielen sie später der Fastnachts- und Narrentracht zu.

Am militärischen Schellenbaum war die Rollschelle neben den kleinen Glöckchen weniger hörbar, sondern diente vielmehr als Verzierung. Dagegen prägte sich das Schellengeklingel der Pferdegespanne so stark ein, daß mit ihrer musikalischen Anwendung unschwer die Vorstellung einer Schlittenfahrt gegeben werden konnte.

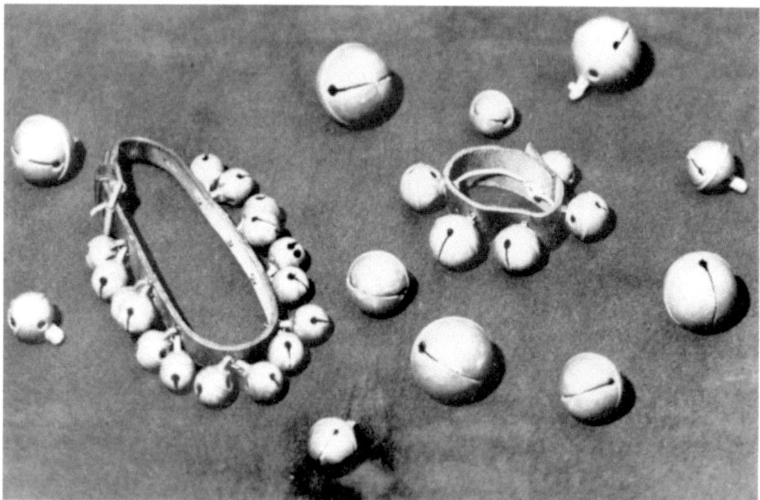

Rollschellen

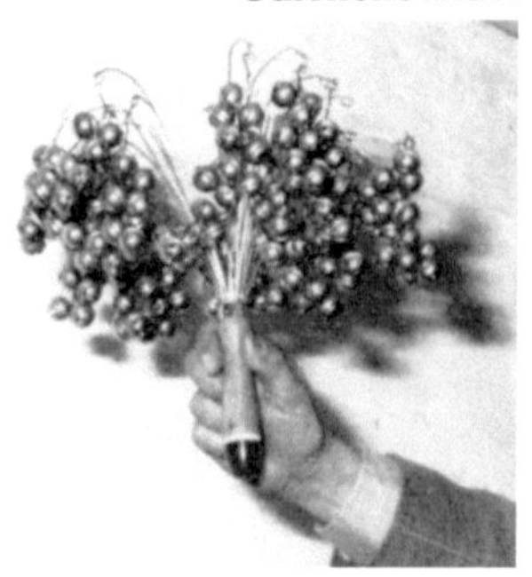

Schellenbündel

An einem Lederring, einer Platte oder einem mit Griff versehenen Stab befestigt, werden die Schellen durch Schütteln zu einem Rasselwirbel bewegt oder mittels Anschlagen zu simplen Rhythmen gebracht. Die dazu ausgewählten Schellen aus gegossener Legierung haben in der Regel einen Durchmesser von 20 bis 30 mm. Die Höhe des Eigenklanges bewegt sich mit diesen Maßen in der viergestrichenen Oktave. In unterschiedlicher Stimmung ausgewählt, fügen sie sich als Klanggemisch in jede Tonalität ein.

In W. A. Mozarts „Schlittenfahrt“ aus den „Deutschen Tänzen“ ist es notwendig, fünf kleine Gruppen von abgestimmten Schellen zu bilden, um die Töne c, e, f, g, a, wie vorgeschrieben, spielen zu können (siehe Notenbeispiel Nr. 102).

Auch im Orchester der Romantik als neuer Farbton einer sich stets erweiternden Klangpalette eingeführt, hatten die Schellenglöckchen nie ganz ihre Beziehung zur Vergangenheit aufgegeben.

Beispiele: G. Charpentier: „Louise"; G. Mahler: „4. Symphonie"; H. Pfitzner: „Palestrina"; R. Strauss: „Intermezzo", „Der Rosenkavalier", „Arabella"; C. Orff: „Die Kluge", „Carmina burana" u. a.
Als reiner Klangfarbeneffekt erscheint der Schellenklang in E. Varèses: „Ionisation".
M. Kagel schrieb in „Match für drei Spieler" zwei große Rollschellen (mit Durchmesserangabe ca. 5 cm) und ein „Schellenbündel" vor.
Die eigentümliche Mischung von metallisch-klingelndem und hohlrasselndem Klang entbehrt der hellen Obertöne ausschwingender Glöckchen, zumal der eingeschlossene Rasselkörper abdämpfend wirkt.

Isang Yun besetzt in „Sim Tjong" sechs Schellenbündel, bestehend aus zahlreichen Rollschellen mit einem ∅ von 1 bis $1^1/_2$ cm, traubenförmig hängend an Enden von Drähten, die in einem Griff zusammengefaßt sind (siehe Abbildung Seite 176). Hierbei ist der Klingel-Effekt – dem (dünnen) Material zufolge – einem mehr dichten, zischenden Rasselklang gewichen.
Durch Sortierung nach Größen der Schellen ergibt sich ein geringer Klanghöhenunterschied zwischen den einzelnen Bündeln. Von besserer Materialqualität (gehärtetes Messingblech) und daher etwas klangvoller, sind die nur zentimetergroßen, kreuzförmig geschlitzten Schellen des indischen Schellenbandes, „Ghungrü" genannt. An ihm sind je nach Breite des Lederbandes 16 bis 32 Stück befestigt.
Indische Kulttänzer tragen diese Schellenbänder um die Fußknöchel geschnallt. Der Trend zu indischen Instrumenten innerhalb der Pop-Musik hat diese Schellen-Art Verbreitung finden lassen.
Gerald Hummel verwendet sie in seiner Ballettmusik zu „Die Folterungen der Beatrice Cenci".

Die *Maraca* hat von den zahlreichen Arten der ihr verwandten Gefäßtypen die größte Verbreitung gefunden. In der Perkussionssektion vieler lateinamerikanischer Tänze obligatorisch, ist sie mit der Rumba (Rumbakugel) sehr populär geworden.
Bestehend aus einer hohlen, gestielten Kalebasse in runder oder mehr ovaler Form, ist sie mit einer kleinen Menge Fruchtkörner, Steinchen oder Schrot gefüllt. Die Fabrikation

Schellenband (indisch)

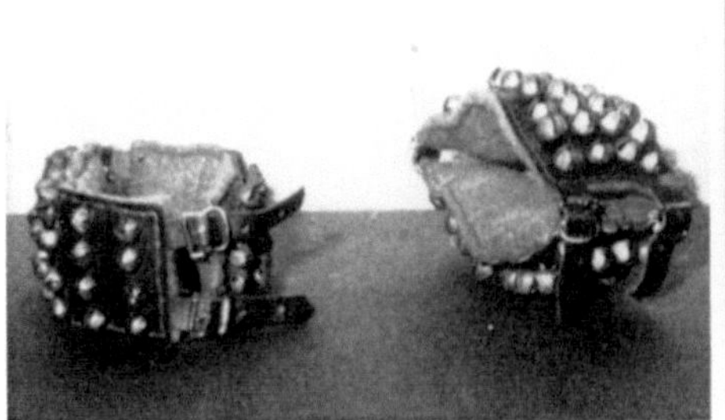

Maracas

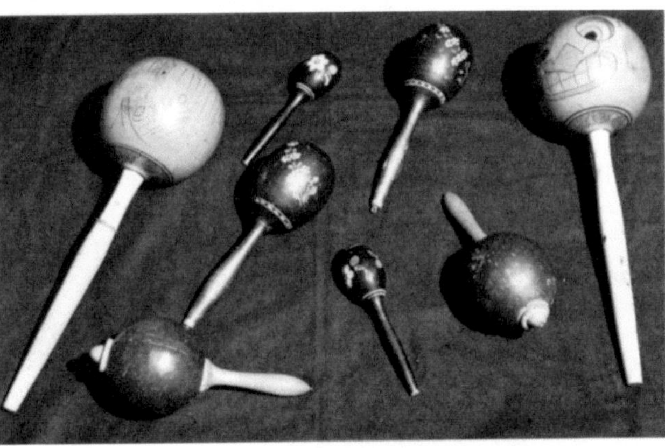

stellt die Maracas heute paarweise aus Holz oder Kunststoff her mit einem Durchmesser von etwa 5 bis 15 cm (siehe Abbildung Seite 177).
Diese Größenunterschiede und die Art der Füllung bestimmen die Nuancierung von der hellzischenden bis grobrasselnden Geräuschgebung. Naturgemäß werden für kleine Instrumentalensembles Maracas mit einer feinkörnigen Füllung bevorzugt, im orchestralen Bereich kommen vorwiegend größere Körner mit mehr grober und gewichtiger Füllung in Frage.
Während in der lateinamerikanischen und der von ihr abgewandelten Musik in der Regel nur das präzise Schlagen von einfachen Rhythmen gebräuchlich ist, bedienen sich moderne Komponisten auch ihrer Wirkung als geschüttelte Rassel, oft in mehrfacher Besetzung.
Die Handhabung zur Erzeugung von Rhythmen besteht in einer stereotypen Schüttelbewegung, derart, daß die Füllkörper in geballter Formation gleichmäßig an die Innenwände der Rassel geschleudert werden. Eine sehr leise Klanggebung läßt sich erreichen, indem bei waagerechter Haltung der Maracas deren Füllung mit einer leichten Armbewegung lautlos hochgeworfen wird und danach präzise auf den notierten Taktteil aufprallend ein kurzes markantes Rasselgeräusch erzeugt. Diese Spielweise geschieht mit zwei Instrumenten abwechselnd und verlangt die gefühlvolle Berechnung eines zeitgemäß richtigen Aufschlagens. Rasselwirbel werden erzeugt durch Kreisbewegung, die schnelles Rotieren der Füllkörner bewirkt.
Beispiele: P. Sanjuan: „Liturgia negra" (siehe Notenbeispiel Nr. 87); C. Orff: „Die Bernauerin" (Notenbeispiel Nr. 54), „Weihnachtsspiel", „Catulli carmina" (Notenbeispiel Nr. 25), „Antigonae"; W. Egk: „Joan von Zarissa"; S. Prokofiew: „Roméo et Juliette" O. Messiaen: „Turangalîla-Symphonie"; P. Boulez: „Le marteau sans maître"; E. Varèse „Ionisation" (hoch-tief, Notenbeispiel Nr. 109); H. W. Henze: „Ode an den Westwind" W. Kotoński: „Musique en relief" (Notenbeispiel Nr. 31).
L. Berio verwendet in „Circles" mit der Bezeichnung „Mexican bean" eine Rassel, die aus einer etwa 30 cm langen, getrockneten Bohnenschote besteht, deren Körnerfüllung ein Rasselgeräusch erzeugt.

Die *Metallrasseln* indianischer Inselbewohner Mittelamerikas sind gestielte, kannenförmige Zinnbehälter, mit kleinen Steinchen gefüllt. Sie haben eine metallisch-rasselnde, lautstarke Geräuschgebung. Nachbildungen können aus Blech in Büchsen- oder Kugelform mit Steinchen- oder Metallteilcheneinschluß hergestellt werden.
Beispiele: H. Villa-Lobos: „Emperor Jones"; C. Chávez: „Sinfonía India"; M. Gould „Declaration-Suite" (Notenbeispiel Nr. 103); E. Carter: „Pocahontas" (Notenbeispiel Nr. 65) C. Orff: „Die Bernauerin" (Notenbeispiel Nr. 54).

Metallrasseln

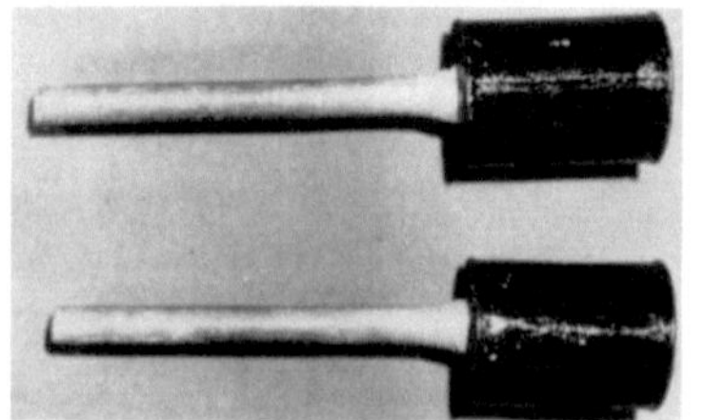

Metal-Rattle (nach Vorschrift) von C. Chávez für „Tambuco"

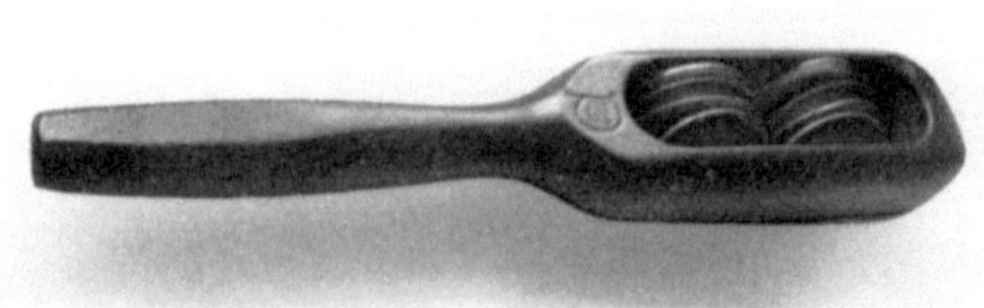

Eine Gefäßrassel, ebenso wie die Maraca ein Urinstrument primitiver Stämme, ist die Röhrenrassel aus einem hohlen, abgeschlossenen Bambusabschnitt, das *Schüttelrohr.* Etwa 40 cm Länge messend bei einem Durchmesser von ca. 5 cm, enthält es eine feinkörnige Rasselfüllung, die ein hellzischendes Geräusch ergibt. Statt des Bambusrohr-Materials verwendet die Fertigung auch Röhrenkörper aus Holz oder Blech, deren offene Enden mit Trommelfellen o. ä. überzogen sind. Letztere produzieren ein scharfes, besonders durchdringend hohes Rasselgeräusch (siehe nachstehende Abbildung).

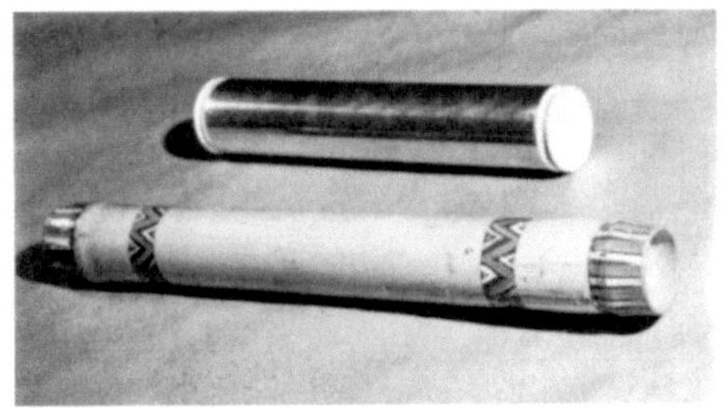

Schüttelrohre
(oben aus Metall, unten aus Bambusrohr)

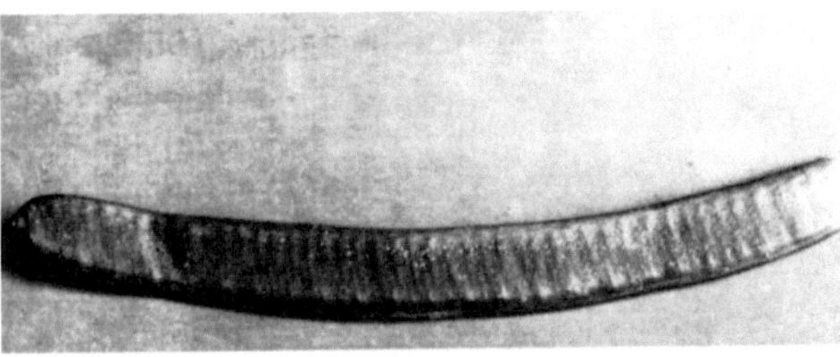

Mexican bean

Die Spielweise des „Chocalhos", wie das Schüttelrohr auch genannt wird, beschränkt sich auf eine Achtelbewegung, die den Samba-Tanz gleichlaufend durchzieht:

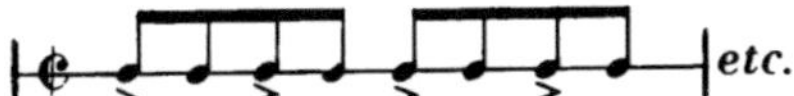

Dazu wird das Instrument an den Rohrenden zwischen den Flächen beider Hände oder in der Rohrmitte mit einer Hand gehalten und intensiv geschüttelt. Die Funktion der Rasselkörper zur Erzeugung des einfachen Rhythmus wird mit derselben Technik erreicht, wie bei den Maracas beschrieben.

R. Liebermann besetzt im „Concerto for Jazzband and Symphony Orchestra" im Orchesterpart mehrere (ca. sechs) Schüttelrohre (Notenbeispiel Nr. 104), H. Villa-Lobos schreibt „Chucalhos" in Holz und Metall in „Momo Precoce" vor.

Ein Metallschüttelrohr, als Ganza bezeichnet, ∅ ca. 7 cm, Länge ca. 30 cm, mit Steinchen gefüllt, setzt der gleiche Komponist in „Bachianas Brasileiras Nr. 2" ein, hier sehr zutreffend das Geräusch einer Lokomotive nachahmend, das entsteht, wenn nach beendeter Fahrt der Überdruck entweicht.

Die Bezeichnung *Sandbüchse* (Arenaiuolo), wie sie R. Strauss im Ballett „Schlagobers" und P. Hindemith in der „Kammermusik Nr. 1" vorschreiben, sowie die *Sandrassel* in C. Orffs Oper „Die Kluge" trifft auf eine feinkörnige Rassel mit Behälter aus Blech zu. Hier bietet sich eine Metallrassel oder das metallene Schüttelrohr als zweckdienlich an. Eine besonders in anglikanischen Ländern hin und wieder bei volkstümlichen Schaubühnen oder Varieté-Programmen zu hörende Rasselart ist das Spiel mit *Glas- oder Porzellankugeln.* Die „Marbles" rotieren dabei in Flaschen oder Schalen, deren Eigenklang die Höhe des Rasseltones bestimmt.

H. Cowell verwendet sie in „Symphonie Nr. 11" (Notenbeispiel Nr. 105). Auch die klingenden Münzen der Artisten und Clowns erzielen einen ähnlichen Effekt. Hierbei werden Geldstücke auf ihren Kanten in Schüsseln gerollt.

Reihenrasseln

Rasselgehänge; Kettenrassel; hängende Bambusrohre; hängende Glasstäbe oder Plättchen

Der Begriff Reihenrassel umfaßt die *Rasselgehänge* von auf Schnüren gereihten harten Körperchen, wie Holzkugeln, Fruchtschalen (siehe nachstehende Abbildung), Larven-Gespinsten, Schneckengehäusen, Muscheln, Tierhörnern, Klauen und Zähnen.

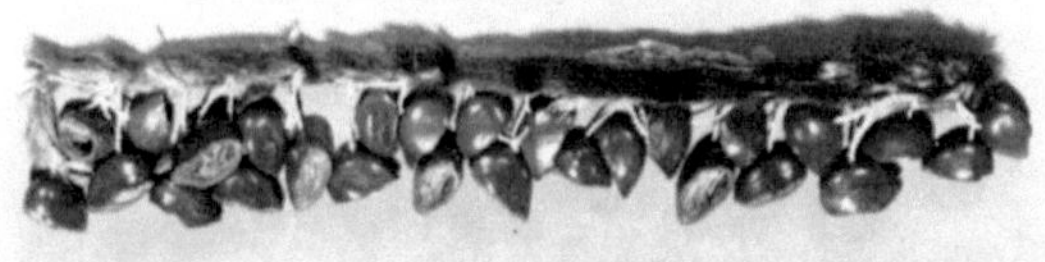

Frucht-schalen-rassel

C. Chávez bezog in die „Sinfonía India" zahlreiche indianische Schlaginstrumente ein, darunter Reihenrasseln von Hirschklauen, Holzkugeln und aufgereihten Schmetterlings-Kokons, letztere mit einer eigenartig weich- und dumpfklingenden Rasselgebung.
Aus der Handhabung mit eisernen Ketten bot sich eine Reihenrassel an, mit deren unverwechselbarem Geräusch dem Zuhörer gewisse Vorstellungen gegeben werden können: die *Kettenrassel*.
Die Anwendung als Geräuschkulisse in C. M. v. Webers „Freischütz" während des Durchzugs der wilden Jagd in der Wolfsschlucht ist bekannt. D. Milhaud läßt in „Les Choephores" (1919) mit Ketten rasseln, A. Schönberg schrieb sie — wohl erstmals — als Instrument in den „Gurreliedern" vor (1911).
Weitere Beispiele: L. Janáček: „Aus einem Totenhaus"; A. Jolivet: „Cinq danses rituelles"; E. Varèse: „Intégrales".

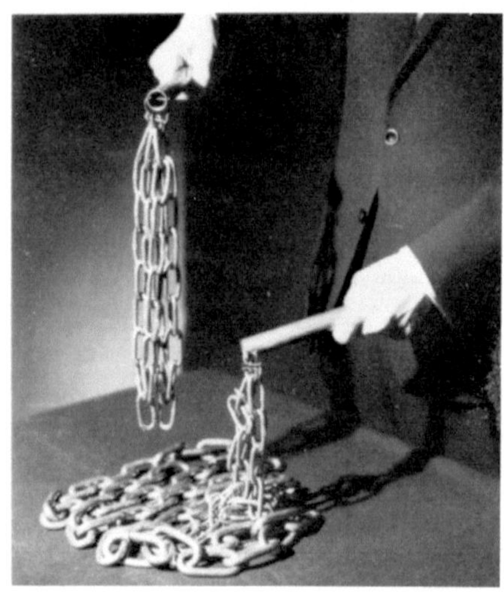

Kettenrassel

Nach dem Vorbild der persischen Kettenrassel läßt sich ein ähnliches Instrument de gleichen Fertigungsart herstellen, indem zwei Kettenstränge von je 80 cm Länge bei ihre Mitte gefaßt und an einen Haltegriff gebunden werden, so daß die vier Enden frei hängen Die damit entstandene Kettenrute, deren einzelne Glieder etwa 5 cm lang und 6 mm starl sind, wird auf eine starke Stahlplatte oder einen Teppich eng aneinanderliegender, schwe rer Ketten geschlagen, der auf deckenbelegter Unterlage das typische Kettenrassel-Geräusch ermöglicht und den störenden Beiklang – wie er Holzböden anhaftet – ausschließt (siehe Abbildung Seite 180). Rhythmen, wie sie L. Janáček in der Oper „Aus einem Totenhaus" schrieb, gelingen mit einem Paar solcher Rasseln, deren Enden den metallenen Boden abwechselnd kurz berühren. Wirbel werden durch Schütteln bei gleichzeitiger Bodenberührung erzeugt.

Beim Öffnen von Türen begegnet man manchmal dem Klappern oder Klirren von an Schnüren *hängenden Stäben* aus *Bambusrohr* oder *Glas*. Sie sollen ebenso wie hängende Glöckchen, an die der Eintretende mit der Tür gelegentlich stößt, nach altem Aberglauben böse Geister bannen.
Die aus Japan kommenden Instrumente zeigen die gleiche Funktion der aneinander klappernden Bambusstäbe, von denen sechs bis acht – in der Länge von 15 cm und mit einem Durchmesser von ca. 2 cm, an ca. 15 cm langen Schnüren hängend – mit der Öffnung nach unten an einem 30 cm langen Querstab in geringem Abstand voneinander aufgereiht sind (siehe Abbildung unten). Durch mehr oder weniger starke Berührung der außen placierten Rohre folgt ein entsprechend starkes Geklapper durch gegenseitiges Aneinanderschlagen, sich fortsetzend im Auspendeln der Stäbe.

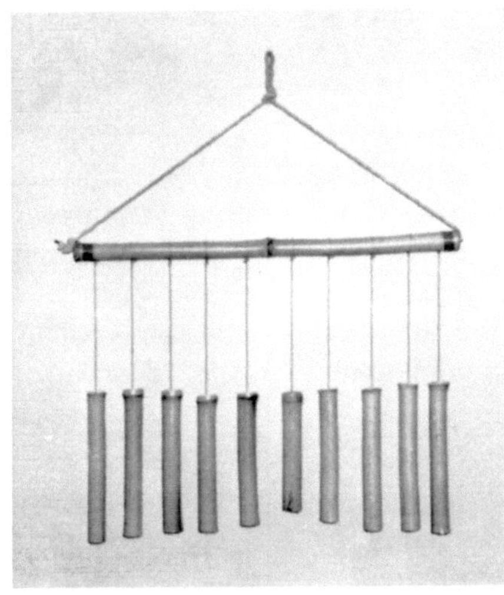

Hängende Bambusrohre

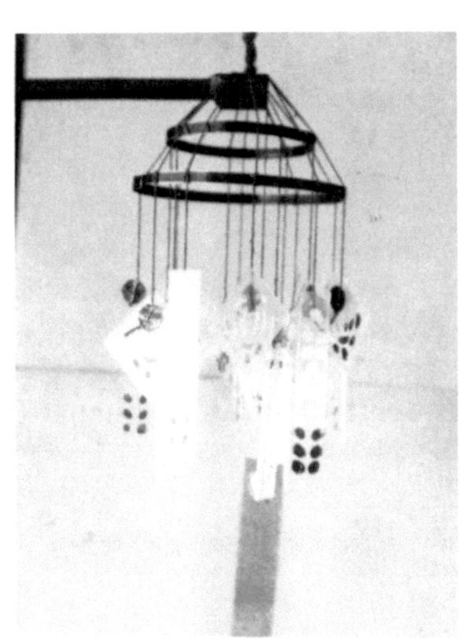

Hängende Glasplättchen

Beispiel: M. Kelemen: „Equilibres", „Radiant", „Der neue Mieter".
Energisches Zupacken mit beiden Händen bewirkt ein heftiges Zusammenprallen des Stabbündels und ergibt einen starken, hellakzentuierten Schlag, dem bei sofortiger Lösung des Griffes im Auspendeln ein länger anhaltendes Klappergeräusch folgt.
Beispiele: K. H. Stockhausen: „Kontakte"; L. Berio: „Circles"; L. Foss: „Echoi" (Notenbeispiel Nr. 107).
Das Aufhängen an zwei bis drei ineinandergefügten Metallreifen als Halteträger ermöglicht die Verwendung einer größeren Anzahl von Rohren (siehe Abbildung Seite 182). Unterschiede der Rohrlängen ergeben ein starkes Gemisch der Klangfarbe: längere Stäbe erbringen tiefere Töne, kürzere die entsprechend höheren. Damit ermöglicht sich auch die Herstellung von Rohrbündeln in etwa vier deutlich zu unterscheidenden Tonlagen.

Instrumente, bei denen statt Bambusröhrchen *Glasstäbe* aufgehängt werden, unterliegen den gleichen Gesetzen, betreffend Klanghöhe und Stablänge. Das zerbrechliche Material erfordert natürlich eine behutsame Handhabung und hat eine weit schwächere, aber sehr aparte Klangwirkung, ein gläsern-raschelndes Geräusch (siehe Abbildung unten).

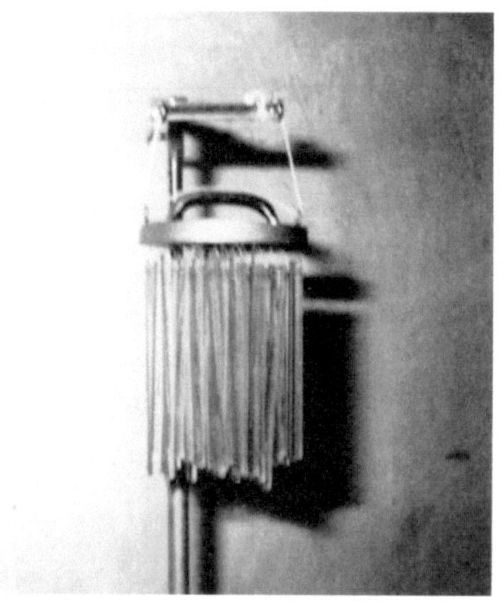

Hängende Glasstäbe

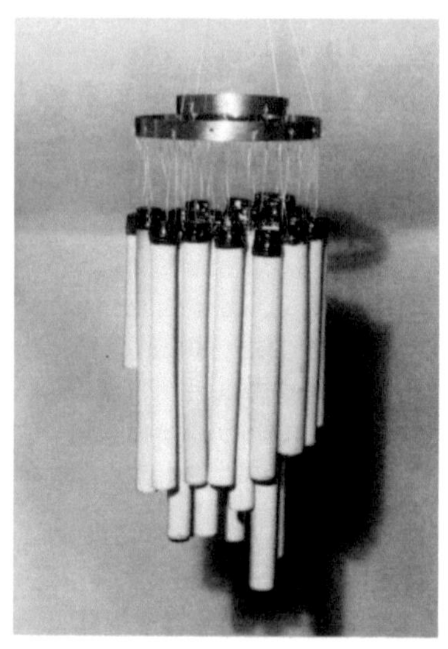

Hängende Bambusrohre in Bündeln

Beispiele: L. Berio: „Circles", „Passaggio"; H. Pousseur: „Euer Faust".
Aufgehängte *Glasplättchen* (statt Stäbchen) ergeben ein mehr klingelndes, an zusammenstoßende Weingläser erinnerndes Tönen, das ebenfalls durch verschiedene Größen und Längen der Blättchen zu variieren ist (Notenbeispiel Nr. 107).
Mehr geräuschhaft klappern die in Hongkong hergestellten hängenden Scheiben aus flach gepreßten Muscheln, genannt *Shell chimes* (siehe Abbildung unten).
Beispiel: H. W. Henze: „Das Floß der Medusa".

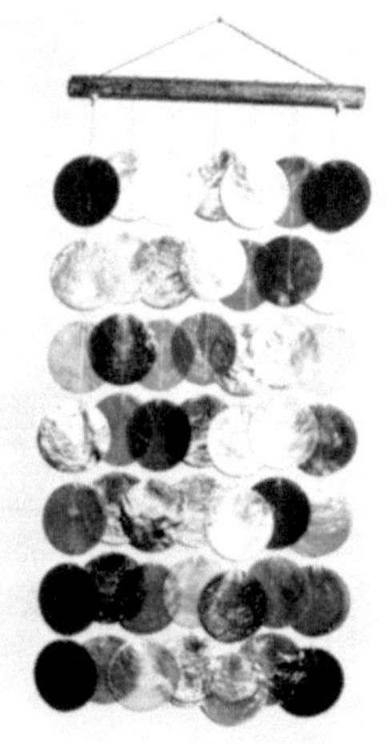

Shell-chimes

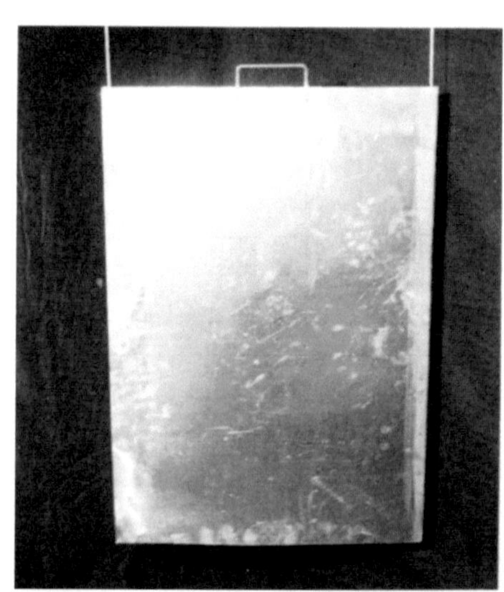

Metall-folie

Folienrassel

Eine *Metallfolie,* aus sehr dünnem Leichtmetallblech, erzeugt durch Schütteln mittels angesetzter Haltegriffe das raschelnde Geräusch der im Volksmund als Silberpapier bezeichneten Folie in sehr verstärktem Maße. Je größer das Ausmaß der Platte, um so tiefer und stärker erscheint das knatternde Geknister. Es erreicht die größte Geräuschstärke mit dem als Hinterbühnenrequisit bekannten Donnerblech.
Beispiele: F. Cerha: „Spiegel V"; R. Haubenstock-Ramati: „Vermutungen über ein dunkles Haus"; J. Cage: „First Construction in Metal" (5 verschiedene Metallfolien – siehe Notenbeispiel Nr. 85).

Der Bumbaß

Der Bumbaß, oder auch Teufelsbaß genannt, ist wohl die älteste Form eines kombinierten Ensembleschlagzeugs primitivster Art.
Bau. Er besteht aus einer 2 m langen Stange, auf deren Spitze ein oder zwei kleine Becken lose stecken. Diese sind, zur Verstärkung des Klirr- und Rasselfaktors, mit einem Kranz kleiner Rollschellen besetzt (siehe Abbildung unten links). Ungefähr 60 cm vom unteren Ende der Stange entfernt – also etwa in Steghöhe des Kontrabasses – ist ein fellüber-

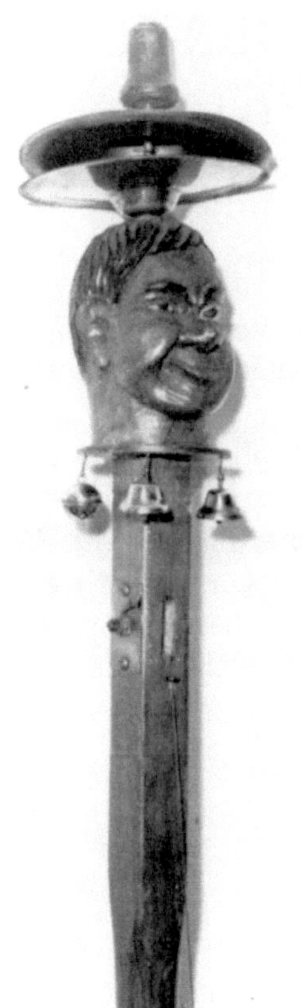

Bumbaß-
Spitze

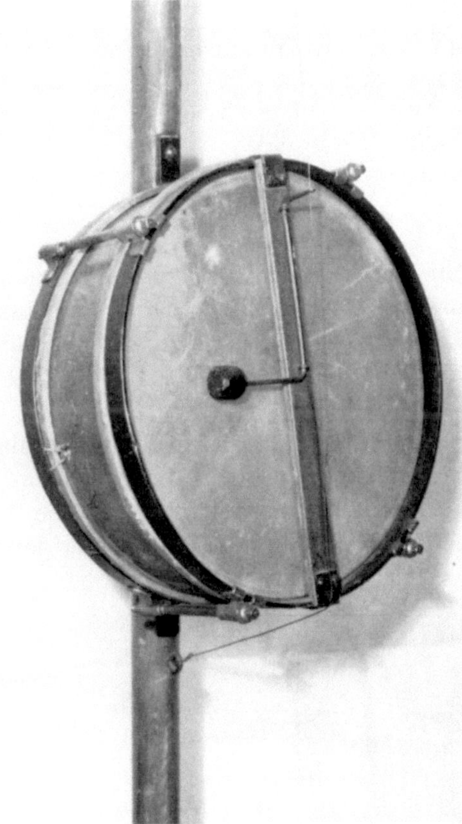

Bumbaß-
Felltrommel

zogener Holz- oder Metallreifen, oder besser eine kleine Felltrommel angebracht, über die eine gespannte Saite aus dünnem Draht geführt ist. An dieser befestigt, bewirkt ein Klöppel die Perkussion der Trommel (siehe Abbildung Seite 183 unten rechts).

Spielweise. Mit einem gezahnten Stock schrapt und schlägt der Spieler auf Saite und Fell, so die Wirbel- und Schlageffekte der Kleinen Trommel mit einfachen Begleitrhythmen nachahmend, während er gleichzeitig durch Aufstampfen mit der ganzen Stange auf den Holzboden den Grundrhythmus im Sinne von Großer Trommel mit Becken markiert.

Verwendung. Seit Jahrhunderten existiert er bei fahrenden Musikanten und bescheidensten Laienspielerensembles; während der Weltkriege diente er vielfach den improvisierten kleinen Instrumentalgruppen im Front- und Etappengebiet als selbstgefertigtes Schlagzeug-Begleitinstrument.

In M. Kelemens ungewöhnlich reichhaltig mit Schlaginstrumenten besetzter Partitur „Composé“ befindet sich eine kurze Rhythmenfolge für den Bumbaß. Abwärts gestrichene Noten bezeichnen den Aufstoß, die aufwärtsgestrichenen kleinen Noten die Schläge mit dem Stock, z. B.

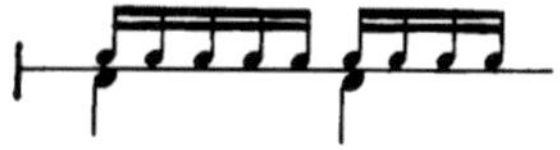

INSTRUMENTE ZUR LAUT- UND GERÄUSCH-ERZEUGUNG ODER -NACHAHMUNG

Die Verwendung derartiger Instrumente beschränkt sich nicht nur auf eine rein imitatorische Wiedergabe. Oft wird ihre Laut- oder Geräuschgebung musikalisch mit einbezogen oder ist sogar als reiner Instrumentaleffekt gewertet.

Der *Kuckucksruf,* bereits in L. Mozarts „Kindersymphonie“ als einfache zweitönige Schnabelflöte in g^3—e^3 vorkommend, wird am besten durch jenen Instrumententyp hervorgebracht, der aus zwei mittels Blasebalg tönenden Holzpfeifen besteht. Ihre Luftsäulen können durch Verschieben des Kernteiles verkürzt oder verlängert werden, wodurch sich die Möglichkeit ergibt, die Pfeifen auf bestimmte Töne, beziehungsweise Intervalle im Umfang von etwa b^1—c^3 genau einzustimmen (siehe nachstehende Abbildung).

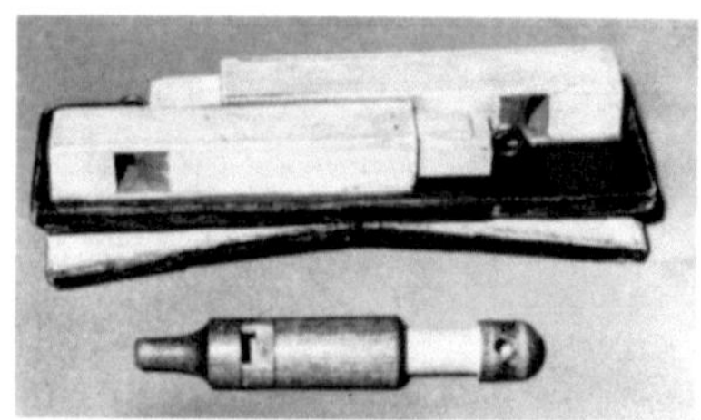

Kuckucksruf

Beispiele: J. Strauß: Polka „Im Krapfenwaldl“ (fis–dis); E. Humperdinck: „Hänsel und Gretel“ (d–b); E. N. v. Reznicek: „Traumspiel-Suite“ (h–gis); O. Messiaen: „Réveil des oiseaux“.
Der *Nachtigallenschlag,* oder einfach die *Vogelpfeife* genannt, ist unter den Vogelruf-Nachahmungen die gebräuchlichste. Aus Metall gefertigt und in der Form einer kleinen Tabakpfeife ähnelnd, wird ihr Kessel mit etwas Wasser gefüllt. Gefühlvoll mehr oder weniger stark angeblasen und mit Hilfe von Zungenstößen läßt sich ein vogelgleiches Gezwitscher hervorbringen (siehe nachstehende Abbildung).

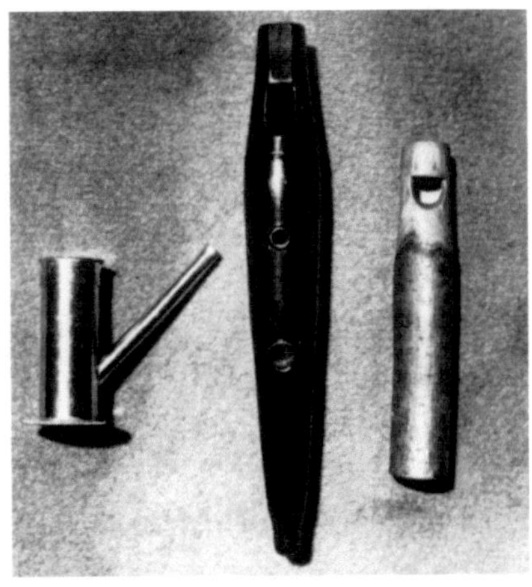

Vogel-pfeifen

Beispiele: L. Mozart: „Kindersymphonie“ (Notenbeispiel Nr. 106); J. Strauß: „Dorfschwalben aus Österreich“; G. Puccini: „Madame Butterfly“. Für O. Respighis „Pini di Roma“ wurde eine Schallplatte mit Originalaufnahmen von sehr zartem und sparsam dosiertem Nachtigallenschlag zur Verfügung gestellt. Deren Verwendung im Konzert setzt eine gute Wiedergabe-Anlage voraus; andernfalls kann der Effekt mittels der Vogelpfeife gebracht werden, die, von einem Tuch bedeckt, so die beabsichtigte Fernwirkung erzielt.
Der *Wachtellockruf* in L. Mozarts „Kindersymphonie“ läßt sich durch kurzes Anblasen der Lotosflöte und gleichzeitiges Ausziehen ihres Stempels erzeugen.
Im sogenannten Gag-Schlagzeug der Stummfilmzeit gab es zahlreiche Anblasinstrumente – auch Potpourri-Instrumente genannt – zur mehr oder weniger gut gelingenden Imitation von *Tierstimmen,* wie Frosch, Ente, Hahn, Schaf, Ziege, Kuh, Pferd etc., auf die man heute kaum mehr zurückkommt.
Ebenfalls ein ausgesprochenes Gag-Instrument ist das *Hufegetrappel,* erzeugt mit zwei halben ausgeschabten Kokosnußschalen. Am Scheitel mit Griffknöpfen versehen, werden sie im Trab- oder Galopprhythmus mit ihren Rändern gegeneinandergeschlagen, so das Pferdehufgeräusch auf Steinboden nachahmend.
Kindertrompete und *Rufhorn* sind Instrumente, deren Ton wie bei der Mundharmonika durch Anblasen einer Metallzunge zum Klingen gebracht wird.
Beispiele: L. Mozart: „Kindersymphonie“ (Trompete in g^1); J. Strauß: Schnellpolka „Der Vergnügungszug“ (Kondukteurshorn in e^1); P. Tschaikowsky: „Der Nußknacker“ (Kindertrompete in c^2).
Die Kindertrommel oder Spielzeugtrommel (engl. toy drum) ist eine stark verkleinerte Militärtrommel aus Blech, etwa bis zu 25 cm im Durchmesser, mit bunt bemaltem Kessel.

Anstelle von Trommelfellen besitzt sie beidseitig blecherne Schlagflächen, aber ohne Schnarrsaiten. Mit Trommelstöcken geschlagen, entsteht ein dünner scharfer Blechbüchsenklang.
Beispiele: L. Mozart: „Kindersymphonie"; L. Janáček: „Reimsprüche". Weitere Instrumente aus dem Kinderspielzeugbereich finden sich bei W. Haupt's „Reziprok" (Kinderleiern, Knackfrösche, Knallstreifen auf Metallplatten zerhämmert, Knatterpapier aus sprödem Plastikmaterial). N. Fukushi schrieb für das Schlagzeugsolo „Ground I for Percussion" ein Spielzeugglockenspiel, Spielzeug-Kuh (-Geräusch), kleine Mundharmonika (ca. 4 cm lang) und ein kleines Geräuschinstrument (stufenweise fallende Kügelchen in würfelförmige Plastikhohlkörper).
Zur Nachahmung des Dampfzuggeräusches in der Stummfilmzeit gab es die sogenannten *Sandblöcke*. Zwei länglich-viereckige Kästchen aus Holz sind einerseits ganzflächig mit Sandpapier beklebt. Durch Aneinanderreiben dieser rauhen Flächen in rhythmischer Bewegung entsteht ein kurzes, zischendes Geräusch, dem der fahrenden Dampflokomotive ähnlich (siehe Abbildung unten). Beispiel: G. Gershwin: „Porgy and Bess".

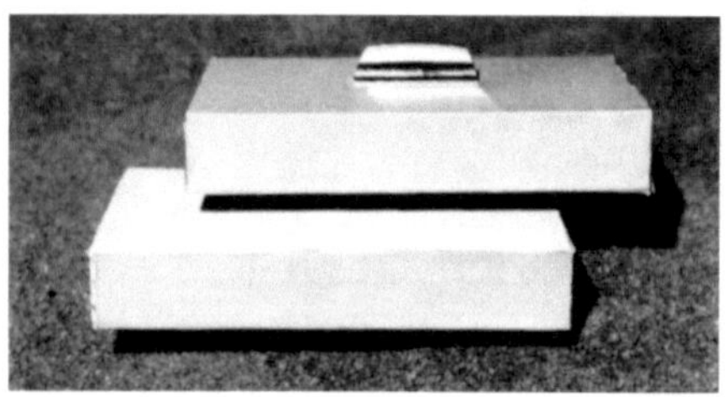

Sandblöcke

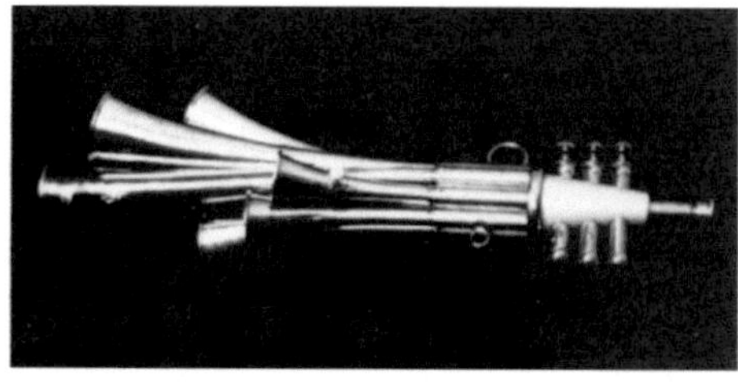

Kinder-Trompete

Den gleichen Effekt, aber weit weniger lautstark, erbringt ein Stahlbesen, auf Trommelfell im entsprechenden Rhythmus gerieben. Beispiel: K. Weill: „Lost in the Stars".
M. Gould verwendet Sandblöcke in seinen „Spirituals" und zur Nachahmung tanzender Füße in „Minstrel Show"; L. Foss läßt sie in „Echoi" (siehe Notenbeispiele Nr. 107) und L. Berio in „Circles" als Geräuschfarbe erscheinen.
Die Wiedergabe von *Autohupen* gehört zur Obliegenheit des Schlagzeugers, besonders seit G. Gershwin sie in „Ein Amerikaner in Paris" vorschrieb. Hierzu werden vier Hupen in der Abstimmung a^1, b^1, c^2 und d^2 benötigt. Der Typus ist identisch mit den an den ersten Autos angebrachten Hupen mit Gummibirne und Membranehorn. Ihr Klang, kurz und bellend, entbehrt heute nicht der Komik (siehe Abbildung unten und Notenbeispiel Nr. 108).
Das in Frankreich einst beliebte *Klaxon à manivelle* ist ein handkurbelbetriebener Autowarnzeichengeber (Autosummer) mit sehr eigenartig-krächzendem Geräusch.
Beispiel: J. Françaix: „Les Zigues de Mars".

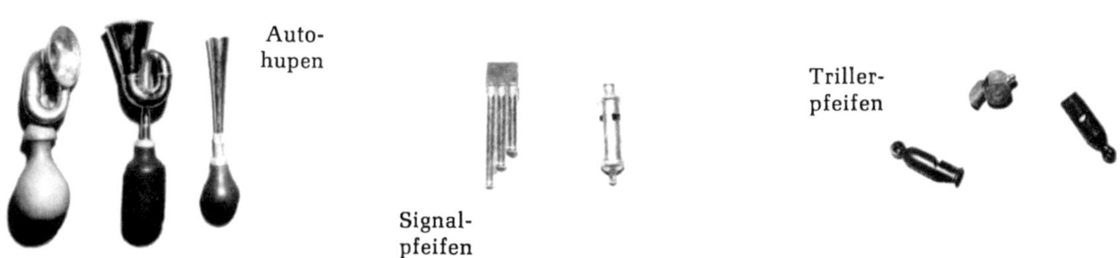

Autohupen

Signalpfeifen

Trillerpfeifen

Signalpfeifen sind kurze, 5—10 cm lange Schnabelflöten aus Metall, Holz oder Horn, ein-, zwei- oder dreistimmig, auch zweitönig mittels eines Griffloches (siehe Abbildung S. 186). Die *Trillerpfeife* entsteht durch Einschluß eines Kügelchens in den kleinen Luftschwingungshohlraum (siehe Abbildung Seite 186).

Verwendungsbeispiele: J. Ibert: „Divertissement“, „Suite Symphonique“; F. Poulenc: „Le bal Masque“.

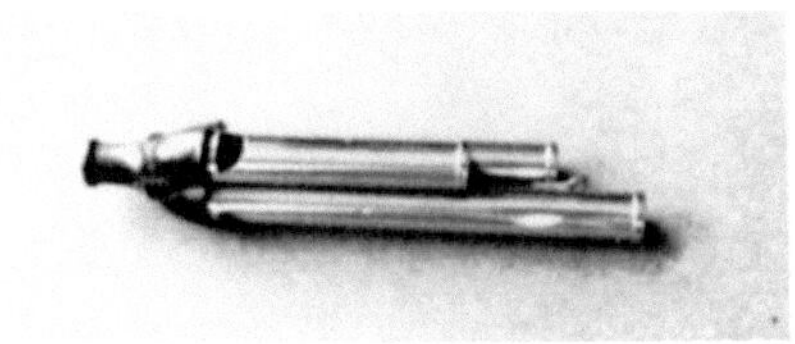

Nebelhorn-Imitations-instrument

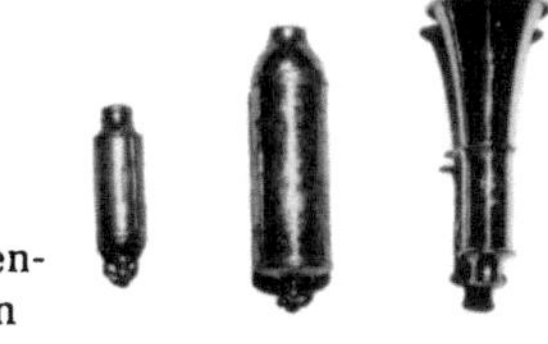

Sirenen-pfeifen

Pfeifen verschiedener Typen läßt D. Milhaud in „Les Choephores“ und in „L'homme et son désir“ blasen.

Die *Sirenenpfeife* besteht aus einem etwa 6—10 cm langen Metallzylinder mit Mundstück (siehe Abbildung oben). Durch Anblasen wird eine Fächerscheibe zur Rotation gebracht und bewirkt eine hell aufheulende Glissando-Skala, die bei kräftigem Luftdruck des Bläsers das c^4 erreicht. Plötzliches Aussetzen des Anblasens hat den Abbruch des Sirenentones zur Folge. Bei langsam nachlassendem Luftdruck fällt er wieder auf die unterste Stufe c^2 bis etwa g^1 zurück.

Als Stummfilm- und Varieté-Gaginstrument obligatorisch gewesen, gibt es einige Verwendungsbeispiele in der Kunstmusik: P. Hindemith: „Kammermusik Nr. 1“; D. Milhaud: „Les Choephores“, „L'homme et son désir“; R. Mohaupt: „Die Gaunerstreiche der Courasche“; N. Schultze: „Schwarzer Peter“; G. Gordon: „The Rake's Progress“; E. Toch: „Bunte Suite“ u. a.

Auch das alarmierende Heulen der *Sirenen* fand Gebrauch im musikalischen Bereich. Hierfür eignen sich handgetriebene oder solche mit Elektroanschluß. Voraussetzung ist, daß ihr An- und Abschwellen gesteuert und ihr Tönen beliebig gestoppt werden kann. Beispiele in konzertanter Musik geben E. Satie in „Parade“ (Sirène aigue); D. Milhaud in „Les Choephores“ und E. Varèse in „Ionisation“ (sirène claire, sirène grave: Notenbeispiel Nr. 109). H. Pfitzner bediente sich des Effektes eines hochgezogenen Sirenentones auf der Bühne in seiner Oper „Das Herz“.

Den phonetischen Signalgeber großer Schiffe, das *Nebelhorn*, hat E. Satie in „Parade“ mit der Bezeichnung „Sirène grave“ gemeint. Das Instrument, das den typisch rauh-heiseren Klang nachahmt, wird aus drei unterschiedlich langen gebündelten Holz- oder Metallkörpern hergestellt und mit einem Mundstück (gleichzeitig drei Töne) angeblasen.

Donner, Wind und Regen hörbar wiederzugeben, ist der Bühnentechnik seit langem zur Aufgabe gemacht.

Wohl als erster brachte Richard Strauss die *Windmaschine* in das Orchesterinstrumentarium in „Don Quichote“ (1889), „Josephs Legende“ (1914), „Alpensymphonie“ (1915), „Die Frau ohne Schatten“ (1919). Weitere Beispiele: D. Milhaud: „L'homme et son désir“; M. Ravel: „L'enfant et les sortilèges“, „Air de feu“, „Daphnis et Chloé“; C. Orff: „Der Mond“, „Astutuli“, „Weihnachtsspiel“ (Notenbeispiel Nr. 110), „Prometheus“.

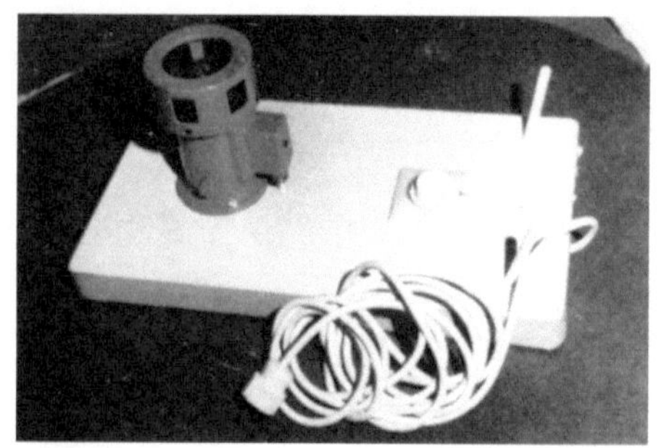

Elektr.
Sirene

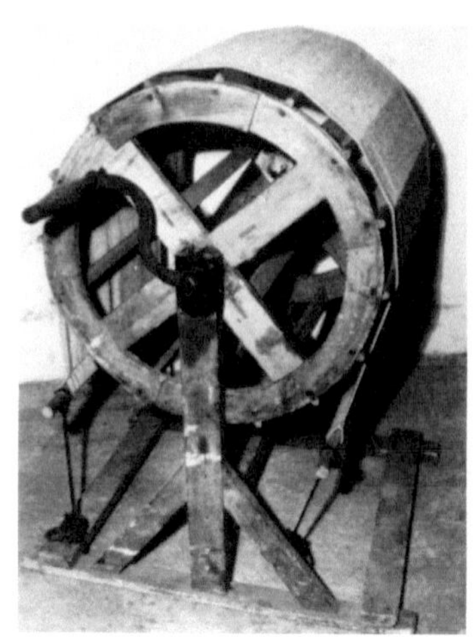

Wind-
maschine

Die Funktion der Windmaschine beruht auf der Reibung einer grobgezwirnten oder gerippten Stoffbahn mit einem aus kantigen Latten gefertigten Zylinder.
Letzterer hat eine Länge von etwa 80 cm und einen Durchmesser von 70 cm, er lagert mit seinen Achsenenden auf einem Gestell und wird mittels Handkurbel zur Drehung gebracht. Das Tuch, über den Zylinder gelegt, erfährt durch Verschnürung mit dem Gestell eine entsprechende Spannung, so daß bei mehr oder weniger schnellem Drehen das Geräusch des sausenden Windes in verschiedenen Stärkegraden und nach Vorschrift an- und abschwellend erzeugt werden kann (siehe Abbildung oben).
Bühnen verwenden Bambusstäbe, die durch Elektroantrieb wie Windmühlenflügel die Luft bewegen, und erreichen damit erhebliche Lautstärken, vergleichbar mit dem uralten Schwirrholz, das – mit einer Schnur im Kreis durch die Luft gewirbelt – Geräusche von der leichten Brise bis zum donnernden Orkan erzeugt. H. Cowell hat es unter dem Namen „Thunder Stick" in seinem „String Quartet with Thunder Stick" verwendet.
Auch das *Donnerblech*, einst ausschließlich als Geräuschkulisse für Gewitterszenen oder entfesselte Wassermassen dienend, findet Verwendung im instrumentalen Sinne. Es

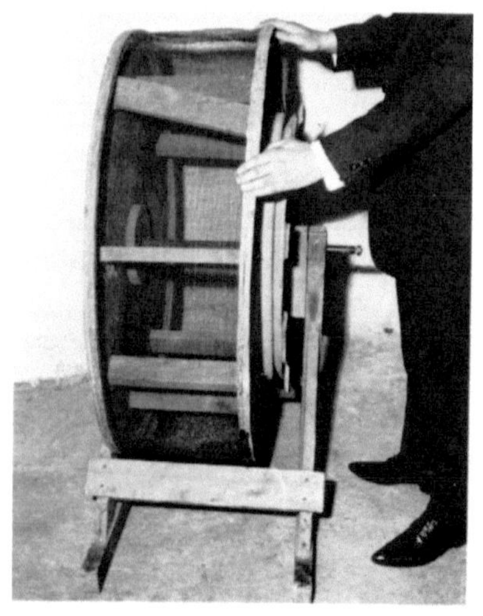

Regenprisma

besteht aus einer 1 mm dünnen Blechplatte mit den Ausmaßen von etwa 1×2 Meter. An ihrer Längsseite mit angeschweißten Griffen versehen, wird sie senkrecht gehalten und ergibt je nach Intensität der Schüttelbewegung ein metallknisterndes Krachen. Während große Bühnen heute das Donnerrollen mit einer auf dem Schnürboden hängenden riesigen Felltrommel produzieren, kann das Donnerblech als Instrumentaleffekt dienen (siehe auch „Metallfolie", Seite 183).
Beispiele: E. Křenek: „Karl V."; H. Searle: „The Riverrun"; N. Castiglioni: „Ode"; C. Orff: „Weihnachtsspiel" Notenbeispiel Nr. 110).
Das *Regenprisma*, ein großes, drehbares Gittersieb mit darin bewegten erbsengroßen Kügelchen, ist ein altes Theaterrequisit (G. Rossini: „Der Barbier von Sevilla"; siehe Abbildung Seite 188). Das Geräusch eines Regenschauers kann auch in einfachster Art mit einer auf dem Fell der Großen Trommel geriebenen Bürste nachgeahmt werden.
Geschützdetonationen auf der Bühne, vordergründig in Erscheinung tretend wie zum Beispiel im 1. Akt von Verdis „Otello", werden durch den Theater-Rüstmeister ausgelöst, der mit einem speziellen Schußgerät Pulver zur Explosion bringt.
In der konzertanten Musik kommt es selten zu einem derartigen Aufwand (Beethoven: „Wellingtons Sieg"; Tschaikowsky „Ouvertüre 1812"). Hier beschränkt man sich auf eine möglichst umfangreiche Große Trommel, deren Klangfell abgenommen wurde.

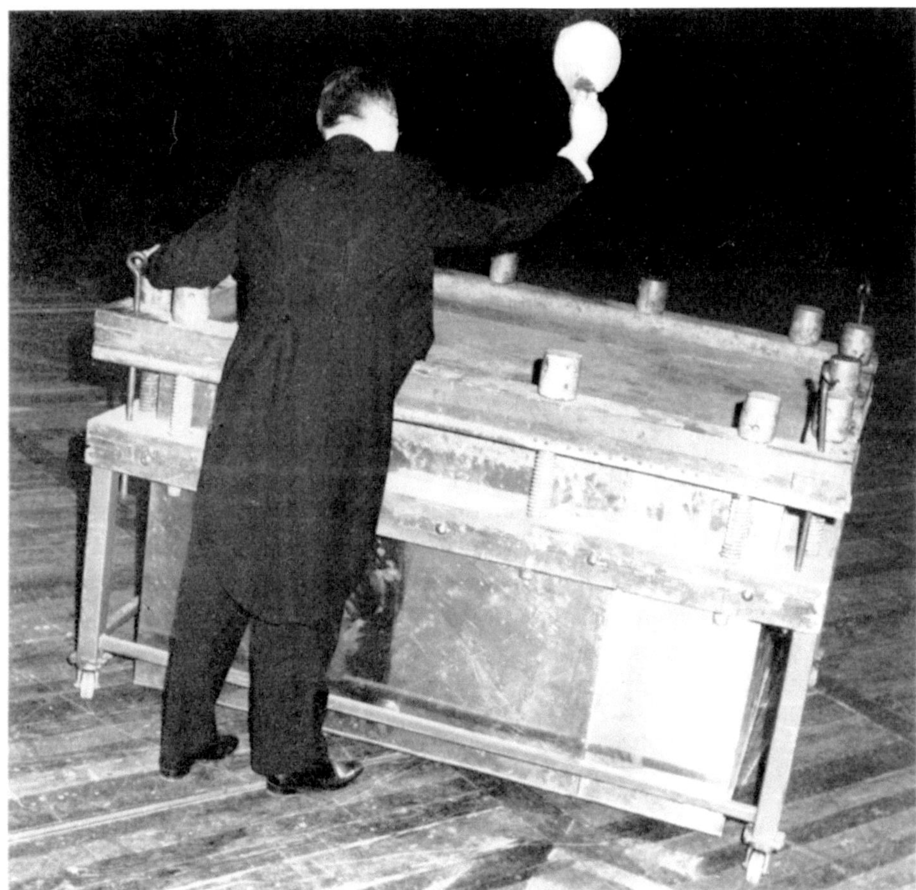

Bühnenrequisit (Fellinstrument) zur Abgabe von Kanonenschlägen

Mussorgsky-Ravel („Bilder einer Ausstellung"), G. Puccini („Madame Butterfly") sowie Rimsky-Korsakow („Das Märchen vom Zaren Saltan") haben die Große Trommel bereits im orchestralen Schlagzeugpart als „quasi Canone" eingesetzt.

In Puccinis Opern „Madame Butterfly" und „Tosca" ist die Abgabe von Kanonenschlägen hinter der Szene im Taktmaß gefordert. Hierzu bedient man sich eines eigens für Bühnenzwecke gebauten Requisits: ein ungewöhnlich großes, gegerbtes Fell ist auf einen viereckigen Rahmen mit den Maßen 150×190 cm aufgezogen und über einen Resonanzkasten von gleichen Ausmaßen bei etwa 100 cm Höhe horizontal montiert. Diese überdimensionale Trommel wird mit einer schweren, ledergepolsterten Holzkugel mit Riemengriff angeschlagen und vermittelt dem Zuschauer – dank der voluminösen Resonanzverhältnisse des Kastens und des großen Hinterbühnenraumes – den Eindruck von Kanonenschüssen, die in einiger Entfernung ausgelöst wurden (siehe Abbildung Seite 189).

Gewehr- und Pistolenschüsse auf der Bühne mit entsprechenden Handfeuerwaffen gehören ebenfalls in den Zuständigkeitsbereich des Rüstmeisters (Weber: „Der Freischütz"; Lortzing: „Der Wildschütz"; A. Berg: „Lulu"; W. Egk: „Die Verlobung in San Domingo" u. a.).

In das Orchester verlegt, bedarf es eines sechsschüssigen Revolvers, Kaliber 9 mm, mit Platzpatronen geladen.

Beispiele: J. Lanner: „Jagdgalopp"; J. Strauß: Schnellpolka „Auf der Jagd"; E. Satie: Ballett: „Parade".

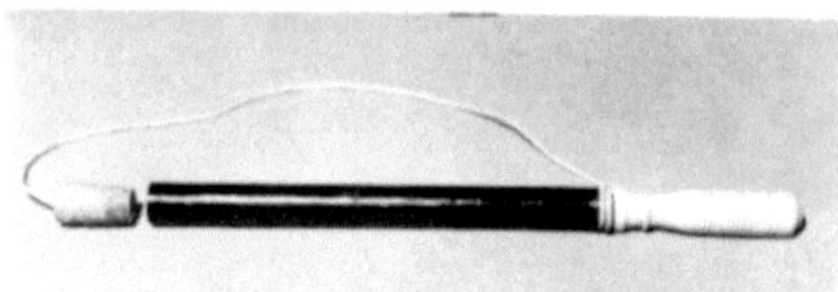

Instrument für Flaschenkorkenknall

Einen viel geringeren, aber doch unverwechselbaren Knall erzeugt der von der Sektflasche springende Korken. J. Strauß überläßt ihm in der „Champagner-Polka" und H. C. Lumbye im „Champagner-Galopp" ein Solo, dessentwegen ein kleiner Knallapparat benötigt wird: eine mit einem Korken verschlossene Metallröhre enthält einen Kolben mit luftdicht abschließendem Lederplättchenkopf im Sinne der Fahrrad-Luftpumpe und drückt den Korken durch Luftpressung knallend heraus (siehe Abbildung oben).

Geklapper von *Büromaschinen*, wie es E. Satie im Ballett „Parade" (1917) oder G. Antheil im „Ballet mécanique" (1925) einsetzte, ist rhythmisch geschlagen vorgeschrieben oder als Geräuschteppich gedacht.

Gelegentlich sind auch Geräusche und Klanggebungen von Geräten und Maschinen des täglichen Lebens in Kunstformen einbezogen worden. So findet sich z. B. in nordamerikanischer Pop-art-Musik so Ungewöhnliches wie Eisenröhren, Verpackungskisten, Autobremstrommeln, Mülltonnendeckel oder dem Küchengeschirr entnommene Porzellan- und Glasschüsseln in unterschiedlicher Abstimmung als Schlagzeug. Ähnlich wie H. Cowell in seiner „Symphonie Nr. 11" (Notenbeispiel Nr. 105), verlangt auch G. Parchmann im „Concerto for one Percussionist and Orchestra" five japanese cup bells (Reisschalen). In seiner Komposition „Aventures" bezog G. Ligeti Geräuscheffekte mit ein, wie z. B. „vier Gummiringe auf Resonator gezupft", „ein großes dickes Buch mit Daumen durchblätternd geschnellt", „Kissen mit Teppichklopfer geschlagen", „aufgeblasene Papiertüte zerplatzt",

„Koffer mit Schmirgelpapier gestrichen" u. a. In „Apparitions" für Orchester läßt er an bestimmter Stelle einen mit kleinen Medizinfläschchen gefüllten Sack zerschmettern.
B. A. Zimmermann fordert in „Ich wandte mich um und sah alles Unrecht" das Zerreißen von Zeitungspapier (besser Pergamentpapier) und Pappe (hier besser Wellpappe mit Stab streichen), ferner große Nägel in Brett mit Hammer einschlagen.
L. Berio gebraucht in „Epifanie" Autospiralfedern aus etwa fingerdickem Stahl in drei verschiedenen Größen. Mit Metallhämmerchen angeschlagen, ist die Klangfarbe derjenigen von Triangeln ähnlich, doch sehr viel kräftiger. K. Penderecki verlangt in „Fluorescences" rhythmisches Sägen von Holz in verschiedenen Geräusch-Abstufungen, in E. Tochs „3. Symphony" tritt ein zischendes Preßluftgebläse in Erscheinung.
R. Liebermann schuf 1963 die „Komposition für Maschinen", in der Klänge und Geräusche von 156 modernen Maschinen und Apparaturen in rhythmischer, metrischer und dynamischer Differenzierung verarbeitet wurden. Diese Auftragskomposition erklang anläßlich der Ausstellung „Les Echanges" in der Schweiz und wurde den Besuchern von einem Maschinen-Schlagzeugorchester durch Steuerung mittels Lochstreifenaufzeichnung und Computer „in live" zu Gehör gebracht, ohne dabei Spieler zu benötigen.
Mit elektronischen Musikapparaten gelingt die Nachahmung von naturalistischen Geräuschen und Instrumentaleffekten mehr oder weniger gut.
Die Zumischung von Bandaufnahmen (z. B. Opern-Bühnenmusik) zu live-gespielter Musik gelingt selten befriedigend, die eingeblendete Lautsprechermusik wird vom Hörer desillusionierend empfunden. Die Rückkehr zum Gebrauch der originalen natürlichen Mittel ist überall da festzustellen, wo musikalische Kunstwerke eine Interpretation von Niveau erreichen sollen.

Südamerikas Schlag- und Geräuschinstrumente (brasilianisch-indianisch) und ihre möglichen Ersatzinstrumente

Name	*Art*	*Zu verwendende (Ersatz-)Instrumente*
Timbales	Pauken	
Carrillhao	Glockenspiel	
Campanuela Sineta	Glöckchen	
Campainha Sino	Glocke	
Marimbula Zanza (Sansa) Kalimba Ambira Djimba Ekende Etingili Ibeka Kasanga Kankobele Likembe Lilimba Lun Mbira Nsimbi Pokido Sandi	Metallzungen- Zupfinstrument	
Caixa de campanha Redoblante	Feldtrommel	Rührtrommel
Caica de rufo Timbalao Tambora	Tenortrommel	Rührtrommel ohne Saiten
Tambor Caixa	Kleine Trommel	
Palillos	Stäbe Trommelstöcke	
Bombo Tambora (span.)	Große Trommel	
Tamburine Tamborim	Rahmentrommel (ohne Schellen)	
Cabaquinha	Viereckige Rahmentrommel	
Pandeiro (portug.)	Schellentrommel	

Name	*Art*	*Ersatzinstrumente*
Cuica Puita Roncador Onca Boi Zubumba	Reibtrommel	Brummtopf
Tartaruga	Reibinstrument (Rückenschild der Schildkröte wird mit den Händen gerieben, nachdem es mit Öl eingerieben wurde).	
Huehuetl Tlapanhuehuetl Caxambu Carimbo Tambu (Tambi-Tambu) Tambula Bambola Tambor-de-Crioulo Tumba	Große Röhrenfelltrommel (ausgehöhlter Baumstamm in konischer Form, über 1 m lang, mit Leder- oder Pergamentmembran bespannt und mit Händen geschlagen)	Tiefe Congatrommel
Surdo	Sambatrommel	Tomtom
Ferrinho	Triangel	Triangel (mit Hand gedämpft)
Prato Platillo (span.)	Becken	
Tanta	Gong	
Gangarria Chocalho de metal	Kuhglocke	
Agogo	eiserne Doppelschelle (zweitönig)	zwei Kuhglocken (in Terzenabstand klingend)
Jicara de aqua	Kleine Tasse (hellklingendes Rhythmusinstrument)	Tasse oder Teller aus Porzellan
a) Tabletas a) Tablillas a) b) Matraca a) b) Carraca	a) Holzklapper, bestehend aus zwei oder drei Brettchen, die durch Schütteln gegeneinanderschlagen b) Schwungschnarre	a) flache Stielkastagnette b) Ratsche
Castanhetas	Kastagnetten	
Caixeta	Holzblocktrommel	

Name	*Art*	*Ersatzinstrumente*
Trocano Torocano Teponaztli Toponaztli	Große Holztrommel (ausgehöhlter Baumstamm bis drei Meter Länge, mit Resonanzschlitzen und Löchern versehen. Wird mit lederumwickeltem Knüppel geschlagen, von Indianern als Nachrichten- und Signaltrommel verwendet.	Tiefe Schlitztrommel
Caracacha Caracaxa Caraxa Cataca Reque-Reque Guitcharo	Schrapinstrument	Bambusraspel Guiro Reco-Reco
Cabaza Afoxe Afoche Afuche	Kalebassenrassel mit Perlen- oder Fruchtschalenschnüren als Rasselbehang	
Cascavels Cascabeles (span.)	Schellen	
Ganza Xucalho Chocalho Chocalho de madeira Maruga Caxixi	Gefäßrassel aus Holz oder Metall, gefüllt mit Körnchen oder Steinchen Geflochtene Korbrassel mit Körnerfüllung	Maracas
Ayacaxtli	Kugelgefüllte Kalebasse oder Tonvase mit Griff	Gefäßrassel, mit grober Füllung
Tenabari	Reihenrassel aus Schmetterlingskokons	Flacher Pappkarton mit Rasselfüllung (dunkle Klangfarbe)
Maceta	Schlägel	Gr. Trommelschlägel
Botiija	Krug, anzublasen oder auf Korpus oder Öffnung zu schlagen	

ANHANG

Verzeichnis der Notenbeispiele

Nr.	*Komponist*	*Titel*	*Beispiel für:*	*Seite*
1	Henze, H. W.	Elegie für junge Liebende	Aufteilung der Schlaginstrumente und Zeichenerklärung für Schlägel	203
2	Berio, L.	Circles	a) Aufteilung der Schlaginstrumente in der Partitur auf 2 bzw. 3 Spieler; b) Gruppierung der Schlaginstrumente	204
3	Henze, H. W.	Antifone	a) Aufteilung der Schlaginstrumente auf mehrere Spieler; b) entsprechendes Fragment der Partitur	205
4	Antoniou, Th.	Epilog	a) Wahl der Anschlagmittel; b) Spielanweisung	207
5	Berlioz, H.	Symphonie fantastique	4 Pauker	208
6	Strawinsky, I.	Le Sacre du Printemps	5 Pauken, von zwei Paukern bedient; Gr. Trommel (Gr. Caisse)	208
7	Hartmann, K. A.	8. Symphonie	2 Pauker	208
8	Henze, H. W.	Elegie für junge Liebende	Paukenglissando; 3 Tamtam; Metallblock (metal-block); Almglocken (Camp. da gregge); u. a.	209
9	Henze, H. W.	Il re cervo	Paukenglissando abwärts; Militärtrommel; 3 Tom-Toms, Tamtamglissando	209
10	Henze, H. W.	Elegie für junge Liebende	4 Pauken, Metallblock; 3 hängende Becken; 6 einzelne Röhrenglocken	210
11	Hartmann, K. A.	7. Symphonie	6 Pauken (E und A Pauke)	210
12	Milhaud, D.	La création du monde	Pauke in d^1 und fis^1	210
13	Mahler, G.	7. Symphonie	Pauken mit Holzschl. geschlagen; Becken mit Schwammschl. geschlagen	211
14	Monteverdi-Orff	Lamenti	Pauken in Barockmusik	211
15	Orff, C.	Trionfi	2 Pauker; Pauken mit Kl. Trommelschlägel geschlagen, Gr. Trommel mit Kl. Trommelschlägel geschlagen	211
16	Britten, B.	Nocturne op. 60	Solistische Anwendung der Pauken	211
17	Hartmann, K. A.	6. Symphonie	Solistische Anwendung von 6 Pauken; Kl. Trommel; Becken, Gr. Trommel	212

Nr.	Komponist	Titel	Beispiel für:	Seite
18	Gielen, M.	Pentaphonie	Diskant-Röhrenglockenspiel; 3 Triangel, Almglockenspiel	212
19	Strawinsky, I.	Les Noces	Pauken, Xylophon; mehrere Kl. Trommeln mit und ohne Saiten; Schellentrommel; Gr. Trommel	213
20	Hartmann, K. A.	6. Symphonie	Glockenspiel; Xylophon; Triangel; Kl. Trommel; Celesta	213
21	Bartók, B.	Herzog Blaubarts Burg	Klaviaturxylophon	214
22	Haupt, Walter	Apeiron	Becken und Tamtam mit Nadel bzw. Feile gestrichen und gerieben	214
23	Hartmann, K. A.	8. Symphonie	Xylophon; Vibraphon; 4 Marimbaphone	215
24	Orff, C.	Die Bernauerin	Baßxylophon (3 Spieler); Gr. Trommel (2 Spieler).	216
25	Orff, C.	Catulli Carmina	Trog-Xylophon (gliss.); Metallophon; Becken; Gr. Trommel; Pauken.	216
26	Tschaikowsky, P.	Nußknacker-Ballett	Celesta	217
27	Hartmann, K. A.	8. Symphonie	Glockenspiel; Xylophon; 2 Marimbaphone; Vibraphon; Celesta.	217
28	Orff, C.	Oedipus der Tyrann	Glockenspiel mit Stäben quer geschlagen; Röhrenglocken mit Stäben quer geschlagen; Klaviaturglockenspiel; Steinspiel; Xylophon; Becken mit Holzschlägel.	218
29	Messiaen, O.	Oiseaux exotique	Klaviaturglockenspiel; Xylophon.	218
30	Henze, H. W.	Elegie für junge Liebende	Pauken mit Holzschlägel; 3 Tom-Toms und 3 Becken mit Trommelschlägel; Klaviaturglockenspiel; Röhrenglocken; Celesta; Marimbaphon; Vibraphon (fis^3).	219
31	Kotoński, W.	Musique en relief	Glockenspiel; Maracas; Marimbaphon; Vibraphon mit Halbpedal	220
32	Berio, L.	Circles	Lujon; 5 Cencerros; 3 Tablas; Hi-Hat; übriges Schlagzeug.	221
33	Orff, C.	Antigonae	Steinspiel; Pauken	222

Nr.	Komponist	Titel	Beispiel für:	Seite
34	Kelemen, M.	Equilibres	3 Steinplatten; 3 Metallplatten; Hängende Bambusstäbe.	222
35	Strawinsky, I.	Le Sacre du Printemps	Pauken; Triangel mit Holzschlägel geschl., Zimbeln (Cymb. antique).	222
36	Strawinsky, I.	Les Noces	Zimbeln (Crotales); Glocke.	223
37	Orff, C.	Antigonae	Tanz-Kastagnetten; Trogxylophone; Xylophon; Zimbeln; Pauken mit Holzschlägel.	223
38	Henze, H. W.	Elegie für junge Liebende	Zimbeln mit Triangelschlägel geschlagen; 2 Tamburins mit Filzschlägel geschlagen.	224
39	Henze, H. W.	Elegie für junge Liebende	3 Tom-Toms mit Fingern geschlagen; Zimbeln, Almglocken und Tamtams mit Gummischlägel geschlagen.	224
40	Puccini, G.	Turandot	Buckelgongs (Gong chinesi)	224
41	Haubenstock-Ramati, R.	Vermutungen über ein dunkles Haus	Blechtrommel (Steel drum); 5 Tempelblöcke, übriges Schlagzeug.	225
42	Strauss, R.	Friedenstag	Große Glocken	225
43	Henze, H. W.	Elegie für junge Liebende	Röhrenglocken	225
44	Kagel, M.	Anagrama	Röhrenglockengestell mit Claves geschlagen; 4 Tempelblöcke, 3 Holzblöcke, Tamtam.	226
45	Henze, H. W.	Il re cervo	Röhrenglocken, Diskant-Röhrenglocken (im Violinschl. notiert); Plattenglocken (im Baßschlüssel notiert).	226
46	Chatschaturjan, A.	Gajaneh	Tubaphon	227
47	Orff, C.	Oedipus der Tyrann	Sistrum; Glasharfe (4 Spieler), übriges Schlagzeug.	227
48	Orff, C.	Der Mond	Gläserspiel (mit Schlägeln geschlagen).	227
49	Satie, E.	Parade	Flaschenspiel (15 Flaschen)	228
50	Nilsson, Bo	Reaktionen	5 Flaschen; 2 Triangel; 3 Almglocken; Vibraphon (mit Stahllöffel geschlagen); Pedalbecken.	228
51	Schönberg, A.	Moses und Aron	Flexaton, übriges Schlagzeug.	229

Nr.	Komponist	Titel	Beispiel für:	Seite
52	Chatschaturjan, A.	Klavierkonzert	Flexaton	229
53	Ravel, M.	L'enfant et les sortileges	Lotosflöte	229
54	Orff, C.	Die Bernauerin	Pauken, von 2 Spielern mit der Hand geschlagen; Metallrasseln; Schlitztrommel, u. a.	230
55	Orff, C.	Die Bernauerin	Kleine Trommeln; Rührtrommeln; Große Trommeln; Pauken.	230
56	Orff, C.	Antigonae	2 Baßxylophone, Klaviersaiten, mit Filz- und Holzschlägel geschlagen.	231
57	Milhaud, D.	Suite provencale	Pauken; Becken (Cymb.); Kl. Trommel (Caisse claire); Provenzalische Trommel (tambourin provencal).	232
58	Milhaud, D.	La création du monde	Cowbell (Bloc métal); Holzblocktrommel (Bloc bois); Becken (Cymb.); Kl. Trommel (Caisse claire); Provenzalische Trommel (Tambourin); Gr. Trommel (Grosse caisse), Pauken (Timbales).	232
59	Liebermann, R.	Geigy Festival Concerto	Basler Trommel	233
60	Milhaud, D.	La mort d'un tyran	Peitsche (Fouet); Schellentrommel (Tambour de basque); Becken (Cymbales); Kleine Trommel (Caisse claire); Wirbeltrommel (Caisse roulante); Provenzalische Trommel (Tambourin provencal); 3 Pauken (Timbales), u. a.	233
61	Haydn, J.	Symphonie Nr. 11 (Militärsymphonie)	Gr. Trommel mit Schlägel und Rute geschlagen; übriges Janitscharen-Schlagzeug.	234
62	Strawinsky, I.	Geschichte vom Soldaten	Becken mit Holzschlägel geschlagen (bois); Gr. Trommel mit Gr. Tr. Schlägel geschlagen (mailloche).	234
63	Mahler, G.	6. Symphonie	Holzrand der Gr. Tr., mit Holzstäbchen geschlagen.	234
64	Chailley, J.	La Dame à la Licorne	Rahmentrommel (tambour sur cadre) auf den Ton d^1 gestimmt.	235
65	Carter, E.	Pocahontas	Metallrassel (Tin Rattle); Indianische Trommel (Small Indian Drum, Large Indian Drum), u. a.	235

Nr.	Komponist	Titel	Beispiel für:	Seite
66	Henze, H. W.	Elegie für junge Liebende	Almglocken mit Gummischlägel geschlagen; Schellen des Tamburins mit einer Nadel geschl. Holzblock (Wood-block).	236
67	Henze, H. W.	Antifone	4 Triangel; 4 Zimbeln; 4 Becken; 4 Tomtoms; kl. u. gr. Schellentrommel; Militärtr.; Almglocke; u. a.	236
68	Orff, C.	Prometheus	Darabukka; O-Daiko; Taiko; 2 Congas.	237
69	Egk, W.	Die Verlobung in San Domingo	2 Bongos; 3 Congas.	237
70	Berio, L.	Circles	Tablas, übriges Schlagzeug.	239
71	Hindemith, P.	Symphonische Metamorphosen	4 Pauken; Röhrenglocken; chinesisches Tomtom; Triangel; Holzblock; kl. Becken; kl. Gong.	239
72	Orff, C.	Prometheus	O-Daiko; übriges Schlagzeug.	240
73	Henze, H. W.	Il re cervo	Tomtom; Militärtrommel.	240
74	Cage, J.	Quartet	Tom-Tom-Spiel (12 Tom-Toms).	240
75	Berg, A.	Lulu	Gong (kl. Tamtam); Jazz-Trommel (Tom-Tom), übriges Schlagzeug.	241
76	Hartmann, K. A.	7. Symphonie	Timbales (Latein-amerikanische Timbales); 3 Tom-Toms; Jazzbecken.	241
77	Kotoński, W.	Musique en relief	Chines. Becken; Guiro; Paukenglissando abw.; Militärtrommel; 3 Timbales; 2 Bongos; Kl. Trommel (Tamburo).	242/ 243
78	Berg, A.	Wozzeck	Becken und Gr. Trommel.	243
79	Mahler, G.	6. Symphonie	Beckenwirbel mit zwei Becken; übriges Schlagzeug.	243
80	Nono, L.	Coro di didone	8 verschiedene Becken; 4 verschiedene Tamtam.	244
81	Kagel, M.	Match für drei Spieler	Kleines Beckenpaar.	244
82	Foss, L.	Echoi	Nietenbecken (Sizzle); 3 Tamtams; 2 Bongos; 2 Latein-amerik. Timb.	245
83	Milhaud, D.	La création du monde	Gr. Trommel mit Beckenpedal angeschlagen.	245

Nr.	Komponist	Titel	Beispiel für:	Seite
84	Orff, C.	Oedipus der Tyrann	Beckenschlag auf Tamtamzentrum.	246
85	Cage, J.	First Construction in Metal	3 verschiedene Metallfolien (Thundersheets); gr. Tierschellen (Oxen-bells); Amboß (Anvil); Watergong.	246
86	Mahler, G.	6. Symphonie	Herdenglocken; tiefes Glockengeläut	247
87	Sanjuan, P.	Liturgia negra	Cencerro; Timbales; Maracas; Guiro, u. a.	247
88	Nilsson, Bo	ein irrender Sohn	2 Schellenbäume; 2 Tamtams; Holzblöcke; 2 Kl. Trommeln; 2 Tamburins; 2 Bongos; 2 Congas; 3 Triangel; 2 Paar Kastagnetten; übriges Schlagzeug.	248/ 249
89	Messiaen, O.	Sept Haikai	Almglockenspiel (Cencerros); Röhrenglockenspiel (Cloches); 2 kl. türkische Becken; 2 kl. Tamtams, 1 chines. Becken, u. a.	250
90	Wagner, R.	Rheingold	18 Ambosse	251
91	Cage u. Harrison	Double Music	6 Auto brake drums; 2 Sistren; Tamtam; Große Tierschellen (Water buffalo bells); Japan. Tempelgong (Japan. temple gong); Gedämpfte Gongs (Muted gongs).	252
92	Berg, A.	Wozzeck	Rute, auf Gr. Tr.-Zarge geschlagen; Kl. Trommel (gedämpft).	253
93	Orff, C.	Prometheus	Wasamba-Rassel; Guiro; Bin-Sasara; Rasseln; Taiko; 2 Congas.	253
94	Nono, L.	Der rote Mantel	4 klangverschiedene Kastagnetten.	253
95	Milhaud, D.	L'homme et son desir	Kastagnetten, Gabelbecken (cast de fer).	254
96	Mamangakis, N.	Konstruktionen	15 Röhrenglocken; 2 Tamtams; Becken; Triangel; Conga; 2 Bongos; 6 Tempelblocks.	254
97	Orff, C.	Antigonae	Schlitztrommel; Pauken gedämpft (coperti); Gr. Tr. gedämpft (coperto).	255
98	Orff, C.	Prometheus	Gegenschlagblöcke (Hyoshigi); Taiko; Holzfaß; Pauken; Schlagbrett.	255
99	Strawinsky, I.	Le Sacre du Printemps	Guiro, übriges Schlagzeug.	256
100	Villa-Lobos, H.	Choros Nr. 8	Caracaxa (Schraper).	256

Nr.	Komponist	Titel	Beispiel für:	Seite
101	Kagel, M.	Match für drei Spieler	Chinesische Papiertrommel (Rasseltrommel); u. a.	256
102	Mozart, W. A.	Schlittenfahrt	Abgestimmte Rollschellen.	257
103	Gould, M.	Declaration-Suite	Pauken; Röhrenglocken (Chimes); Kl. Tr. rim shots geschl; Ratsche (Ratchet); Metallrassel (Tin Horn)[1]; Kuhglocke (Cow Bell).	257
104	Liebermann, R.	Concerto for Jazzband and Symphony Orchestra	Drums (Jazz-Schlagz.); Bell (Kuhglocke); Tumba; Schüttelrohr.	258
105	Cowell, H.	Symphonie Nr. 11	Pauken, mit Stöcken geschlagen, Xylophon; 4 Glas- oder Porzellanschalen; 4 kleine balinesische Becken (small Cymb), oder Metallröhren, oder Trinidad – steel-drum.	258
106	Mozart, L.	Kindersymphonie	Vogelstimmen; Knarre; Kindertrompete; Kindertrommel; u. a.	258/ 259
107	Foss, L.	Echoi	Claves; Sandblock; 2 Holzblocktrommeln; 2 Tempelblöcke; Hängende Glasstäbe oder -plättchen (Glass Chimes); Hängende Bambusrohre (Wood Chimes); u. a.	260
108	Gershwin, G.	Ein Amerikaner in Paris	4 Autohupen.	260
109	Varèse, E.	Ionisation	Umfangreiches Instrumentarium für 13 Schlagzeuger, u. a. Sirenen, Brummtopf, Schellen, Peitsche.	261/ 262
110	Orff, C.	Weihnachtsspiel	Guiro; Schlitztrommel; Angklung; Rasseln, Donnermaschine; Windmaschine; u. a.	263
111	Haupt, W.	Lasermusik	Marimba, Zanza, Kinderleier, u. a.	264

NOTENBEISPIELE

batteria I

3 tomtom (piccolo, medio, grande) · tamburo militare con la corda (c. c.) · tamburo militare senza la corda (s. c.) · wood-block · metal-blocks (da percuotere con bacchette di xilofono)

batteria II

3 crotali (ca. 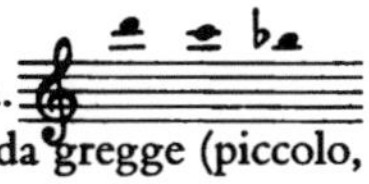) · 3 piatti sospesi (piccolo, medio, grande) · 3 triangoli (piccolo, medio, grande) · 3 campane da gregge (piccolo, medio, grande)

batteria III

3 tamtam (piccolo, medio, grande) · gran cassa · marakas · 3 tamburi baschi (piccolo, medio, grande) · 3 bongo (acutissimo, più acuto, medio) · 6 campane tubolari ( )

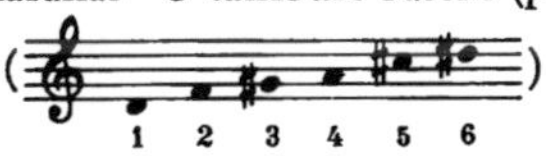

1 2 3 4 5 6

Zeichenerklärung für Schlagzeug:

bacchetta di triangolo · di feltro · di metallo · di legno · di xilofono · spazzola metallica da jazz · pelle · gomma · mano · unghia

Die Streicher können auch chorisch besetzt werden. In diesem Falle gelten die in Klammern gesetzten Anweisungen.

Alle Instrumente klingen wie notiert, nur ottavino, campanelli a tastiera und celesta eine Oktave höher und chitarra und contrabasso eine Oktave tiefer.

Beispiel Nr. 1: Aufteilung der Schlaginstrumente und Zeichenerklärung für Schlägel.
(H. W. Henze: Elegie für junge Liebende)

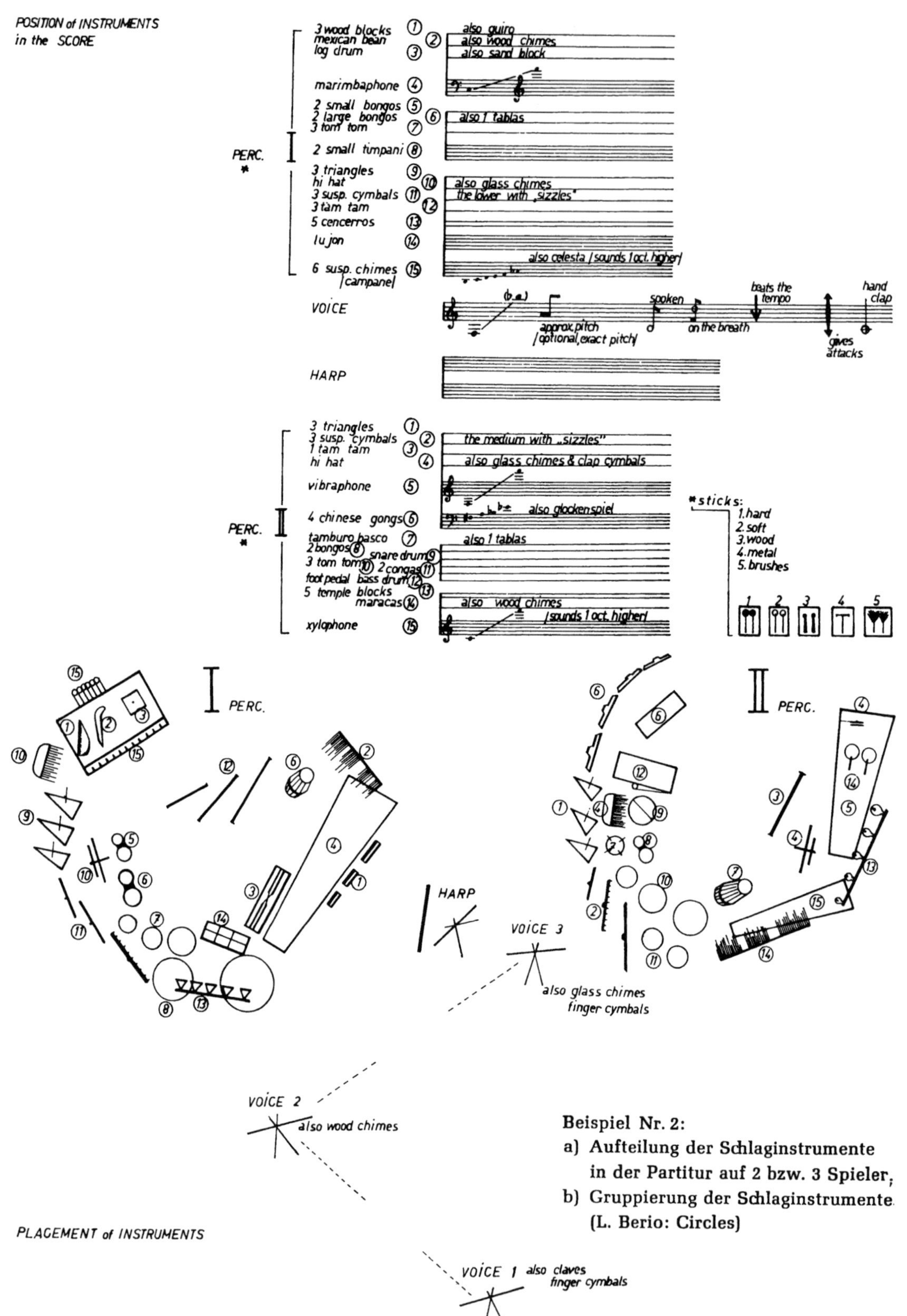

Beispiel Nr. 2:
a) Aufteilung der Schlaginstrumente in der Partitur auf 2 bzw. 3 Spieler;
b) Gruppierung der Schlaginstrumente. (L. Berio: Circles)

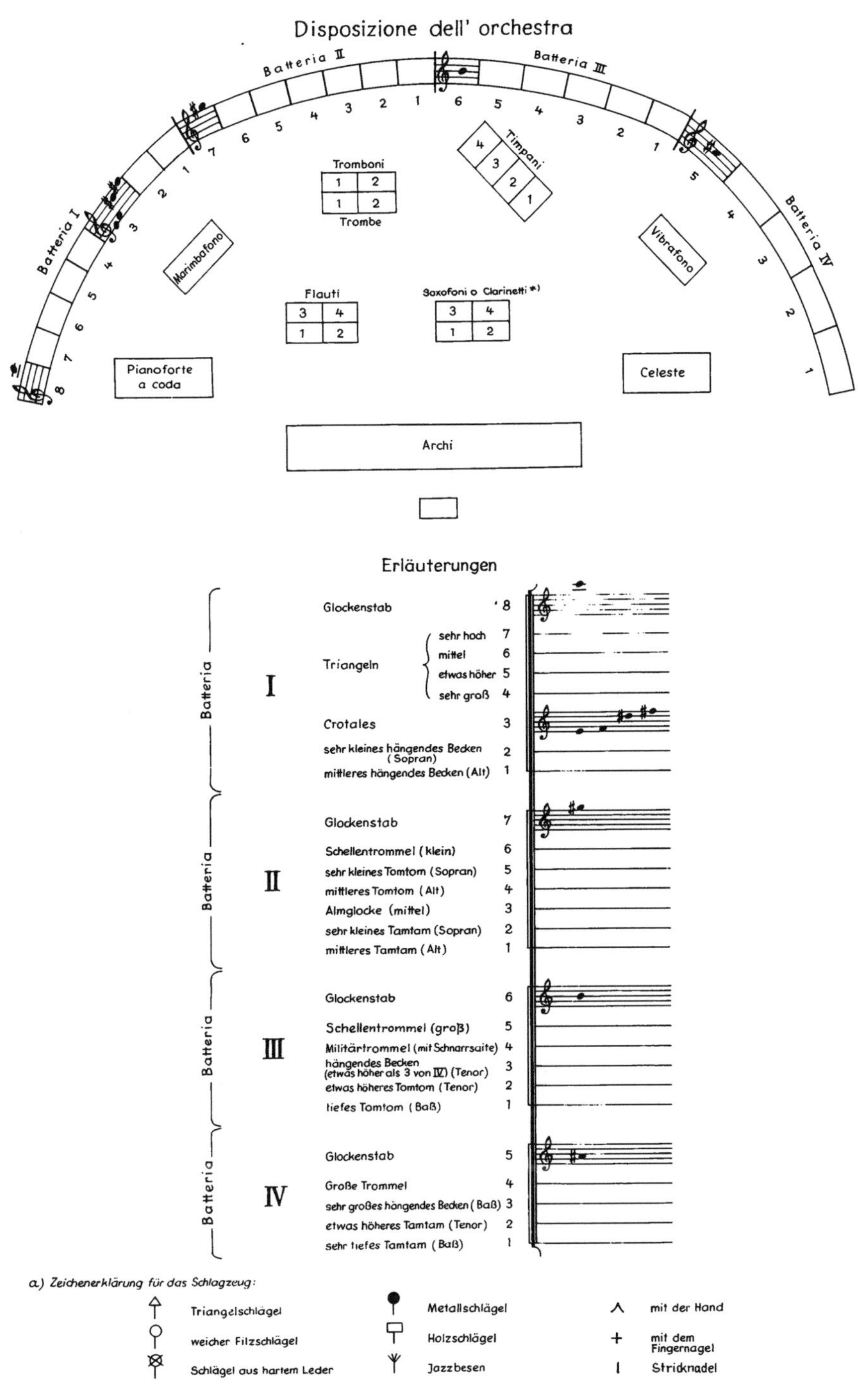

Beispiel Nr. 3: a) Aufteilung der Schlaginstrumente auf mehrere Spieler·

(H. W. Henze: Antifone)

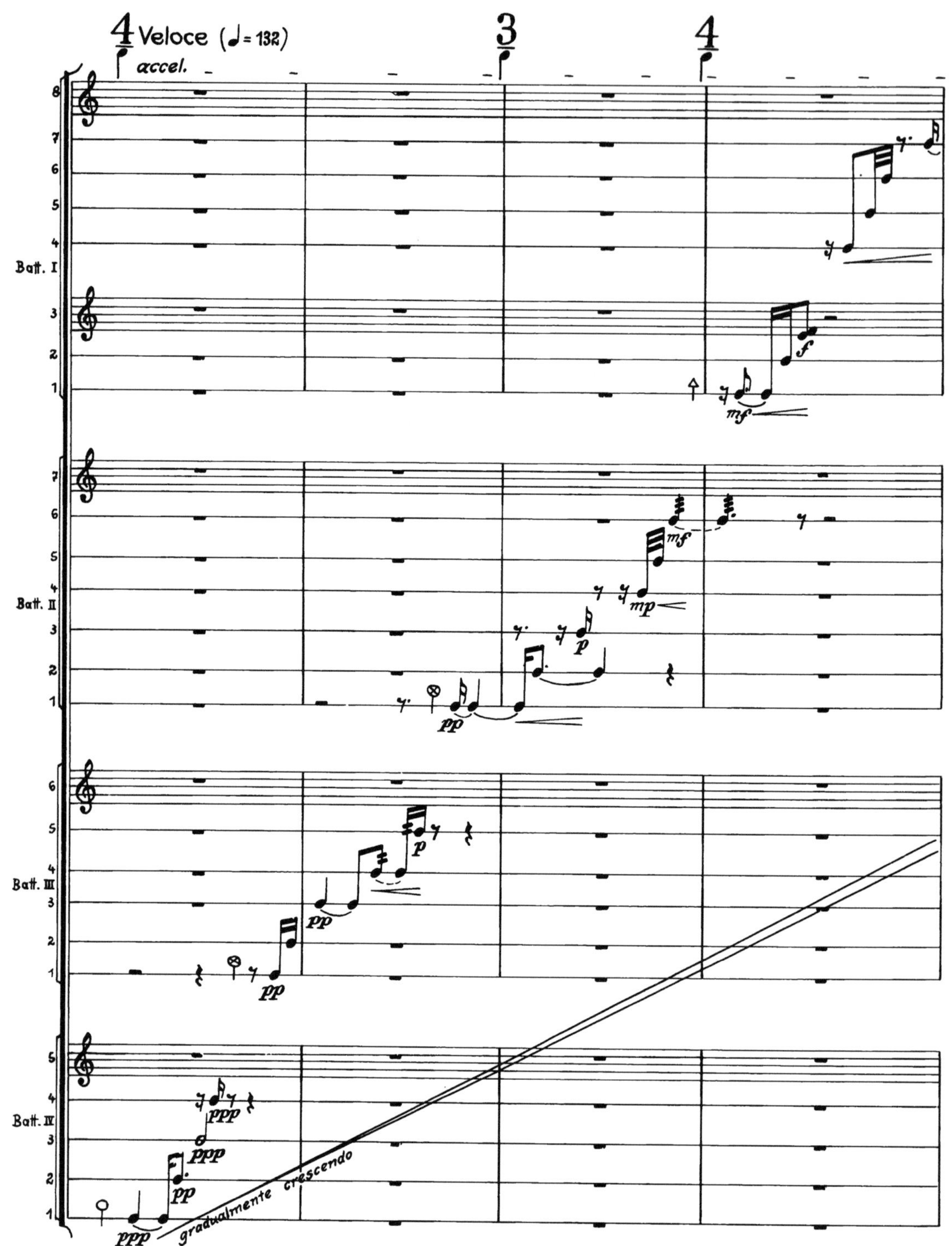

b) entsprechendes Fragment der Partitur.
(H. W. Henze: Antifone)

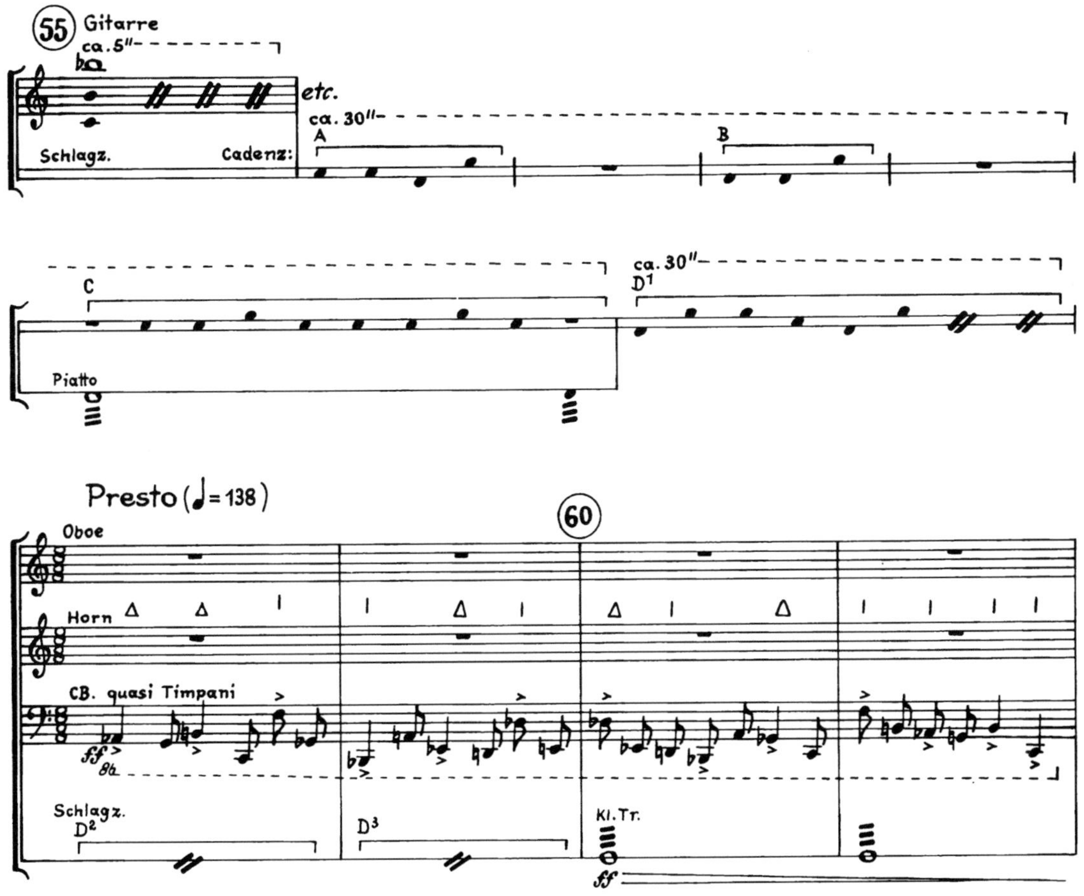

Beispiel Nr. 4: a) Wahl der Anschlagmittel für drei Schlaginstrumentengruppen in der von einem Spieler zu improvisierenden Kadenz;
b) Spielanweisung zu a).
(Th. Antoniou: Epilog für Sopran, Oboe, Horn, Kontrabaß, Gitarre, Klavier u. Schlagzeug)

Spielanweisung zu Beispiel Nr. 4:

A = Improvisation mit Schlaginstrumenten aus Holz (Woodblock, Tempelblöcke).
B = Improvisation mit Fellinstrumenten (Trommeln).
C = Improvisation mit Schlaginstrumenten aus Metall (Becken, Tamtam, Metallblöcke etc.).
Während des Ablaufs von A, B, C ist immer zu crescendieren, die Zwischenpausen sind immer kürzer zu nehmen.
D^1 = Erste Variation, zu spielen von einer der Instrumentengruppen A, B oder C.
D^2 = Zweite Variation, zu spielen von zwei verschiedenen Instrumentengruppen A, B oder C.
D^3 = Dritte Variation, zu spielen von allen drei Instrumentengruppen.
Zeitdauer für A, B und C sowie für D^1, je ca. 30 Sekunden.
Für die Improvisationen A, B, C kann die Auswahl der Schlägel den jeweiligen instrumentalen Erfordernissen angepaßt werden.
Wegen des Wirbel-Einsatzes der Kleinen Trommel im Takt 60 sind ab D^1 Kleine-Trommel-Stöcke zu verwenden.

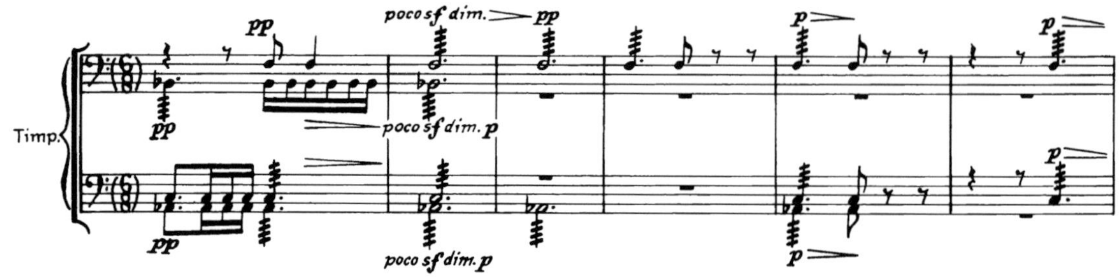

Beispiel Nr. 5: 4 Pauker.
(H. Berlioz: Symphonie fantastique)

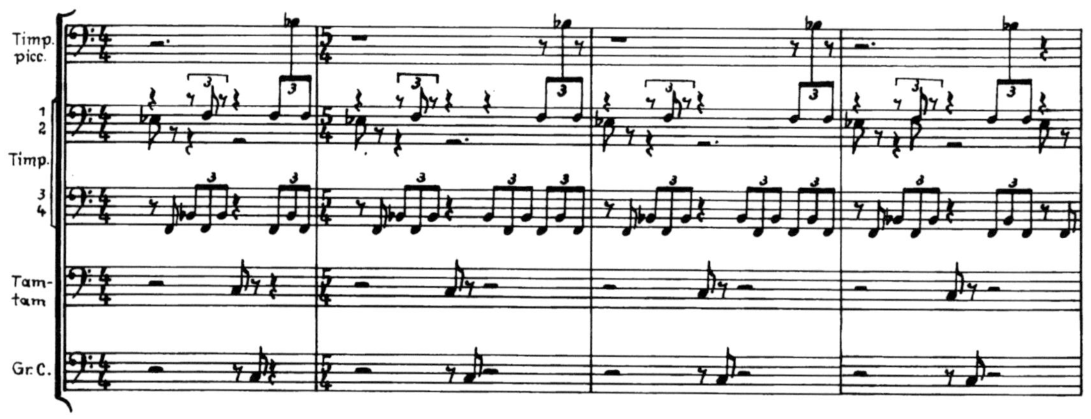

Beispiel Nr. 6: 5 Pauken, von 2 Paukern bedient; Tamtam; Gr. Trommel (Gr. C.).
(I. Strawinsky: Le Sacre du Printemps)

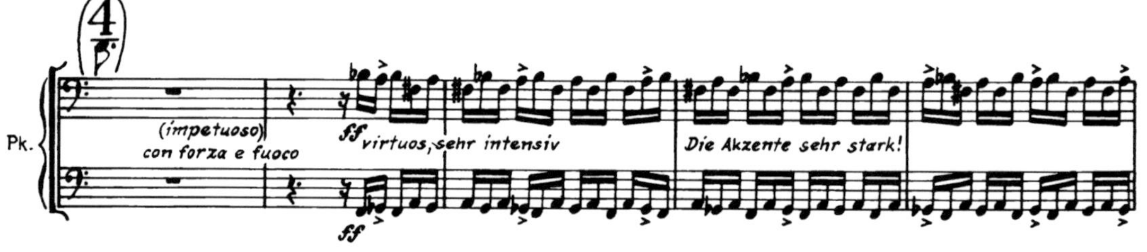

Beispiel Nr. 7: 2 Pauker.
(K. A. Hartmann: 8. Symphonie)

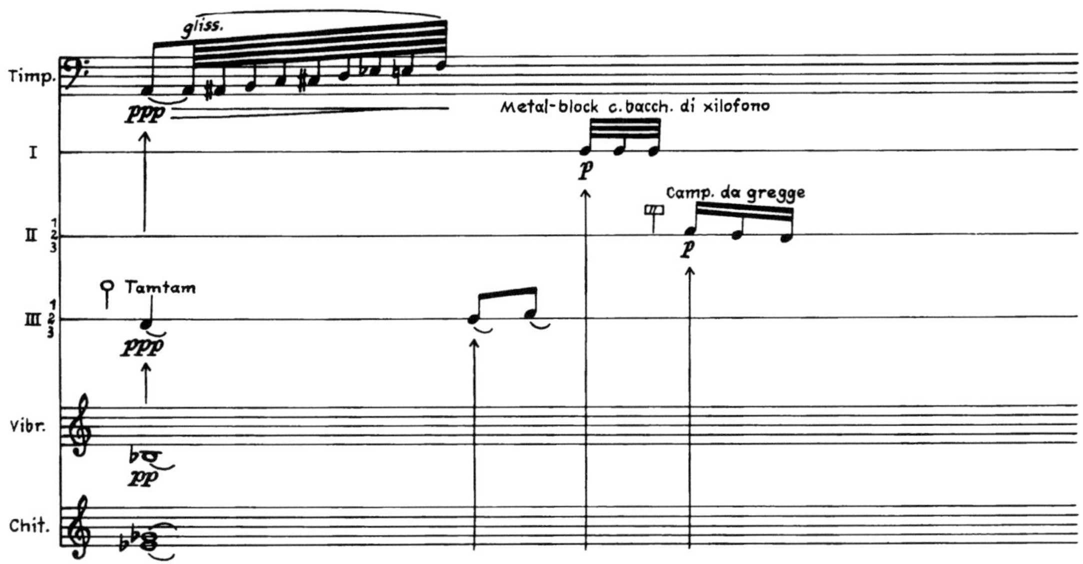

Beispiel Nr. 8: Paukenglissando (angeschlagenen Ton mit Pedal hochziehen); 3 Tamtams mit weichem Schlägel ⚲ ; Metallblock (Metal-block) mit Xylophonschlägel; Almglocken (Camp. da gregge) mit Gummischlägel ; u. a.
(H. W. Henze: Elegie für junge Liebende)

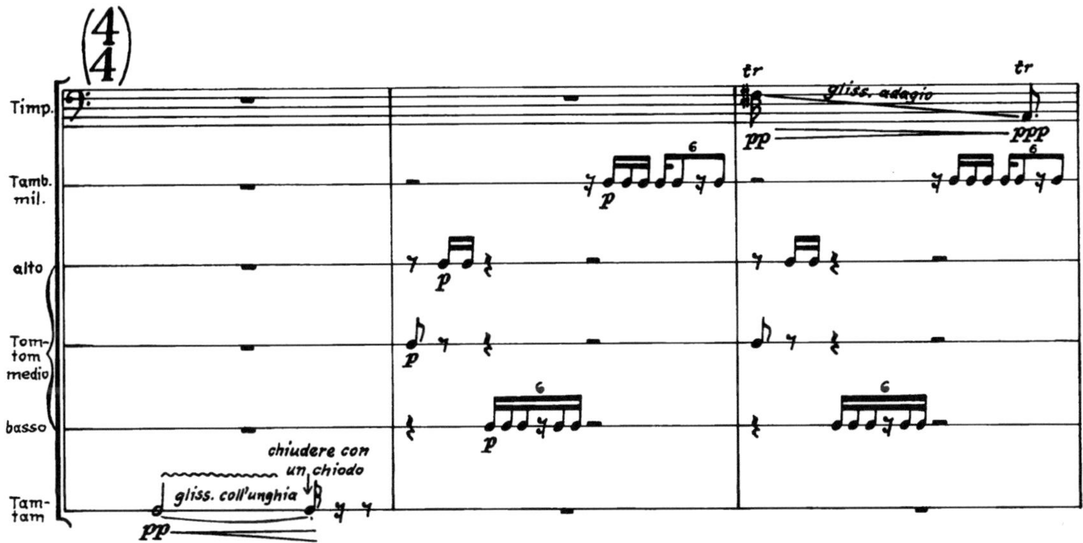

Beispiel Nr. 9: Paukenglissando abwärts (Wirbel), Militärtrommel; 3 Tom-Toms; Tamtamglissando.
(H. W. Henze: Il re cervo)

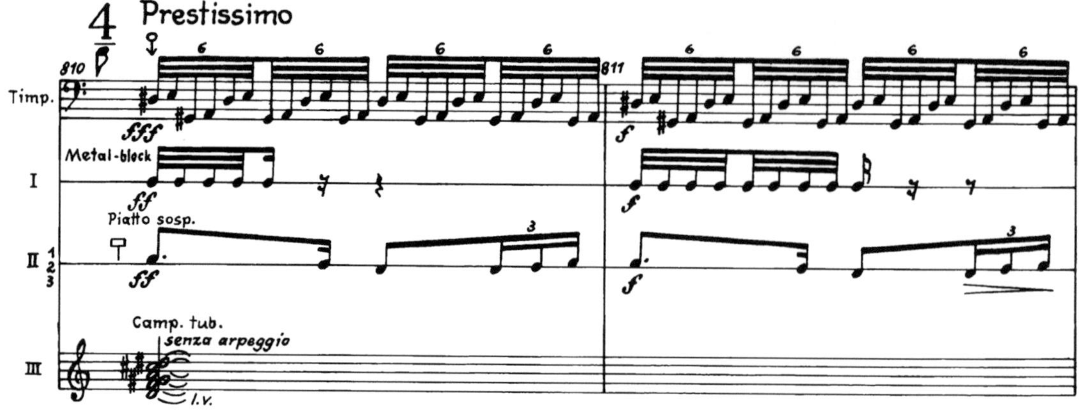

Beispiel Nr. 10: 4 Pauken; Metallblock; 3 hängende Becken (Piatto sosp.), mit Holzschlägel geschlagen; 6 einzelne Röhrenglocken (Camp. tub.), mit einer Querleiste angeschlagen. (H. W. Henze: Elegie für junge Liebende)

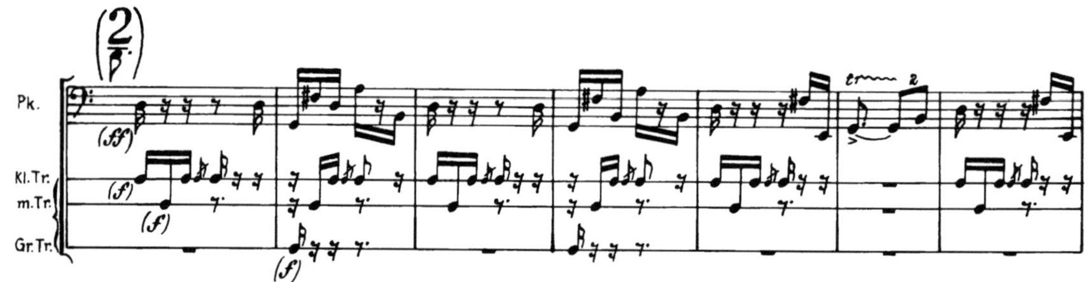

Beispiel Nr. 11: 6 Pauken – 2 tiefe, 2 hohe und zusätzlich noch eine E-Pauke und eine A-Pauke; u. a. (K. A. Hartmann: 7. Symphonie)

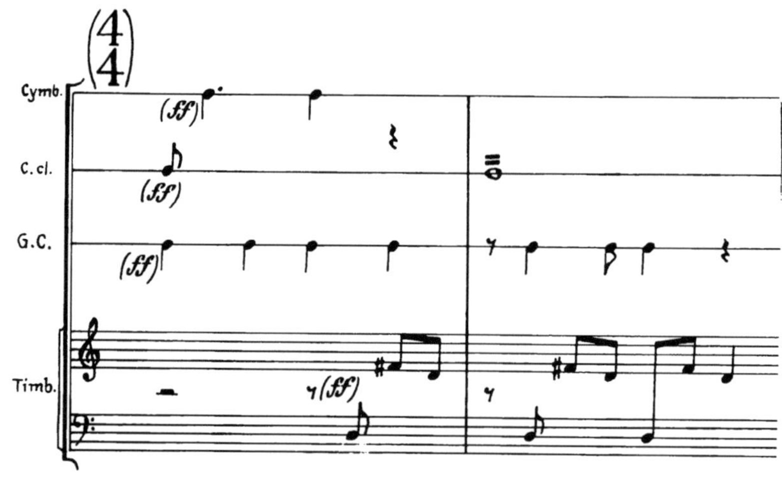

Beispiel Nr. 12: 3 Pauken, 2 davon über h (d^1 und fis^1); vgl. Text S. 34 (D. Milhaud: „La création du monde")

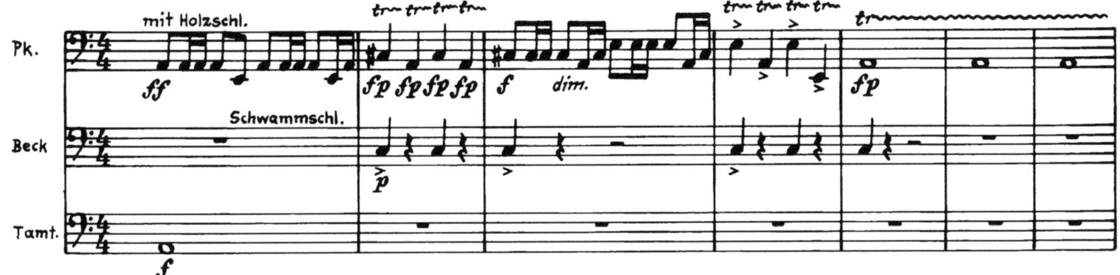

Beispiel Nr. 13: Pauken, mit Holzschlägel geschlagen; Becken, mit Schwammschlägel (Filzschlägel) geschlagen.
(G. Mahler: 7. Symphonie)

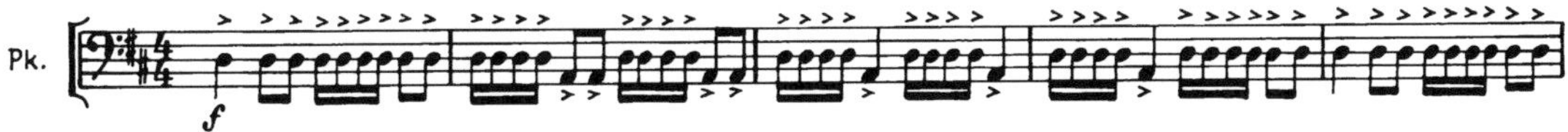

Beispiel Nr. 14: Pauken in der Musik des Barockzeitalters, mit Holzschlägel geschlagen.
(Monteverdi-Orff: Orpheus)

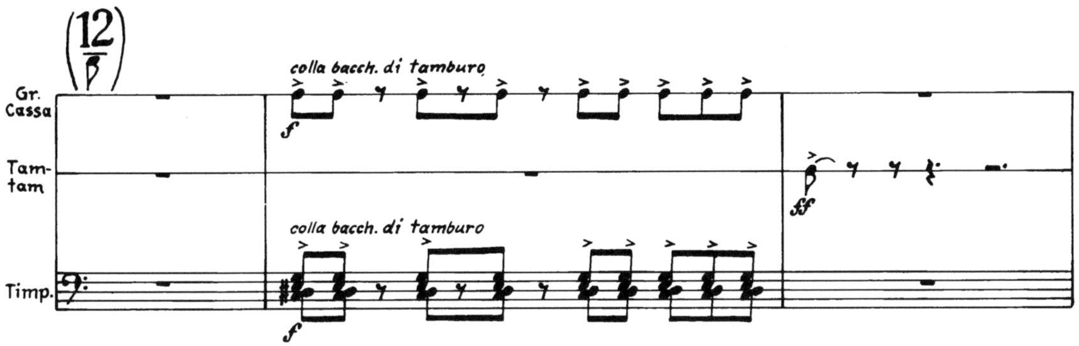

Beispiel Nr. 15: Gr. Trommel und Pauken, mit Kl.-Trommel-Schlägel geschlagen; Tamtam.
(C. Orff: Trionfo di Afrodite)

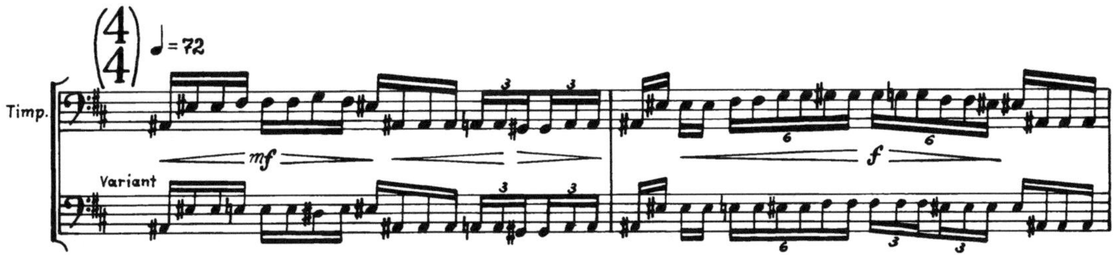

Beispiel Nr. 16: Solistische Anwendung der Pauken.
(B. Britten: Nocturne for Tenor Solo, Seven Obligato Instruments and String Orchestra Op. 60)

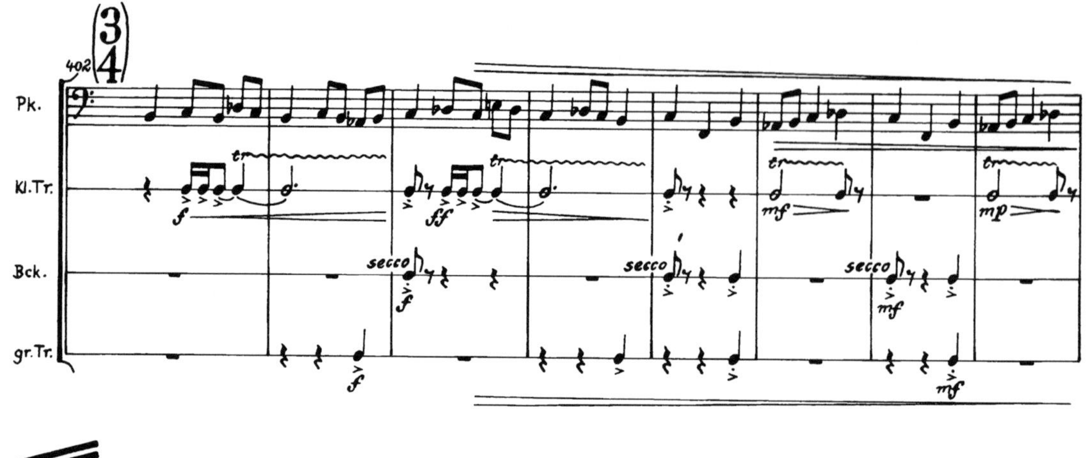

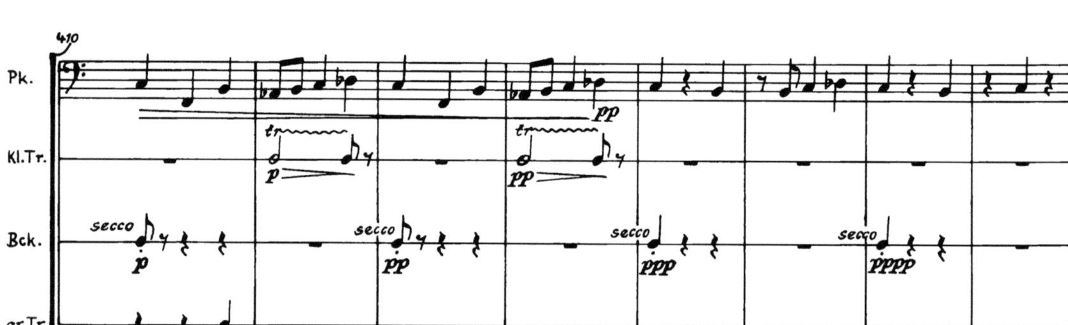

Beispiel Nr. 17: Solistische Anwendung von 6 Pauken; Kl. Trommel, Becken und Gr. Trommel. (K. A. Hartmann: 6. Symphonie)

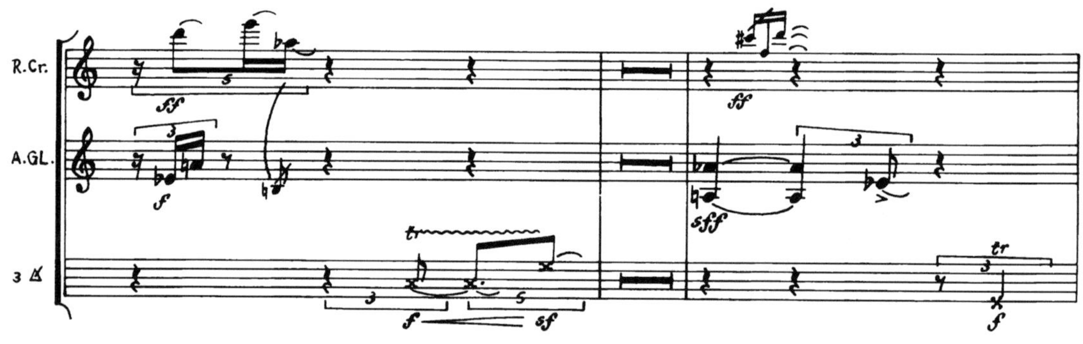

Beispiel Nr. 18: Diskant-Röhrenglockenspiel (R. Cr.); Almglockenspiel (A. Gl.); 3 Triangel (△). (Michael Gielen: Ein Tag tritt hervor, Pentaphonie)

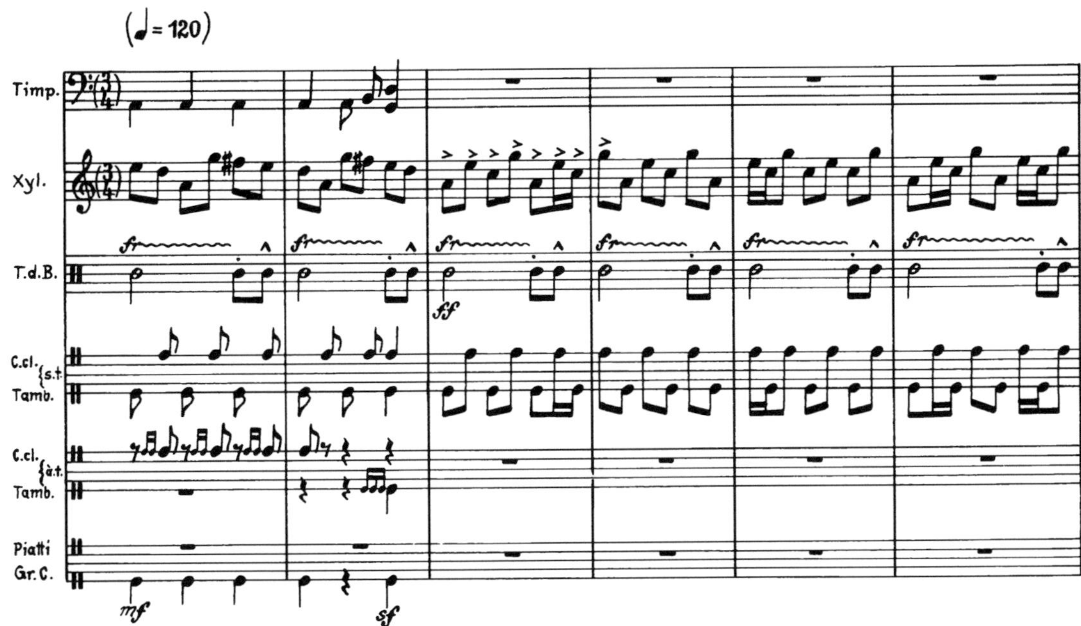

Beispiel Nr. 19: Pauken; Xylophon; Schellentrommel; Kl. Trommeln (C. cl., Tmb.) mit und ohne Saiten; Gr. Trommel (Gr. C.).
(I. Strawinsky: Les Noces)

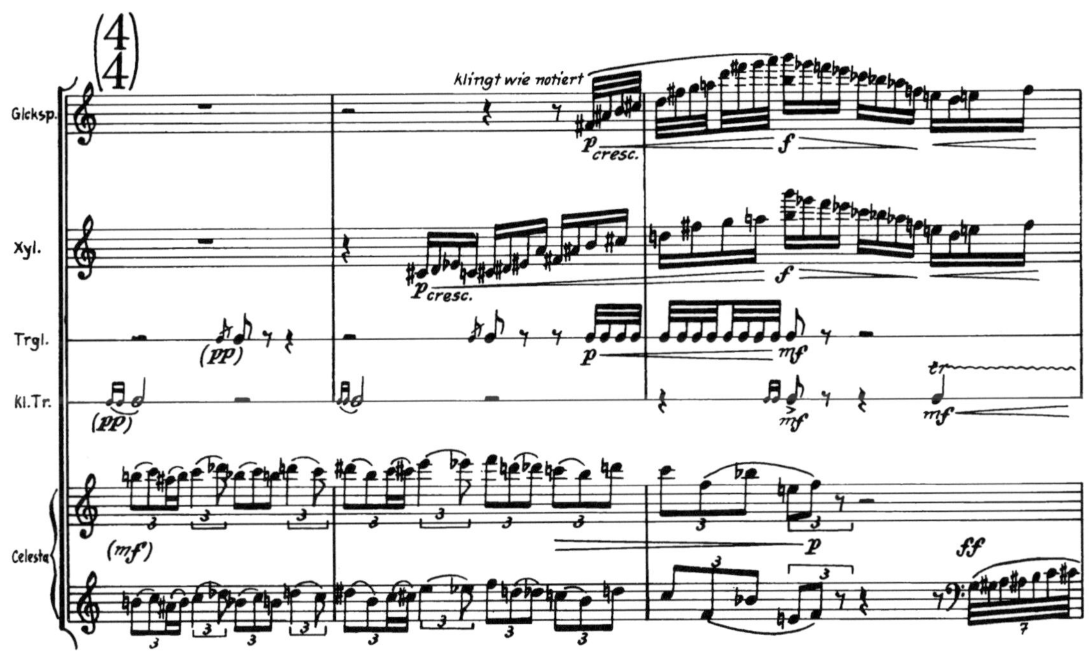

Beispiel Nr. 20: Glockenspiel; Xylophon; Triangel, Kl. Trommel und Celesta.
(K. A. Hartmann: 6. Symphonie)

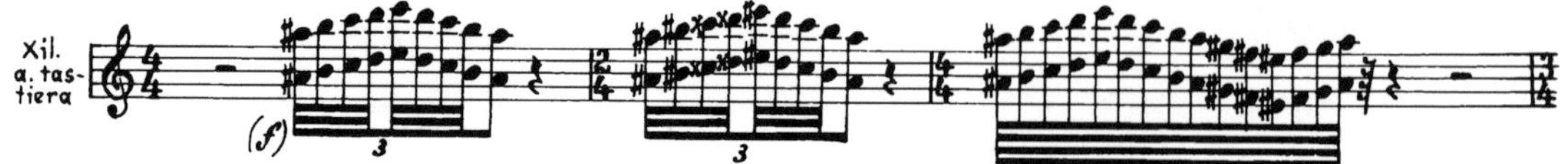

Beispiel Nr. 21: Klaviaturxylophon.
(B. Bartók: Herzog Blaubarts Burg)

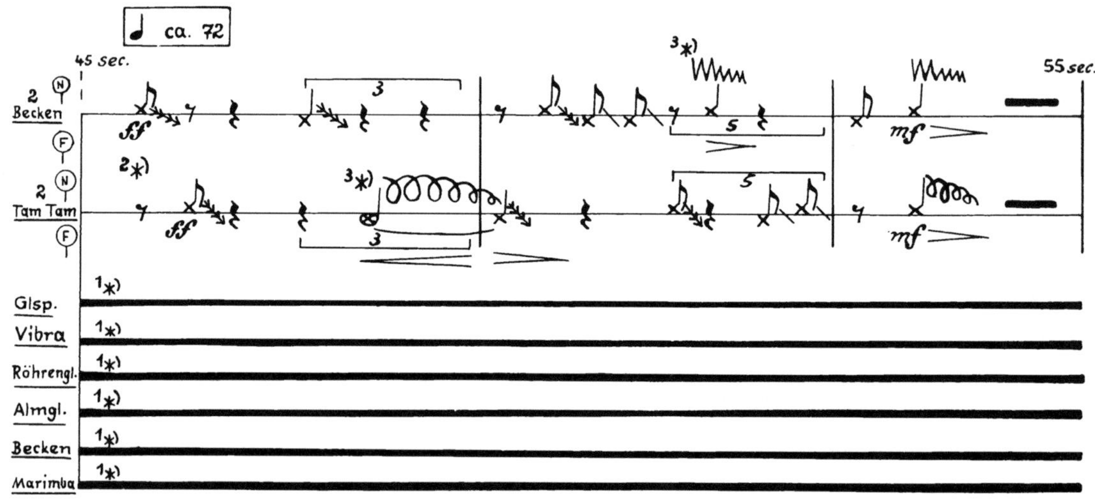

1)* ständige Bewegung bzw. dichter Wirbel (Klangfarbenfläche).
2)* mit einer kleinen Feile (Nagelfeile) den Rand des Instruments streifen.
3)* schnelle kreisende bzw. reibende Bewegung.
(N) = Nadel, ╲ = vom Zentrum zum Rand streifen.
(F) = kleine Feile

Beispiel Nr. 22: 2 verschiedene Becken und Tamtam, mit Nadel bzw. Feile gestrichen und gerieben; homogene Klangfarbenfläche auf übrigen Instrumenten.
(W. Haupt: Apeiron)

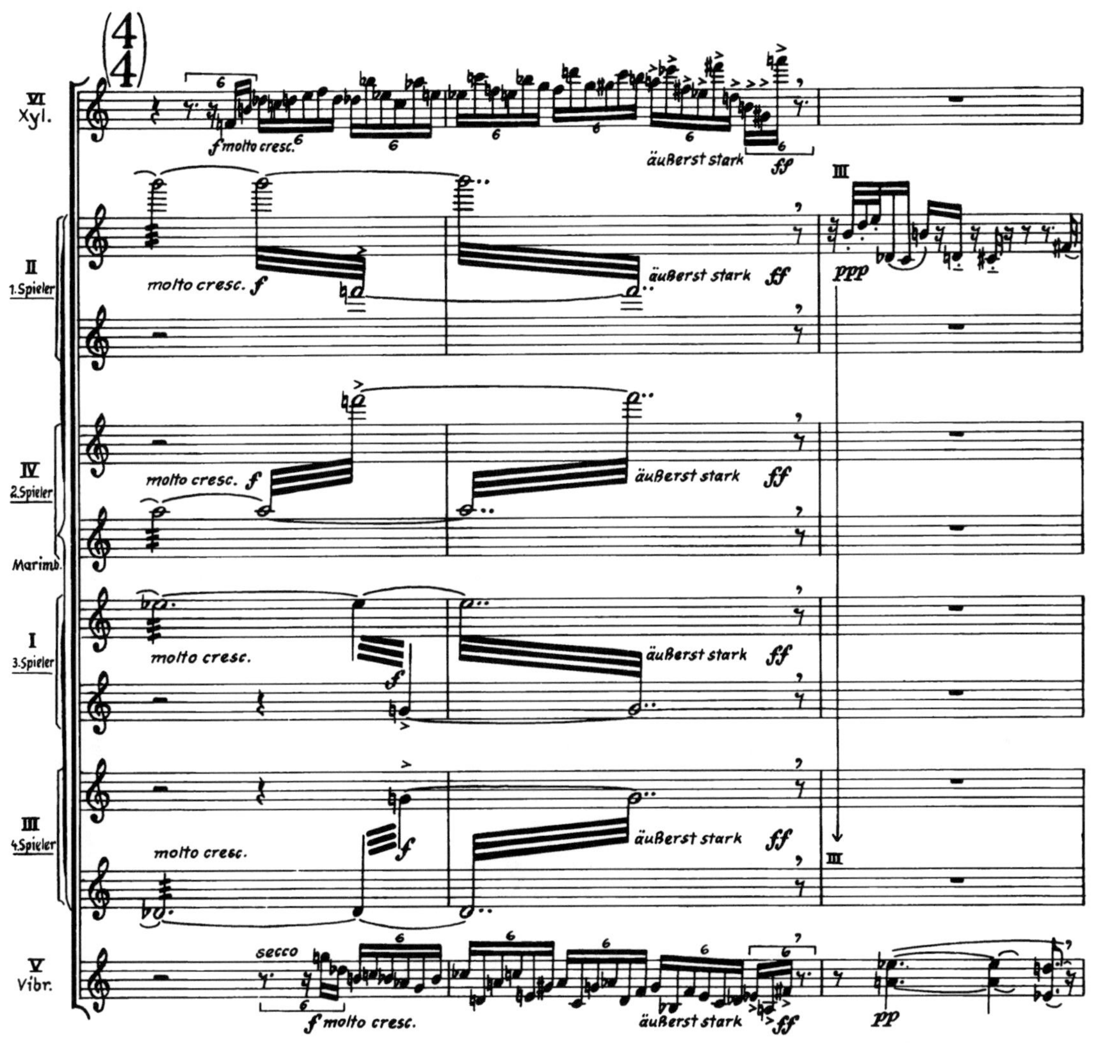

Beispiel Nr. 23: Xylophon, 2 Marimbaphone mit 4 Spielern; Vibraphon. (K. A. Hartmann: 8. Symphonie)

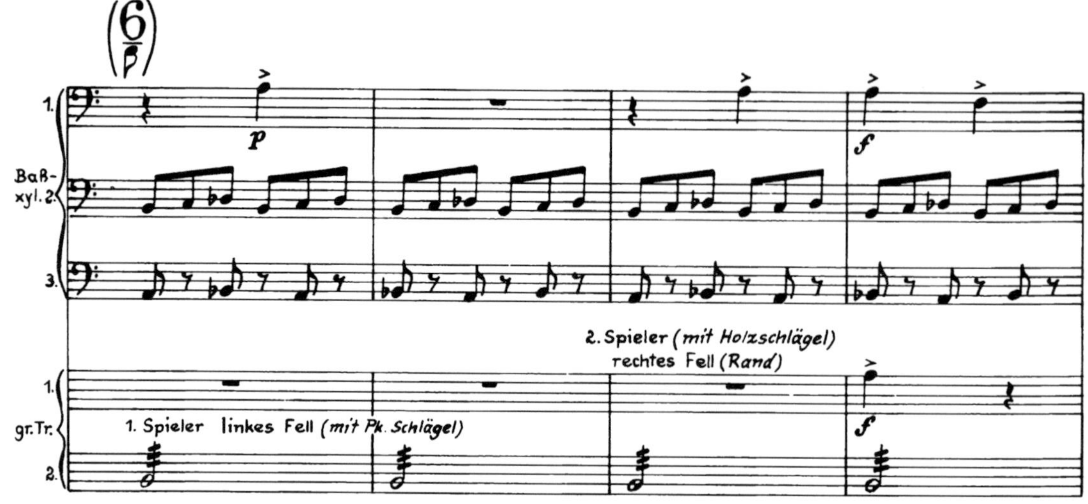

Beispiel Nr. 24: Baßxylophon (3 Spieler); Gr. Trommel (2 Spieler).
(C. Orff: Die Bernauerin)

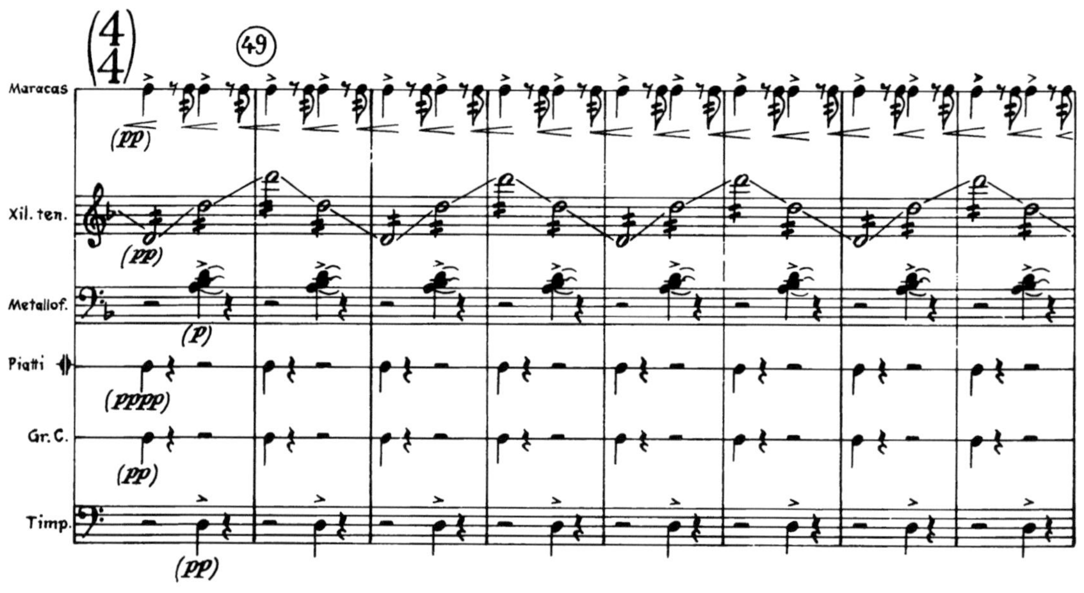

Beispiel Nr. 25: Maracas; Glissandi auf Trog-Tenorxylophon; Metallophon; Becken; Gr. Trommel; Pauken.
(C. Orff: Catulli Carmina)

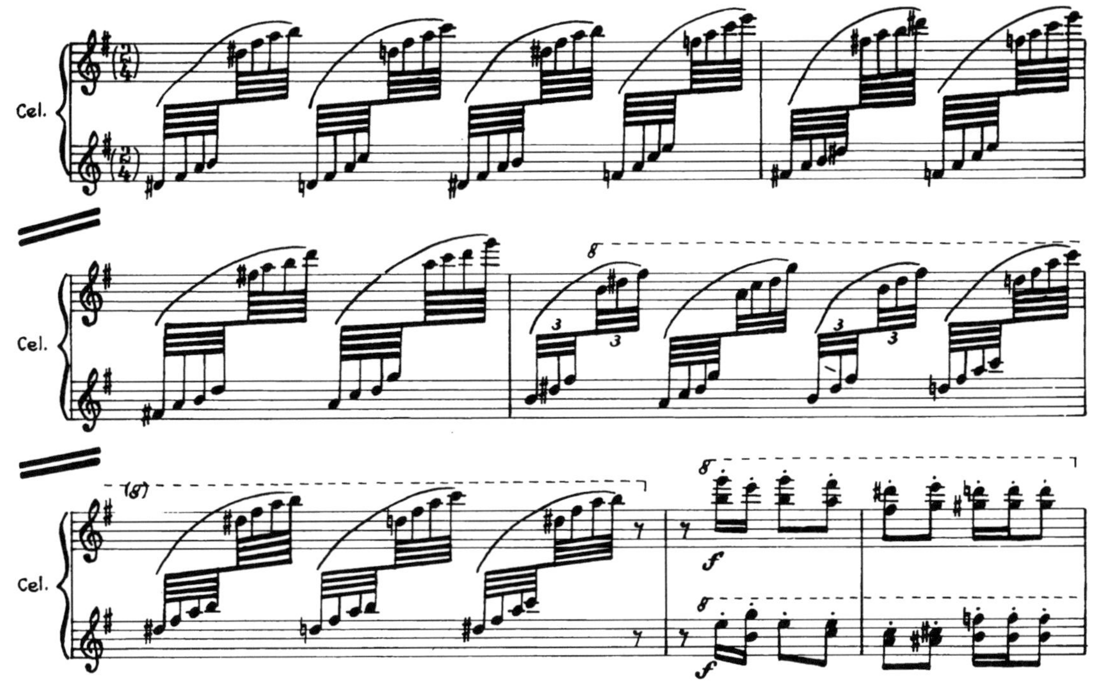

Beispiel Nr. 26: Celesta.
(P. Tschaikowsky: Nußknacker-Suite)

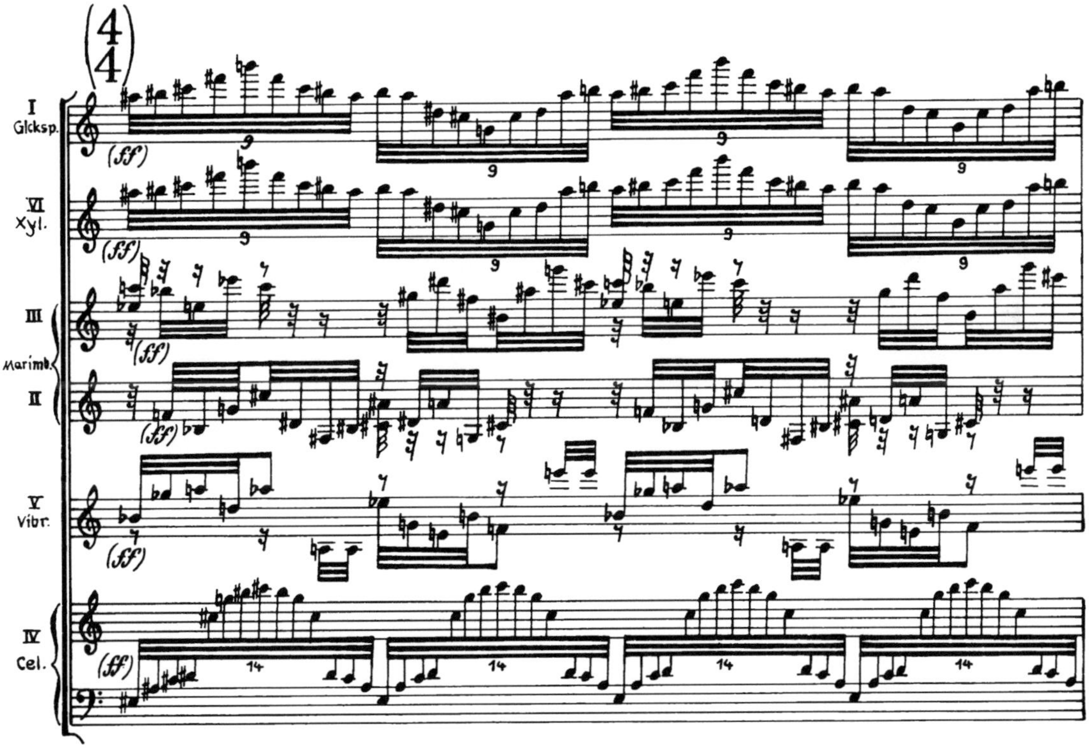

I Glcksp.
VI Xyl.
III Marimb. II
V Vibr.
IV Cel.

Beispiel Nr. 27: Glockenspiel; Xylophon; 2 Marimbaphone; Vibraphon; Celesta.
(K. A. Hartmann: 8. Symphonie)

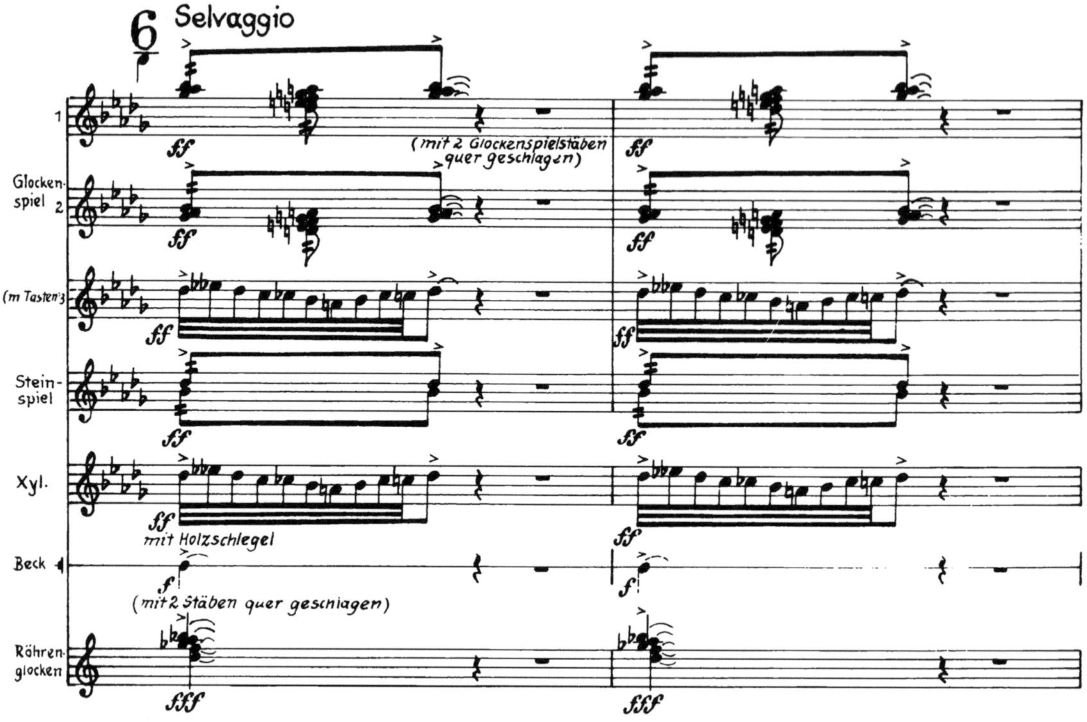

6 Selvaggio

1 Glockenspiel 2

ff (mit 2 Glockenspielstäben quer geschlagen)

(m Tasten) 3

ff

Steinspiel

ff

Xyl.

ff mit Holzschlegel

Beck

f (mit 2 Stäben quer geschlagen)

Röhrenglocken

fff

Beispiel Nr. 28: 2 Glockenspiele, mit den Längskanten von 2 Glockenspielstäben geschlagen; Klaviaturglockenspiel; Steinspiel; Xylophon; Becken, mit Holzschlägel geschlagen; Röhrenglocken, mit Stäben quer geschlagen.
(C. Orff: Oedipus der Tyrann)

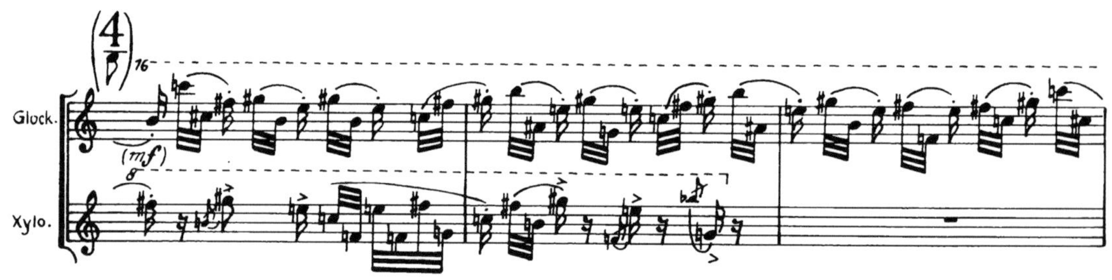

Beispiel Nr. 29: Klaviaturglockenspiel; Xylophon.
(O. Messiaen: Oiseaux exotiques)

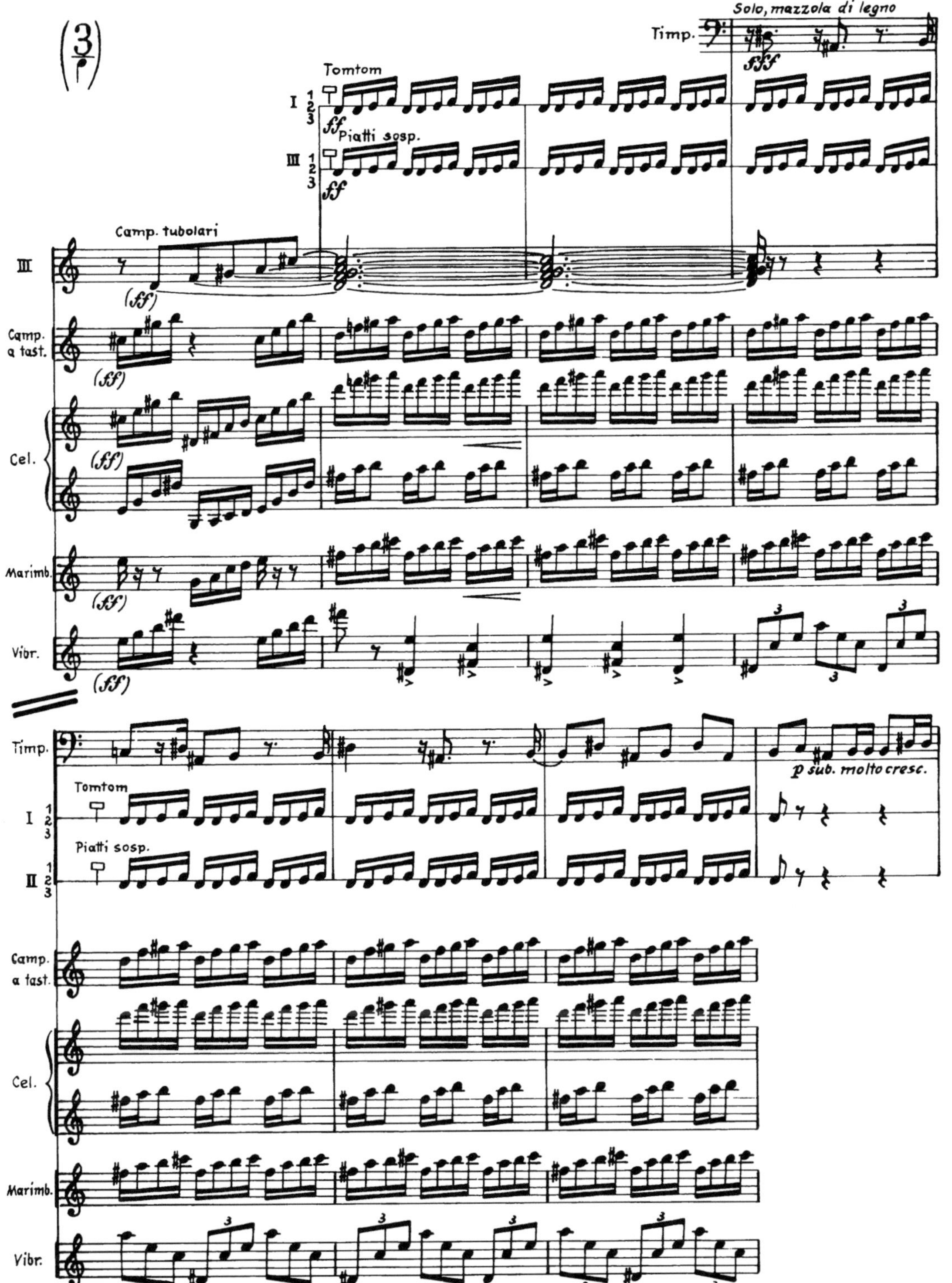

Beispiel Nr. 30: Pauken mit Holzschlägel; 3 Tom-Toms und 3 hängende Becken (Piatti sosp.) mit Trommelschlägel; Röhrenglocken (Camp. tub.); Klaviaturglockenspiel (Camp. a tast.); Celesta; Marimbaphon; Vibraphon (fis³).
(H. W. Henze: Elegie für junge Liebende)

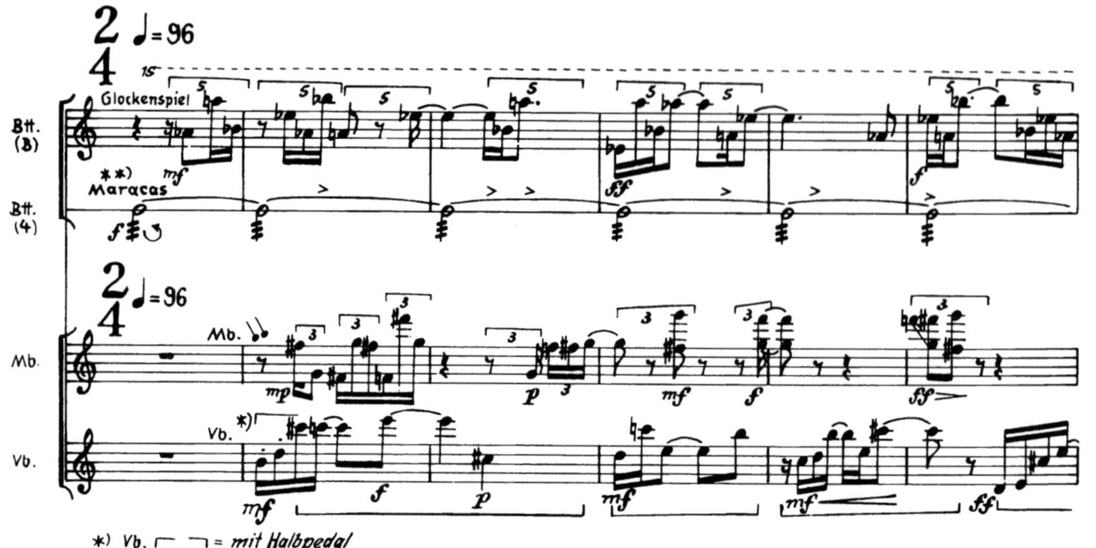

*) Vb. ⌐ ¬ = mit Halbpedal

**) = mit größerer Maraca kreisförmige Bewegungen mit unregelmäßigen Akzenten (>, ungefähr wie geschrieben), gegen die linke Hand schlagend, ausführen.

Beispiel Nr. 31: Glockenspiel; Maracas; Marimbaphon; Vibraphon mit Halbpedal. (W. Kotoński: Musique en relief)

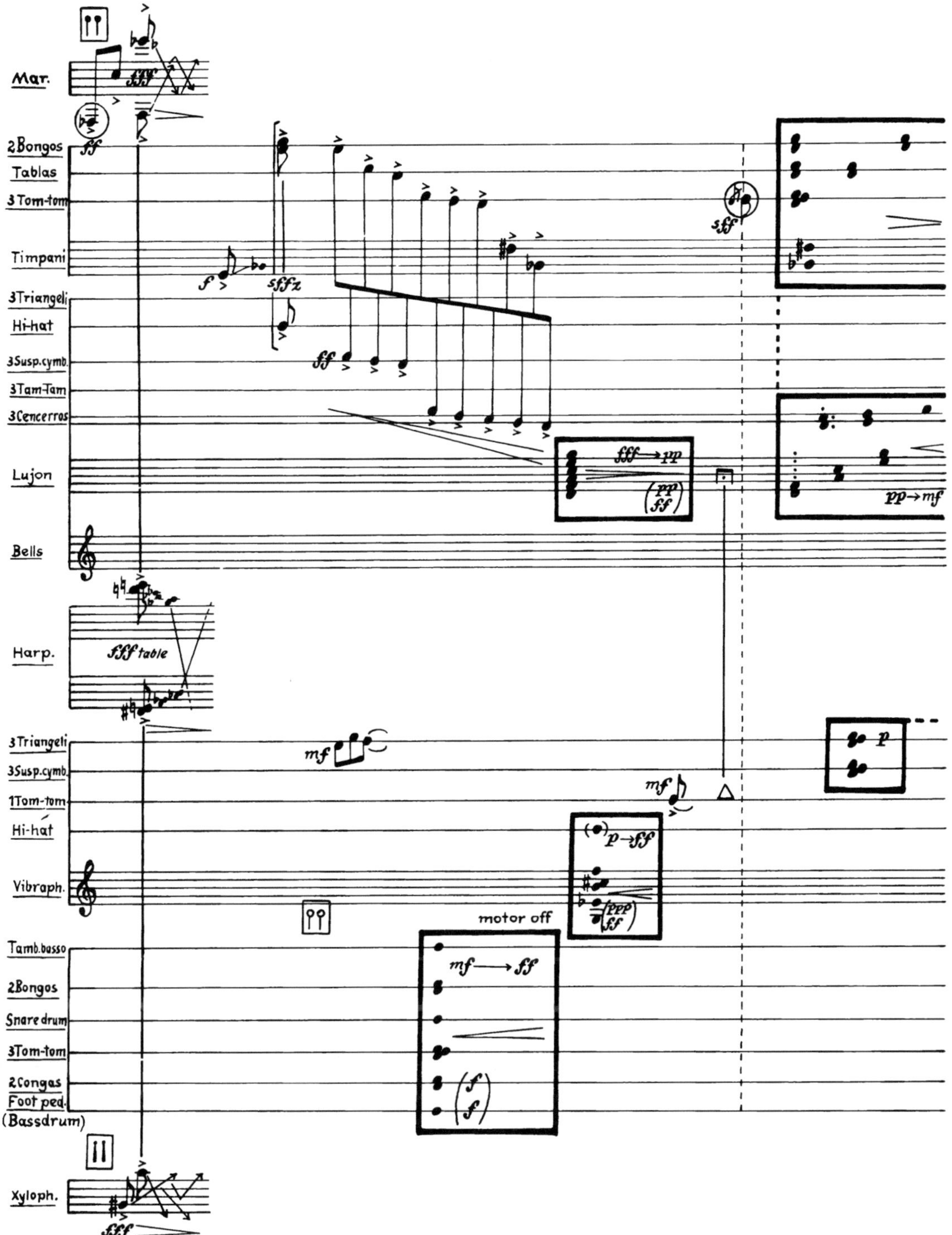

Beispiel Nr. 32: Loo-Jon; 5 Cencerros; Tablas; Hi-hat; übriges Schlagzeug.
(L. Berio: Circles)

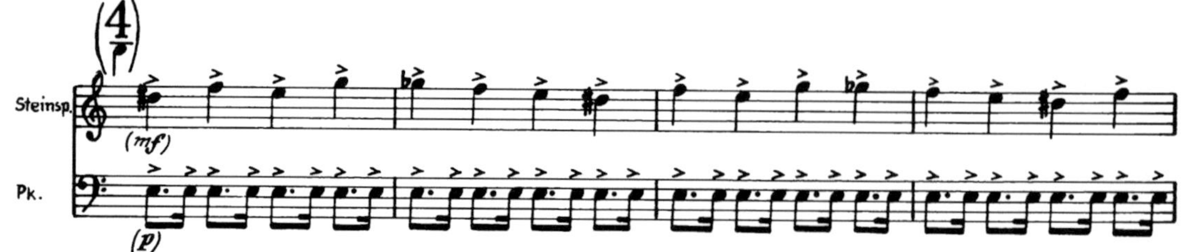

Beispiel Nr. 33: Steinspiel (klingt 2 Oktaven höher); Pauken.
(C. Orff: Antigonae)

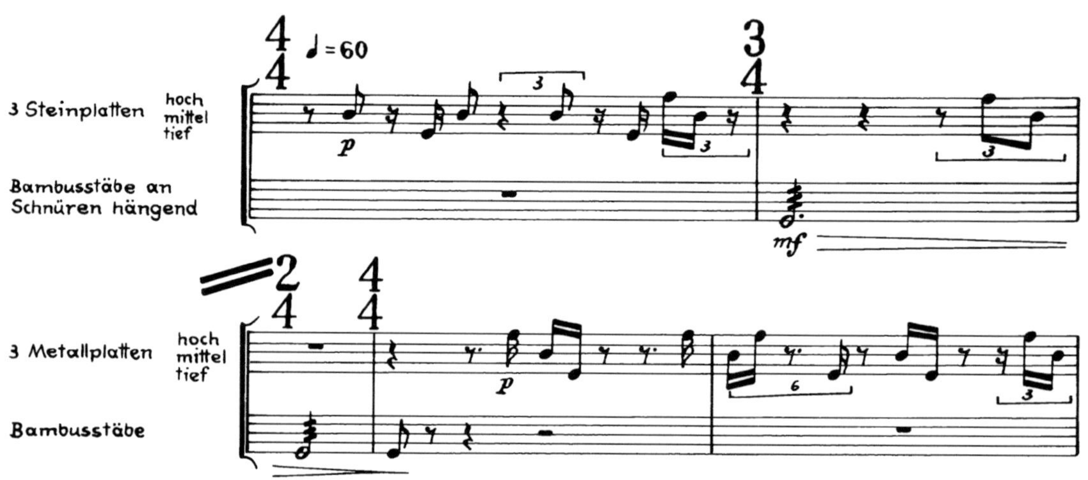

Beispiel Nr. 34: 3 Steinplatten; 3 Metallplatten; Bambusstäbe, an Schnüren hängend.
(M. Kelemen: Equilibres)

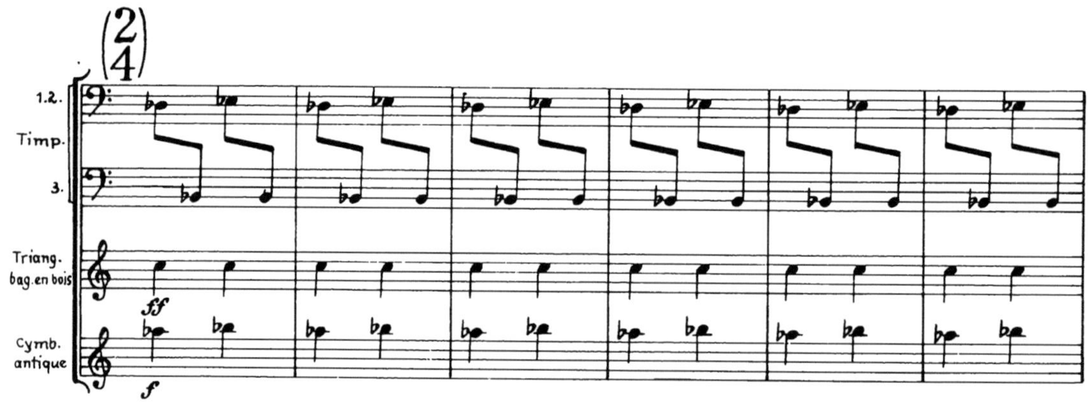

Beispiel Nr. 35: Pauken; Triangel, mit Holzschlägel geschlagen; Zimbeln (Cymb. antiques).
(I. Strawinsky: Le Sacre du Printemps)

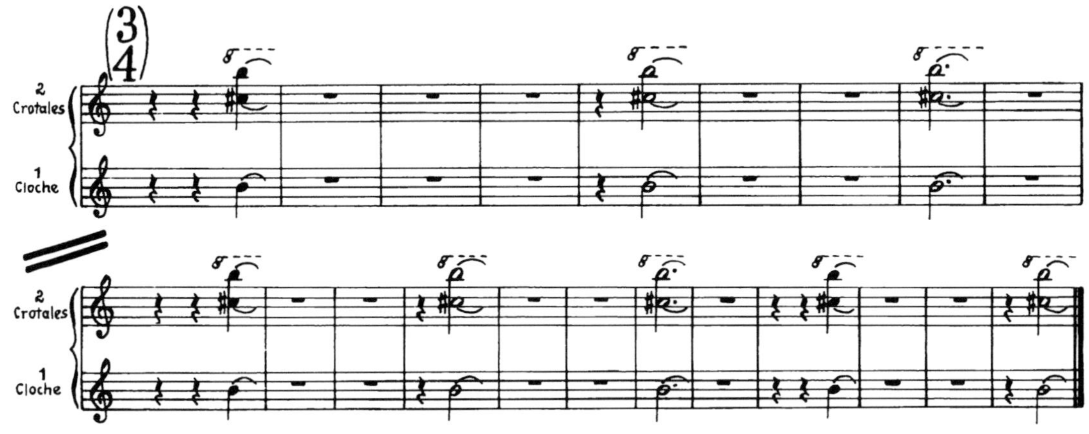

Beispiel Nr. 36: Zimbeln (Crotales); Glocke.
(I. Strawinsky: Les Noces)

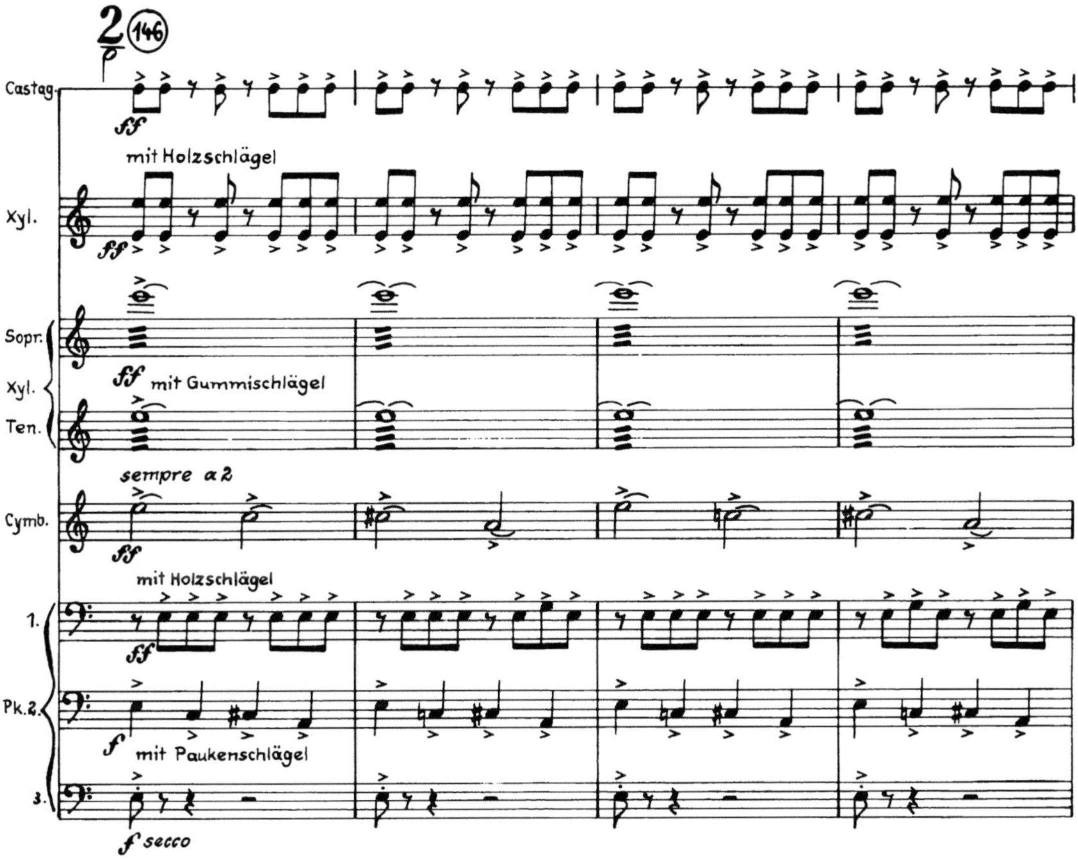

146
Castag.
ff
mit Holzschlägel
Xyl.
ff
Sopr.
Xyl.
Ten.
ff mit Gummischlägel
sempre a 2
Cymb.
ff
mit Holzschlägel
1.
ff
Pk. 2.
f mit Paukenschlägel
3.
f secco

Beispiel Nr. 37: Tanz-Kastagnetten; Xylophon; Trogxylophone; Zimbeln; Pauken, mit Holz- und Weichfilzschlägel geschlagen (3 Spieler).
(C. Orff: Antigonae)

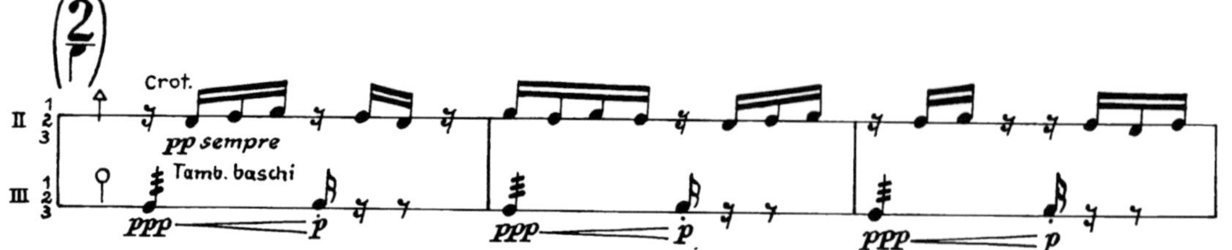

Beispiel Nr. 38: Zimbeln (Crot.), mit Triangelschlägel geschlagen; 2 Tamburins, mit Filzschlägel geschlagen.
(H. W. Henze: Elegie für junge Liebende)

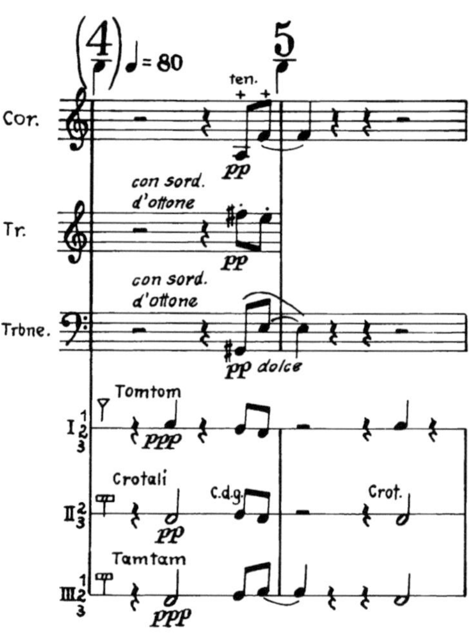

Beispiel Nr. 39: 3 Tom-Toms, mit Fingern geschlagen; Zimbeln (Crotali), Almglocken (C. d. g.) und 3 Tamtams, mit Gummischlägel geschlagen.
(H. W. Henze: Elegie für junge Liebende)

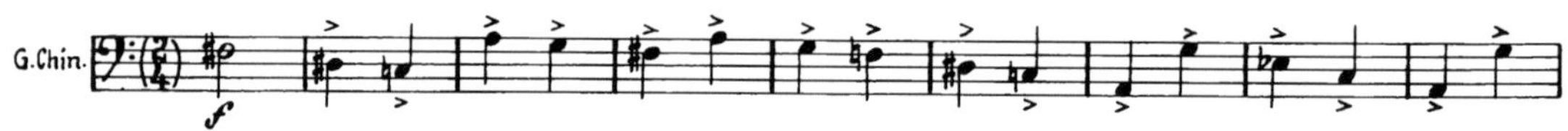

Beispiel Nr. 40: Buckelgongs (Gong Chin.).
(G. Puccini: Turandot)

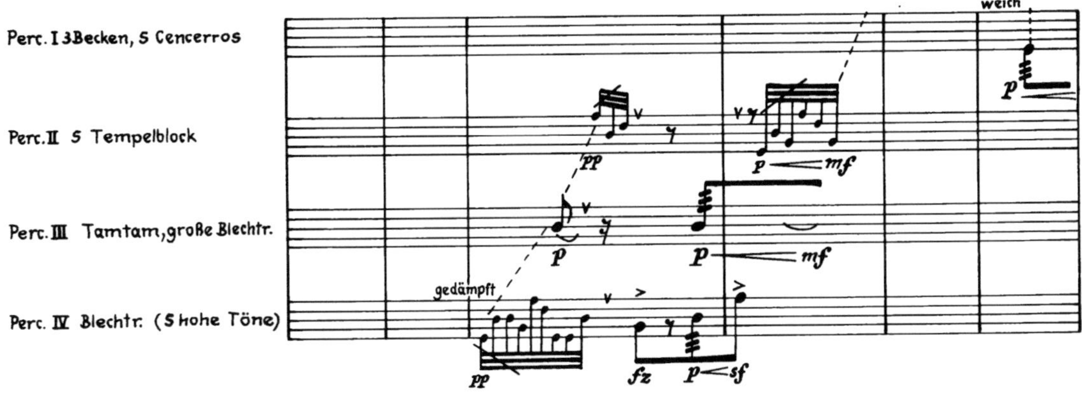

Beispiel Nr. 41: Blechtrommel (Calypsotrommel, Steel drum); 5 Tempelblöcke und übrige Instrumente).
(R. Haubenstock-Ramati: Vermutungen über ein dunkles Haus)

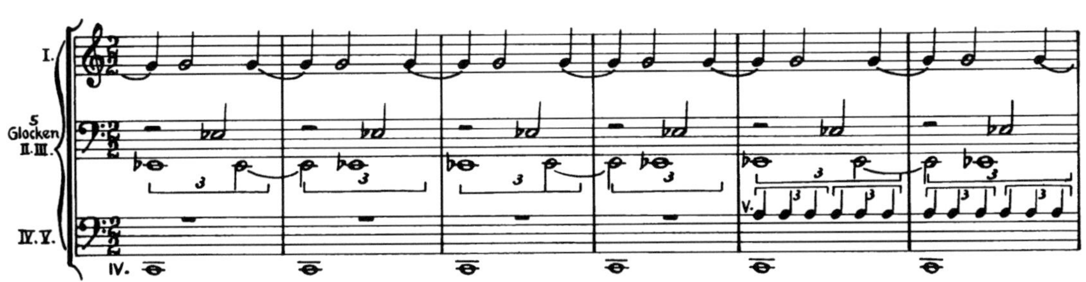

Beispiel Nr. 42: Große Glocken.
(R. Strauss: Friedenstag)

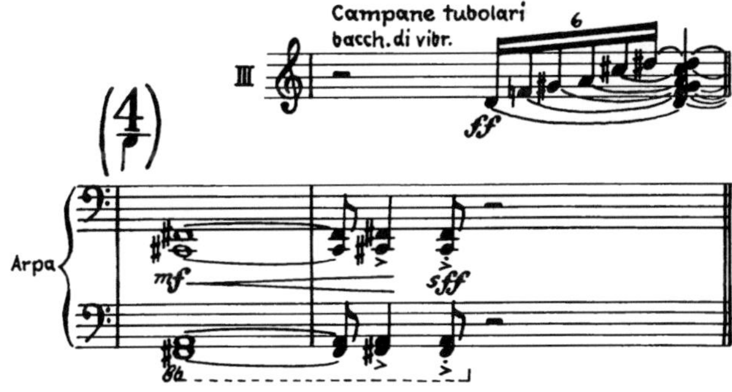

Beispiel Nr. 43: Röhrenglocken (Campane tubolari) mit filzgepolsterten Hämmern (statt Vibr. Schlägeln).
(H. W. Henze: Elegie für junge Liebende)

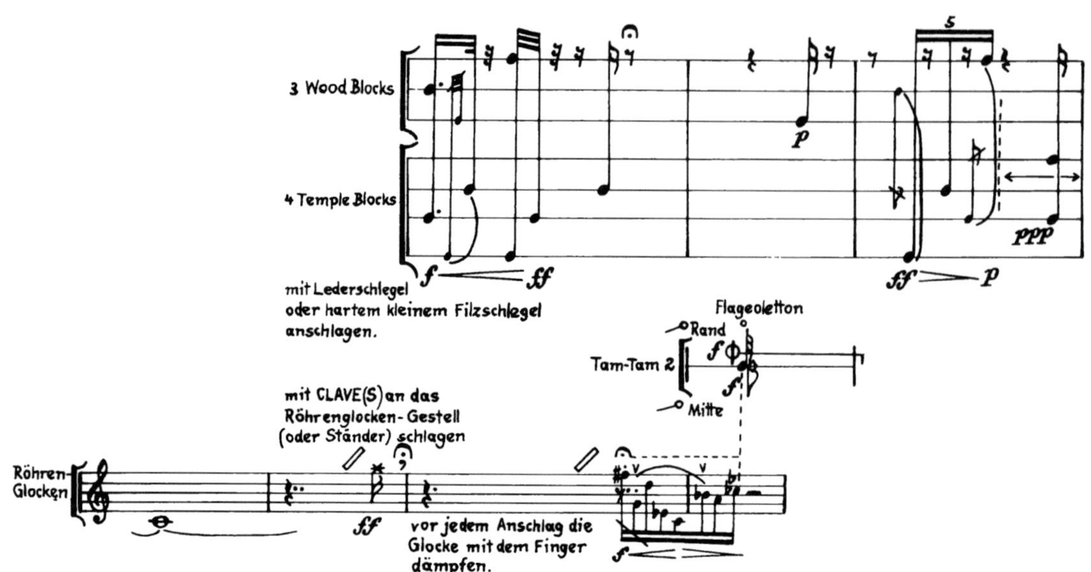

Beispiel Nr. 44: 3 Holzblöcke; 4 Tempelblöcke; Tamtam (Mitte und äußerster Rand); Röhrenglockengestell, mit Claves geschlagen.
(M. Kagel: Anagrama)

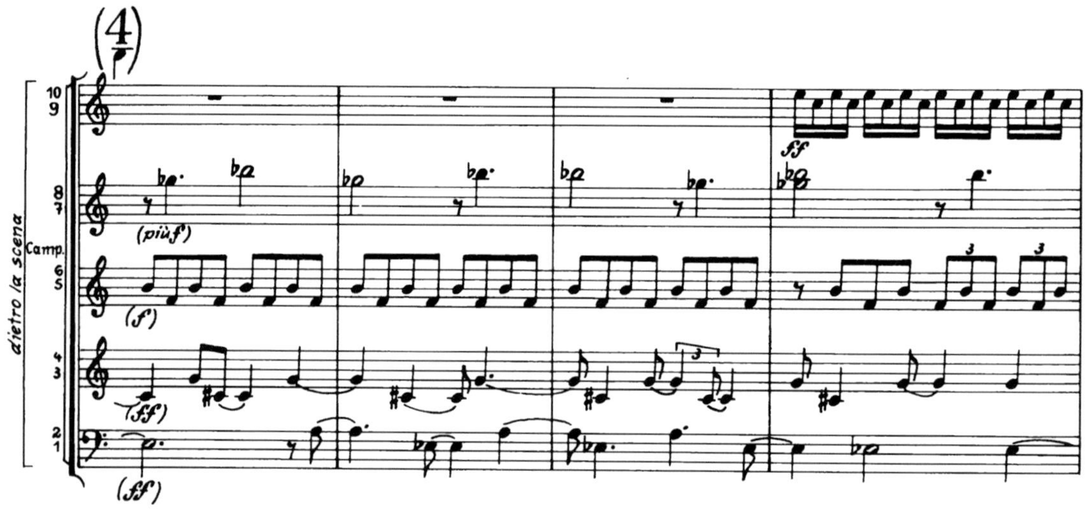

Beispiel Nr. 45: Röhrenglocken, Diskant-Röhrenglocken (im Violinschlüssel notiert); Plattenglocken (im Baßschlüssel notiert).
(H. W. Henze: Il re cervo)

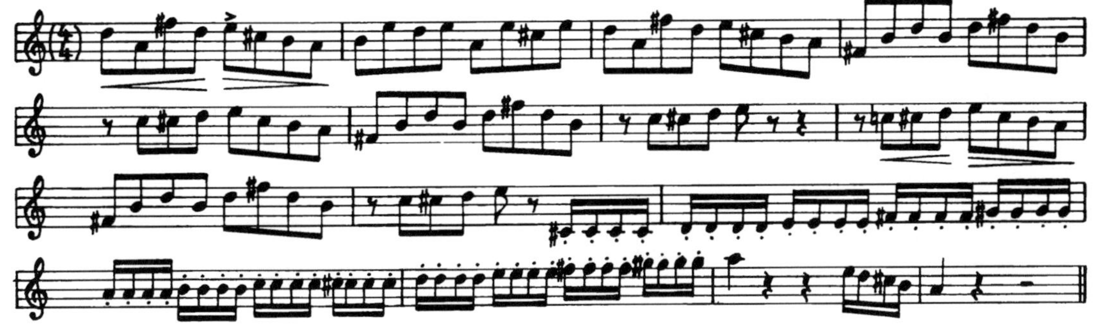

Beispiel Nr. 46: Tubaphon.
(A. Chatschaturjan: Gajaneh)

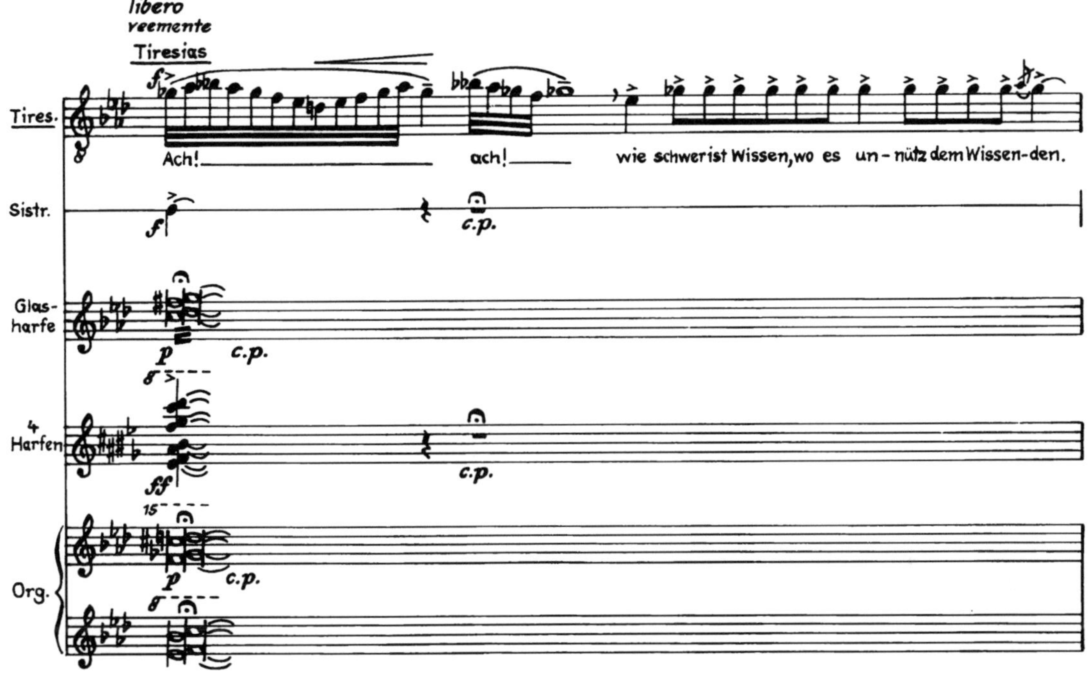

Beispiel Nr. 47: Sistrum; Glasharfe (4 Spieler); u. a.
(C. Orff: Oedipus der Tyrann)

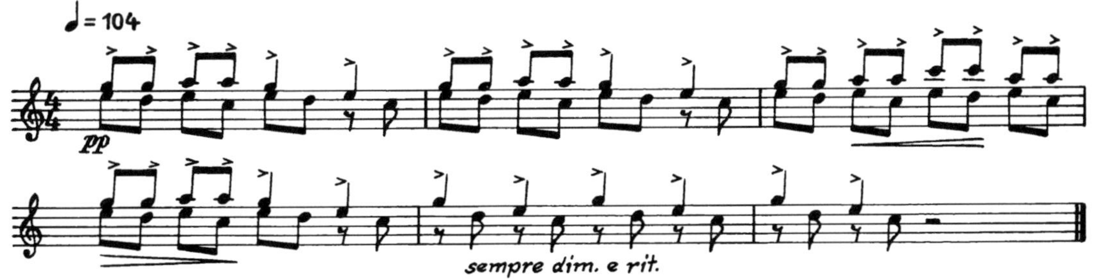

Beispiel Nr. 48: Solo für Gläserspiel (mit Schlägeln geschlagen).
(C. Orff: Der Mond)

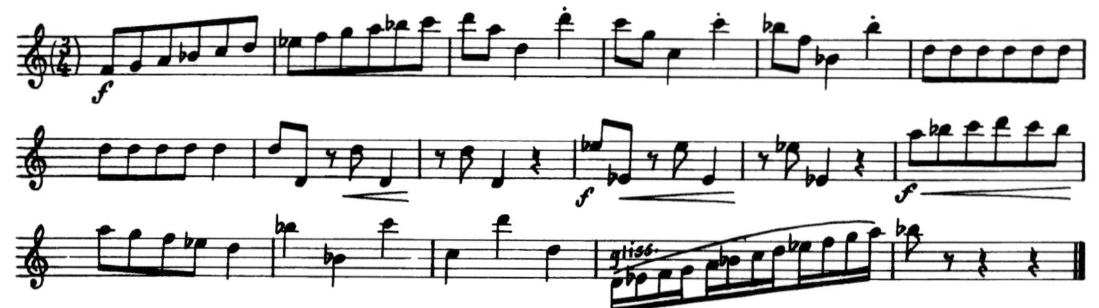

Beispiel Nr. 49: Flaschenspiel (15 Flaschen).
(E. Satie: Parade)

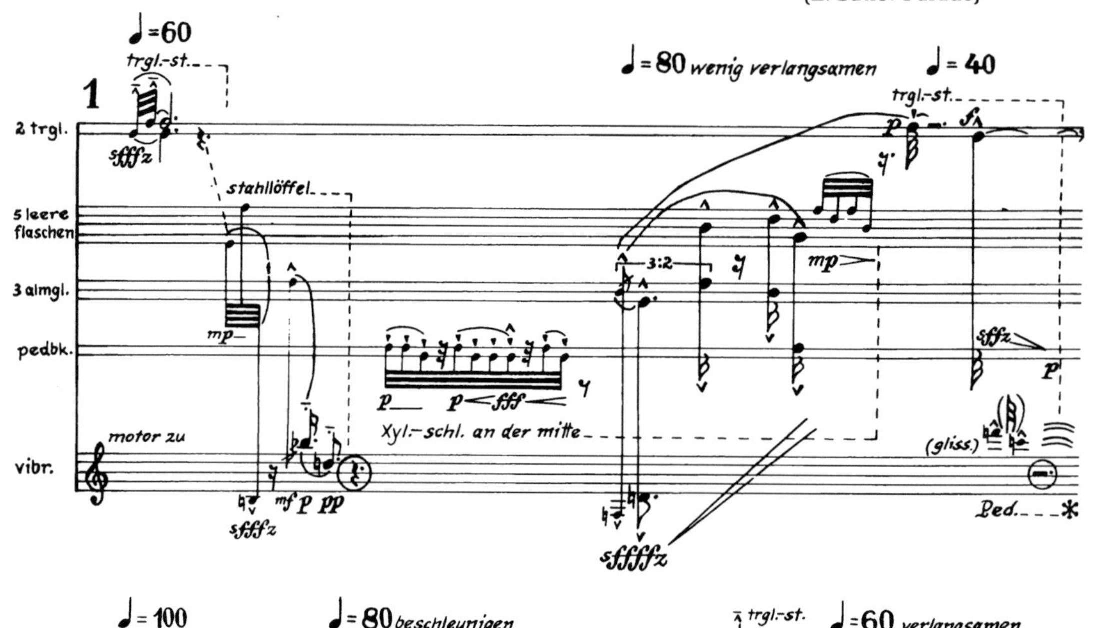

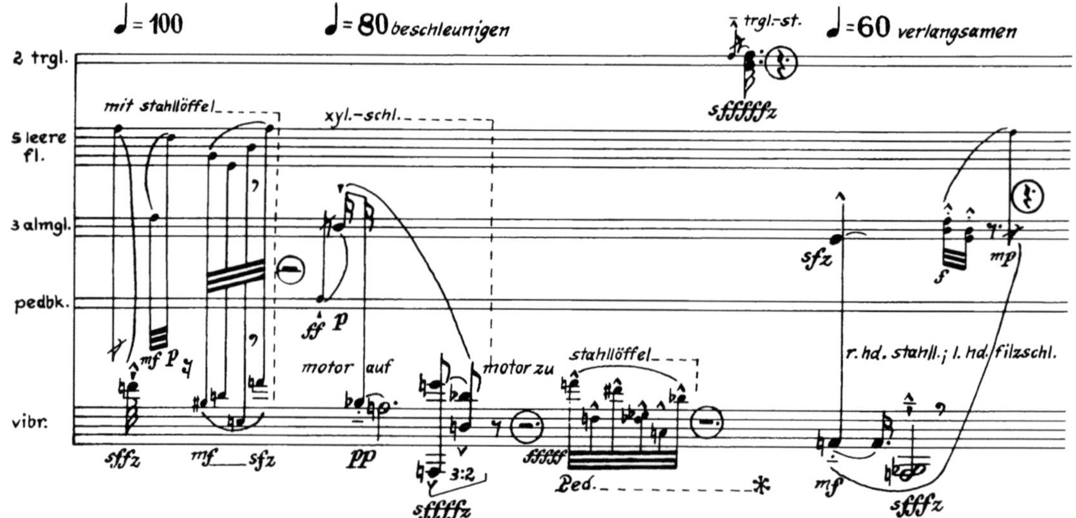

Beispiel Nr. 50: 2 Triangel; 5 leere Flaschen; 3 Almglocken; Pedalbecken; Vibraphon mit und ohne Moto (mit Stahllöffel geschlagen), Glissando mit Triangelstab.
(Bo Nilsson: Reaktionen)

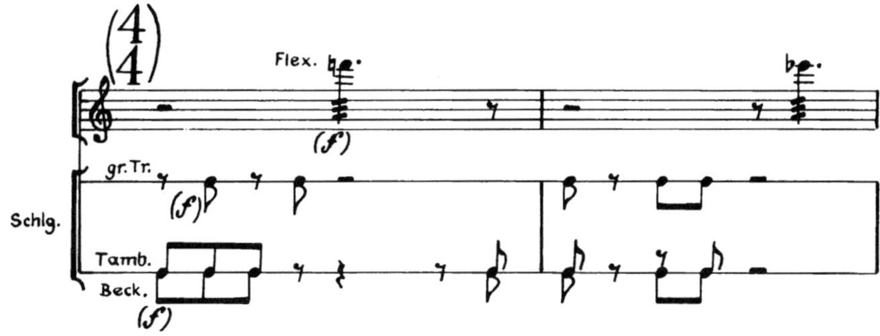

Beispiel Nr. 51: Flexaton; übriges Schlagzeug.
(A. Schönberg: Moses und Aron)

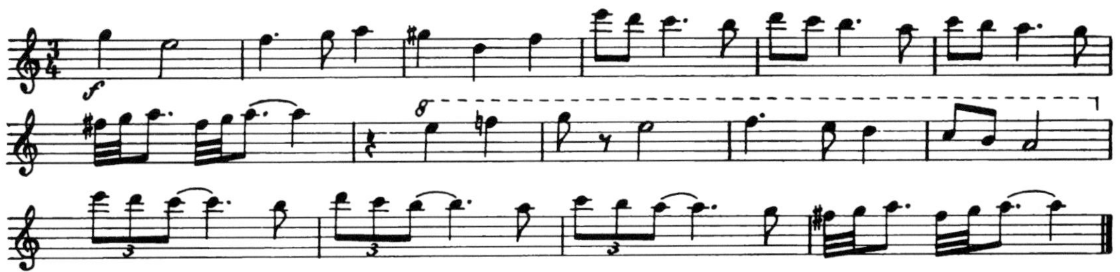

Beispiel Nr. 52: Flexaton.
(A. Chatschaturjan: Klavierkonzert)

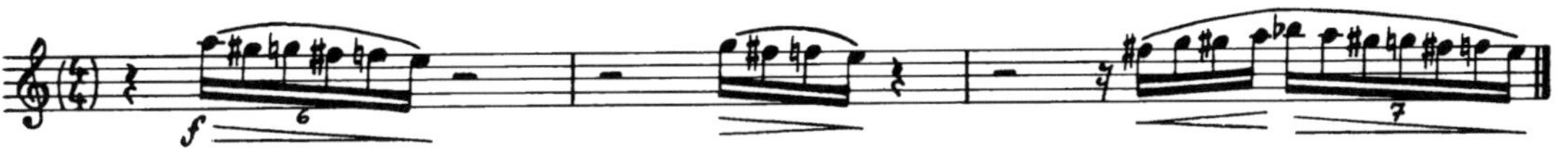

Beispiel Nr. 53: Lotosflöte.
(M. Ravel: L'enfant et les sortilèges)

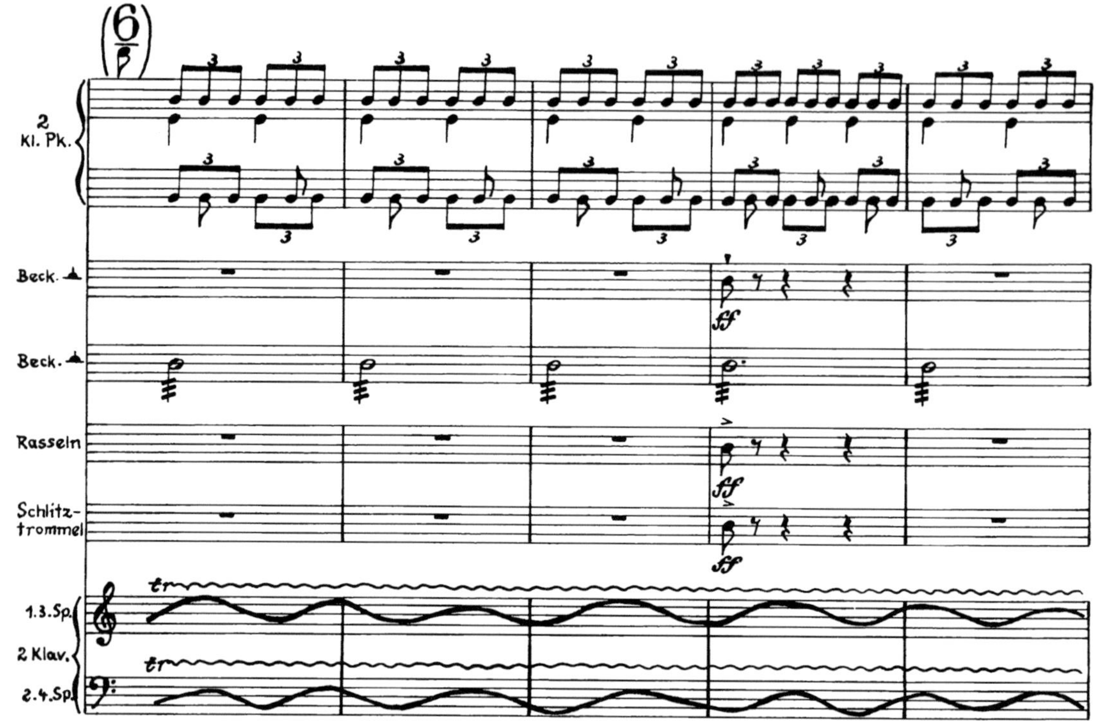

2 Kl. Pk.
Beck.
Beck.
Rasseln
Schlitztrommel
1.3. Sp.
2 Klav.
2.4. Sp.
ff
tr

Beispiel Nr. 54: Pauken, von 2 Spielern mit der Hand (colla mano) geschlagen; einzelne Becken; Metallrasseln; Schlitztrommel; Wirbel mit 2 Paukenschlägeln auf Klaviersaiten.
(C. Orff: Die Bernauerin)

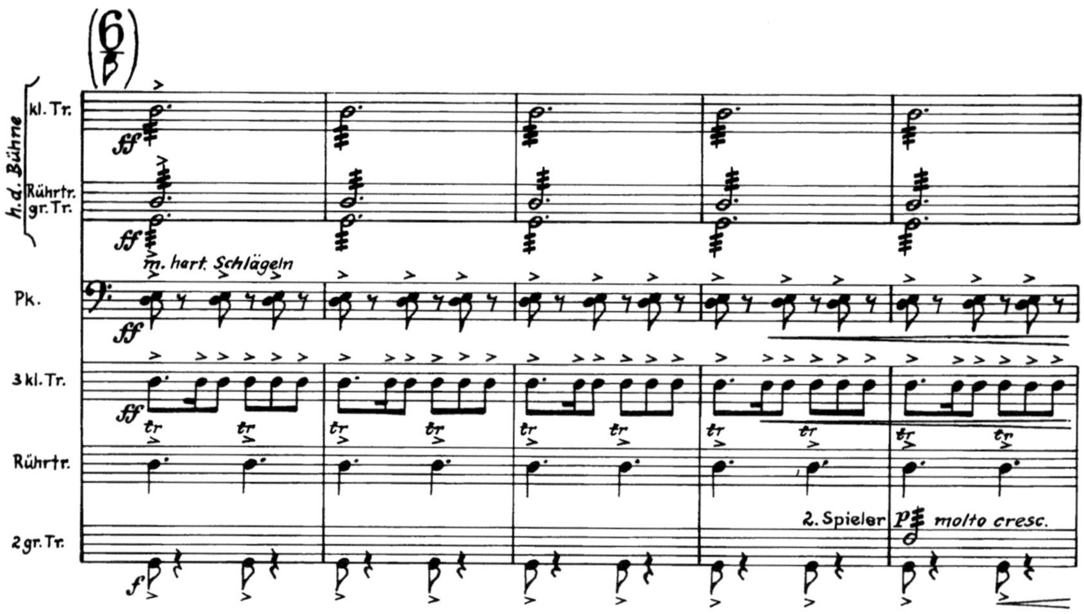

Beispiel Nr. 55: Kl. Trommeln; Rührtrommeln; Gr. Trommeln; Pauken
(C. Orff: Die Bernauerin)

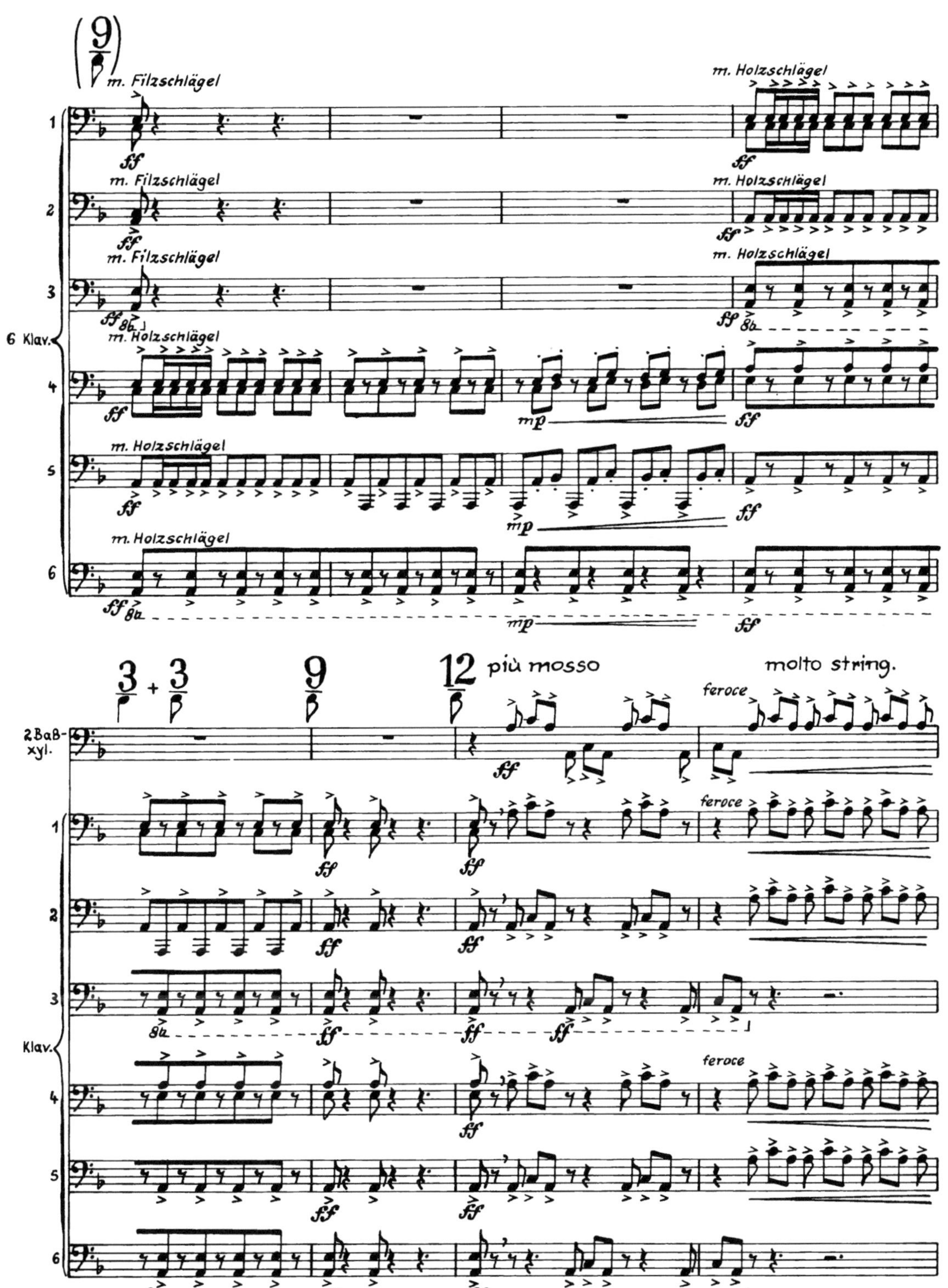

Beispiel Nr. 56: Klaviersaiten, mit Filz- und Holzschlägel geschlagen; 2 Baßxylophone. (C. Orff: Antigonae)

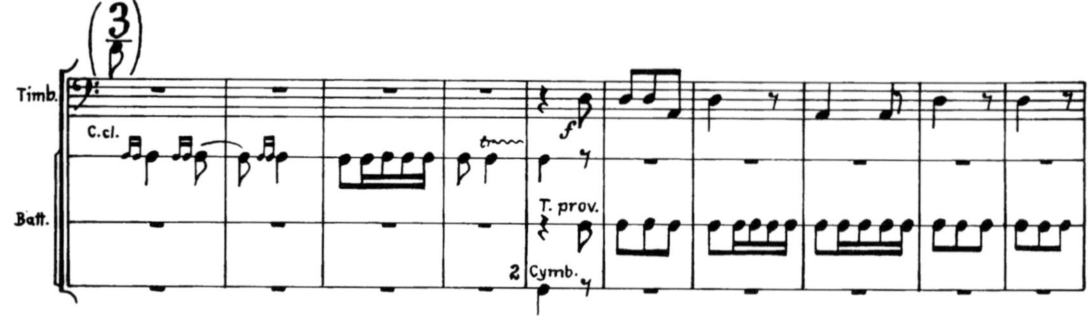

Beispiel Nr. 57: Pauken; Kl. Trommel (C. cl.); Provenzalische Trommel (T. prov.); Becken. (D. Milhaud: Suite provençale)

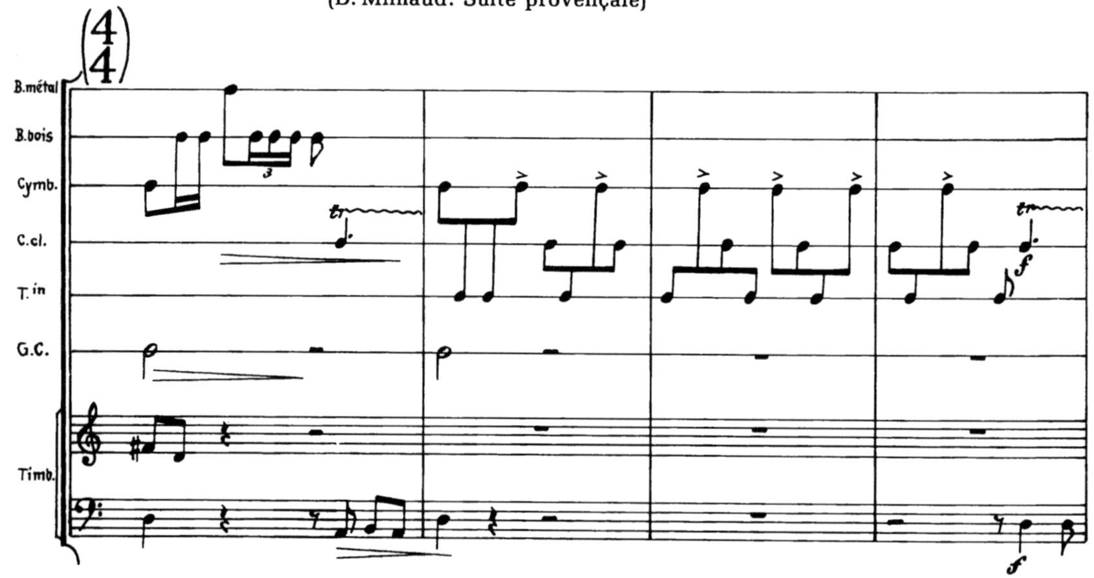

Beispiel Nr. 58: Cowbell (B. métal); Holzblocktrommel (B. bois); Becken (Cymb.); Kl. Trommel (C. cl.); Provenzalische Trommel (T.in); Gr. Trommel (G. C.); 2 Pauker (Timb.). (D. Milhaud: La création du monde)

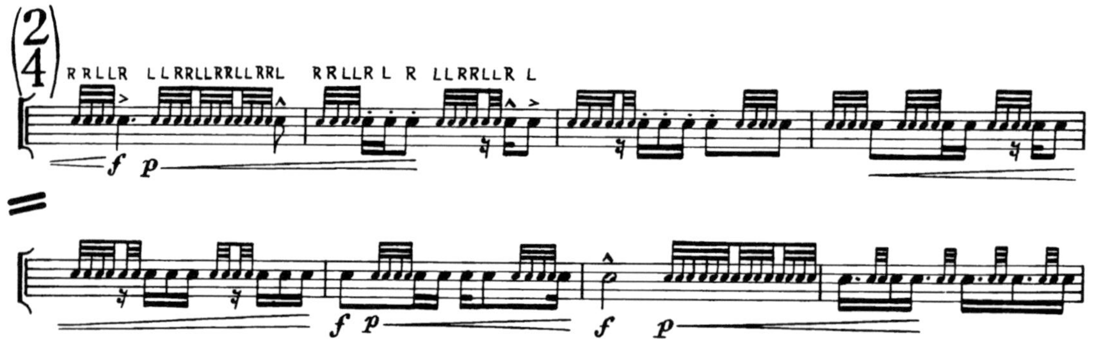

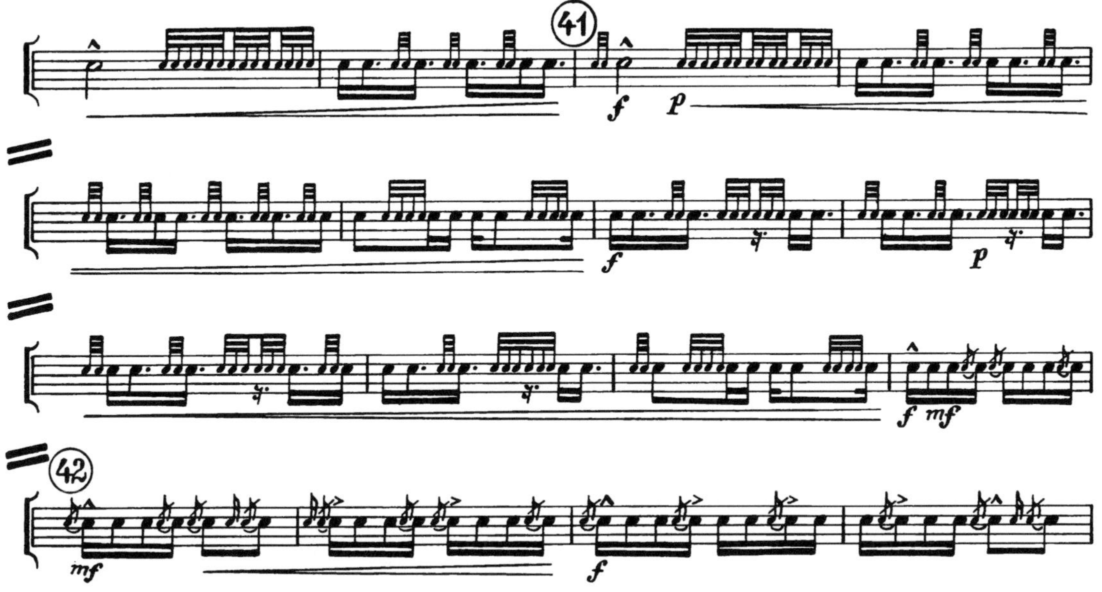

Beispiel Nr. 59: Basler Trommel.
(R. Liebermann: Geigy Festival Concerto)

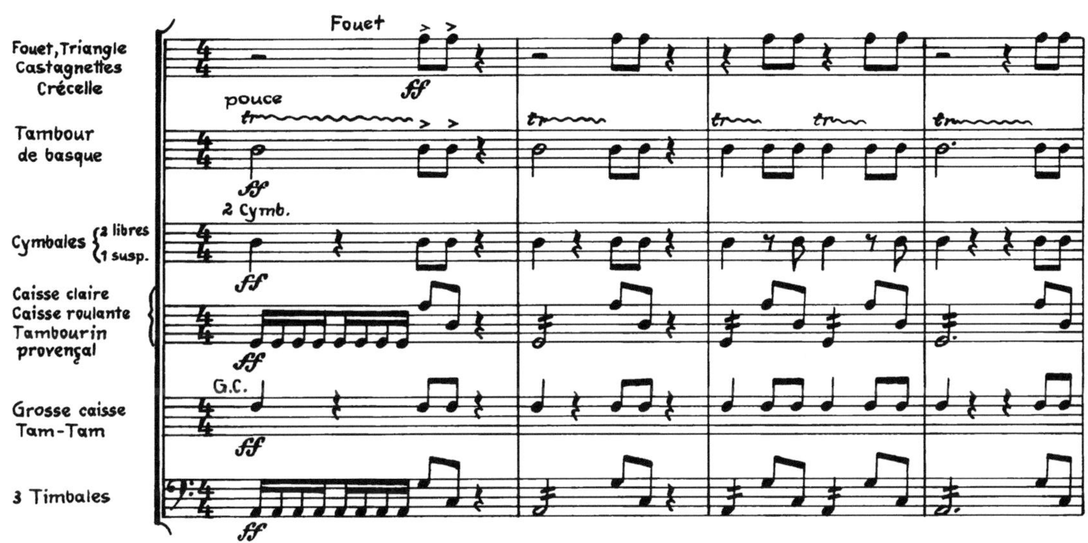

Beispiel Nr. 60: Peitsche (Fouet); Schellentrommel (Tambour de basque); Becken (Cymbales) paarweise (2 libres), hängend (susp.); Kl. Trommel (Caisse claire); Wirbeltrommel (Caisse roulante); Provenzalische Trommel (Tambourin provençal); u. a.
(D. Milhaud: La mort d'un tyran)

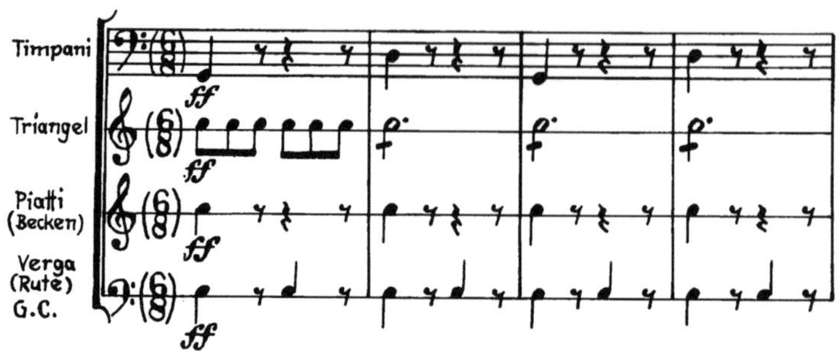

Beispiel Nr. 61: Pauken; Gr. Trommel (G. C.), mit Schlägel und Rute geschlagen; übriges Janitscharen-Schlagzeug.
(J. Haydn: Symphonie Nr. 11, Militärsymphonie)

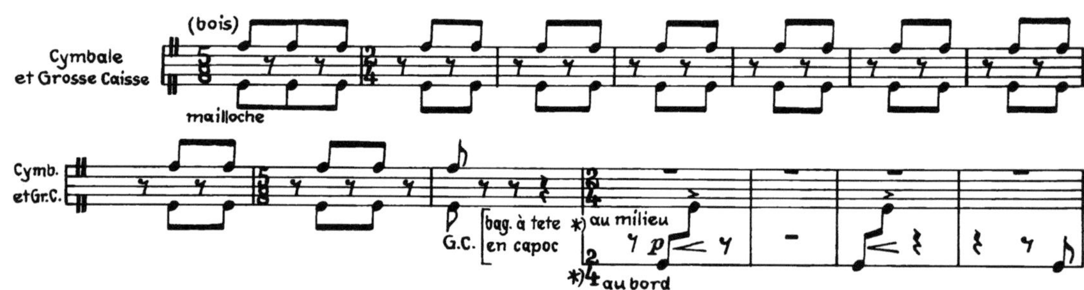

Beispiel Nr. 62: Becken (Cymbale), mit Holzschlägel (bois) oder Schlägelstiel geschlagen; Gr. Trommel (Gr. C.), mit Gr.-Trommel-Schlägel (mailloche) in der Mitte (au milieu) und am Rande (au bord) geschlagen.
(I. Strawinsky: Die Geschichte vom Soldaten)

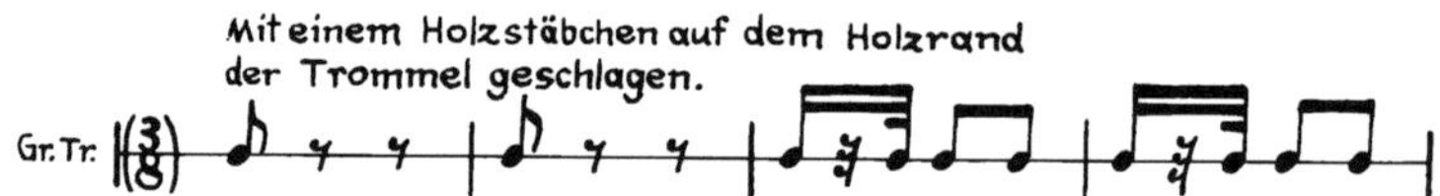

Beispiel Nr. 63: Holzrand der Gr. Trommel, mit Holzstäbchen geschlagen.
(G. Mahler: 6. Symphonie)

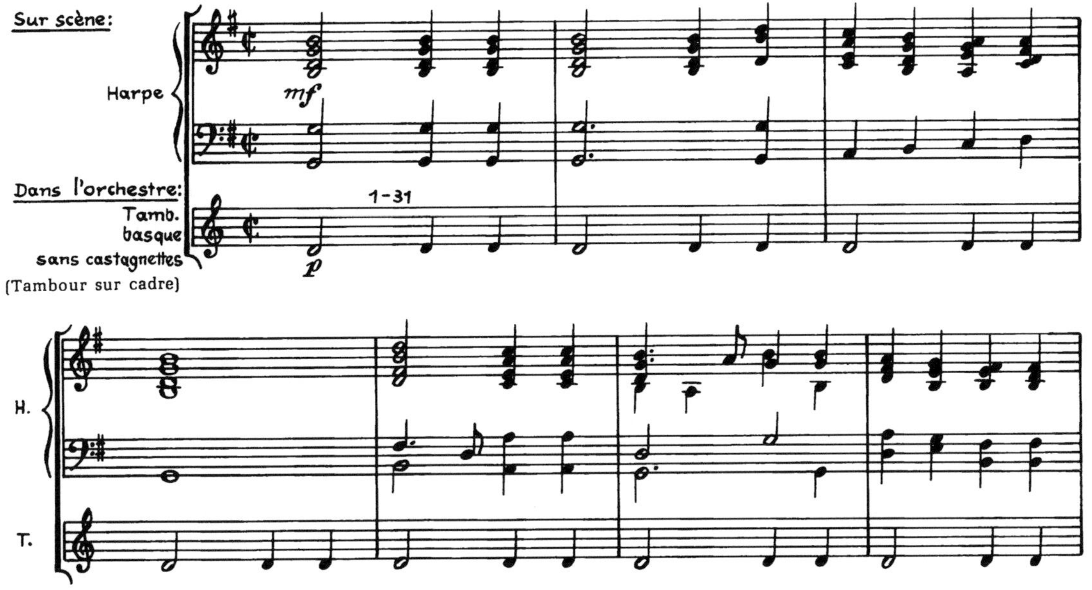

Beispiel Nr. 64: Rahmentrommel, auf den Ton d[1] gestimmt.
(J. Chailley: La Dame à la Licorne)

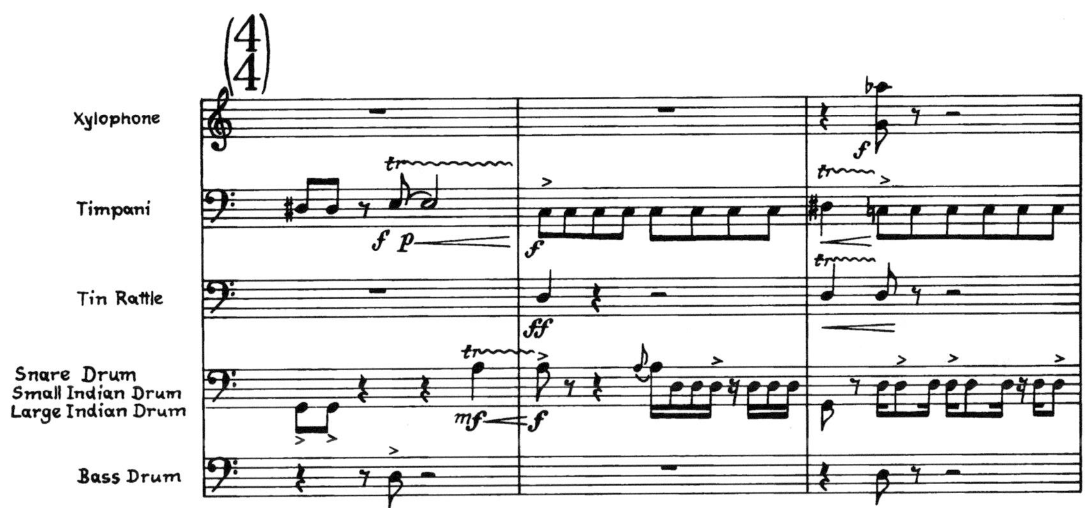

Beispiel Nr. 65: Xylophon; Pauken; Metallrassel (Tin Rattle); Kl. Trommel (Snare Drum); Indianische Trommeln (Small Indian Drum, Large Indian Drum); Gr. Trommel (Bass Drum).
(E. Carter: Pocahontas)

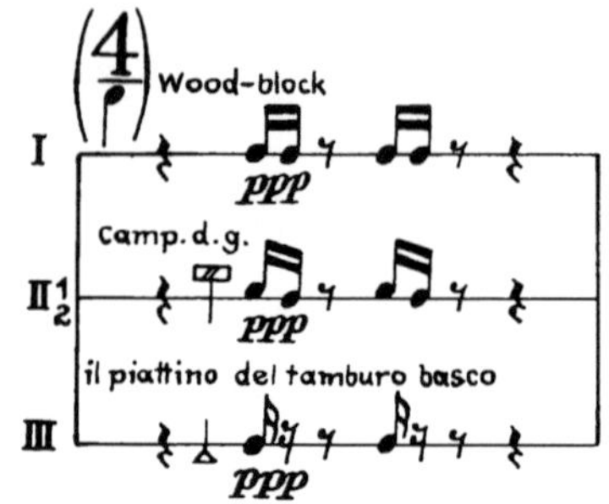

Beispiel Nr. 66: Holzblock (Wood-block); Almglocken (Camp. d. g.), mit Gummischlägel geschlagen; Schellen des Tamburins, mit einer Nadel geschlagen.
(H. W. Henze: Elegie für junge Liebende)

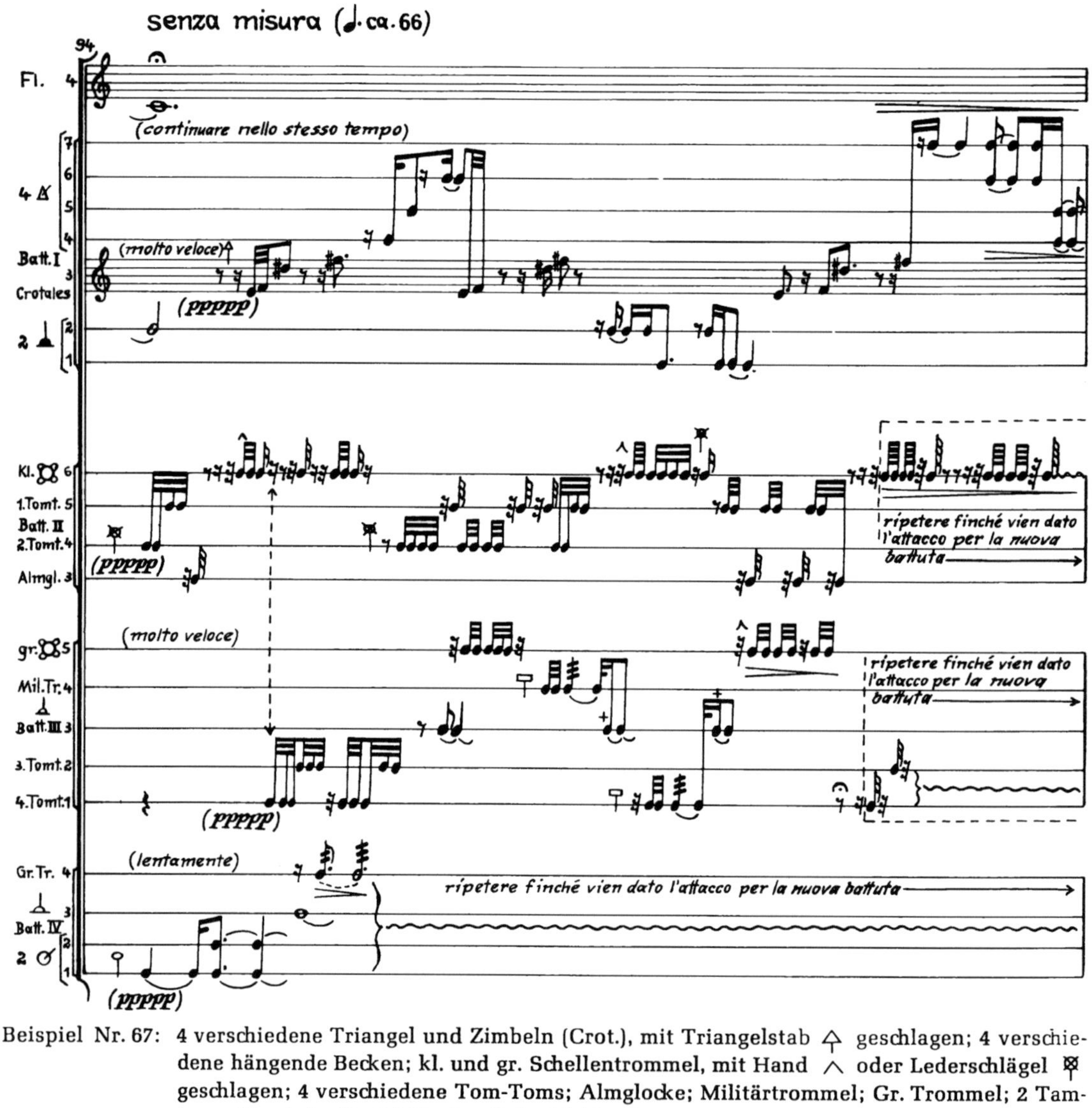

senza misura (♩. ca. 66)

Fl.
(continuare nello stesso tempo)
(molto veloce)
Batt. I
Crotales
(ppppp)
Kl.
1. Tomt.
Batt. II
2. Tomt.
Almgl.
ripetere finché vien dato l'attacco per la nuova battuta
(molto veloce)
gr.
Mil. Tr.
Batt. III
3. Tomt.
4. Tomt.
ripetere finché vien dato l'attacco per la nuova battuta
(ppppp)
Gr. Tr.
Batt. IV
(lentamente)
ripetere finché vien dato l'attacco per la nuova battuta
(ppppp)

Beispiel Nr. 67: 4 verschiedene Triangel und Zimbeln (Crot.), mit Triangelstab geschlagen; 4 verschiedene hängende Becken; kl. und gr. Schellentrommel, mit Hand oder Lederschlägel geschlagen; 4 verschiedene Tom-Toms; Almglocke; Militärtrommel; Gr. Trommel; 2 Tamtams (Symbole für Schlägel s. Beispiel Nr. 3).
(H. W. Henze: Antifone)

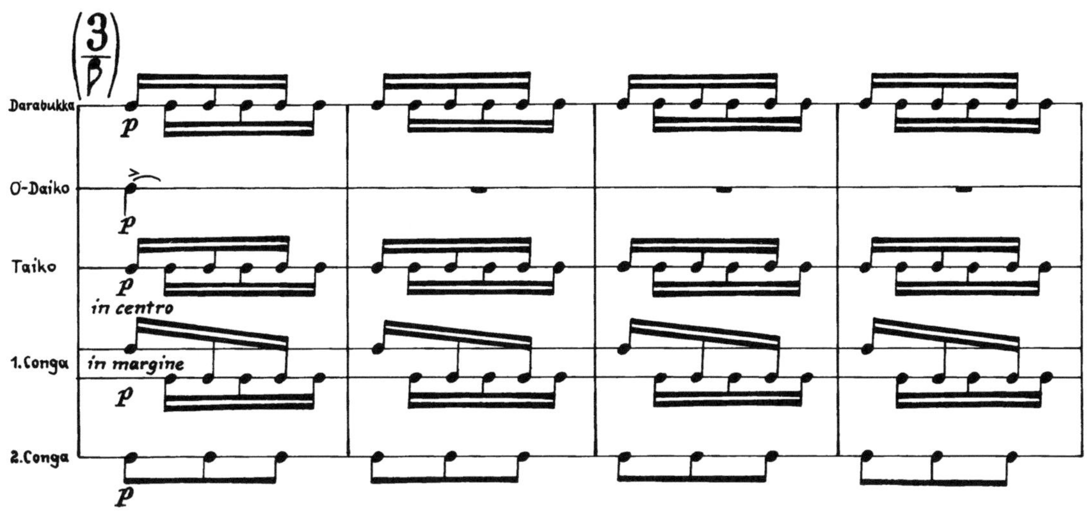

Beispiel Nr. 68: Darabukka; O-Daiko, mit weichem Schlägel geschlagen; Taiko, mit Rundholzstäben geschlagen; 2 Congas, in der Mitte (in centro) und am Rande (al margine) geschlagen. (C. Orff: Prometheus)

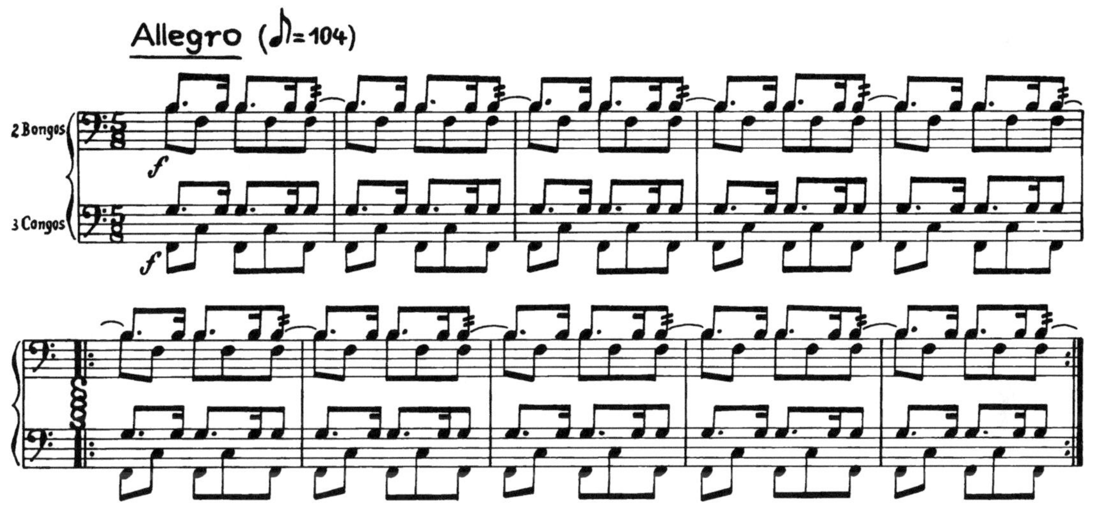

Beispiel Nr. 69: 2 Bongos; 3 Congas.
(W. Egk: Die Verlobung in San Domingo)

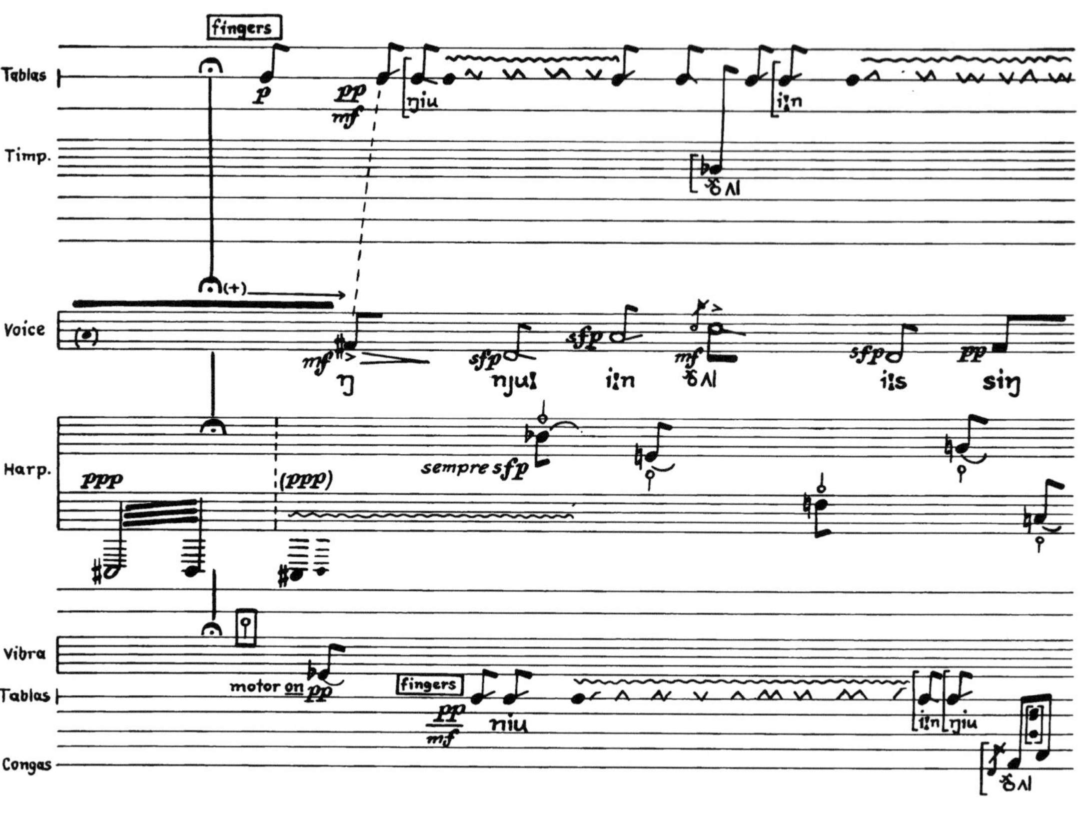

fingers
Tablas
Timp.
Voice
Harp.
sempre sfp
Vibra
motor on
Tablas
fingers
Congas

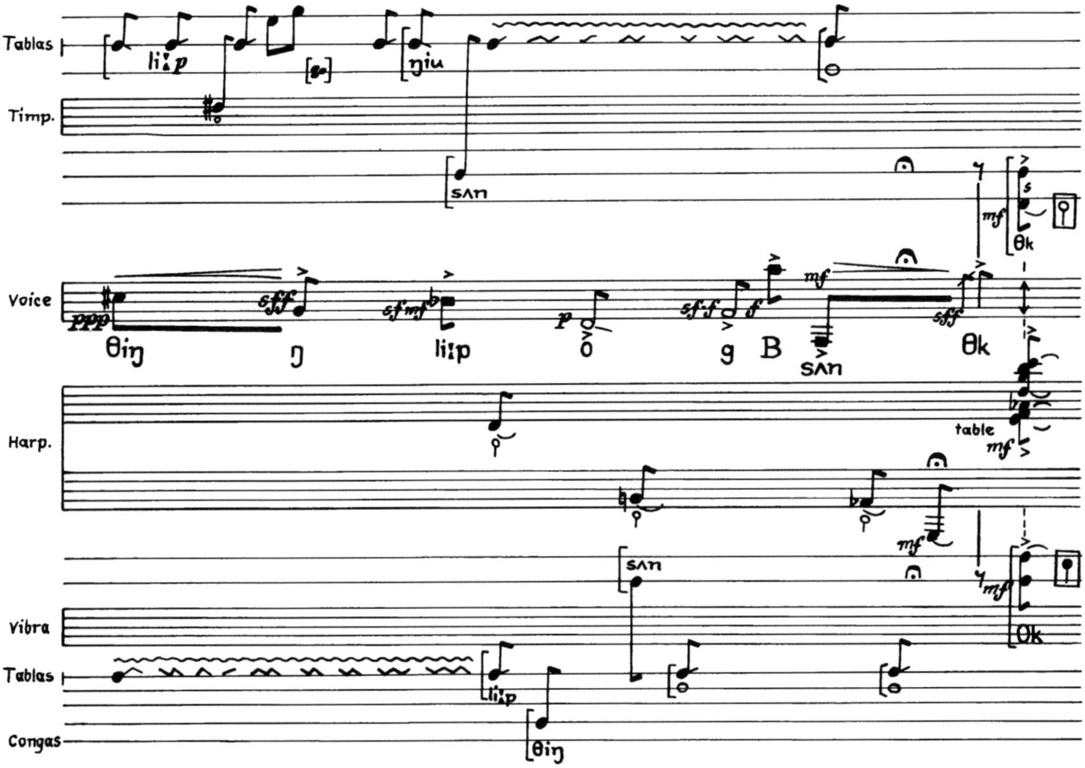

Tablas
Timp.
Voice
Harp.
Vibra
Tablas
Congas

Beispiel Nr. 70: Tablas; übriges Schlagzeug.
(L. Berio: Circles)

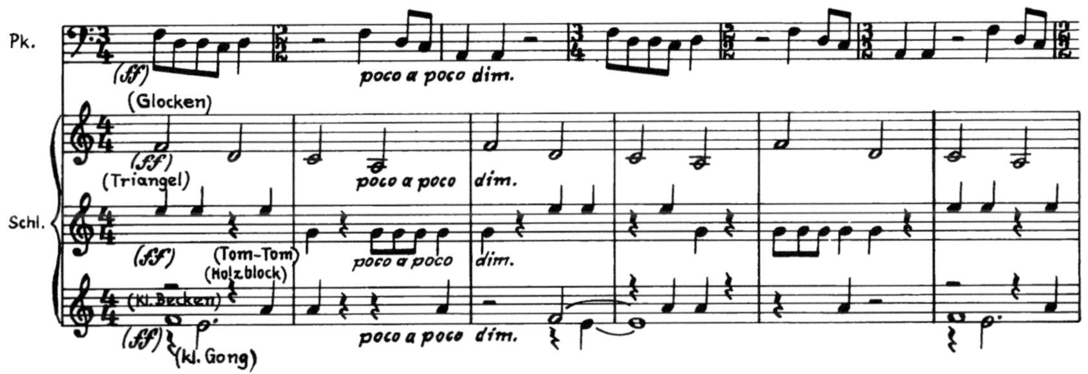

Beispiel Nr. 71: 4 Pauken; Röhrenglocken; Triangel; Tom-Tom (chinesisches); Holzblock; kl. Becken; kl. Gong (kl. Tamtam).
(P. Hindemith: Symphonische Metamorphosen)

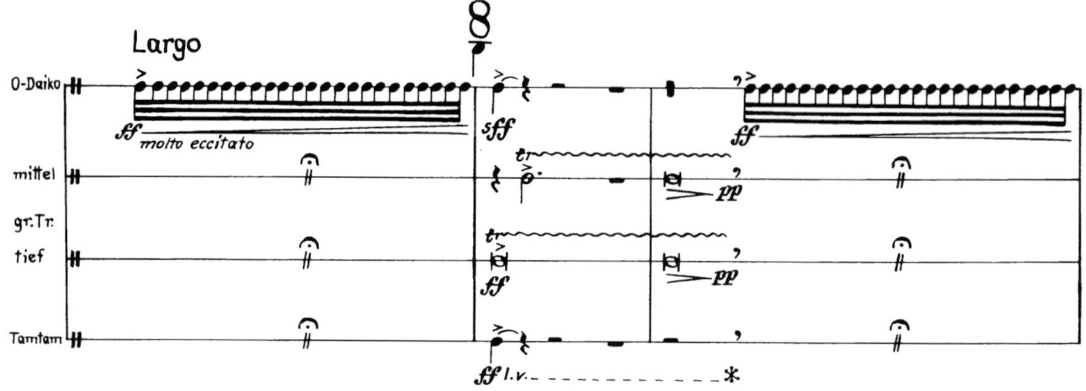

Beispiel Nr. 72: O-Daiko, mit Rundholzstäben geschlagen; Gr. Trommel, mittel und tief; Tamtam. (C. Orff: Prometheus)

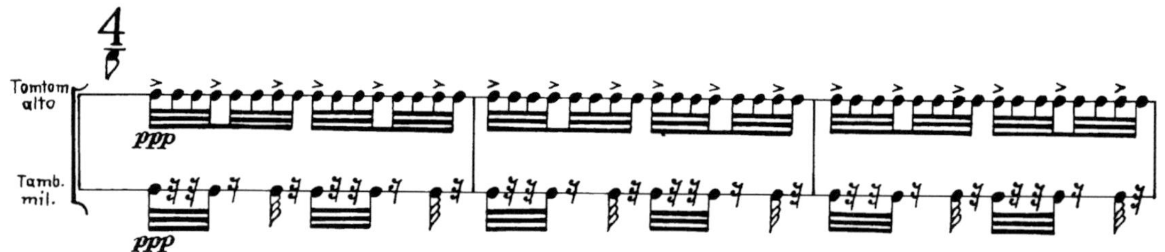

Beispiel Nr. 73: Tom-Tom; Militärtrommel. (H. W. Henze: Il re cervo)

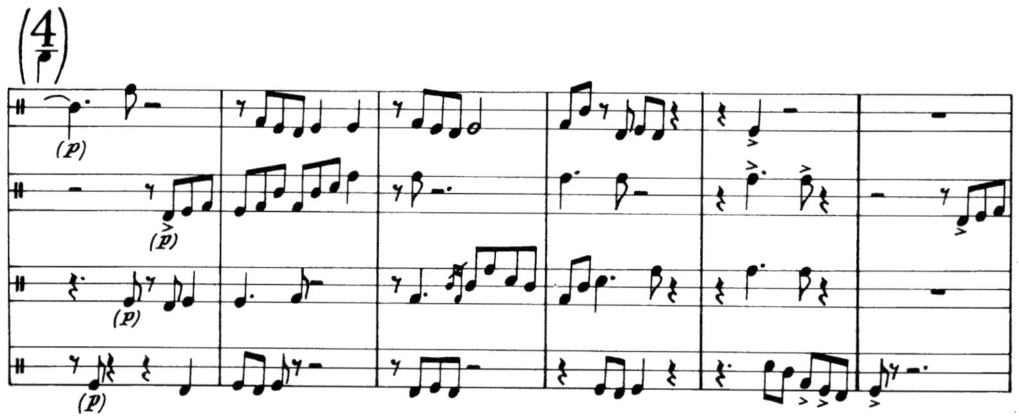

Beispiel Nr. 74: Tom-Tom-Spiel: 12 Tom-Toms. (J. Cage: Quartet)

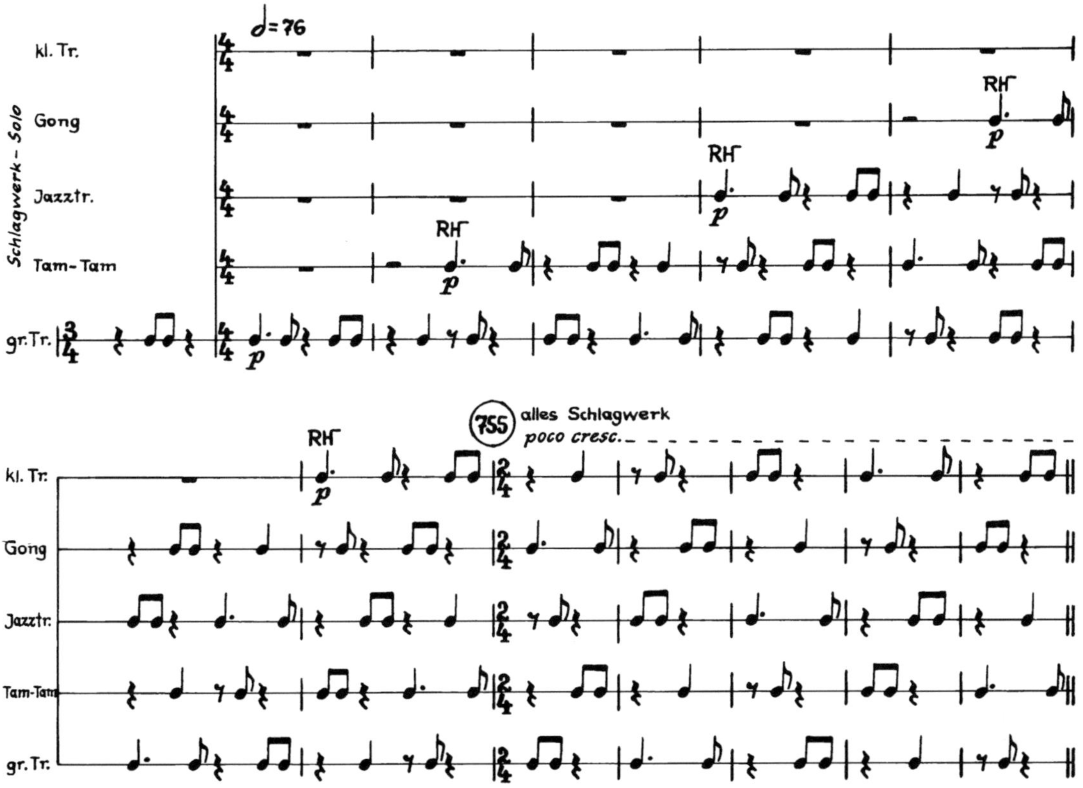

♩ = 76

kl. Tr.
Gong
Jazztr.
Tam-Tam
gr. Tr.
Schlagwerk - Solo
RH
p

755 alles Schlagwerk
poco cresc.

Beispiel Nr. 75: Gong (kl. Tamtam); Jazztrommel (Tom-Tom); übriges Schlagzeug. (A. Berg: Lulu)

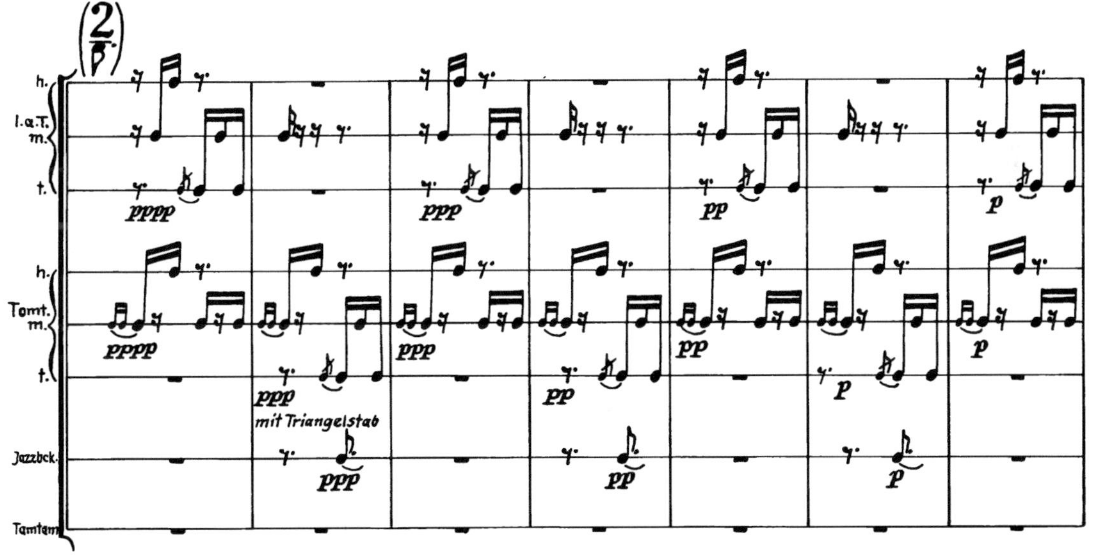

Beispiel Nr. 76: Timbales (l. a. T.); 3 Tom-Toms; Jazzbecken, mit Triangelstab geschlagen. (K. A. Hartmann: 7. Symphonie)

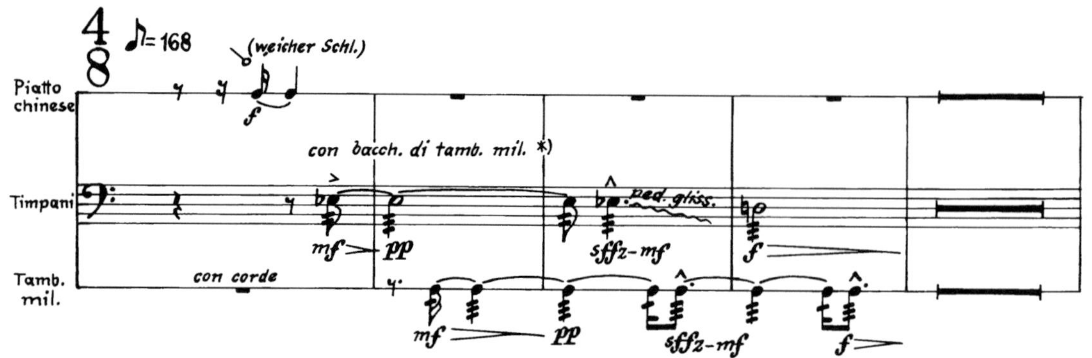

*) Wirbel mit Tr. Stöcken, wie auf Trommel geschlagen (double-stroke-roll=Doppelschlagwirbel).

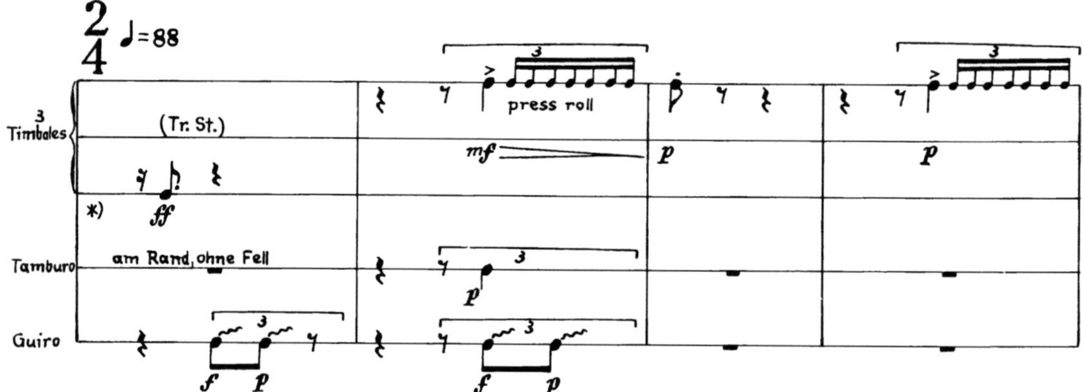

*) den linken Tr.-Stock auf Mitte des Timbalesfelles liegen lassen, mit rechtem Stock am Fellrand schlagen.

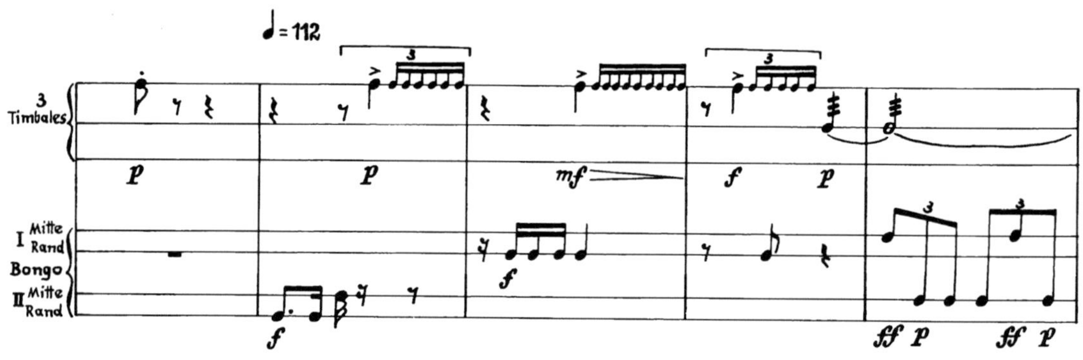

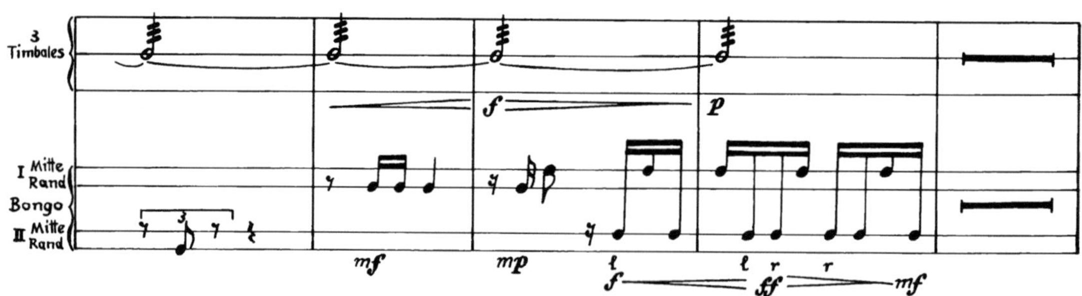

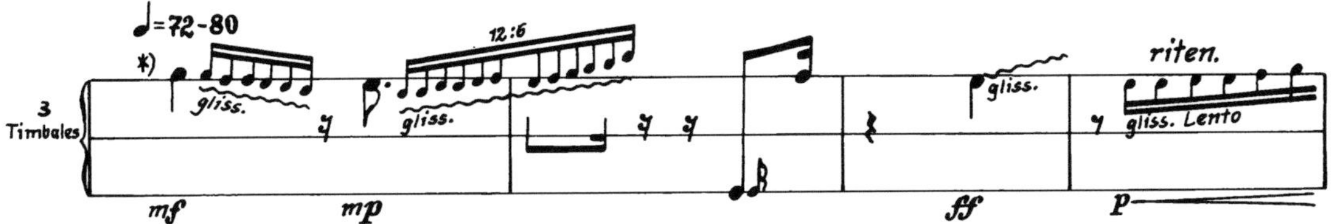

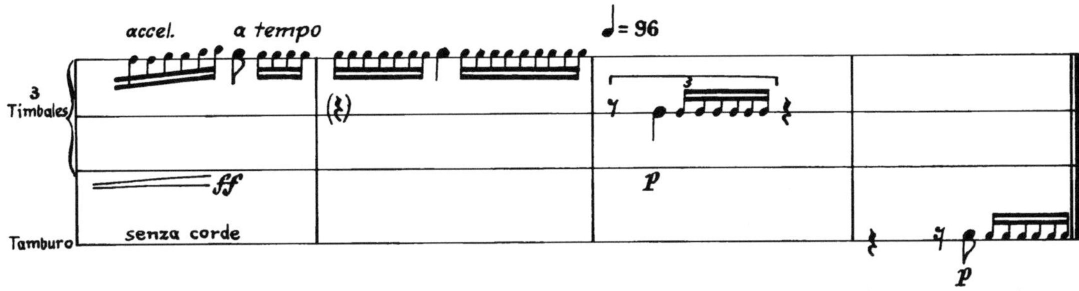

*) Das Glissando auf kleinem Timbal oder Bongo wird erreicht durch allmähliches Decken des Felles mit flacher Hand sowie durch Abdecken der Korpusöffnung mit dem Knie.

Beispiel Nr. 77: Chinesisches Becken, mit weichem Schlägel geschlagen; Guiro; Paukenglissando abwärts mit Kl.-Trommel-Schlägel; Militärtrommel; 3 Timbales; 2 Bongos; Kl. Trommel (Tamburo). (W. Kotoński: Musique en relief)

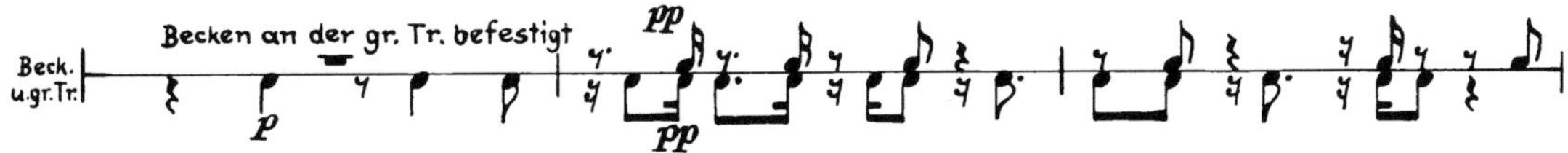

Beispiel Nr. 78: Becken, an der Gr. Trommel befestigt (in der Praxis getrennt zu spielen). (A. Berg: Wozzeck)

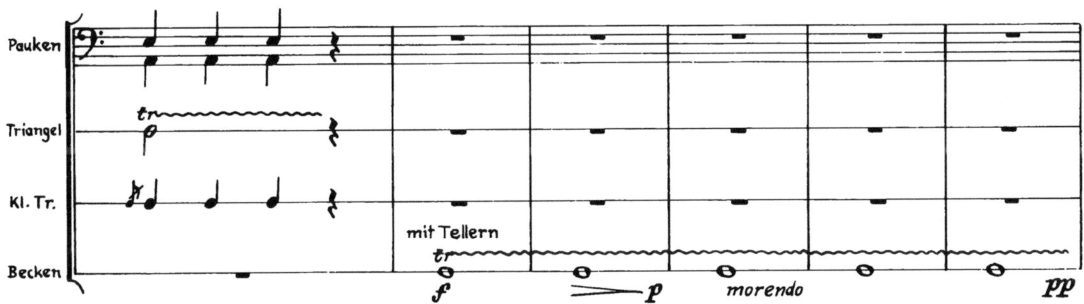

Beispiel Nr. 79: Beckenwirbel mit 2 Becken (Tellern); übriges Schlagzeug. (G. Mahler: 6. Symphonie)

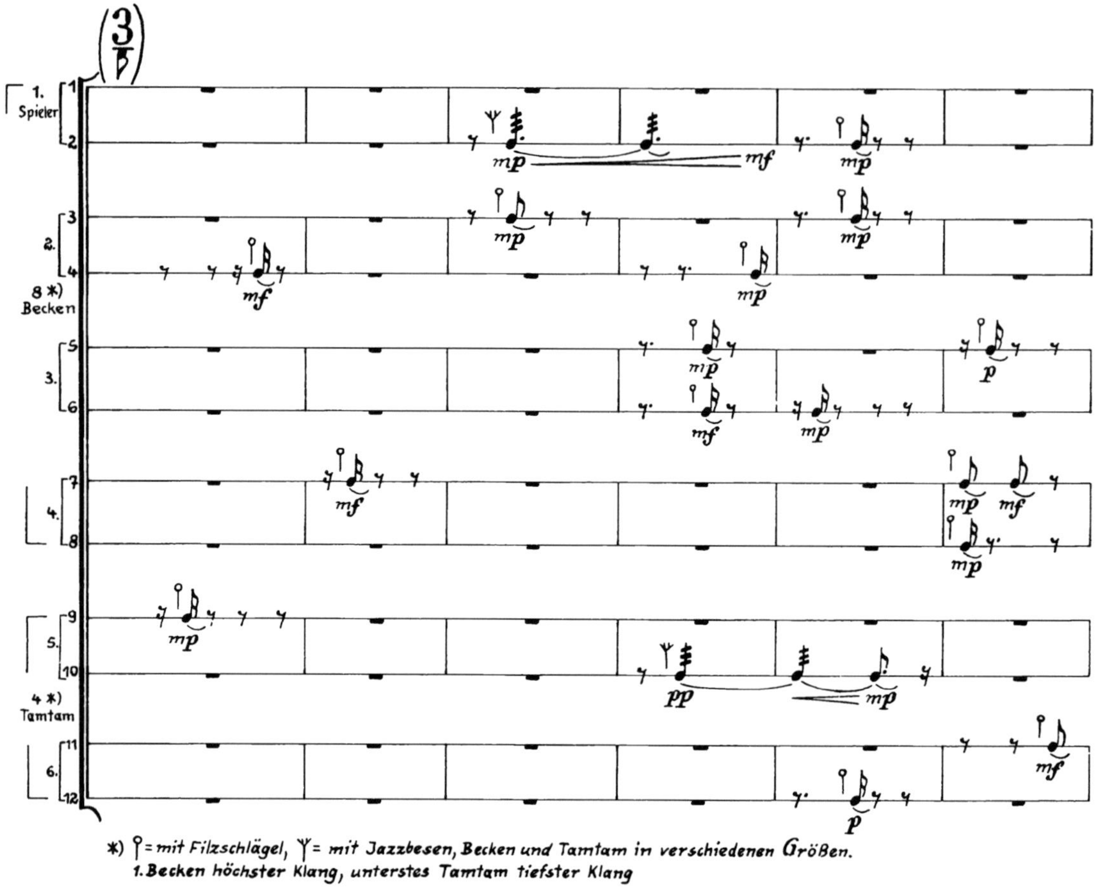

*) ♀ = mit Filzschlägel, Ɏ = mit Jazzbesen, Becken und Tamtam in verschiedenen Größen.
1. Becken höchster Klang, unterstes Tamtam tiefster Klang

Beispiel Nr. 80: 8 verschiedene Becken; 4 verschiedene Tamtams, mit Filzschlägel und Stahlbesen geschlagen.
(L. Nono: Cori di Didone)

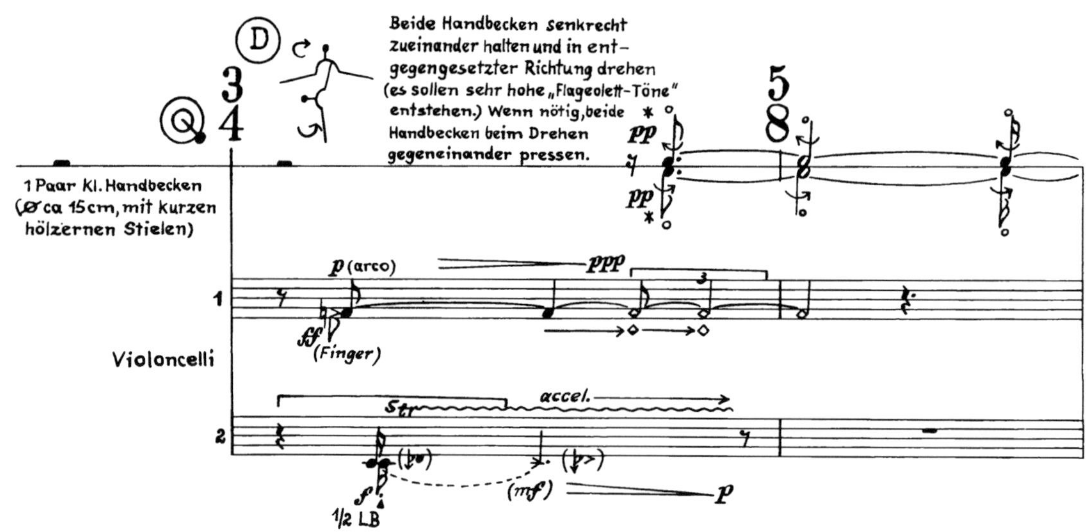

Beispiel Nr. 81: Kleines Beckenpaar.
(M. Kagel: Match für drei Spieler)

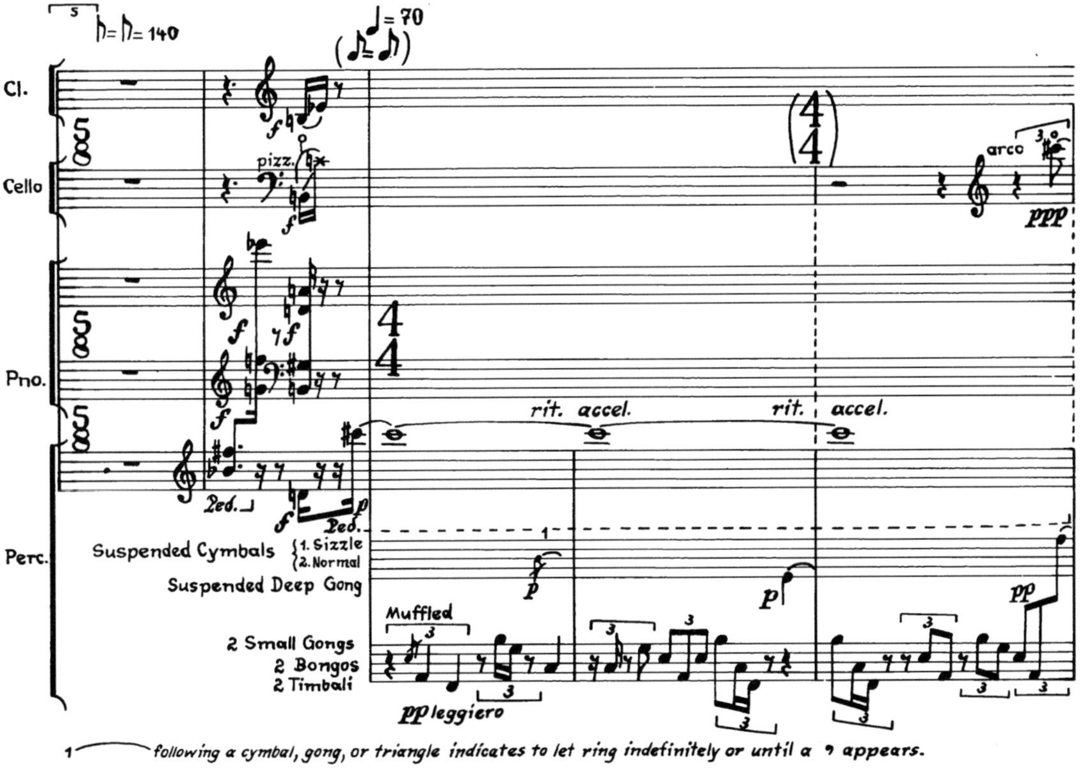

Cl.
Cello
Pno.
Perc.
pizz.
arco
rit. accel. rit. accel.
Suspended Cymbals {1. Sizzle 2. Normal
Suspended Deep Gong
Muffled
2 Small Gongs
2 Bongos
2 Timbali
pp leggiero

1 ⌒ following a cymbal, gong, or triangle indicates to let ring indefinitely or until a 𝄾 appears.

Beispiel Nr. 82: Hängende Becken (Suspended Cymbals); Nietenbecken (Sizzle); hängendes tiefes Tamtam (Suspended Deep Gong); 2 kl. Tamtams (Small Gongs) gedämpft (muffled); 2 Bongos; 2 lateinamerikanische Timbales; u. a.
(L. Foss: Echoi)

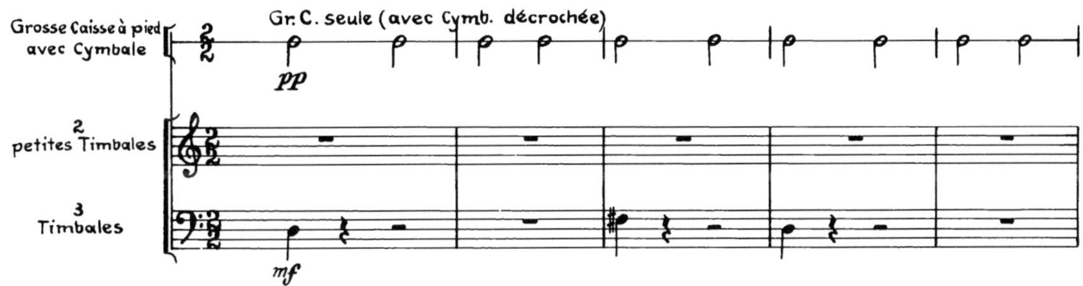

Beispiel Nr. 83: Gr. Trommel und Becken, beide gleichzeitig durch ein Pedal angeschlagen.
(D. Milhaud: La création du monde)

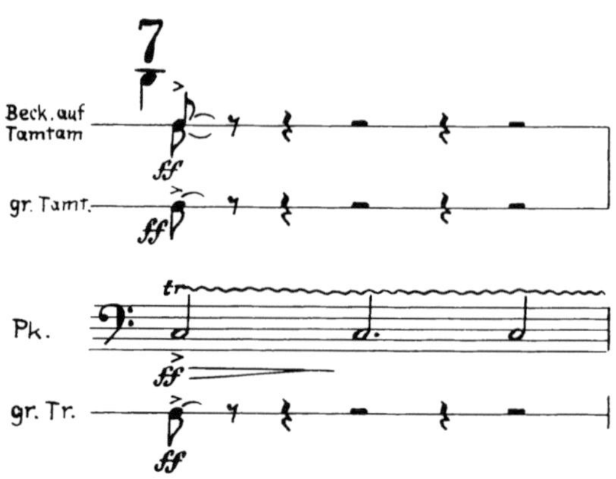

Beispiel Nr. 84: Schlag mit einem Becken auf Tamtamzentrum; übriges Schlagzeug. (C. Orff: Oedipus der Tyrann)

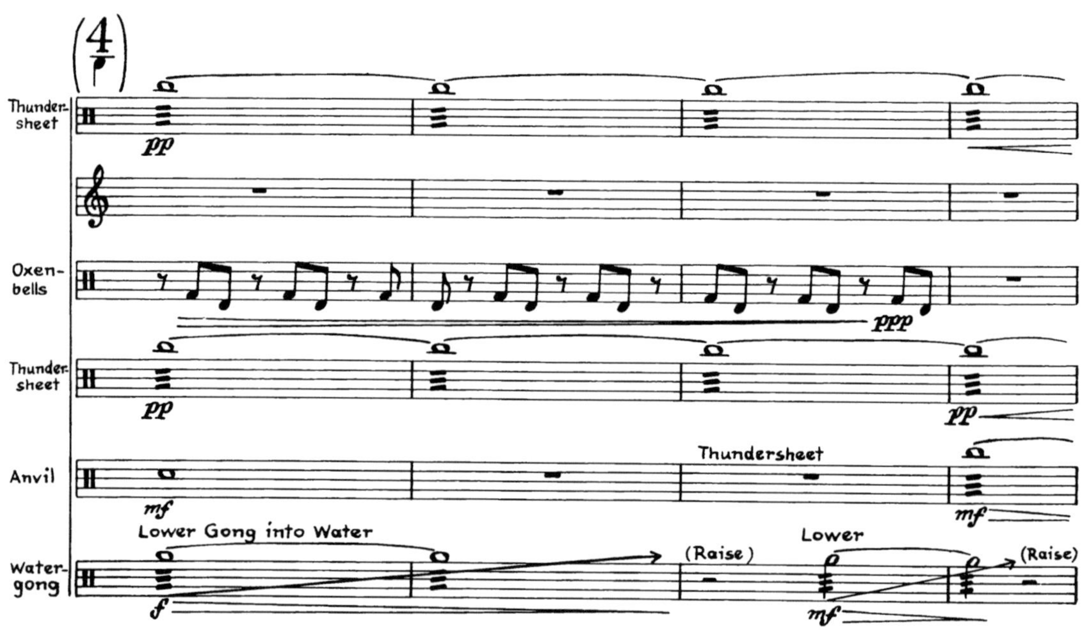

Beispiel Nr. 85: 3 verschiedene Metallfolien (Thundersheets); gr. Tierschellen (Oxen-bells); Amboß (Anvil); Watergong (in einen Wasserbehälter zu tauchendes Tamtam). (J. Cage: First Construction in Metal)

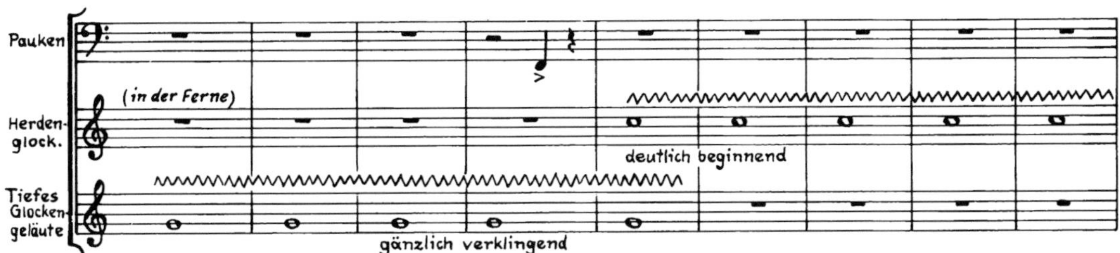

Beispiel Nr. 86: Herdenglocken; tiefes Glockengeläut; Pauke. (G. Mahler: 6. Symphonie)

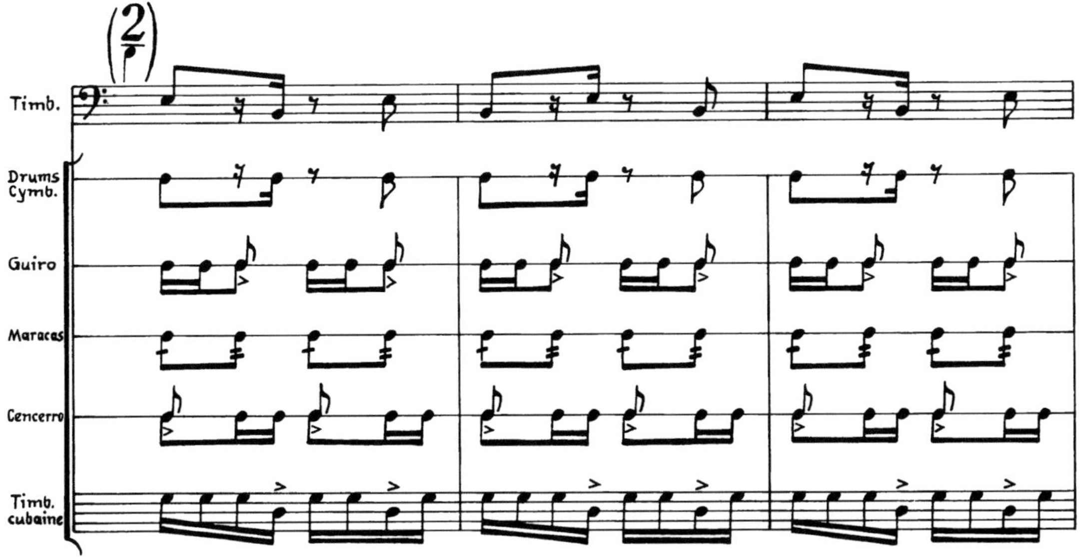

Beispiel Nr. 87: Cencerro; Timbales; Maracas; Guiro; u. a. (P. Sanjuan: Liturgía negra)

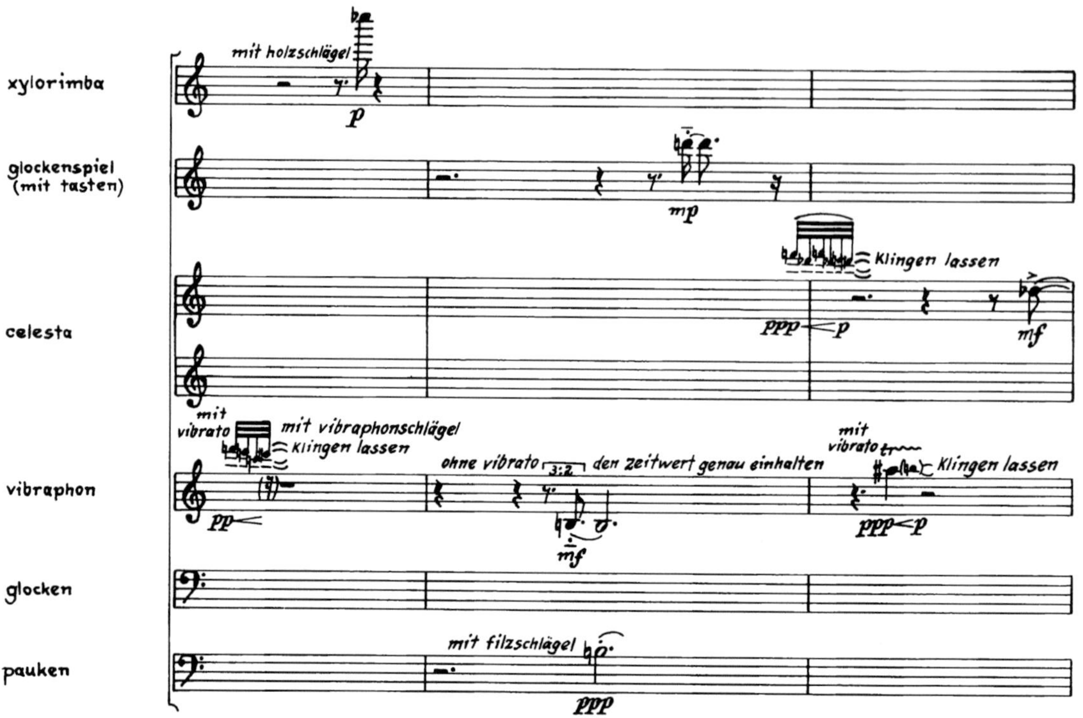
xylorimba
glockenspiel (mit tasten)
celesta
vibraphon
glocken
pauken
mit holzschlägel
p
mp
Klingen lassen
ppp
p
mf
mit vibrato
mit vibraphonschlägel
Klingen lassen
pp
ohne vibrato
3:2
den zeitwert genau einhalten
mf
mit vibrato
Klingen lassen
ppp
p
mit filzschlägel
ppp

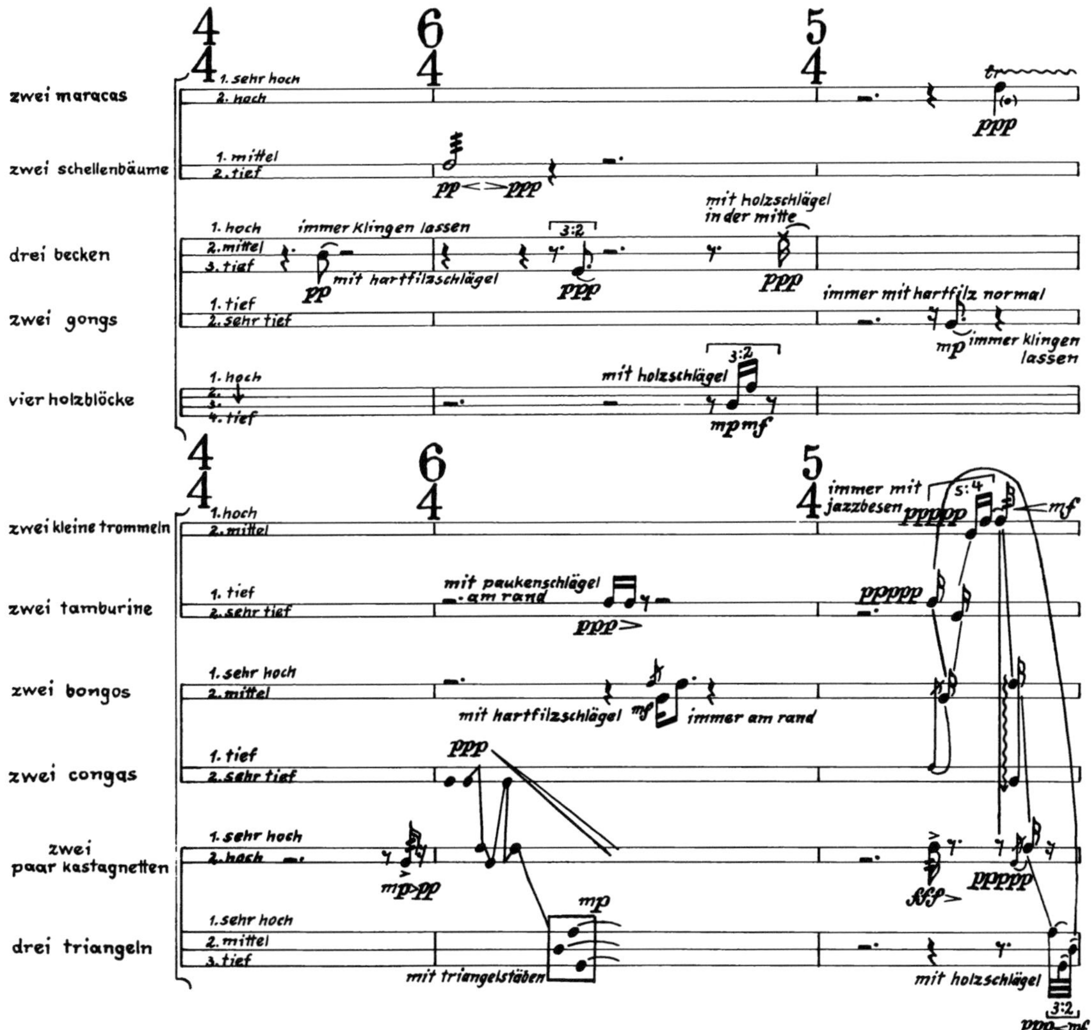

Beispiel Nr. 88: 2 Schellenbäume; 3 Becken; 2 Tamtams (Gongs); Holzblöcke; 2 Kl. Trommeln; 2 Tamburins, mit Paukenschlägeln am Rand geschlagen; 2 Bongos; 2 Congas; 2 Paar Kastagnetten; 3 Triangel; übrige Instrumente.
(Bo Nilsson: Ein irrender Sohn)

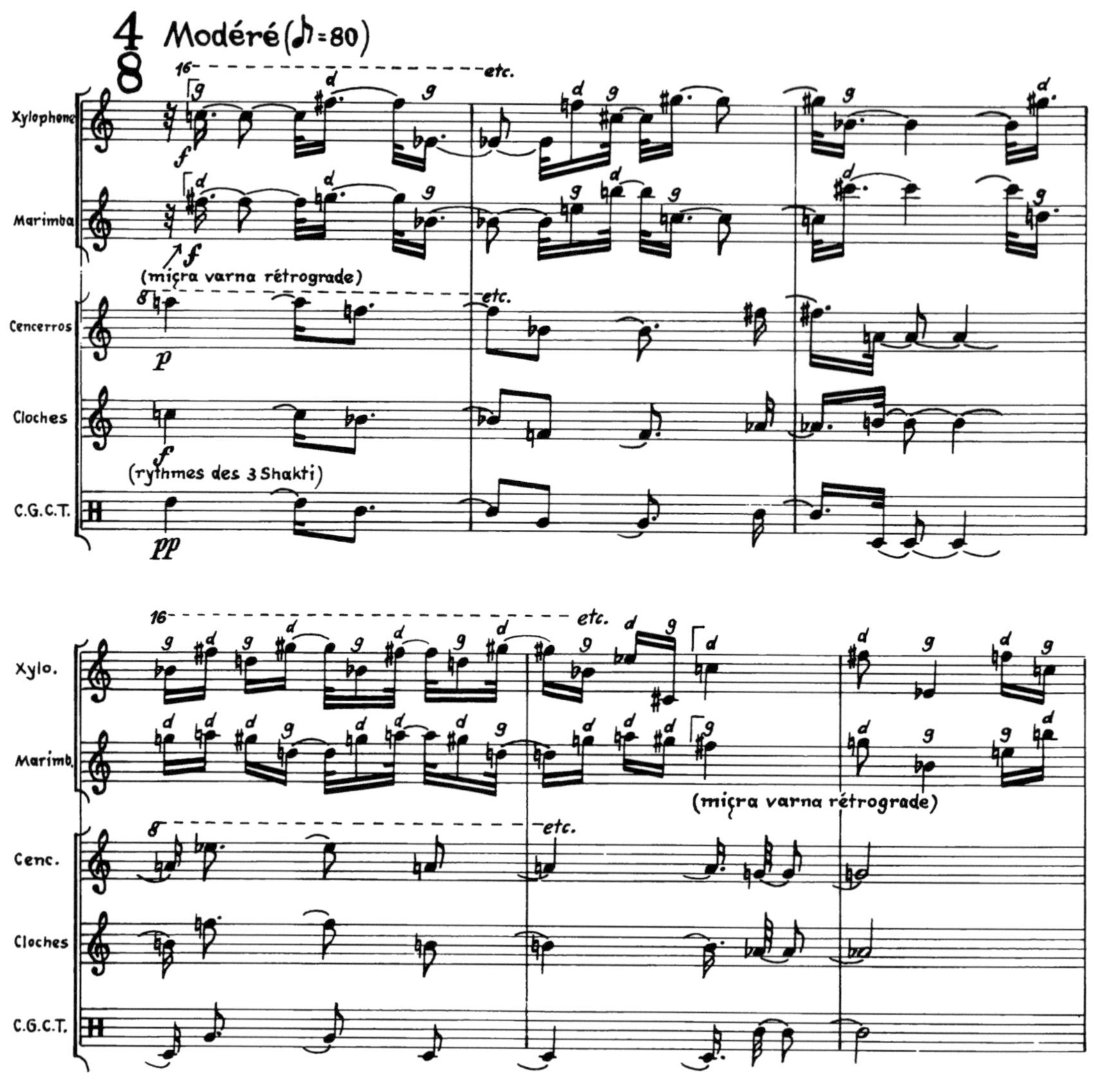

Beispiel Nr. 89: Almglockenspiel (Cencerros); Röhrenglockenspiel (Cloches); 2 kl. türk. Becken (C.); 2 kl. Tamtams (G.); 1 chin. Becken (C.); 2 Tamtams (T.); u. a.
(O. Messiaen: Sept Haïkaï)

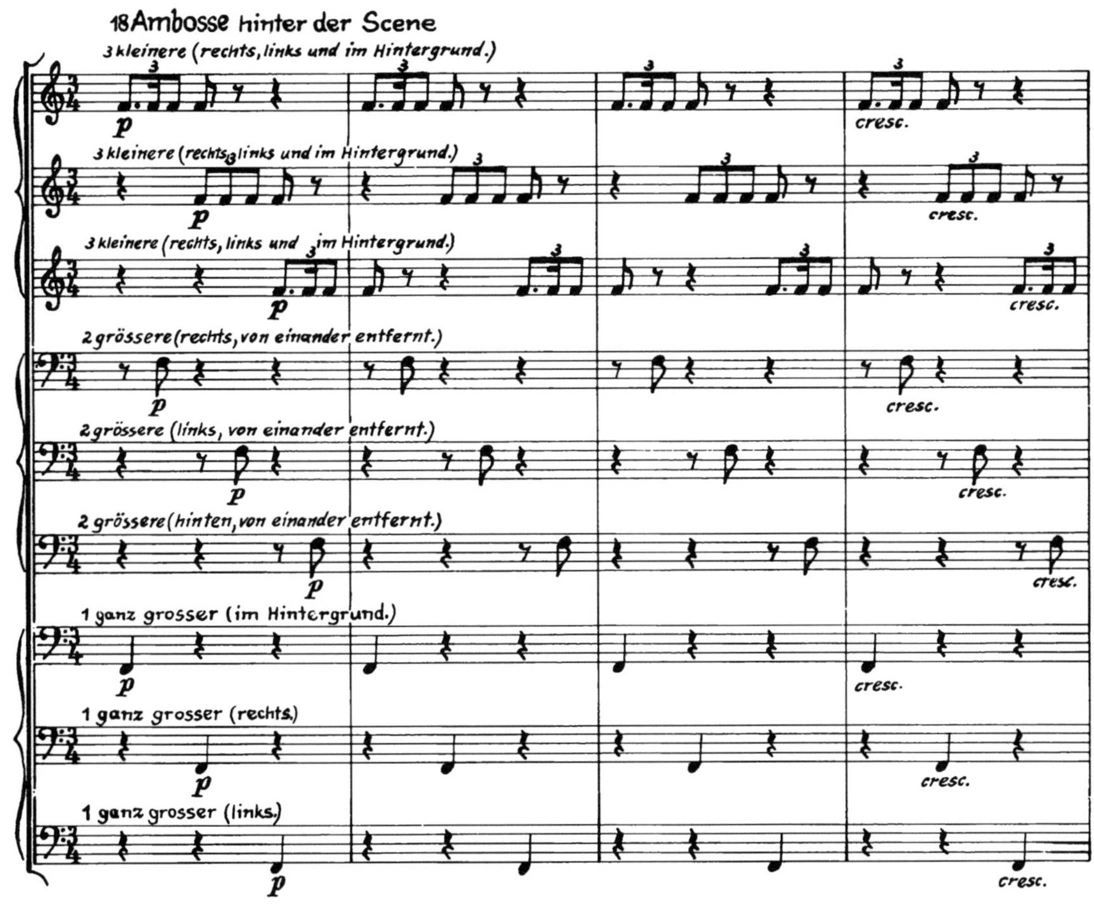

Beispiel Nr. 90: 18 Ambosse.
(R. Wagner: Rheingold)

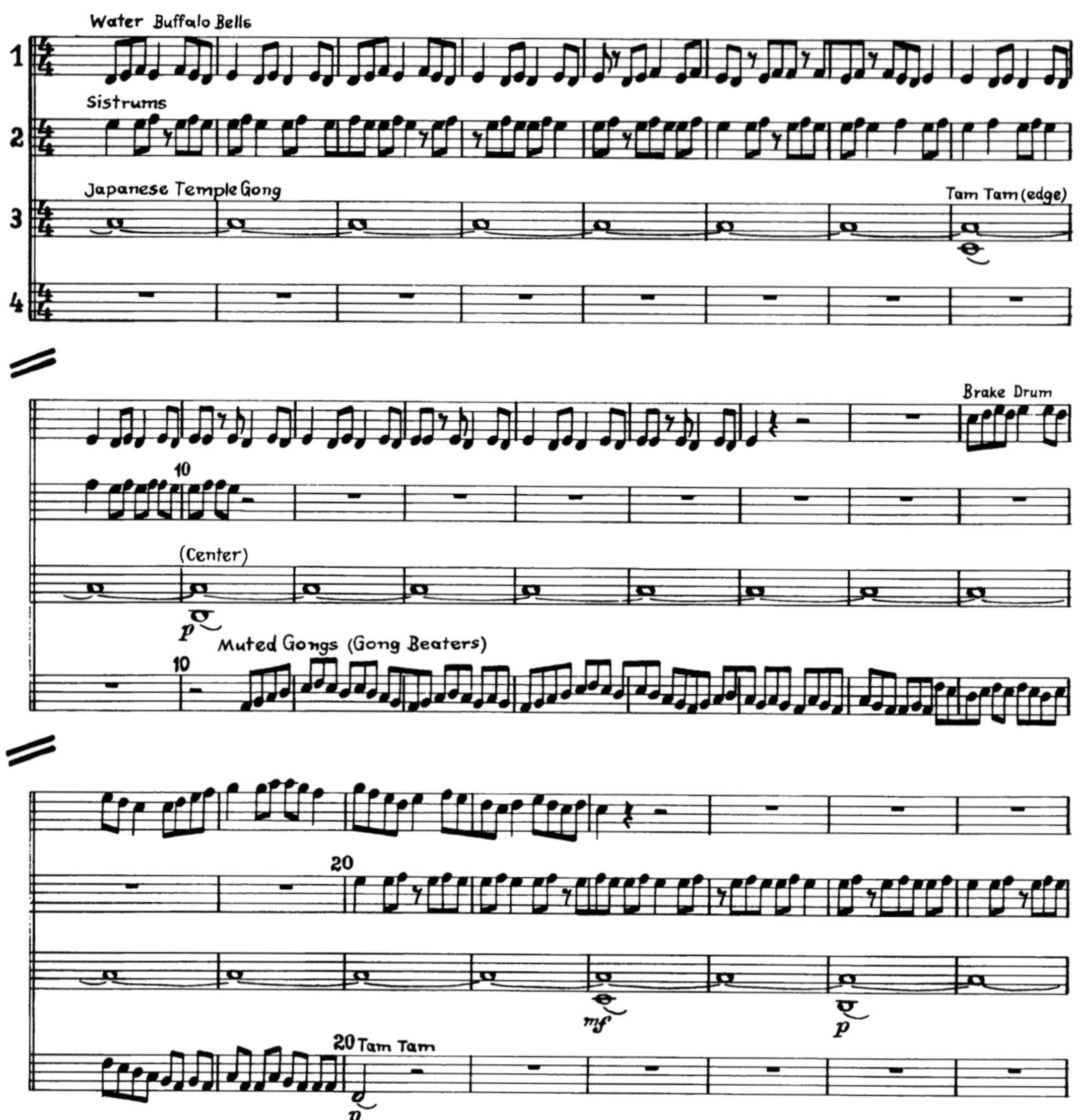

Beispiel Nr. 91: 6 Auto brake drums; 2 Sistren; Gr. Tierschellen (Water buffalo bells); Japanischer Tempelgong (Japanese temple gong); Gedämpfte Gongs (Muted gongs); Tamtam, am Rand (edge) und in der Mitte (center) geschlagen.
(J. Cage & L. Harrison: Double Music)

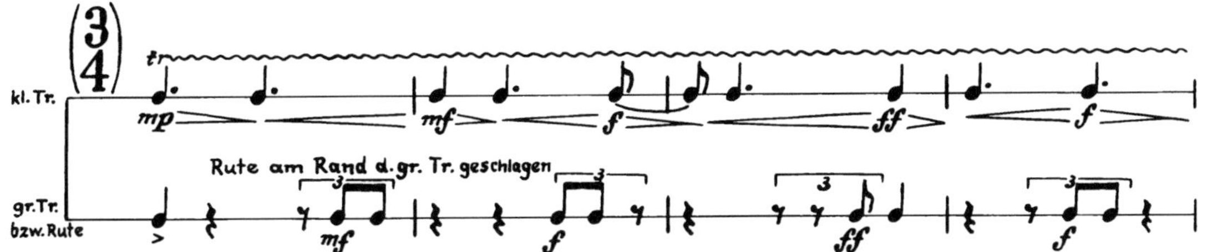

Beispiel Nr. 92: Rute, auf Gr.-Trommel-Zarge geschlagen; Kl. Trommel ohne Saiten (gedämpft). (A. Berg: Wozzeck)

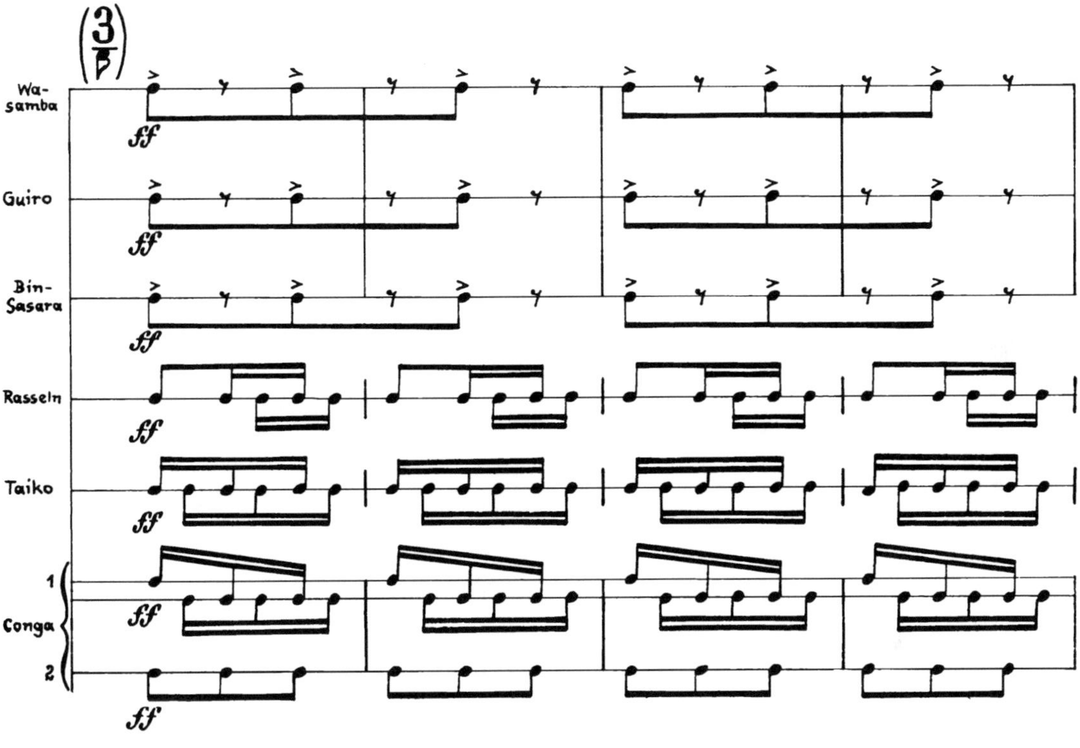

Wa-samba
Guiro
Bin-Sasara
Rasseln
Taiko
Conga 1 2

Beispiel Nr. 93: Wasamba-Rassel; Guiro; Bin-Sasara; Rasseln; Taiko; 2 Congas. (C. Orff: Prometheus)

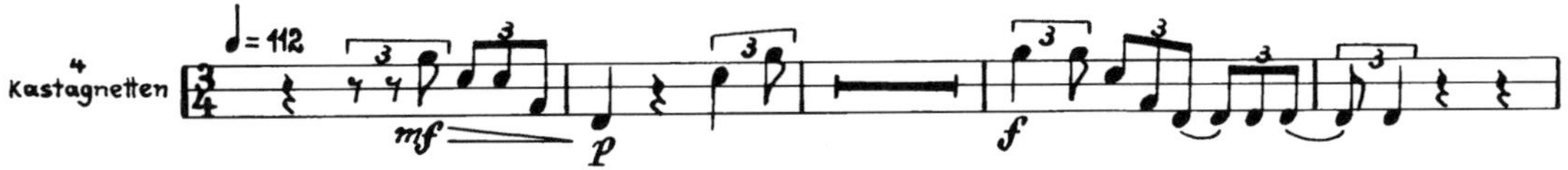

Beispiel Nr. 94: 4 klangverschiedene Kastagnetten. (L. Nono: Der rote Mantel)

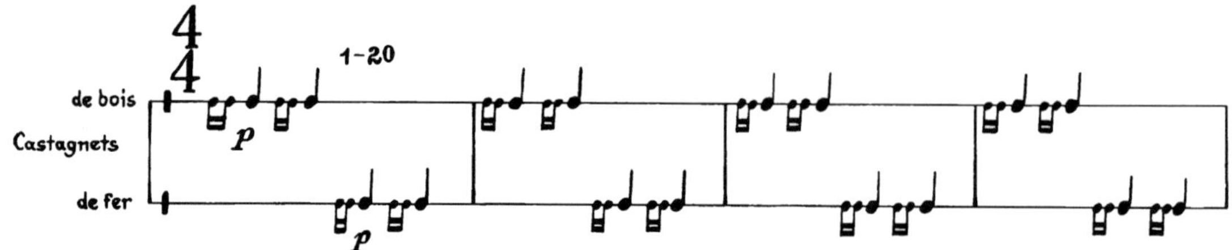

Beispiel Nr. 95: Kastagnetten; Gabelbecken (cast. de fer).
(D. Milhaud: L'homme et son désir)

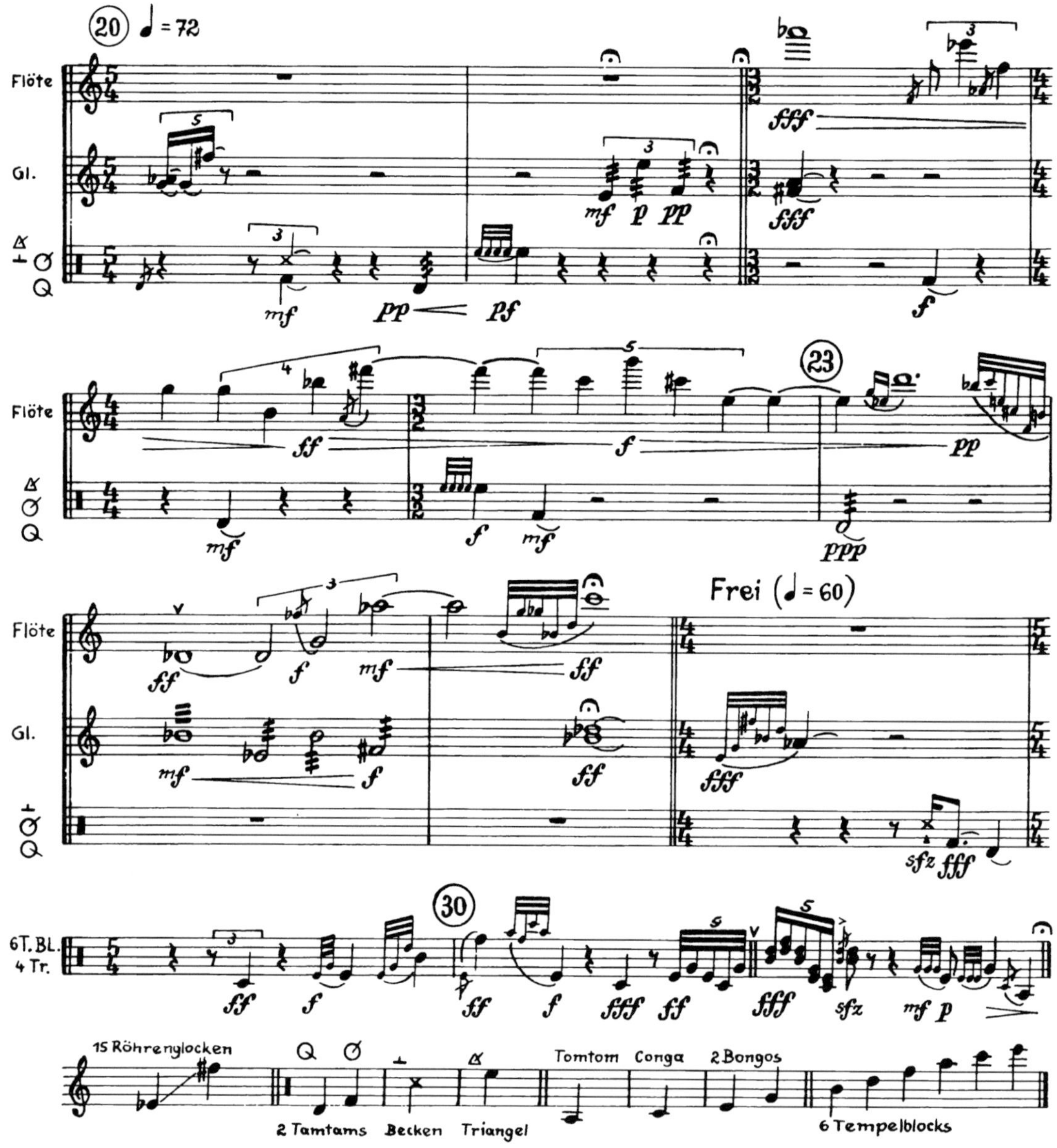

Beispiel Nr. 96: N. Mamangakis: Konstruktionen

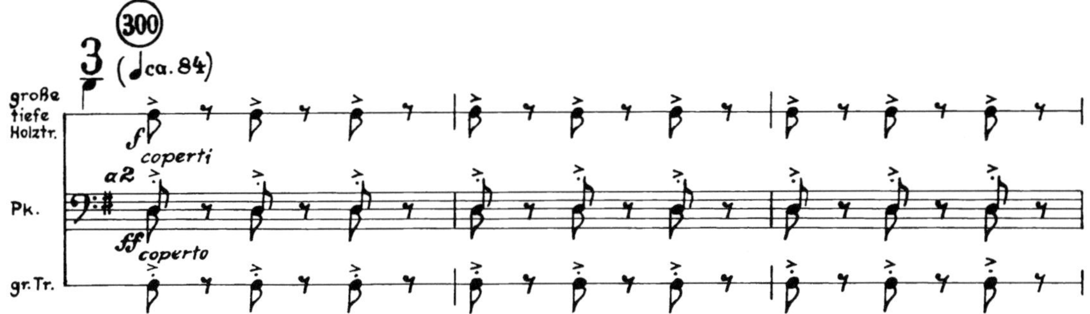

Beispiel Nr. 97: Schlitztrommel (Gr. tiefe Holztr.); Pauken, gedämpft (coperti); Gr. Trommel, gedämpft (coperto).
(C. Orff: Antigonae)

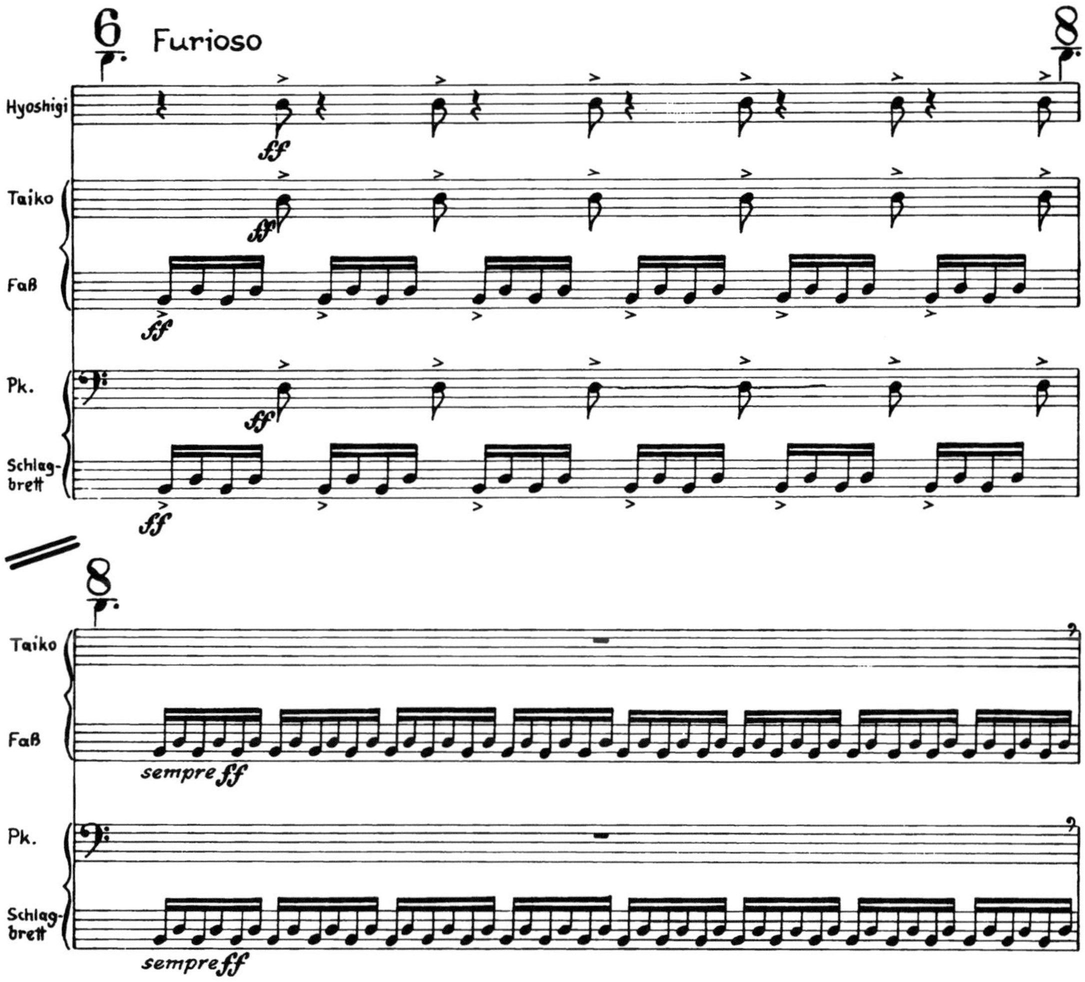

6 Furioso 8
Hyoshigi
ff
Taiko
ff
Faß
ff
Pk.
ff
Schlagbrett
ff

8
Taiko
Faß
sempre ff
Pk.
Schlagbrett
sempre ff

Beispiel Nr. 98: Gegenschlagblöcke (Hyoshigi); Taiko; Holzfaß; Pauken; Schlagbrett.
(C. Orff: Prometheus)

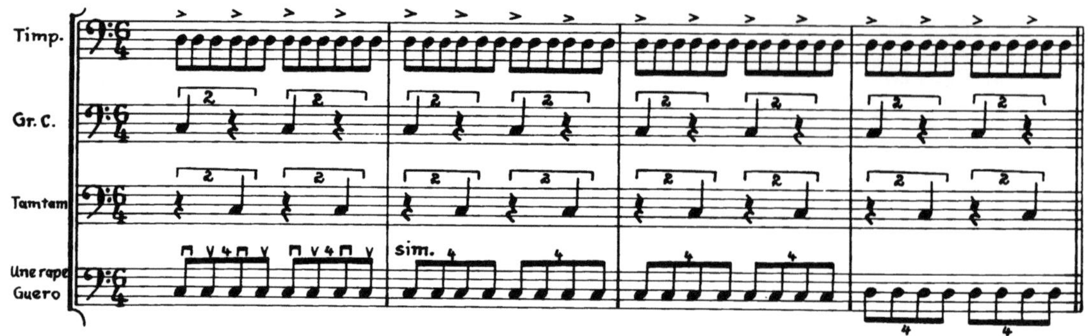

Beispiel Nr. 99: Guiro; übriges Schlagzeug.
(I. Strawinsky: Le Sacre du Printemps)

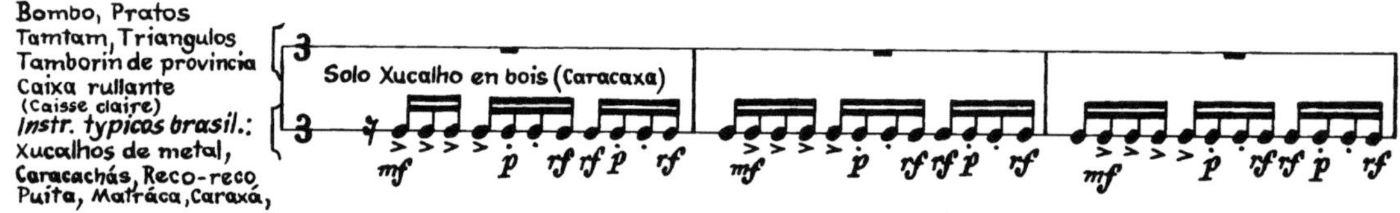

Beispiel Nr. 100: Caracaxa (Schraper aus gezahntem Holz), s. Tabelle der südamerikanischen Schlag- und Geräuschinstrumente.
(H. Villa-Lobos: Choros Nr. 8)

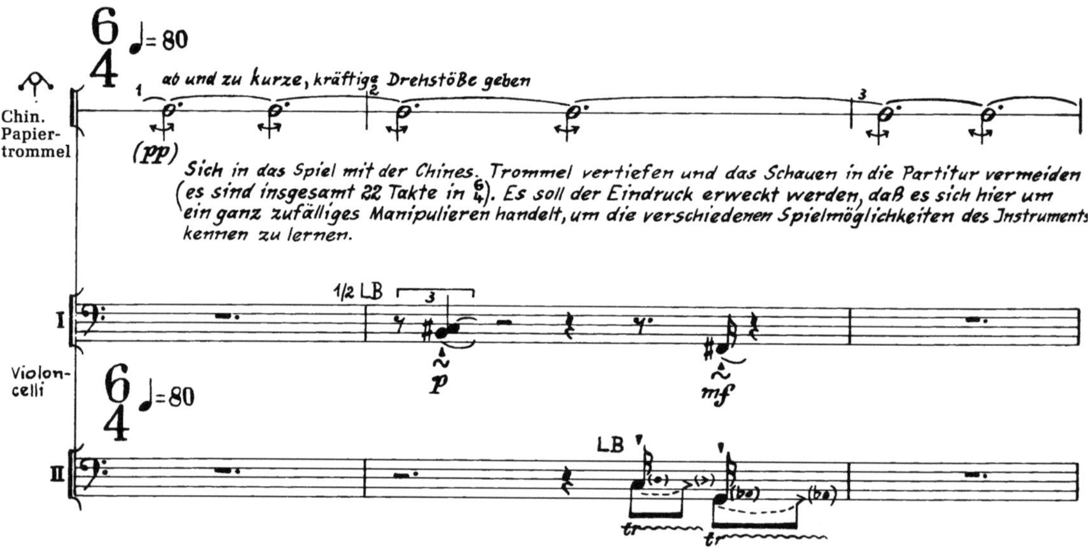

Beispiel Nr. 101: Chinesische Papiertrommel (Rasseltrommel); u. a.
(M. Kagel: „Match für drei Spieler“)

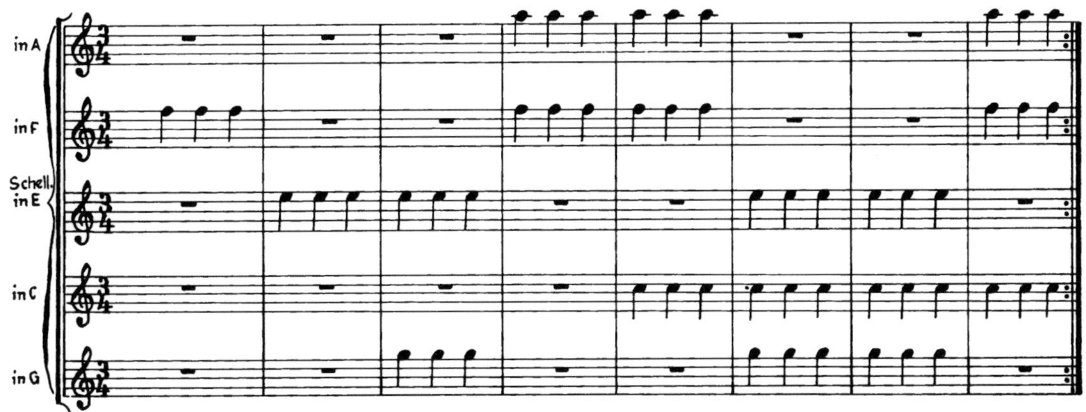

Beispiel Nr. 102: Rollschellen, abgestimmt.
(W. A. Mozart: Schlittenfahrt)

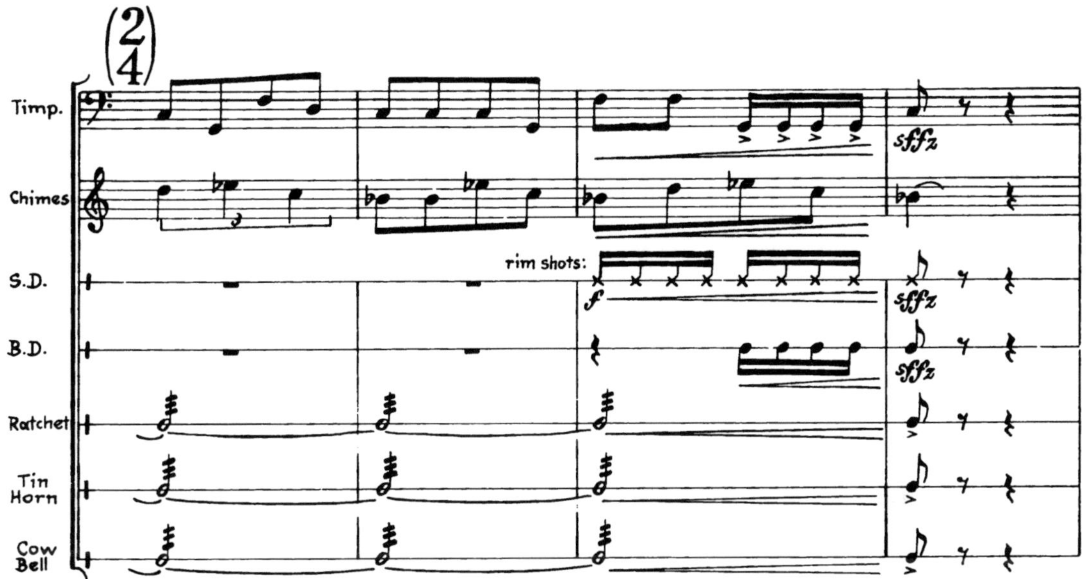

Beispiel Nr. 103: Pauken; Röhrenglocken (Chimes); Kl. Trommel (S. D.), rim shots geschlagen; Gr. Trommel (B. D.); Ratsche (Ratchet); Metallrassel (Tin Horn); Kuhglocke (Cow Bell).
(M. Gould: Declaration-Suite)

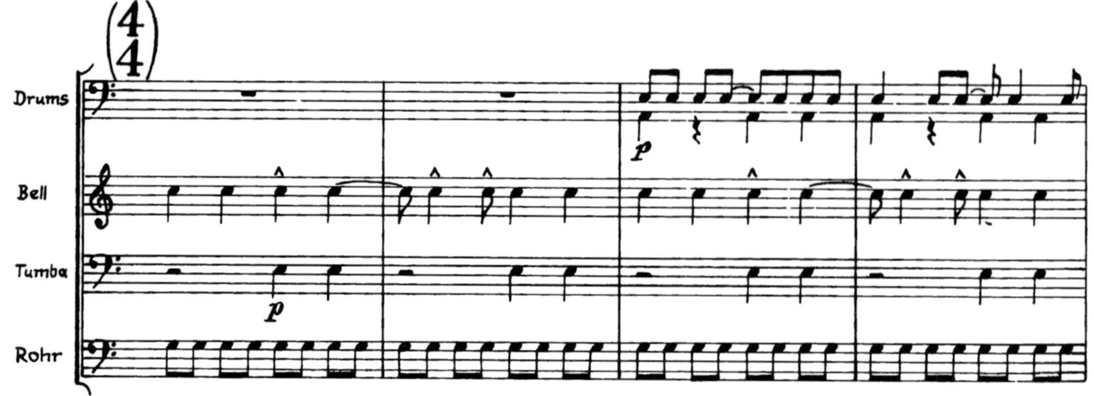

Beispiel Nr. 104: Jazz-Schlagzeug (Drums); Kuhglocke (Bell = Kuhglocke ohne Innenklöppel); Tumba; Schüttelrohr.
(R. Liebermann: Concerto for Jazzband and Symphony Orchestra)

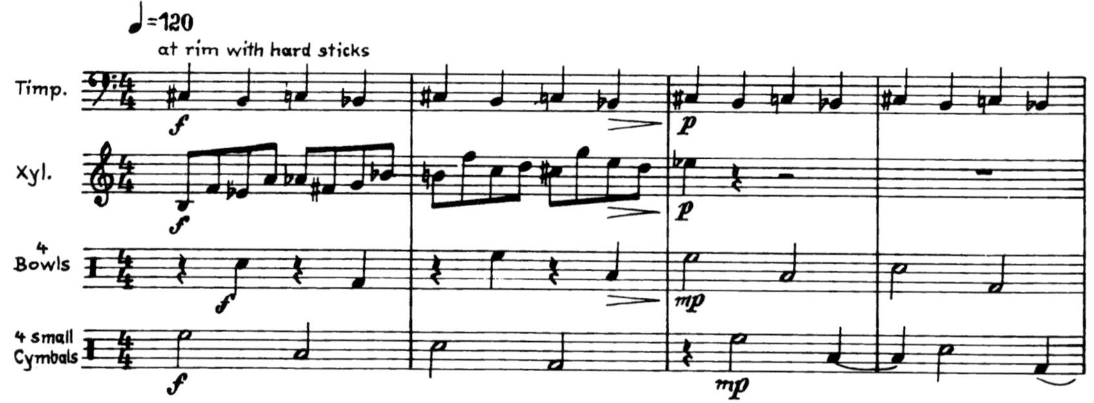

Beispiel Nr. 105: Pauken, am Rand mit Stöcken geschlagen; Xylophon; 4 Glas- oder Porzellanschalen (Bowls) in aufeinander abgestimmten Größen; 4 kleine Becken (small Cymbals), ca. 15 cm Durchmesser (möglichst schwere balinesische Becken), oder Metallröhren hängend oder auf Holzböcken liegend oder eine Trinidad-steel-drum oder etwas ähnliches, das einen hellen metallischen Klang von verschiedener, aber nicht präzis festgelegter Tonhöhe zu produzieren ermöglicht.
(H. Cowell: Symphonie Nr. 11)

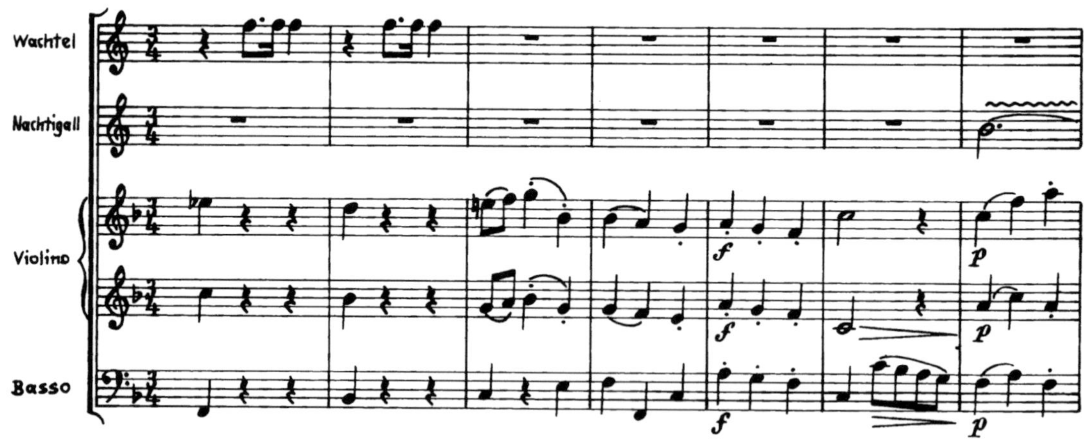

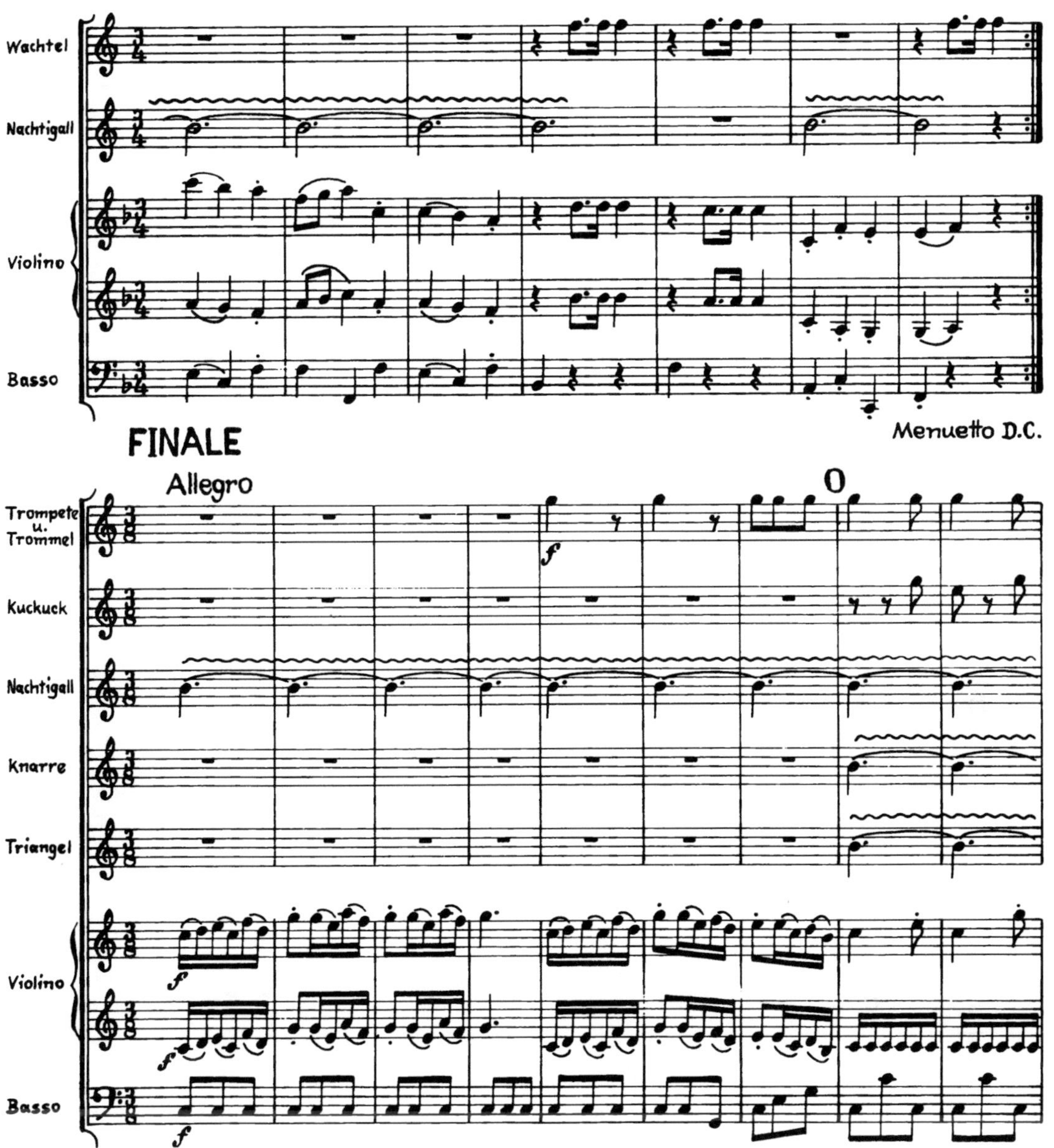

Beispiel Nr. 106: Vogelstimmen; Knarre; Kindertrompete; u. a.
(L. Mozart: Kindersymphonie)

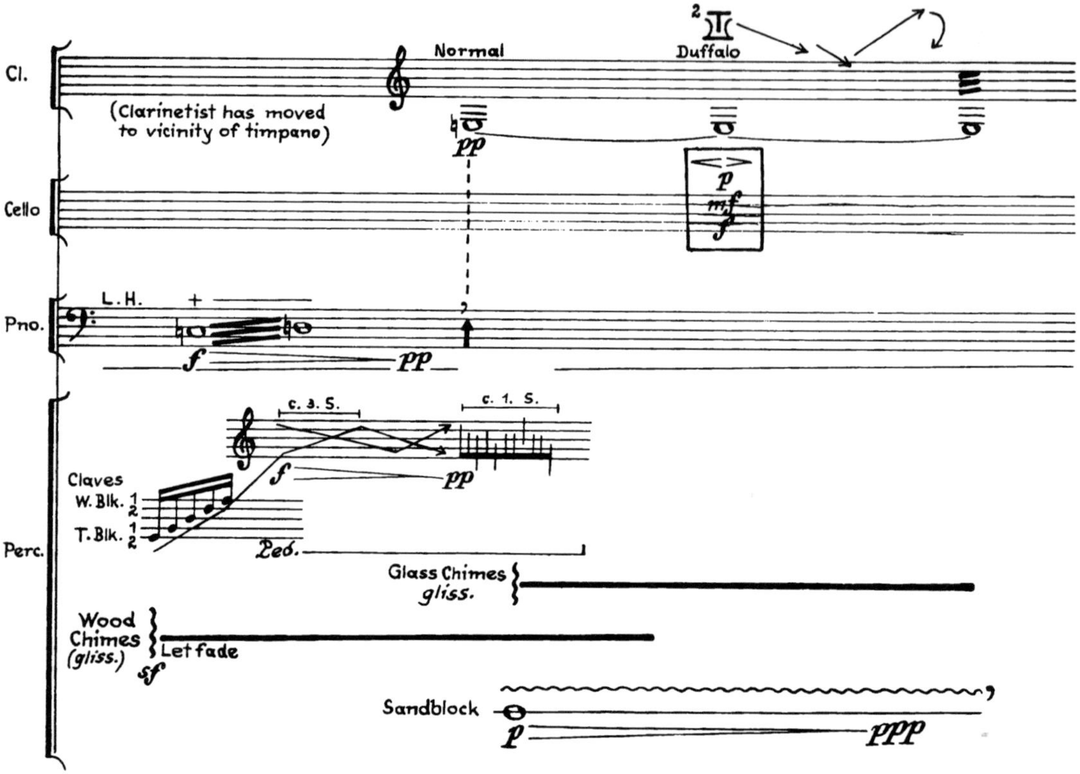

Beispiel Nr. 107: Claves; 2 Holzblocktrommeln; 2 Tempelblöcke (T. Blk.); hängende Glasstäbe oder -plättchen (Glass Chimes); hängende Bambusrohre (Wood Chimes); Sandblock; u. a.
(L. Foss: Echoi)

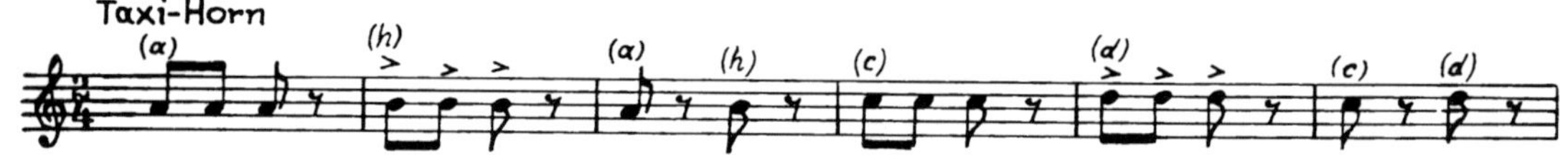

Beispiel Nr. 108: 4 Autohupen.
(G. Gershwin: Ein Amerikaner in Paris)

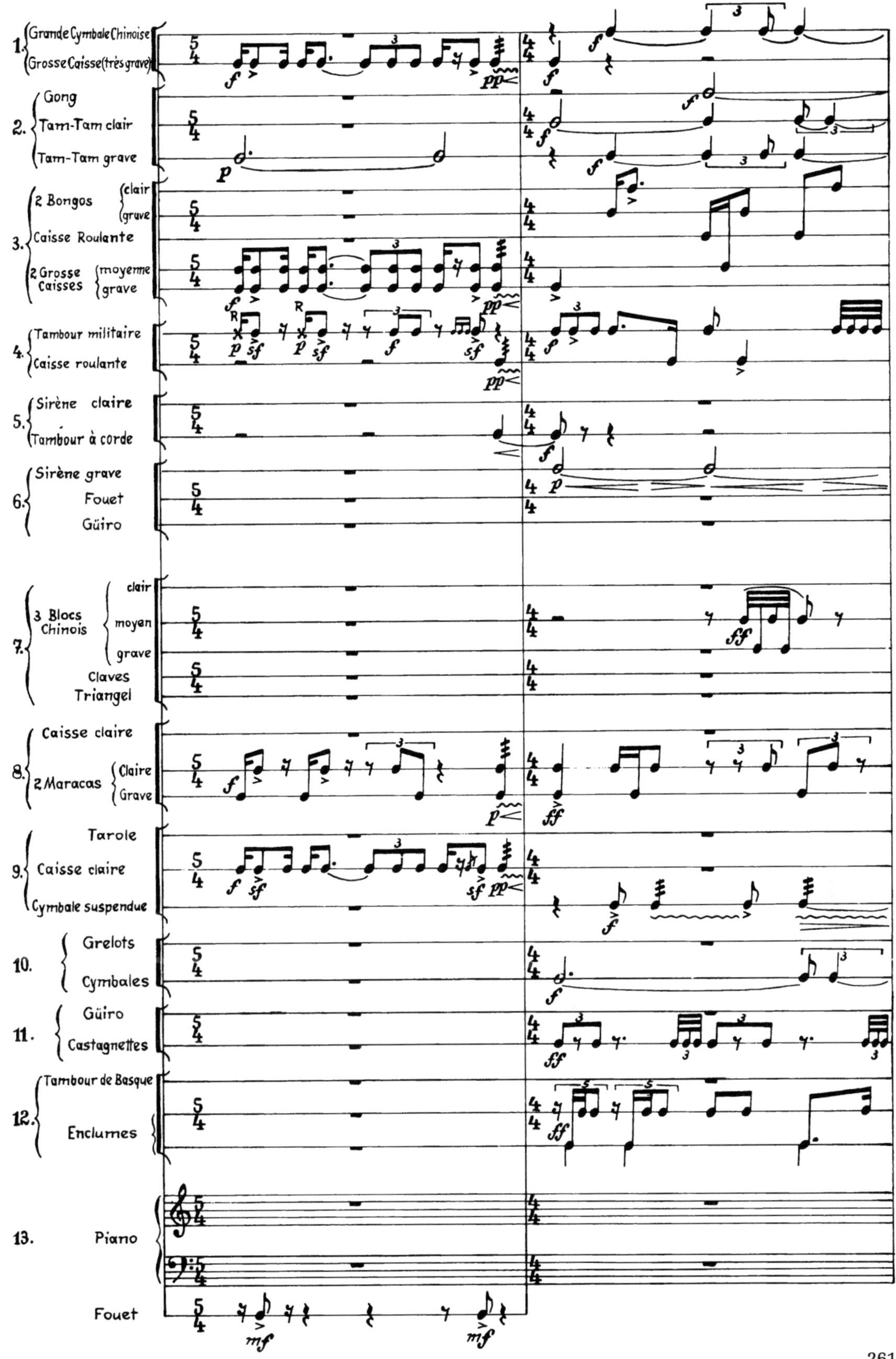
1. Grande Cymbale Chinoise
Grosse Caisse (très grave)
2. Gong
Tam-Tam clair
Tam-Tam grave
3. 2 Bongos clair grave
Caisse Roulante
2 Grosse Caisses moyenne grave
4. Tambour militaire
Caisse roulante
5. Sirène claire
Tambour à corde
6. Sirène grave
Fouet
Güiro
7. 3 Blocs Chinois clair moyen grave
Claves
Triangel
8. Caisse claire
2 Maracas Claire Grave
9. Tarole
Caisse claire
Cymbale suspendue
10. Grelots
Cymbales
11. Güiro
Castagnettes
12. Tambour de Basque
Enclumes
13. Piano
Fouet

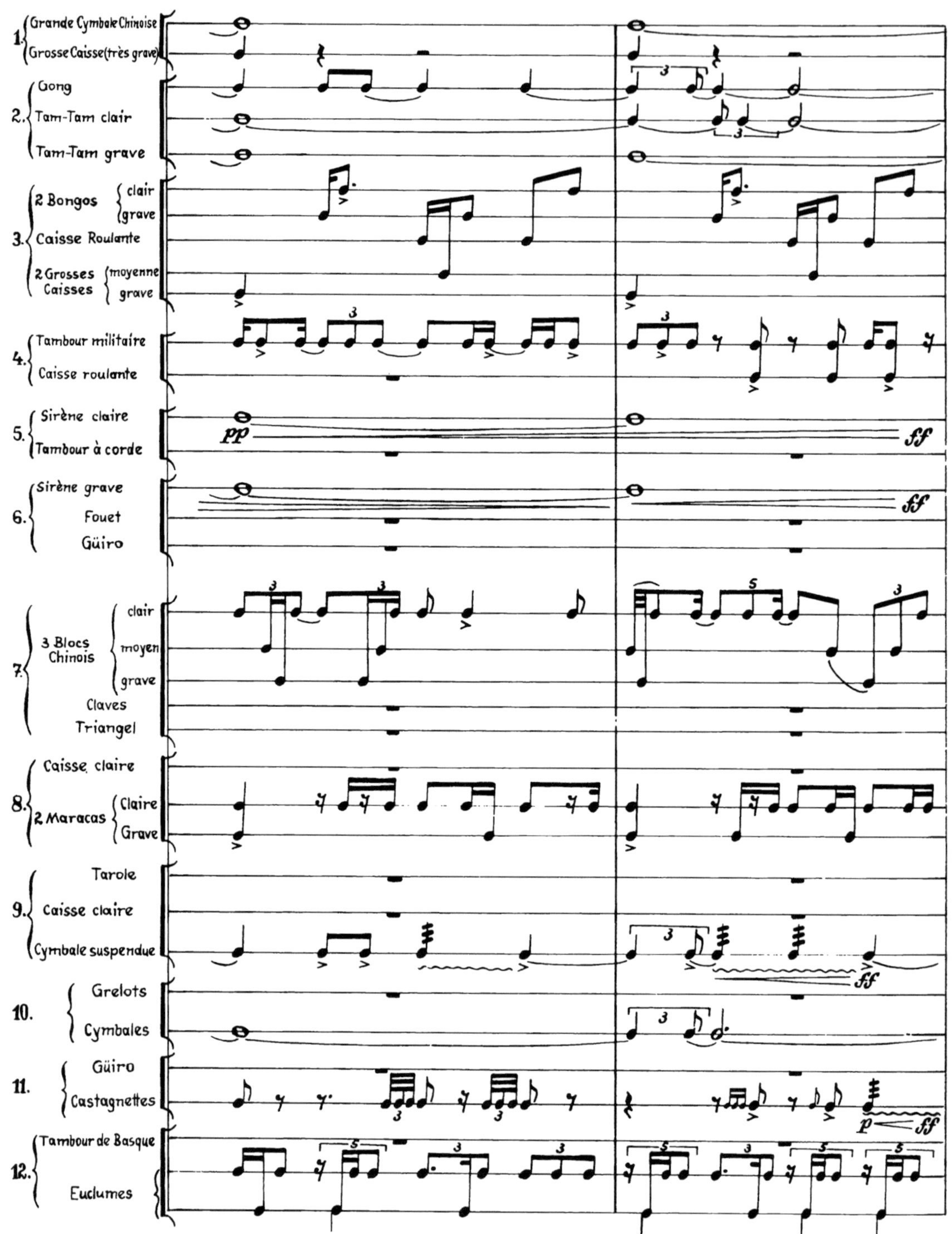

Beispiel Nr. 109: Unterschrift siehe Seite 263 unten

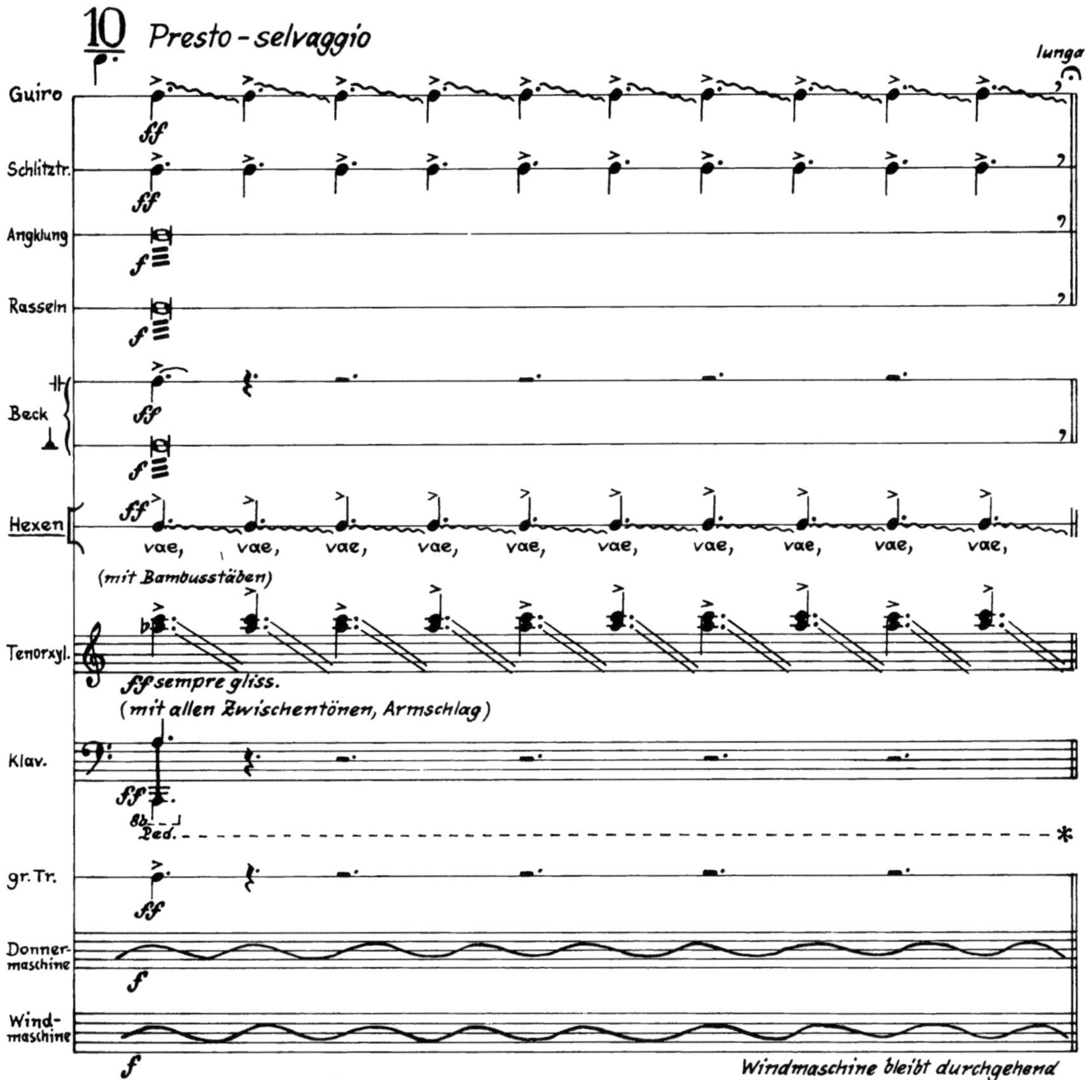

Beispiel Nr. 110: Guiro; Schlitztrommel; Angklung; Rasseln; Becken; Tenorxylophon; Gr. Trommel; Donnermaschine; Windmaschine.
(C. Orff: Weihnachtsspiel)

Beispiel Nr. 109: (Seite 261/262) 1) Chinesisches Becken (Grande Cymbale Chinoise), Gr. Trommel, sehr tief (Grosse Caisse, très grave); 2) Gong, hohes Tamtam (Tamtam clair), tiefes Tamtam (Tamtam grave); 3) 2 Bongos, hoch, tief (clair, grave), Tenortrommel (Caisse Roulante); 2 Gr. Trommeln, mittel ,tief (Grosse Caisse, moyenne, grave); 4) Militärtrommel (Tambour militaire), Rührtrommel (Caisse roulante avec cordes); 5) hohe Sirene (Sirène claire), Brummtopf (Tambour à corde); 6) tiefe Sirene (Sirène grave), Peitsche (Fouet), Guiro; 7) 3 Holztrommeln, hoch, mittel, tief (Blocs chinois, clair, moyen, grave), Claves, Triangel; 8) Kl. Trommel (Caisse claire), 2 Paar Maracas, hoch, tief (clair, grave); 9) Tarol-Trommel (Tarole), Kl. Trommel (Caisse claire), hängendes Becken (Cymbale suspendue); 10) Schellen (Grelots), Becken (Cymbales); 11) Guiro, Kastagnetten; 12) Schellentrommel (Tambour de basque), Ambosse (Enclumes); 13) Piano, Peitsche (Fouet).
(E. Varèse: Ionisation)

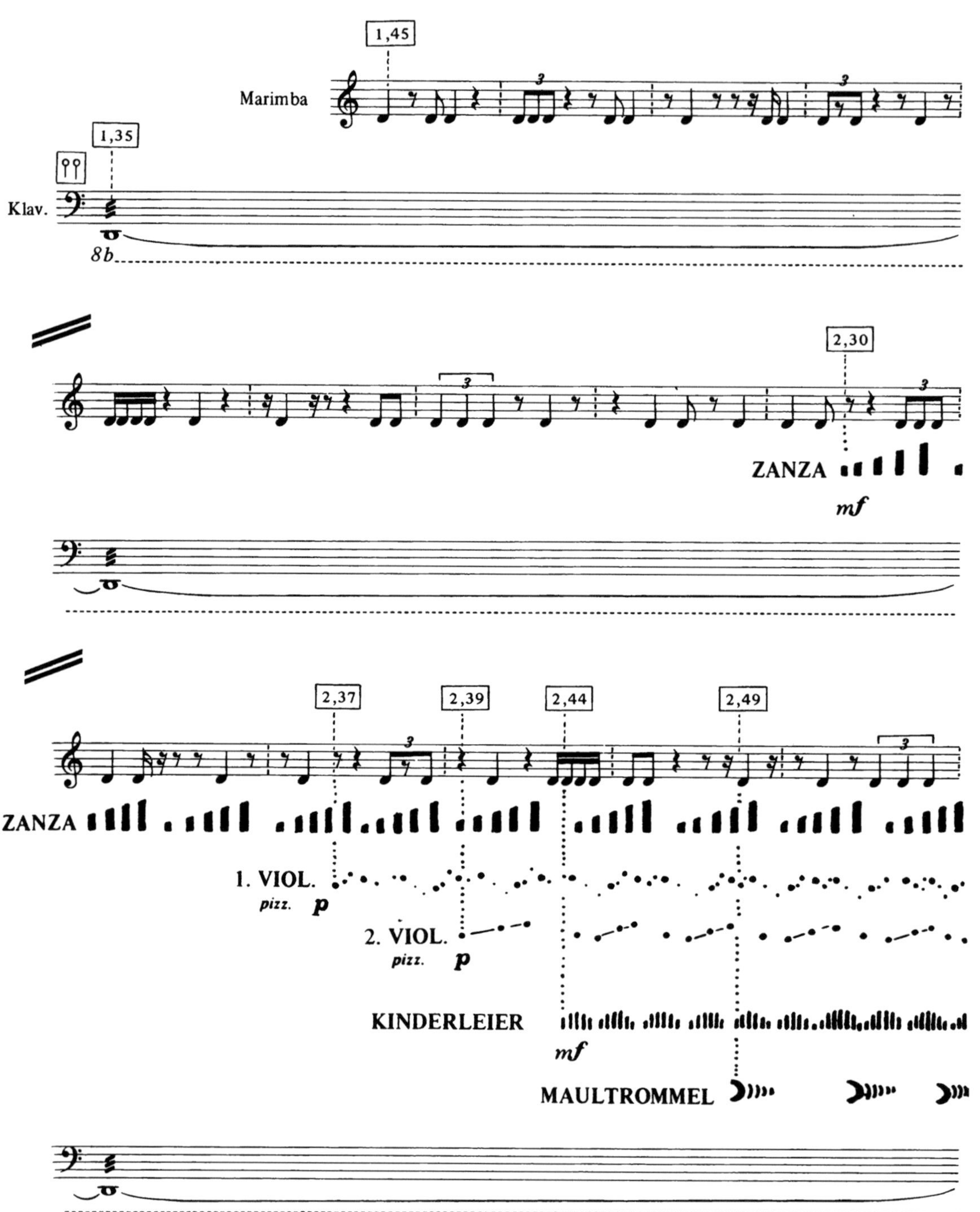

Beispiel Nr. 111: Marimba; Zanza; 1., 2. Violine. Kinderleier; Maultrommel; Klavier. (W. Haupt: Lasermusik)

LITERATUR

Altenburg, J. E.	Versuch einer Anleitung zur heroisch-musikalischen Trompeter- und Paukerkunst Halle 1795 / Faksimileausgabe Leipzig 1972
Ankermann, B.	Die afrikanischen Musikinstrumente Berlin 1901
Avgerinos, G.	Lexikon der Pauke Frankfurt 1964
Avgerinos, G.	Handbuch der Schlag- und Effektinstrumente Frankfurt 1967
Baines, A.	Musikinstrumente München 1962
Bartlett, H. R.	Guide to Teaching Percussion Dubuque 1964
Benvenga, N.	Timpani and Timpanist's Art: Technical and Musical Evolution in the 19th and 20th Centuries (Diss.) Göteborg 1979
Blades, J.	Orchestral Percussion Technique London 1961
Blades, J.	Das Schlagzeug, in: Musikinstrumente, herausgegeben von A. Baines, übersetzt von E. Maschat und A. Ott München 1962
Blades, J.	Percussions Instruments and their History London 1970
Bragard, R. – Den Hen, F. J.	Musikinstrumente aus zwei Jahrtausenden Stuttgart 1968
Buchner, A.	Musikinstrumente im Wandel der Zeiten Hanau 1962
Buchner, A.	Musikinstrumente der Völker Prag 1969
Buchner, A.	Musikinstrumente von den Anfängen bis zur Gegenwart Prag 1972
Casella, A. – Mortari, V.	Die Technik des modernen Orchesters Mailand 1961
Caskel, Ch.	Schlaginstrumente, in: Musik in Geschichte und Gegenwart – Band 11 Kassel 1965
Dauer, A.	Der Jazz Kassel 1958
Degele, L.	Die Militärmusik, ihr Werden und Wesen Wolfenbüttel 1937
Dupin, F.	Lexique de la Percussion Paris 1971
Fink, S.	Tabulatur 72 für Schlaginstrumente Hamburg 1972

Firth, V. — Percussion Symposium
New York 1966

Gradenwitz, P. — Musik zwischen Orient und Okzident
Wilhelmshaven 1977

Gschwendtner, H. — Abc der Schlaginstrumente in der Schulpraxis
Wien 1977

Heins, E. – Raab, C. — Weltkulturen und moderne Kunst – Ausstellungskatalog. Beiträge:
Gamelan – die Orchestermusik Javas und Balis.
Die Musik der Neger in Lateinamerika.
Afrikanische und afro-amerikanische Instrumente – ihre Verwendung im Jazz und in der neueren westlichen Musik.
München 1972

Hornbostel, E. M. von – Sachs, C. — Systematik der Musikinstrumente
Berlin 1914

Janata, A. — Außereuropäische Musikinstrumente, Katalog Museum für Völkerkunde
Wien 1961

Kotonski, W. — Schlaginstrumente im modernen Orchester
Mainz 1968

Kunitz, H. — Die Instrumentation, Teil X: Schlaginstrumente
Leipzig 1960

Kwabena Niketia, J. H. — Die Musik Afrikas
Wilhelmshaven 1979

Ludwig Drum Comp. — The Ludwig Drummer
Chikago 1964

Malm, W. P. — Japanese Music and Musical Instruments
Tokio 1959

Marfurt, L. — Musik in Afrika
München 1957

Pape, W. — Instrumentenhandbuch
Köln 1971

Parch, H. — Genesis of a Music
Wisconsin 1949

Paliev, D. — Schlaginstrumente, Methodik im Unterricht
Sofia 1970

Prieberg, F. — Lexikon der Neuen Musik
Freiburg/München 1958

Prieberg, F. — Musica ex Machina
Frankfurt 1960

Read, G. — Thesaurus of Orchestral Devices
London 1953

Reinhard, K. — Chinesische Musik
Kassel 1956

Richards, E. — World of Percussion
Sherman Oaks 1972

Robertson, D. — Tabla, a rhythmic introduction to indian music
New York 1968

Sachs, C. — Reallexikon der Musikinstrumente
Berlin 1913

Sachs, C. — Handbuch der Musikinstrumentenkunde
Leipzig 1920

Sachs, C. — Die Musikinstrumente des alten Ägyptens
Berlin 1921

Sachs, C. — Die Musikinstrumente Indiens und Indonesiens
Berlin 1923

Sachs, C. — Geist und Werden der Musikinstrumente
Berlin 1929

Sachs, C. — The History of Musical Instruments
New York 1940

Seeger, P. — Steel drums, how to play them and make them
New York 1961

Smith Brindle, R. — Contemporary Percussion
London 1970

Stockhausen, K. H. — Texte zu eigenen Werken, zur Kunst Anderer, Aktuelles – Band II
Köln 1964

Tobischek, H. — Die Pauke, ihre spiel- und bautechnische Entwicklung in der Neuzeit
Tutzing 1977

Touma, H. H. — Die Musik der Araber
Wilhelmshaven 1975

Valentin, E. — Handbuch der Instrumentenkunde
Regensburg 1954

White, C. L. — Drums through the Ages
Los Angeles 1960

Wieschhoff, H. — Die afrikanischen Trommeln und ihre außerafrikanischen Beziehungen
Stuttgart 1933

NAMEN- UND SACHREGISTER

*Die mit einem * versehenen Zahlen geben die Seiten mit Abbildungen an.*

Abdämpfen 32, 66, 74, 75, 118, 125, 140, 144
Adam, A. 152
Aelophon 16
Aéoline 16
Aerophone 29
African drum(s) 12, 122
Afoche 194
Afoxe 194
Afro-cuban 144
Afuche 173*, 194
Agogo 13, 193
Alarm-bell 13
Alarmglocke 7, 13, 147*
Albero di sonagli 13
Almglocken(spiel) 6, 7, 13, 18, 90, 143, 144, 145, 175
Altmexikanische Holztrommel 163
Altenburg, J. E. 265
Ambira 192
Amboß 7, 13, 31, 90, 149*
Angklung 7, 15, 90, 169, 174*, 175
Ankermann, B. 265
Anschlagmittel 5, 19 ff., 31 f., 38, 46, 51, 55, 59, 62, 77, 80, 85, 87, 88, 89, 91, 105, 106, 107, 110, 117, 122, 127, 129, 131, 135, 138, 140, 143, 145 149, 161, 162, 164
Anschlagrasseln 7, 90
Anschlagstäbchen 24*
Antheil, G. 190
Antique cymbals 10
Antoniou, Th. 31, 196
Anvil 13
Arabican drum 12
Arabische Trommel 12, 115, 116*
Arenaiuolo 15, 179
Armonica di vetro 11
Atari-gane 143
Auber, D. 95
Ausgehöhlter Baumstamm 119, 193
Außergewöhnliche Verwendung der Anschlagmittel 5, 19 ff.
Auto-brake-drums 7, 13, 149, 150*
Auto-horn 16
Autohupe 8, 15, 186*
Avgerinos, G. 265
Ayacaxtli 194

Bacchette di vetro sospese 14
Bach, J. S. 54
Baguette de verre suspendue 14
Baines, A. 265
Baisse drum 12
Bak 7, 14, 151, 153*
Balais de metal 59
Bambola 193
Bambou brésilien 15
Bambou suspendue 14
Bambú brasileno 7, 166, 168*
Bambu brasiliano 15
Bambú sospeso 14
Bambusraspel 7, 14, 166, 168*
Bambusrohr 43, 45, 151, 155, 166, 168, 169, 175
Bambusrohre hängend 14, 181*, 182
Bambusrute 27, 151*, 169
Bambusstäbe 151, 155, 181, 188
Bambusspiele 31, 108, 175
Bambustrommel 6, 12, 108
Banya 121*
Baril de bois 14
Baril de sake 14
Barile di legno 14, 165
Barile di sake 14
Barra di sospensione con i sonagli 13
Bartlett, H. R. 265
Bartók, B. 38, 39, 40, 47, 98, 105, 130, 133, 136, 197
Basler Trommel(n) 6, 11, 91, 93, 94*
Bass drum 12, 103*, 121
Basse de flandres 15
Baßholztrommel 90, 163, 164*
Baßmetallophon 61*, 86, 89*
Baßxylophon 5, 10, 49*, 86, 88, 164
Baßxylophonschlägel 21*
Batterie 122, 138
Beat-board 14
Beck, J. 265
Becken (balinesische) 258
Becken (einzeln) 7, 18, 29, 31, 32, 99, 122, 129, 131 ff., 133, 134*, 141, 144, 184
Becken, chinesische 7, 13, 18, 131, 138*
Becken-Fußmaschine 7, 13, 18, 131, 137*, 138
Becken-Paare 7, 12, 18, 29, 103, 131 f., 133*, 134, 138
Beckenrandschläge 99, 135
Beckenwirbel 133, 135
Beethoven, L. van 36, 79, 95, 132, 166, 189
Beguine 128, 144
Beinklapper 14
Bell chimes 10
Bells 10

Bell-tree 13
Benennung der Instrumente 5, 10
Benvenga, N. 265
Berg, A. 40, 45, 56, 59, 81, 126, 133, 151, 162, 165, 200, 201
Berger, Th. 47, 60, 76
Berio, L. 32, 61, 121, 136, 138, 145, 151, 155, 159, 164, 168, 178, 181, 182, 186, 191, 196, 197, 200
Berlioz, H. 39, 40, 63, 64, 103, 111, 112, 133, 196
Beschaffenheit der Anschlagmittel 19 f.
Besen 19, 27*, 99, 136
Bicchiero di vetro 11
Big drum 12
Bin-Sasara 7, 14, 151, 153*
Bird-pipe 15
Bird-whistle 15
Blomdahl, K.-B. 168
Bizet, G. 92, 111, 157
Blacher, B. 112
Bladder and strings 15
Blades, J. 265
Blarr, O. 60
Blechtrommel 11
Blocco di legno 14
Blocco di legno coreano 14
Bloc de bois 14
Bloc de métal 13
Bloc en bois 14
Blocs chinois 14
Bohnenschote 178, 179*
Boi 193
Boito, A. 71
Bolero 128
Bombo 192
Bones 7, 13, 151, 153*
Bonghi 12
Bongo drums 12
Bongo-organ 126
Bongos 12, 117 f., 118*, 127, 129, 154
Bongo-Trommeln 6, 12, 18, 90, 108, 115, 117
Boo-Bam 6, 12, 90, 108*, 109
Boo-Bam-Spiel 5, 108, 109*
Bottiija 194
Boulez, P. 45, 48, 49, 57, 59, 60, 64, 74, 76, 119, 145, 178
Bourdon 12
Bouteillophon(e) 6, 11, 79, 80*
Bozza 40
Bragard, R. 265
Bratpfannen aus Stahl 142*, 143
Brazilian Bambu 15
Bremstrommeln 150*
Brettchenklapper 7, 13, 151, 153*
Britten, B. 35, 40, 47, 60, 64, 76, 96, 120, 146, 150, 152, 196
Bronzeblechgehämmertes Tamtam 139, 140*
Bronzeglocken 5, 69, 70*, 90, 148
Bronzeguß-Tamtam 139, 140, 141*
Bronzeschellen 145
Bruit de sonnailles des troupeaux 13
Bruit de tole 15
Brummtopf 6, 12, 113 f.*, 114*, 115
Brushes-Technik 99
Buchner, A. 265
Buckelgong 11, 30, 64*, 65, 139
Bühnengeläute 75
Bühnenrequisit 152, 183, 190
Büromaschinen 8, 80, 190
Büttner, F. 40
Bumbaß 8, 15, 183, 184*
Buttibu 12

Cabaqinha 192
Cabaza 7, 15, 169, 173*, 175
Caccavella 12
Cage, J. 66, 86, 115, 126, 138, 142, 145, 150, 161, 163, 171, 173, 183, 200, 201
Caisse claire 11, 97, 98, 102
Caisse roulante 11, 95, 98
Caixa 192
Caixa de campanha 192
Caixa de rufo 192
Caixeta 193
Caxixi 194
Calotten 5, 70, 71
Calypso (Tanz) 172
Calypsotrommel 11, 66 f.
Campainha 192
Campanaccio di metallo 13
Campana di legno 14
Campane 76
Campana d'allarme 13
Campane da pastore 13
Campana gravi 12
Campana in lastra di metallo 12
Campanelle da messa 13
Campanelli 10, 30, 56
Campanelli a tastiera 10
Campanelli giapponese 5, 60*
Campanello d'allarme 13
Campane tubolari 12
Campanuela 192
Cannon(e) 16
Canon 16
Caracacha 194
Caracaxa 194
Caraxa 194
Cariglione 10
Carillon 10, 54, 56

Carimbo 193
Carraca 193
Carrilhao 192
Carta sabbiata 15
Carta vetrata 15
Carter, E. 40, 108, 162, 168, 178, 199
Cascabeles 194
Cascavels 194
Cascel, Ch. 265
Casella, A. 265
Cassa chiara 97
Cassa di legno 14
Cassa rullante 11
Cassa sola 103, 132
Cassettina di legno 14
Castagnette 14
Castagnette di ferro 14
Castagnettes 14
Castagnettes de fer 14, 158
Castanets 14
Castaneta 155
Castanhetas 193
Castiglioni, N. 189
Cataca 194
Catena 15
Catuba 12
Caxambu 193
Celesta 5, 10, 17, 48, 53, 57 f.
Cencerro 7, 13, 144
Cerha, F. 183
Chabrier, E. 85
Chailley, J. 90, 107, 199
Chain 15
Chaine 15
Chapeau chinois 13
Charleston-Beckenmaschine 13, 137*, 138
Charpentier, G. 58, 95, 159, 177
Chatschaturjan, A. 47, 78, 81, 198, 199
Chavez, C. 98, 108, 155, 168, 178, 180
Chimes 10
Chinese block(s) 14, 159
Chinese cymbal 13
Chinese tom-tom 12
Chinese wood-block 159
Chinesische Holztrommeln 122
Chinesische Papiertrommel 175
Chinesische Rasseltrommel 175*
Chinesische(s) Becken 13, 138*
Chinesische Tom-Toms 6, 12, 18, 122, 123*, 125
Chocalho 8, 15, 179*, 193, 194
Chocalho de madeira 194
Chocalho de metal 193
Chordophone 29
Chucalhos 179
Cimbales antiques 63
Cimbali antichi 10
Cimbalini 14
Cinelli 12
Clacson 15
Claves 7, 13, 18, 69, 151, 154*, 155, 162
Claves-Wirbel 155
Clementi, A. 168, 171
Cliquette 13
Cloche 11
Cloche en lame de metal 11
Clochette 13
Clochettes a mains 13
Clochettes pour la messe 13
Coconut shells 15
Cocteau, J. 80, 107
Colgrass, M. 102, 127
Conga drum 12
Conga (Tanz) 144, 172, 173
Conga-Trommel(n) 6, 12, 18, 69, 108, 115, 117, 119*, 120, 126, 127, 154
con la (oder colla) mano 21, 105, 107, 136, 142
Copland, A. 76, 92, 102, 150, 152, 155, 168
Coquilles noix de coco 15
Corde di pianoforte 11
Cordes du piano 11
Corean block 14
Corne d'appel 15
Coucou 15
Coup de bouchon 16
Coup de marteau 13
Coup de pistolet 16
Coupes de verre 11
Cow-bell(s) 7, 13, 69, 128, 143, 144*, 149
Cowell, H. 40, 85, 121, 150, 179, 188, 190, 202
Crecelle 14
Creston, P. 49
Crotalen 7, 18, 63, 76, 151, 158 f.*
Crotales 10, 14
Crotali 10, 14
Crotalum 145
Cuban sticks 13
Cuban tom-toms 12
Cuckoo-call 15
Cuculo 15
Cuica 114, 193
Cup bells 190
Cylindread wood block 14
Cymbala 54, 145
Cymbales 12
Cymbales antiques 10
Cymbales a pedale 13
Cymbale chinoise 13
Cymbale suspendue 12
Cymbals 12

Dallapiccola, L. 59, 134
Dampflokomotivengeräusch 99
Dampfzuggeräusch 186
Darabukka 6, 12, 115, 116*, 117
Dauer, A. 265
David, J. 64
Debussy, C. 64, 95, 134, 135, 157
Degele, L. 265
Delerue 40
Delibes, L. 64
Derbouka 12
Derbuka 12
Dervaux 40
Desportes 40
Dessau, P. 93
Diable des bois 12
Diavolo di bosco 12
Dinner-bell 13
Diskant-Röhrenglockenspiel 76
Djimba 192
Dobaci 7, 13, 148*
Donatoni, F. 40, 168
Donizetti, G. 95
Donnerblech 8, 16, 183, 188, 189
Drehkesselpauke 36, 37*, 126
Drum of Provence 11
Drum-set 105, 122
Dukas, P. 56
Dupin, F. 265

Effetto di pioggia 16
Egk, W. 38, 46, 47, 50, 56, 59, 60, 66, 73, 76, 93, 98, 119, 120, 123, 126, 133, 134, 137, 146, 147, 152, 157, 162, 167, 178, 190, 200
Einem, G. von 107
Einfellige Große Trommel 12, 104
Ekende 192
Elefantenglocke 13, 147, 148, 149*
Elektroakustische Glocken 5, 61, 72*
Elektromechanische Glocken 72*
Elektromechanische Instrumente 29
Elektronische Instrumente 29
Elektrophone 29
Enclume 13
Eoliphone 16
Eperons 15
Erkin, U. C. 159
Etingili 192

Fadenreibtrommel 114
Falla, M. de 107, 112, 140, 141, 146, 150, 157, 167
Farbermann, H. 40
Fellinstrumente 38, 90, 91, 105, 117
Fellmembranophone 6, 30, 90, 91
Felltrommel 107, 127, 184. 189
Fellzentrumschläge (Handtrommeln) 116, 117, 118, 128
Ferrinho 193
Field drum 11
Finger-cymbals 14
Fingerzimbeln 7, 14, 18, 151, 158*, 159
Fink, S. 18, 30, 102, 122, 265
Fischietto a pallina 16
Fischio 15
Fischio sirena 16
Fissinger, A. 49
Firth, V. 40
Flanellscheibenschlägel 20*, 39
Flaschenkorkenknall 16, 190
Flaschenkürbis 167
Flaschenspiel 6, 11, 79, 80*
Flauto a culisse 11
Flessatono 11
Flexaton 6, 11, 17, 80, 81*
Flexatone 11
Fog-horn 16
Foglio di metallo 15
Folienrassel 8, 170, 182*, 183
Foot-cymbal 13
Fortner, W. 47, 59, 96, 119, 155
Foss, L. 129, 136, 155, 161, 162, 181, 186, 200, 202
Frame drum 12
Francaise, I. 85
Françaix, J. 186
Friction drum 12
Fruchtschalenrassel 180*
Frusta 13
Fünfliniensystem 32
Fukushi, N. 186
Fukushima, K. 155
Fußbecken 13
Fußmaschine 105, 106*, 122

Gabelbecken 7, 14, 151, 158*, 159
Galoubet-Pfeifer 91
Gambang 54
Gamelan 45, 54
Gamelan-Instrumente 45*
Gamelan-Orchester 65
Gangarria 193
Ganza 8, 15, 169, 194
Gariglione 10
Gedämpfter Schlag (Handtrommeln) 118, 120
Gedämpfte Trommeln 97
Gefäßklappern 155
Gefäßrasseln 7, 8, 169, 176*, 179
Gegenschlagblöcke 7, 14, 151, 154*

Gegenschlagstäbe 7, 13, 151, 155 f.*
Genzmer, H. 49
Gershwin, G. 47, 99, 105, 106, 120, 126, 136, 145, 159, 162, 186, 202
Gerster, O. 40
Geschlossener Schlag (Handtrommeln) 118, 120
Geschützdetonation 8, 189
Gesplissene Bambusrute 27*
Gewehrschüsse 190
Ghungrü 177*
Gielen, M. 76, 197
Gitterrassel 7, 15, 169
Gläserspiel 6, 11, 17, 78*, 79
Glasharfe 6, 29, 78
Glasharmonika 6, 78, 79
Glaskugeln 179
Glasplättchen 14, 182
Glasschalen-Instrumente 6, 78, 79
Glass chimes 14
Glass wind chimes 14
Glasstäbe hängend 14, 182
Glasunow, A. 56
Glas-Windglocken 14
Glissando 38, 46, 51, 56, 76, 80, 116, 142, 147, 187
Glocken 5, 11, 29, 31, 54, 69, 70 f.*, 140, 143, 145
Glockenspiel 5, 10, 17, 30, 52, 54, 55 f.*, 87 f., 145, 171
Glockenspiel à clavier 10
Glockenspielschlägel 22*, 56, 63, 135
Glöckchen 54, 124, 176, 177, 181
Glöckchenspiel 10, 54, 64
Gluck, Ch. W. 96, 132
Glücksrad 80, 169
Goldenberg, M. 46
Gong 5, 11, 17, 29, 30, 31, 64*, 65, 66, 71, 139, 140
Gong chinese 66
Gong-drum 12, 104
Gong giapponese 66
Gongschlägel 25*, 141
Gongspiel 66, 142
Gongtrommeln 5, 66
Gordon, G. 39, 85, 99, 187
Gossec, F. J. 139
Gould, M. 38, 49, 102, 126, 162, 167, 178, 186, 202
Gounod, Ch. 95, 150
Gourd 14
Gourd rattle 15
Grabmann, M. 84
Gradenwitz, P. 266
Gralsglocken 5, 69, 71*, 85
Grancassa 12, 103, 132
Grancassa a una pelle 12
Grande cloche 11
Grande Xylophone 48
Grand tambour 11
Gran tamburo vecchio 11
Greek cymbals 10
Grelots 15
Grido di corno 15
Grosse caisse 12
Grosse caisse a pied avec cymbale 138
Grosse caisse a une seule peau 12
Große Glocken 5, 17, 69 f.
Große Rührtrommel 6, 77, 93*, 94, 99
Große Trommel 6, 12, 17, 31, 32, 90, 98, 102 f., 104*, 113, 122, 123, 125, 126, 129, 132, 133, 138, 144, 151, 160, 184, 189, 190
Große Trommelschlägel 23*, 102, 135, 139, 141
Grundschläge (Handtrommeln) 118, 120, 128
Grundton 70, 74, 163
Gschwendtner, H. 266
Guaracha 128
Guiro 7, 14, 18, 166, 167*, 168
Guitcharo 14, 194
Gummischlägel 23*, 64, 87, 141, 145
Gußtamtam 7, 139, 140, 141*
Gutsche, G. 40

Hämmer 19, 27*, 54, 76, 150
Hände (Klapper) 7, 151, 152
Händel, G. F. 54
Hängende Bambusrohre 8, 170, 181*, 182*
Hängende Glasstäbe/Glasplättchen 8, 170, 181*, 182*
Haltevorrichtung (Kastagnetten) 157*, 158.
Hammer (Instrument) 7, 13, 165*
Hand-bells 7, 13, 145, 146*, 175
Handgeschlagene Trommeln 32
Handglocken 7, 145, 146*
Handglockenspiel 6, 13
Handklappbecken 136
Handtrommel(n) 6, 115 f., 119, 120, 121, 176
Harmonica de verre 11
Harmonica of glasses 11
Harness bells 15
Harrison, L. 66, 142, 145, 150, 171, 201
Hartfilzschlägel 21*, 87, 99, 105, 112, 117, 119, 126, 127, 128, 135, 141, 145, 163
Hartholzhammer 26
Hartmann, K. A. 35, 40, 46, 47, 49, 56, 59, 76, 98, 126, 129, 135, 136, 162, 196, 197, 206
Haubenstock-Ramati, R. 69, 134, 162, 183, 198
Haupt, W. 64, 69, 83, 136, 153, 159, 186, 197, 202
Haustürklingel 146
Haydn, J. 103, 132, 151, 199
Head and rim 102
Hebelmaschinenpauke 36*
Heider, W. 60, 120, 133, 145
Hen, F. J. de 265

Heins, E. 266
Henze, H. W. 31, 32, 38, 40, 49, 57, 59, 64, 69, 76, 81, 83, 98, 110, 112, 126, 131, 134, 135, 136, 138, 141, 142, 145, 147, 148, 150, 155, 178, 196, 197, 198, 200
Herdenglocke(n) 7, 13, 31, 54, 90, 143*, 161
Hertel, J. W. 40
Hi-hat 7, 13, 137*, 138
Hiller, W. 47, 62, 115, 122, 148
Hindemith, P. 47, 56, 76, 93, 98, 102, 123, 126, 129, 132, 135, 152, 159, 179, 187, 200
Holmxylophon 44
Holzblock 14
Holzblocktrommeln 7, 159, 160*, 161
Holzfaß 7, 14, 159, 164*, 165
Holzfiedel 43
Holzfisch 161
Holzglocken 143
Holzhämmerchen 22*, 86
Holzharmonika 43
Holzklatsche 152
Holzklöppel 81, 143, 163
Holzkopfschlägel 20, 24*, 41 f., 78, 103, 105, 124, 126, 161, 162
Holzpfeifen 184
Holzplattentrommeln 7, 14, 159, 164*
Holzraspel 7, 15, 166, 168*
Holzreibstabspiel 43
Holzschlägel 24*, 31, 39, 76, 77, 87, 105, 128, 129, 130, 135, 145, 150, 161, 163
Holzstabinstrumente 29
Holzstabspiele 5, 31, 41, 43, 45*, 164
Holz-Tom-Tom 14, 164*
Holztrommel(n) 7, 14, 29, 31, 159* f., 162, 163
Holz- und Strohinstrument 44, 45
Holz-Windglocken 14
Homs, J. 85
Honegger, A. 73, 80, 81, 92, 95, 96, 152, 159, 167
Hornbostel, E. M. von 266
Horse hooves 15
Huber, N. A. 102
Huetl-huetl 193
Hülzern Glächter 43
Hufegeklapper 161
Hufegetrappel 8, 15, 185
Humperdinck, E. 43, 72, 185
Hummel, B. 60
Hummel, G. 177
Hyoshigi 7, 14, 151, 154*

Ibert, J. 117, 187
Ibeka 192
Idiophone 19, 29
Incudine 13
Indian drum 12, 107*
Indianische Trommel 6, 12, 107*, 108
Innenklöppel 143, 145
Instrumente aus abgestimmten Glasschalen 6, 78* f.
Instrumente mit bestimmter Tonhöhe 5, 29, 34, 118
Instrumente mit unbestimmter Tonhöhe 6, 30, 76 f.
Instrumente zur Laut- und Geräuscherzeugung oder -nachahmung 8, 184 f., 191
Irino, Y. 49

Janáček, L. 49, 72, 74, 150, 152, 167, 169, 180, 181
Janata, A. 266
Janitscharenmusik 103, 110, 129, 132, 151
Janitscharenrute 27*, 151
Japanese cup bells 190
Japanische Faßtrommel 6, 122, 124*
Japanische Felltrommel 6, 122, 124*
Japanische Tempelglocke 7, 148*
Jazzbecken 135
Jazzo-flute 11
Jazz-Tom-Tom 12
Jazztrommel 126
Jawbone (of an ass) 15
Jeu(x) de timbres 10, 30
Jeu(x) de timbres à clavier 10
Jicara de aqua 193
Jingling Johnnie 13
Jolivet, A. 40, 56, 59, 64, 92, 98, 99, 116, 137, 138, 167, 180
Jones, D. 40
Jungle wood drum 14

Käseraspel 169
Kagel, M. 76, 86, 136, 146, 161, 171, 175, 177, 198, 200, 202
Kalebassenrassel 194
Kalebassensistrum 172
Kalebassenxylophon 45
Kalimba 82, 83, 192
Kanone (Bühnenrequisit) 8, 16, 189*, 190
Kanonenschüsse 190
Kasanga 192
Kaskobele 192
Kastagnette(n) 7, 14, 18, 32, 111, 151, 155, 156*, 159
Kastagnetten-Haltevorrichtung 157*, 158
Kastagnettenwirbel 157
Keiser, R. 132
Kelemen, M. 62, 105, 120, 150, 163, 168, 181, 184, 198
Kettenrassel 8, 15, 170, 180*, 181
Kettle-drums 10
Keyboard-Glockenspiel 10

Keyboard-Xylophon 10
Keyed xylophone 10
Killmayer, W. 49, 60, 98, 99, 102, 105, 119, 120, 126, 129, 134, 135, 141, 155, 162, 167
Kin 7, 148*
Kinderleier 83, 186
Kindertrommel 185
Kindertrompete 8, 185
Klackers 14, 158*, 159
Klangplatten 73
Klangplattenspiel 150
Klangstäbe 55
Klapper(n) 7, 13, 29, 151 f.
Klappholz 7, 13, 18, 151, 154
Klaviaturglockenspiel 5, 10, 17, 52, 53, 56, 57 f.
Klaviaturxylophon 5, 10, 17, 47*, 48
Klaviersaiten 6, 11, 72, 85, 86
Klaviersaiten-Glocken 69
Klaxon á manivelle 15, 186
Kleine Glocken 7, 146* ff.
Kleine Trommel(n) 6, 11, 17, 91, 96 ff., 97*, 106, 112, 113, 126, 127, 144, 184
Klingel 7, 146 f.
Klingende Münzen 179
Klingender Schlag (Handtrommeln) 118, 120
Klingsteine 62
Klirrkopf (Becken) 137*
Klirrscheiben 171
Klöppel 69, 70, 93, 98, 108, 145, 148, 163, 184
Knackfrösche 186
Knallkorken-Apparat 8, 190*
Knallstreifen 186
Knarre 14, 166
Knatterpapier 186
Kodály, Z. 47
Köper, K. H. 40
Kokosnußschalen 15, 185
Konietzny, H. 40
Koreanische Bündelklapper 14, 153*
Korean-temple-blocks 159
Korkschlägel 24*
Korngold, E. W. 151
Kotońsky, W. 60, 98, 119, 129, 138, 168, 1178, 266, 197, 200
Kramer, G. 36
Krenek, E. 64, 189
Krotalen 14
Krotalon 145
Kubelik, R. 147
Kuckucksruf 8, 15, 184*, 185
Kürbisraspel 7, 14, 18, 166, 167*
Kürbisrassel 7, 15, 169, 173*
Kuhglocke 13, 144*
Kunitz, H. 266
Kunststoff-Fell 35, 38, 97, 109
Kurzklinger 32
Kwabena Niketia, J. H. 266

Lacerda, O. 47
Lalo, E. 95
Lamellen 82, 84
Lang, J. 47
Lanner, J. 190
Lastra dal tuono 16
Lastra di metallo 13
Lastra di sasso 10
Lateinamerikanische Musik 45, 114, 127, 144, 172, 178
Lateinamerikanische Timbales 7, 12, 18, 90, 127*, 128
Laut- und Geräuschinstrumente 30
Leeuw, T. de 49
Legnetti 13
Leinenspannung 93
Leoncavallo, R. 76, 134
Lero lero 15
Lewis, J. 60
Liebermann, R. 94, 100, 120, 138, 145, 179, 191, 199, 202
Ligeti, G. 190, 191
Likembe 192
Lilimba 192
Lions roar 12, 114*
Literatur-Verzeichnis 265–267
Lithophon(e) 5, 10, 61* f.
Litofono 10
Little bells 10
Löffelschlägel 22*, 130
Löwengebrüll 114
Log-drum 7, 14, 90, 159, 163, 164*
Lokomotivgeräusch 179
Long drum 11
Loo-Jon 5, 10, 60*, 61
Lortzing, A. 190
Lotosflöte 3, 11, 17, 30, 84, 85*
Ludwig Drum Comp. 266
Lully, J. B. 92
Lu-Jon 60
Lumbye, H. C. 43, 190
Lun 192
Lyloff, B. 192
Lyra 10, 55

Macchina dal vento 16
Macchina da scrivere 16
Maceta 194
Machine à écrire 16
Machine à vent 16

Mahler, G. 39, 73, 102, 133, 141, 144, 151, 165, 177, 196, 199, 200, 201
Mailloche 26*, 105, 135
Mallet Instruments 31
Malm, W. P. 266
Mamangakis, N. 162, 201
Mannino, F. 168
Maraca de metal 15
Maraca di metallo 15
Maracas 8, 15, 18, 69, 154, 169, 172, 177*, 178, 179
Marais, M. 91
Marbles 8, 169, 179
Marcovich, M. 102
Marfurt, L. 266
Marimbafono 10
Marimbaphon 10, 48
Marimbaphone 10
Marimbula 6, 11, 29, 82, 83, 84*, 192
Marteau 13
Martello 13
Martin, F. 95
Maruga 194
Mascagni, P. 60, 76, 152
Mascella d'asino 15
Maschinenpauken 36
Maße (der Anschlagmittel) 19 ff.
Massenet, J. 92
Matraca 193
Matsudaira, Y. 168, 171
Maultrommel 29, 83
Mayuzumi, T. 47, 81
Mbira 82, 192
Medek, T. 49
Membranophone 29
Messiaen, O. 56, 59, 64, 92, 138, 145, 162, 178, 185, 197, 201
Messinghämmerchen 22
Meßklingel 7, 13, 145, 147
Metal-block 7, 143, 144
Metal castanets 14
Metal disc 13
Metal foil 15
Metallbesen 27*, 141
Metallblock 7, 13, 18, 31, 90, 149
Metallfolie 8, 15, 170, 182*, 183
Metallgefäßrassel 15
Metallhämmer 26*, 76, 135, 149
Metallkastagnetten 7, 14, 151
Metallklöppel 19, 27*
Metallkopfschlägel 22*
Metallofono 10
Metallophon(e) 5, 10, 17, 53, 54, 60, 61
Metallplatten 13, 71
Metallraspel 7, 15, 168, 169
Metallrassel(n) 8, 169, 178*
Metallröhren 75
Metallschellen 143
Metallschüttelrohr 179
Metallspannblöcke 93
Metallstabinstrumente 29
Metallstabspiele 29, 31, 48* ff.
Metallstäbe 19, 24*, 25, 72, 112, 141, 145
Metal rattle 178*
Mexican bean 8, 15, 169, 178, 179*
Meyerbeer, G. 40
Milhaud, D. 35, 60, 92, 96, 98, 138, 145, 151, 152, 159, 161, 165, 167, 180, 187, 196, 199, 200, 201
Militärtrommel 6, 11, 17, 91, 94*, 95, 96, 98
Military drum 11
Miki, M. 49
Mixturtrautonium 72, 81
Miyoshi, A. 49
Modernes Orchesterglockenspiel 55*
Moderne Tom-Toms 7, 18, 122, 125*
Mohaupt, R. 187
Moisy, H. von 122
Mokubio 7, 14, 159, 161*, 162
Mokugyo 162
Monteverdi, C. 39, 196
Mortari, V. 265
Motor-horn 15
Mozart, L. 166, 184, 185, 202
Mozart, W. A. 40, 57, 79, 95, 103, 132, 151, 176, 202
Mundharmonika 186
Musical glasses 11
Musical saw 11
Musical tumblers 11
Mussorgsky, M. 71, 73, 102, 140, 148, 152, 167, 190
Mustel, A. 57
Muscheln 182

Nacchera cilindrica 14
Nacchere 14
Nachtigallenschlag 8, 15, 185
Naturfelle 38
Nebelhorn 8, 187*
Negertrommel 119
Nietenbecken 7, 136*
Nigthingale 15
Nilsson, B. 80, 99, 120, 131, 138, 145, 146, 157, 198, 201
Noce di cocco 15
Nono, L. 98, 126, 131, 134, 158, 165, 200, 201
Notation 18, 32, 34, 41, 42, 52, 53, 61, 62, 64, 69, 73, 75, 77, 78, 79, 80, 83, 84, 85, 87–89
Notenschrift 32
Nsimbi 192

O-Daiko 6, 12, 122, 124*
Onca 193
Ondes Martenot 29, 73, 81, 99
Open roll 101
Orchesterxylophon (zweireihig) 46*
Orff, C. 35, 39, 40, 47, 49, 50, 51, 56, 57, 60, 62, 64, 66, 76, 79, 86–89, 93, 104, 105, 110, 112, 114, 117, 119, 120, 124, 134, 135, 138, 140, 141, 146, 149, 151, 153, 154, 155, 157, 161, 163, 165, 166, 167, 168, 171, 172, 175, 177, 178, 179, 187, 189, 196, 197, 198, 199, 200, 201, 202

Paliev, D. 266
Palillos 192
Pandeiro 192
Pandereta 110
Pandereta brasilena 15
Pandereta brasiliano 15
Pandereta bresilienne 15
Pandero 107
Pape, W. 266
Papier de verre 15
Parade drum 11
Paradetrommel 6, 11, 91, 93, 94*, 95
Paradiddle 100
Parch, H. 266
Parchmann, G. 190
Parris, R. 40
Particell 32
Pas de cheval 15
Passerone 40
Passo di cavallo 15
Pasteboard rattle 12
Pauken 5, 10, 17, 29, 30, 31, 34* ff., 90, 126, 127, 165
Paukenfell 34, 35
Paukenglissando 38
Paukenholzschlägel 20*
Paukenschlägel 20*, 31, 49, 50, 61, 85, 96, 99, 105, 135, 141
Paukentypen 36
Pea-whistle 16
Pedaldämpfung 55, 59, 76
Pedalmaschinenpauke 37*, 38
Peitsche(n) 7, 13, 151, 152*
Peitschenknall 13
Peitschenschlag 152
Penderecki, K. 191
Peters, G. D. 40
Petit 40
Pfeifen 186*, 187
Pferdehufgeräusch 185
Pfitzner, H. 43, 64, 72, 74, 98, 130, 140, 152, 177, 187
Piano-xylophone 10
Piatti 12, 103
Piatti a pedale 13
Piatti sola 132
Piatto cinese 13
Piatto sospeso 12
Pistolenschuß 8, 16, 102, 190
Pistolettata 16
Pistol shot 16
Piston, W. 35
Pitfield, Th. 47
Plaque de metal 13
Plastikfelle 35, 97
Plate bell 11
Platillo 193
Plattenglocken 5, 11, 17, 66, 71, 73*, 74
Plattenglockenschlägel 26*
Pokido 192
Pood rattle 15
Pop-bottles 11
Pop gun 16
Popmusik 108, 150, 190
Porzellankugeln 179
Poulenc, F. 187
Pousseur, H. 182
Prato 183
Press roll 98, 101
Prieberg, F. 266
Prisme de pluie 16
Prokofieff, S. 47, 136, 178
Provenzalische Trommel 6, 11, 17, 91, 92*, 98
Puccini, G. 43, 50, 60, 66, 72, 74, 76, 95, 152, 185, 190, 198
Puita 114, 193

Quijada 7, 15, 169, 172, 173*

Raab, C. 266
Raganella 14
Rahmentrommel 6, 12, 90, 104, 106, 107*, 110, 111, 175
Rain imitation 16
Randschläge 99, 102, 116, 128
Randstockschlag 102, 117
Rape à fromage 169
Rape de bois 15
Rape de metal 15
Raspa di metallo 15
Raspador metal 7, 15, 166
Raspel(n) 29, 167 f.
Rasselgehänge 8, 170, 180*
Rasselinstrumente 7, 31, 90, 169 ff.*
Rassel(n) 29, 90, 169 ff.*, 178
Rasselreifen 176
Rasseltrommel 7, 169, 175*

Rasselwirbel 176, 178
Ratchet 14
Ratsche(n) 7, 14, 18, 29, 153, 166*
Rattle 14
Ravel, M. 64, 76, 85, 95, 98, 102, 152, 157, 159, 167, 169, 187, 190, 199
Read, G. 266
Reco-Reco 7, 15, 166, 168*
Redoblante 192
Regenmaschine 16, 188*, 189
Regenprisma 8, 16, 188*, 189
Reibtrommeln 6, 12, 29, 113, 114
Reihenklapper 7, 14, 151, 153*
Reinhard, K. 266
Reihenrassel(n) 8, 170, 180
Reisschalen 190
Reque-Reque 194
Resonanzfell 92, 93, 95, 97, 104
Resonanzkastenxylophon 10
Resonanzröhren 55, 59
Resonaphone 10, 30
Resonator 74, 82, 109, 113, 154, 165
Reso Reso 15
Respighi, O. 112, 155, 167
Revolver 8, 16, 190
Revueltas, S. 108, 126, 155
Reznicek, E. N. von 185
Rhythm-log 163
Richards, E. 266
Riedl, J. A. 76
Rim shot 102
Rimsky-Korssakow, N. A. 71, 95, 112, 190
Rivoltella 16
Robertson, D. 266
Rod 13
Roeder, T. 122
Röhrenglocken 5, 11, 17, 71, 75* f., 76, 145
Röhrenglockenhämmer 23*
Röhrenglockenspiel 11, 76
Röhrenholztrommel 7, 14, 159, 160*
Röhrentrommel(n) 30, 106, 110
Rollende Kugeln 8, 169, 179
Rolliertrommel 6, 91, 95, 96*
Rollschellen 8, 15, 31, 90, 176*, 183
Rolltrommel 11
Roncador 114, 193
Rossini, G. 95, 171, 189
Roto-Tom 127
Roue de la Loterie 169
Roussel, A. 45
Rührtrommel 6, 11, 17, 91, 92 f., 93*, 102
Rufglocke 146
Rufhorn 8, 15, 185
Ruggito 12
Rumba 128, 144, 173, 177
Rumbakugeln 15, 177*
Rundholzstäbe 25*, 124, 165
Rute(n) 7, 13, 19, 28*, 103, 151*

Sablier 15
Sachs, C. 54, 69, 80, 133, 170
Säge 160
Saint-Saëns, C. 43, 66
Sake-barrel 14
Sakefaß 7, 14, 159, 164*, 165
Samba 122, 167, 172, 174, 179
Sambagurke 167
Sanctus bells 13
Sandblöcke 8, 15, 186*
Sandbox 15
Sandbüchse 8, 169, 179
Sandi 192
Sandpaper 15
Sandpapier 15
Sandrassel 8, 15, 169, 179
Sanjuan, P. 129, 155, 168, 178, 201
Sansa 192
Sapo cubana 7, 14, 166, 168*
Sarmiento, J. 40
Sarna bell 13, 147, 148, 149*
Saron 54
Sartenes 7, 13, 138, 142*
Satie, E. 80, 152, 169, 187, 190, 198
Scampanellio da gregge 13
Schalenglöckchen 7, 13, 31, 90, 145, 146, 147
Schäffer, B. 60
Schellen 18, 31, 90, 111, 112, 143, 169, 176
Schellenband 169, 177*
Schellenbaum 7, 13, 145, 146, 147*, 176
Schellenbündel 8, 15, 169, 176*, 177
Schellengeklingel 176
Schellentrommel 6, 12, 17, 30, 107, 110, 111, 112*, 172
Schibler, A. 47, 98, 99, 102, 106, 131, 134, 162
Schiffsglocke 13, 147*, 148
Schillings, M. von 79
Schlägel 18, 19, 31, 39, 46, 85, 86, 90, 103, 105, 106, 107, 108, 112, 119, 125, 130, 131, 132, 135, 148, 161
Schlägelvorschriften 31, 51, 92, 132
Schlagarten 32, 120, 125, 128
Schlagbrett 7, 14, 159, 165*
Schlagfell 91, 97, 104, 127, 165
Schlagfleck 38, 74, 111
Schlagidiophone 7, 90, 129 f.
Schlaginstrumentarium 29, 153, 159
Schlaginstrument(e) 18, 19, 29, 40, 132, 138, 146, 161, 180, 184
Schlagmaschine (Becken) 138
Schlagrassel 7, 15, 169, 172, 173*

Schlagrute 28*, 151*
Schlagton 70, 141
Schlagzeug 30, 152, 191
Schlitztrommel(n) 7, 14, 90, 143, 159, 162 f., 163*
Schnabelflöte 184, 187*
Schnarre 14
Schnarrsaitentrommel(n) 32, 125
Schnarrwirbel 167
Schoeck, O. 151, 165
Schönberg, A. 74, 81, 136, 142, 165, 167, 180, 198
Schostakowitsch, D. 47
Schotenrassel 15, 178, 179*
Schraper 24*, 166
Schrapinstrumente 7, 166 f.
Schrapstock 169
Schraubenmechanismus 95, 103, 104, 117, 125, 128
Schraubenpauke 35*, 36
Schreibmaschine 16
Schreibweise 32
Schüttelrohr(e) 8, 15, 169, 179*
Schultze, N. 187
Schulwerk (Orff) 79, 86–89*, 107, 151
Schwammschlägel 20*, 31, 39, 135, 141
Scie musicale 11
Scraper 14
Scratcher 15
Searle, H. 189
Seeger, P. 267
Sega cantante 11
Selbstklinger 29
Semanterion 165
Set up 32
Shaker 15
Shell chimes 14, 182*
Shell wind chimes 14
Ship's bell 13
Shocallo 15
Side drum 11
Sifflet à coulisse 11
Sifflet à roulette 16
Sifflet d'oiseau 15
Sifflet imite du rossignol 15
Sifflet signal 15
Sifflet sirène 16
Signalpfeife(n) 8, 15, 187*
Signal whistle 15
Silofono 10
Silofono a tastiera 10
Silofono basso 10
Silomarimba 10
Simrock (Verlag) 18
Sineta/Sino 192
Singende Säge 6, 11, 17, 29, 80, 81*
Single stroke roll 101
Siren (mouth-siren) 16
Siren (police-siren) 16
Sirena bassa 16
Sirena da battello 16
Sirene 8, 16
Sirene aigue 187
Sirene claire 187
Sirene grave 187
Sirene (elektrisch) 187, 188*
Sirenenpfeife(n) 8, 16, 187*
Siren-whistle 16
Sistra 15, 56
Sistre 15, 171
Sistro 10, 30, 56, 171
Sistrum 7, 15, 56, 169, 170*, 171
Sizzle-cymbal 7, 136*
Skrjabin, A. 76
Slap-hand-cymbals 136
Slap stick 13
Sleigh bells 15
Slit drum 14
Small bell 13
Small drum 11
Smith Brindle, R. 267
Smith, S. 49
Snare drum 11, 96 f.
Sodoku 124
Sonagli a mano 13
Sonagliera 15
Sonaglio 13
Soneria di campane 10
Song whistle 11
Sonnette de table 13
Sopranxylophon 51, 88*
Spannleinen 92, 93
Speroni 15
Spielsäge 11
Spieltechnik 38, 46, 48, 97, 99, 107, 127, 132, 144, 174
Spielzeugglockenspiel 186
Spielzeug-Kuh (Geräusch) 186
Spielzeugtrommel 185
Spiralenteppich 97
Spontini, G. 103, 139
Spoons 14, 158*, 159
Sporen 7, 15, 169, 171*
Sprechtrommel 159
Sproni 15
Spurs 15
Stabglockenspiel 10, 54, 146
Stabklappern 154
Stabpandereta 7, 15, 169, 172*
Stabreibtrommel 114
Stabspiele 6, 86* f.
Stäbe 19
Stahlbesen 28*, 99, 105, 136, 137, 141, 186

Stahlbratpfannen 142*
Stahlnadel 130, 134, 135, 168
Stahlplatten (an Schnüren) 7, 149, 150*
Stahltrommel 11
Stappare la bottiglia 16
Steel-drum(s) 5, 66*, 67, 68, 69
Steel-sticks 155
Steeple bells 11
Steibelt, D. 139
Steinplatten 62
Steinspiel 5, 10, 17, 61*, 62
Stempelflöte 11
Stick over stick 102
Stielbecken 131
Stielglocke 146
Stielkastagnetten 18, 156*
Stockhausen, K. 145, 163, 165, 181
Stöcke 19
Stone disc 10
Strauß, Johann 149, 171, 185, 190
Strauß, Josef 166, 185
Strauss, Richard 39, 43, 44, 47, 56, 58, 60, 64, 66, 72, 74, 76, 79, 93, 112, 133, 141, 144, 151, 157, 166, 167, 177, 179, 187, 198
Strawinsky, I. 35, 39, 40, 47, 64, 90, 98, 99, 105, 112, 141, 168, 196, 197, 198, 199, 201
Streicherbogen 19, 27*
Striegler, K. 40
String drum 12
Strings of the piano 11
Strisciatti 134
Strohfiedel 43
Strungk, N. A. 132
Stumpff, J. C. N. 36
Sturmglocke 7, 13, 145, 147*, 148
Sueyoshi, Y. 49
Suono di bottiglia 11
Suono di osso 13
Super-Ball 28*
Surdo 193
Surf imitation 16
Surinach, C. 152
Suspended cymbal 12
Sutermeister, H. 47, 105, 135, 136
Swanee flute (big) 11
Swanee piccolo (small) 11
Swanee whistle 11, 85*
Switches 14
Symbolzeichen 17, 18, 32, 118, 120, 128
Synonymzeichen 32
Synthesizer 29, 72
Systematik der Musikinstrumente 29

Tabella 13
Tabelle der südamerikanischen Schlag- und Geräuschinstrumente 191–194
Tablas 6, 12, 115, 120, 121*
Tabla-Trommeln 12
Table de bois 14
Tabletas 193
Tablette 13
Tablillas 193
Tabor 11
Tabulatur 18
Takeuchi, K. 60
Taiko 6, 12, 122, 124*
Taira, J. 148
Taletta 13
Tambor 192
Tambora 192
Tambor-de-Crioulo 193
Tamborim 192
Tambour 91, 95, 98
Tambour à corde 12, 114
Tambour à friction 12
Tambour arabe 12, 115
Tambour d'acier 11
Tambour de basque 12, 30, 110, 111
Tambour d'empire 11
Tambour de bois (africain) 14
Tambour en peau de bois 14
Tambour indien (americain) 12
Tambour militaire 11, 98
Tambour roulant(e) 11, 98
Tambour sur cadre 12
Tambourin(e) 6, 11, 30, 91 f., 98, 110
Tambourin grave 92
Tambourin moyen 92
Tambourin provencal 11
Tambourin without jingles 12
Tambu (Tambi-Tambu) 193
Tambula 193
Tamburello (basco) 12
Tamburin 6, 12, 17, 32, 106, 110 f., 112*, 113, 172
Tamburin ohne Schellen 12, 106, 107
Tamburine 192
Tamburino 11, 12, 30
Tamburino senza cimbali 12
Tamburo 30
Tamburo alto 11
Tamburo arabo 12
Tamburo basco 12
Tamburo basso 11
Tamburo chiaro 11
Tamburo d'acciaio 11
Tamburo di Basilea 11
Tamburo di frizione 12
Tamburo di legno africano 14
Tamburo di legno pelle 14
Tamburo indiano 12

Tamburo militare 11
Tamburo piccolo 11, 30, 97
Tamburo provenzale 11
Tamburo rullante senza corde 11
Tamburo tarole 12
Tamtam 7, 13, 18, 30, 32, 65, 66, 71, 136, 138 f., 140*, 141*
Tamtamschlägel 26*, 140
Tanner, P. 49
Tanta 193
Tanzkastagnetten 18, 156*
Tanzklappern 158
Tapan 105
Tarole 12, 98
Tarole drum 12
Tarol-Trommel 12
Tartaruga 193
Tavola da lavare 15
Tavola di legno 14
Taxi-horn 15
Tchanchiki 7, 13, 142*, 143
Telefonklingel 146
Tempelblock 7, 14, 18, 31, 90, 159, 161*, 162
Tempelglocke 13, 148*
Temple bell(s) 13, 148
Temple bloc 14
Temple block(s) 14
Tenabari 194
Tenor drum 11, 95
Tenortrommel 6, 11, 17, 91, 95, 96* f., 125
Tenorxylophon 17, 50*, 51
Teponaztli 163, 194
Teschio cinesi 14
Teufelsbaß 183
Thärichen, W. 39, 40
Thunder-sheet 16
Thunder stick 188
Tibetanische Rasseltrommel 175*
Tierschellen 7, 143 f., 144*
Tierstimmen 185
Timbalao 192
Timbales (Pauken) 10, 192
Timbales cubaines 13, 126, 127, 128*
Timbales latino americani 13
Timbalesstöcke 24*, 127, 128
Timpanetti 12
Timpani 10
Timpani coperti 38
Tischglocke 13
Tischgong 66
Tin horn 15
Tin rattle 15
Tlapan huetl huetl 193
Tobischek, H. 267
Toch, E. 187, 191
Tocsin 13
Tole pour imiter le tonnère 16
Tomasi, H. 40, 57, 116
Tom-Tom(s) 6, 7, 12, 18, 90, 96, 97, 98, 104*, 108, 117, 122 f., 125*, 129, 144, 165
Tom-Toms, moderne 7, 18, 122, 125*
Tom tom cinese 12
Tom tom chinois 12
Tom-Tom-Spiel 5, 7, 31, 90, 122–123*
Tonband-Glocken 5, 69, 73
Tonumfangtabelle nach Seite 282
Toponaztle 194
Torocano 194
Touma, H. H. 267
Toyama, Y. 143, 162
Toy drum 185
Toy trumpet 15
Trautonium 29, 72, 81
Triangel 7, 12, 18, 29, 31, 32, 103, 113, 129, 130*, 191
Triangel mit Klirr-Ringen 171
Triangelwirbel 131
Triangle 12
Triangolo 12
Trillerpfeife(n) 8, 16, 186*, 187
Trinidad-Gongtrommel 11
Trinidad-steel-drum 11, 66*–68
Trocano 194
Trog-Tenorxylophon(e) 5, 10, 17, 50*, 51
Trommel(n) 6, 29, 30, 32, 91 ff.
Trommelstöcke 24*, 76, 98, 99, 105, 108, 112, 119, 125, 127, 129, 130, 134, 135, 136, 141, 143, 144, 145, 152, 161
Trompe d'auto 15
Trompe de brumme 16
Tubaphon(e) 5, 11, 77*, 78
Tube bell(s) 11
Tube(s) de cloche(s) 11
Tubi di bambu 14
Tumba 6, 12, 115, 119*, 120, 193
Tumbadora 12, 115, 119*
Tubo 15
Tubofono 11
Tubular bell(s) 11
Tubular chime(s) 11
Tubuscampanophon 6, 11, 17, 77*, 78
Türkische Becken 12, 138
Tuoni 16
Turkish crescent 13
Turmglocken(spiel) 10, 47, 54, 76, 145
Tschaikowsky, P. 58, 111, 185, 189, 197
Tscherepnin, A. 40
Twig brush 13
Typewriter 16
Tympanon 106

Uccelli 15
Übliche Verwendung der Anschlagmittel 5, 19 ff.
Usignuolo 15

Varèse, E. 96, 98, 102, 104, 114, 119, 138, 150, 151, 152, 155, 157, 161, 168, 177, 178, 180, 187, 202
Valentin, E. 267
Verdi, G. 36, 73, 74, 76, 103, 111, 132, 148, 149, 189
Verga 13
Verge 13
Verres choques 11
Verzeichnis der Notenbeispiele 196–202
Vibrafono 10
Vibraharp 10
Vibraphon(e) 5, 10, 17, 46, 53, 55, 58*, 59, 60, 79
Vibraphon-Schlägel 23*, 59, 61, 135, 142, 145
Vibra-Slap 173*
Viereckige Rahmentrommel 192
Vierkantstahlstäbe 71
Vierreihiges Xylophon 43*, 44
Villa-Lobos, H. 168, 178, 179, 201
Vogelpfeife(n) 8, 15, 185*
Vogelruf-Nachahmungen 185
Vollgummischlägel 23*, 164
Vorschlag 101, 156

Wachtellockruf 8, 185
Wagner, R. 40, 71, 93, 111, 133, 134, 149, 157, 201
Waldteufel 6, 12, 113*, 114
Walton, W. 162
Wasamba-Rassel 7, 15, 169, 172*
Waschbrett 7, 15, 166, 169
Washboard 7, 15, 169
Watergong 7, 138, 142
Weber, C. M. von 111, 152, 189, 190
Webern, A. 74, 76, 145
Weichfilzschlägel 20*, 106, 112, 117, 119, 123, 125, 127, 128, 145
Weill, K. 99, 137, 186
Weinberger, J. 40
Wieschhoff, H. 267
Whip 13
White, C. L. 267
Williams, J. 40
Wind glass chimes 14
Wind-machine 16
Windmaschine 8, 16, 187, 188*
Windschleuder 16
Wind wood chimes 14
Wirbel 38, 39, 40, 46, 50, 86, 99, 100, 101, 102, 103, 105, 111, 113, 117, 120, 125, 141, 145, 155, 156, 157, 161, 167, 171, 175, 181, 184
Wirbeltrommel 6, 11, 91, 95, 93*
Wood-barrel 14
Wood block 14
Wood chimes 14
Wood drum 14
Wood headed drum 14
Wulff, B. 148

Xilofono 10
Xilofono a tastiera 10
Xilofono basso 10
Xilofono in cassetta di risonanza 10
Xucalho 194
Xylomarimba(phon) 5, 10, 48*
Xylophon 5, 10, 17, 32, 40, 43, 45 f., 46*, 58, 62, 77, 87, 135, 162
Xylophone 10
Xylophone à cassette resonance 10
Xylophone à clavier 10
Xylophone bass 10
Xylophone basse 10
Xylophone with resonance-box 10
Xylophonschlägel 21*, 41 f., 62, 80, 105, 112, 126, 135, 138, 141, 145, 161, 162
Xylorimba 10

Yun, I. 153, 177

Zanza 6, 11, 29, 82, 83, 192
Zarge/Zargenhöhe 92, 93, 95, 96, 102, 103, 104, 105, 106, 110, 127
Zehm, F. 137
Ziehpfeife 6, 11
Zimbeln 5, 10, 17, 62*, 63, 64, 86, 131, 145, 158, 159, 171
Zimbelspiel 64*
Zimmermann, B. A. 49, 57, 131, 134, 135, 137, 155, 165, 191
Zischbecken 135
Zubumba 193
Zweigrute 28*
Zymbel 134

Tonumfangtabelle

SEITE	INSTRUMENT	NOTIERUNG	KONTRAOKTAVE	GROSSE OKTAVE	KLEINE OKTAVE	EINGESTRICHENE OKTAVE	ZWEIGESTRICHENE OKTAVE	DREIGESTRICHENE OKTAVE	VIERGESTRICHENE OKTAVE	FÜNFGESTR. OKTAVE
34	Pauken									
45	Xylophon	1 Oktave tiefer								
48	Xylo-Marimba									
48	Marimbaphon									
49	Baßxylophon									
50	Trogxylophon - Sopran -	1 Oktave tiefer								
50	Trogxylophon - Tenor -									
55	Glockenspiel	2 (1) Oktaven tiefer								
57	Klaviaturglockenspiel	1 Oktave tiefer								
57	Celesta	1 Oktave tiefer								
58, 60	Vibraphon und Metallophon									
61	Lithophon (Steinspiel)	1 (2) Oktave tiefer								
62	Zimbeln	2 Oktaven tiefer								
64	Gong									
69	Große Glocken									
73	Plattenglocken									
75	Röhrenglocken									
77	Tubuscampanophon	2 Oktaven tiefer								
78	Gläserspiel	1 Oktave höher								
79	Bouteillophon (Flaschenspiel)	1 Oktave tiefer								
80	Flexaton und Singende Säge (Spielsäge)									
84	Lotosflöte									
85	Klaviersaiten									
	Wirklicher Klang der Schlaginstrumente mit bestimmter Tonhöhe									

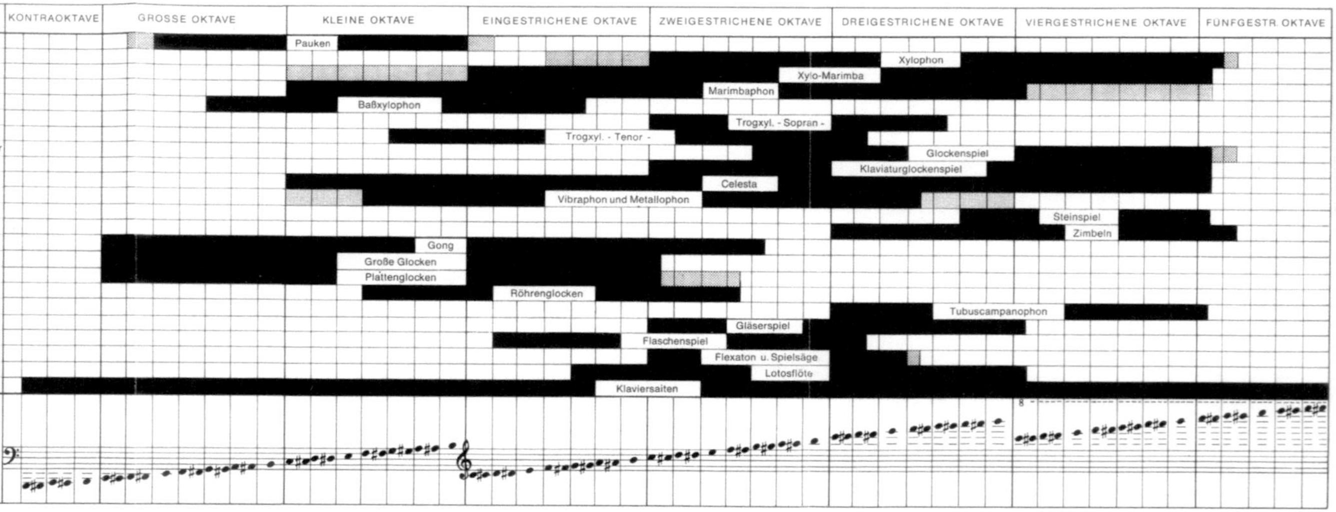